Carolin Angerbauer

Joseph Beuys und die Arte povera
Materialität und Medialität

Carolin Angerbauer

Joseph Beuys und die Arte povera
Materialität und Medialität

Graphentis Verlag

Die vorliegende Arbeit wurde unter dem Titel „Vergleichende Untersuchungen zu Materialität und Medialität im Werk von Joseph Beuys und Künstlern der Arte povera" als Dissertation an der Philosophischen Fakultät der Friedrich-Alexander-Universität Erlangen-Nürnberg angenommen.

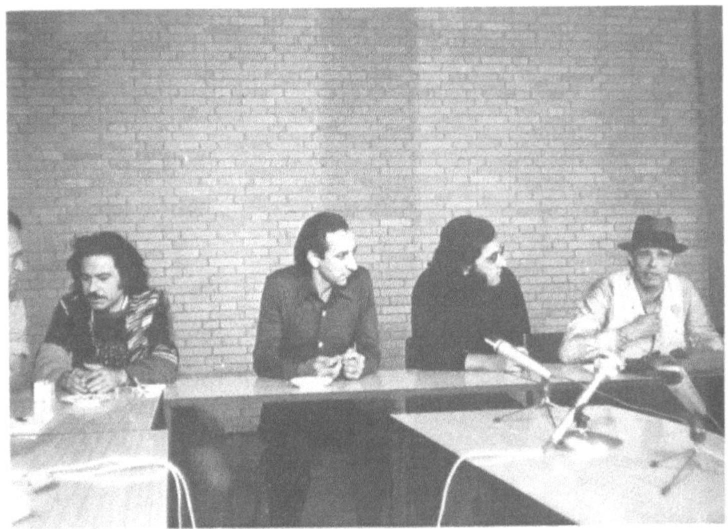

Umschlagabbildung: Foto von Konferenz in Heidelberg, 9.9.1971, Merz, Kounellis, Amelio, Celant, Beuys (Foto: Gislind Nabakowski)
Abgebildet in: Celant, Germano: Beuys. Tracce in Italia, Ed. Amelio, Neapel 1978, S. 8

ISBN 978-3-942819-06-0

1.Auflage

Herstellung: Books on Demand GmbH, Norderstedt

Inhalt

I. Einleitung 7
Thema und Zielsetzung 7
Materialität und Medialität 16
Forschungsstand 20
Methode und Aufbau der Arbeit 36
II. Dialektische Prinzipien (als Methode) 41
II.1. Jannis Kounellis 44
II.2. Luciano Fabro 49
II.3. Mario Merz 56
II.4. Joseph Beuys 65
III. Wurzeln der Bild(er)findung 85
III.1. Jannis Kounellis 88
III.2. Luciano Fabro 117
III.3. Mario Merz 125
III.4. Joseph Beuys 140
IV. Raum 165
IV.1. Jannis Kounellis 178
IV.2. Luciano Fabro 198
IV.3. Mario Merz 217
IV.4. Joseph Beuys 236
V. Energie 259
V.1. Jannis Kounellis 263

V.2. Luciano Fabro 273
V.3. Mario Merz 283
V.4. Joseph Beuys..300
VI. Zusammenfassung...319
VII. Anhang...339
Vorbemerkungen zum Literaturverzeichnis 339
Verzeichnis der verwendeten Literatur.....................340
Abbildungen 379
Dank 419
Index...421

I. Einleitung

Thema und Zielsetzung

„Medien durch Monumente ersetzen", lautete der Appell von Joseph Beuys zu seiner Installation *Straßenbahnhaltestelle / Tramstop / Fermata del Tram, 1961–1976, A Monument to the Future* anlässlich der Biennale von Venedig 1976.

Medienwechsel – für Beuys immer ein evolutiver Prozess – ist auch in der bildenden Kunst Italiens seit Ende der 1950er Jahre ein wichtiges Thema. Abstandnehmend von der abstrakten Malerei suchten die Künstler nach neuen Formen, nach dem „Ausstieg aus dem Bild"[1] (Lazlo Glozer), nach neuen Formen der Medialität und Materialität.

> „Verlässt man das Bild, so geschieht das nicht um einer Ästhetik oder möglichen Freiheit willen. Man verlässt das Bild, weil etwas fehlt und man wird fündig. Irgendetwas fehlt, und dann findet man diese neue Wirklichkeit, die einem unermessliche Möglichkeiten eröffnet. Genau aus diesem Grund habe ich gesagt, dass man auf die anderen zugehen muss – ohne Selbstschutz, ohne Mittelpunkt. Denn es gibt keinen Mittelpunkt, wenn man auf die anderen zugeht, um eine andere Wahrheit zu entdecken. Und man findet tatsächlich Wahrheiten. Deshalb glaube ich nicht, dass

---

[1] Zu der von Lazlo Glozer geprägten Metapher vgl. seine Ausführungen im Katalogbuch zur Ausstellung *Westkunst*, Köln 1981, S. 234-238; sowie Nike Bätzner: Arte povera. Zwischen Erinnerung und Ereignis: Giulio Paolini, Michelangelo Pistoletto, Jannis Kounellis, Nürnberg 2000, zugl. Phil. Diss. Berlin 1994, S. 9. In der Ausstellung *Exit – Ausstieg aus dem Bild* im ZKM in Karlsruhe (13.1.-14.8.2005) waren u.a. Arte povera-Künstler und Joseph Beuys vertreten; vgl. auch Kap. IV. vorliegender Arbeit.

> diese Fragmentierung und das Verlassen des Bildes nur mir zugestoßen sind, während alle anderen fest im Zentrum verankert waren. Nein, es ist wirklich allen passiert."[2]

Nach der Zäsur des 2. Weltkriegs machten sich in Italien die Künstler der Arte povera und in Deutschland Joseph Beuys auf die Suche nach neuen Perzeptionsangeboten, nach neuen Zugängen zu einem Bild- und Raumerleben. Die Analyse der Selbstverortung führte zur Öffnung des Bildes in den Raum. Die Malerei, bei der Farbe und Gestus dominieren, wurde von dem Interesse an sprachlichen, materialen und sozialen Bedeutungsfeldern künstlerischer Aussagen überdeckt. Es begann die „Zeit der Aktionen und Happenings als Demonstrationen zwischen extremer Selbsterfahrung des Künstlers und einer gezielten Provokation des Publikums."[3] Dazu kam ein Realitätsanspruch, ein Bedürfnis nach 'lebendiger' Realität und Erinnerung.[4] Mit der Absicht einer Stärkung des sinnlich-poetischen Ausdrucks experimentierten die Mitglieder der italienischen Künstlergruppe wie auch der deutsche Einzelgänger mit einfachen und für die Zeit (und die Kunst) ungewöhnlichen Materialien. In den medialen Grundmustern zeigen sich dabei überraschende konzeptuelle, materiale und intentionale Ähnlichkeiten, die

---

[2] Kounellis im Interview mit Bruno Corà, „Fragmente einer offenen Formalisierung. Interview mit Jannis Kounellis", 1977, in: Arte povera. Arbeiten und Dokumente aus der Sammlung Goetz 1958 bis heute, hrsg. von Ingvild Goetz u. Christiane Meyer-Stoll, Kat. Neues Museum Weserburg, Bremen; Kunsthalle Nürnberg; Kölnischer Kunstverein (...); Sammlung Goetz, München 1997, S. 111.

[3] Die Sammlung FER, hrsg. von Paul Maenz, Texte von Christel Sauer, Köln 1983, S. 25f.

[4] Vgl. die Aussagen von Pier Paolo Calzolari im Interview mit Denys Zacharopolous, in: Kat. Slg. Goetz 1997, S. 91.

im Folgenden herausgestellt werden sollen. Die Auswahl der Künstler konzentriert sich auf Vertreter der 'ersten Generation' der 1967 gegründeten, sogenannten 'Arte povera'[5]: Jannis Kounellis (*1936), Luciano Fabro (*1936 +2007) und Mario Merz (*1925 +2003). Diese Künstler nahmen ab 1968 an internationalen Ausstellungen teil. Zugleich decken sie in ihrer Unterschiedlichkeit das inhaltliche Spektrum der Gruppierung ab. Der Untersuchungszeitraum reicht von Anfang der 1960er bis Mitte der 1970er Jahre. Er umfasst so die innovativsten Jahre dieser Künstler wie auch den Beginn der internationalen Rezeption von Joseph Beuys. Zugleich fällt er mit dem Ende der „letzten historischen Avantgarde" (Jean-Christophe Ammann) zusammen, deren namhaftester Vertreter in Deutschland Joseph Beuys (*1921 +1986) war. Nur vereinzelt werden in der Arbeit auch spätere Werkbeispiele herangezogen, um auf eine Entwicklung im Oeuvre des einzelnen Künstlers hinzuweisen. Als Terminus ante quem gilt das Todesjahr von Joseph Beuys.

Zu den Anfängen der künstlerischen Rezeption von Joseph Beuys in Italien äusserte sich Germano Celant, der Begründer und Ideator der Arte povera, rückblickend im Gespräch. In Italien habe man bis 1968/69 nur vage etwas über Beuys gewusst. In Künstlerkreisen sei von einem Mann aus Deutschland gesprochen worden, der ungewöhnliche Arbei-

[5] Für eine ausführliche Diskussion zur Entstehung, den Schwierigkeiten und Unklarheiten des von Germano Celant seit 1967 geprägten Begriffs der 'Arte povera' sowie die Anlehnung an Jerzy Grotowskis Theaterthesen vgl. Bettina Ruhrberg: Arte Povera, Geschichte, Theorie und Werke einer künstlerischen Bewegung in Italien, Diss. Phil. Bonn 1992, S. 4-78; und Bätzner 2000, S. 23-51.

ten herstelle – genauere Informationen habe es nicht gegeben.[6] Doch spätestens seit der *documenta 4* in Kassel 1968 war Joseph Beuys in der aktuellen Kunstwelt Italiens bekannt.[7] Das 'Land der Sonne und Zitronen' war für ihn von 1971 bis zu seinem Tod – neben Deutschland – wichtigstes Land für seine künstlerisch-revolutionären Aussagen und Aktivitäten.[8]

Ende der 1960er Jahre gab es neben der *documenta 4* weitere wichtige Ausstellungen im europäischen Raum, die den

---

[6] Ruhrberg führte das Gespräch mit Celant am 22.5.1987 in Düsseldorf, vgl. Ruhrberg 1992, Anm. 313. Auch Tommaso Trini schreibt in seinem Artikel „Nuovo alfabeto per corpo e materia", dass Joseph Beuys in Italien bis zum Sommer 1968 noch unbekannt war; vgl. Domus, Mailand, Nr. 470, Jan. 1969, S. 45f.

[7] Ruhrberg 1992, S. 302-306. Neben Joseph Beuys waren unter den 150 ausgestellten Künstlern die Italiener Getulio Alviani, Lucio Fontana, Francesco Lo Savio, Domenico Gnoli und Michelangelo Pistoletto vertreten; vgl. Kat. documenta 4, Kassel 1968. Kounellis bestätigte im Gespräch mit der Autorin seinen Besuch in Kassel und das Verweilen vor der Beuysschen Raumplastik.

[8] Vgl. zum Thema 'Beuys in Italien' die vierteilige Ausstellungsreihe „Neapolitanische Tetralogie" (1971-1985), die Beuys in enger Kooperation mit dem Galeristen Lucio Amelio entwarf. Eine Auflistung der Aktivitäten findet sich im Interview mit Lucio Amelio in: Joseph Beuys. Arena – wo wäre ich hingekommen, wenn ich intelligent gewesen wäre!, hrsg. von Lynne Cooke u. Karin Kelley, Ostfildern bei Stuttgart 1994, S. 34-51. Zur Eröffnung der ersten Ausstellung in Italien im November 1971 in der Galerie Modern Art Agency von Lucio Amelio in Neapel waren auch Jannis Kounellis und Mario Merz anwesend (für Fotos vgl. Kat. Mailand 2007, S. 74-77). Auch im Oktober 1972, als Beuys in der römischen Galerie L'Attico – in der Tiefgarage an der Via Beccaria – die Ausstellung *Arena* eröffnete, „waren alle gekommen"; vgl. Kounellis im Gespräch mit der Autorin, Niccone, 17.3.2009. Für eine Auflistung aller Aktivitäten von Beuys ab 1971 in Italien vgl. Beuys zu Ehren, hrsg. von Armin Zweite, Kat. Städtische Galerie im Lenbachhaus, München 1986, S. 253-263.

aktuellen Phänomenen nachspürten. Auf der *Prospect '68* in Düsseldorf, auf der von Harald Szeemann kuratierten Ausstellung *Live in your head: When Attitudes become Form* in Bern oder auf der Ausstellung *Op Losse Schroeven* in Amsterdam (beide parallel 1969) kursierten neben Arte povera unterschiedlichste Begriffe wie Conceptual Art, Earth-Works, Process Art, Anti-Form oder Land Art. Die Künstler der Arte povera und Joseph Beuys waren auf all diesen Veranstaltungen präsent. Der Begriff der Arte povera, der zwischen 1966-68 noch ein rein italienisches Phänomen beschrieb, erfuhr seit 1969 eine Internationalisierung. Diese hielt aber nicht lange an und schon ab 1970 war der Begriff wieder nur als Bezeichnung der italienischen Künstlergruppe üblich, die sich dann ein Jahr später spaltete. Der Gruppenname ist aber bis heute in der Kunstkritik und als Ausstellungstitel in Gebrauch.[9]

Die erwähnte Ausstellungsdichte spiegelt eine wachsende allgemeine Neugier und gegenseitiges Interesse. Das hing auch mit dem wachsenden Wohlstand zusammen. Aus heutiger Sicht war es der Beginn einer Tendenz zur

---

[9] Vgl. dazu die jüngeren Ausstellungen *La Poetica dell'Arte Povera* in Magdeburg (2003); *Che fare?* Vaduz (2010), und – zu verschiedenen Aspekten der Arte povera – die 2011/12 in sechs italienischen Städten gezeigte Ausstellungsreihe *Arte povera 2011*, Kat. hrsg. von Germano Celant, [*Arte Povera International*, Castello di Rivoli, Museo d'Arte Contemporanea, Rivoli; *Arte povera 1967-2011*, Triennale di Milano, Mailand; *Arte Povera 1968*, MAMbo, Museo d'Arte Moderna Bologna; *Arte povera alla Galleria Nazionale d'Arte Moderna e Contemporanea*, Rom; *Omaggio all'Arte Povera*, MAXXI Museo Nazionale delle Arti del XXI Secolo, Rom; *Arte Povera più Azioni Povere*, MADRE, Museo d'Arte Contemporanea Donnaregina, Neapel; *Arte Povera in Teatro,* Teatro Margherita, Bari], Mailand 2011. Sowie die umfassende Publikation: Arte povera: storia e storie, hrsg. von Germano Celant, Text engl. und ital., Mailand 2011.

Globalisierung, die in der Transnationalisierung Europas einen ihrer Vorläufer hatte; denn gesellschaftspolitisch war nach geistiger Erstarrung und konsumistischer Ablenkung eine Blockbildung eingetreten ('Eiserner Vorhang', Warschauer Pakt, Nato, Kapitalismus, Kommunismus), die Gedankenfluss, Austausch und Bewegung zwischen Innen und Außen, Individuum und Gesellschaft, Ost und West oft völlig ins Stocken gebracht hatte (vgl. Kap. IV.).

„Im Auftrag seiner Künstlerkollegen" machte sich ab 1967 Piero Gilardi[10] von Italien aus auf die Suche nach Künstlerpositionen in Europa und den USA, die „scheinbar ähnlich arbeiteten".[11] Gilardi berichtete über das Erlebte und Gesehene aus New York, Amsterdam, Düsseldorf, Stockholm und Kalifornien in Form von Tagebuchnotizen und Fotos, die er in italienischen und internationalen Zeitschriften (Flash Art, Domus, Arts Magazine) publizierte. Vereinzelt brachte er auch Artefakte mit nach Italien, die er seinen Künstlerfreunden präsentierte. Diese informativen und kritischen Berichte waren zentral für das neue italienische Bewusstsein, für jene entstehende internationale Kunstrichtung, die Gilardi 1968 „micro-emotive art"[12]

---

10 Ausführlich zur Rolle Piero Gilardis vgl. Ruhrberg 1992, S.60-66 und Francesco Poli: Minimalismo, Arte Povera, Arte Concettuale, 5. Aufl. Bari 2002, S. 78f.

11 Michelangelo Pistoletto im Gespräch mit der Autorin, Biella, 21.7.2009. Während dieser ersten Reisen (1966-68) entschied sich Gilardi nicht mehr als Künstler zu arbeiten.

12 Piero Gilardi: „micro-emotive art", in: Museumjournaal [Niederländ. Ausg.], Amsterdam 1968, 13, S. 198-202 und Ders.: „Primary Energy and the Microemotive Artists", in: Arts Magazine, New York, Sept./Okt. 1968, S. 48-52; neuere dt. Übersetzung von Martina Kempter in: Nike Bätzner (Hg.): Arte pover. Maifeste, Statements, Kritiken, Dresden/Basel 1995, S. 69-75; vgl. dazu auch Kap. IV. vorliegender Arbeit.

nannte. In *Politics and the Avant-Garde* beschrieb er 1969 das Verhältnis zu den amerikanischen Künstlerkollegen und legte die Gründe dar, warum die Arte povera-Künstler von der amerikanischen Pop Art und Minimal Art Abstand nahmen, sich von der amerikanischen Gesellschaftsentwicklung insgesamt distanzierten.[13] Es sind Argumente, die man damals in ähnlicher Weise auf Joseph Beuys hätte anwenden können. Auch für ihn war die kritische Haltung gegenüber Amerika eine Reaktion auf das kapitalistische Konsum- und Medienverhalten, das schon Pier Paolo Pasolini in seinen Schriften und Filmen heftig kritisierte.[14]

---

[13] Vgl. Gilardis Aufsatz in: Kat. Op Losse Schroeven. Situaties en Cryptostructuuren, hrsg. von Wim A. L. Beeren, Kat. Stedelijk Museum Amsterdam; Kunsthalle Bern; Museum Boymans-van Beuningen Rotterdam, Amsterdam 1969, o. S.

[14] Seit Ende der 1950er Jahre äusserte sich Pier Paolo Pasolini (1922-1975) regelmäßig zu den Missständen in der italienischen Gesellschaft. Mit *Accatone* und *Mamma Roma* begann er seit 1961 seine filmische Karriere. Die 1975 erschienenen *Freibeuterschriften* (*Scritti corsari*) wurden 1978 auf deutsch publiziert. Zur Figur von Pier Paolo Pasolini vgl. die Ausführungen von Carla Schulz-Hofmann, Kat. München 1988, S. 26-28. Beuys kandidierte bei den Bundestagswahlen 1976 in Nordrhein-Westfalen als parteiloser Spitzenkandidat für die Aktionsgemeinschaft Unabhängiger Deutscher (AUD), die als „Deutschlands erste Umweltschutzpartei“ sich 1979 zugunsten der Partei der „Grünen“ auflöste. Seit dem Frühjahr 1977 wurden in der Bundesrepublik grüne Listen gegründet. Für die Parallelen zwischen den *Freibeuterschriften* und den Grünen vgl. die Ausführungen von Wagenbach anlässlich seiner Festrede zum dt.-ital. Übersetzerpreis am 16.3.2009, http://www.deutsch-italienischer-uebersetzerpreis.de/fileadmin /4340 728-STANDARD.pdf (Stand: 16.12.2011). Beuys habe nach Aussagen des Galeristen Bernd Klüser die Skandale über Pasolini in der italienischen Presse vielleicht wahrgenommen, aber Kino hätte ihn nie interessiert: „Kino war für Beuys noch Greta Garbo.“ Vgl. Bernd Klüser im Gespräch mit der Autorin, München, 18.9.2006. Weiter ist die

Massenmedien und Massenkultur als Ergebnis demokratischer Gleichheit wurden als Niedergang der Polaritäten, als Verdecken aller Differenz gedeutet. In der Radikalität der Umsetzung dieser Erkenntnis zeigten sich jedoch markante Unterschiede. Anders als Italien war Nachkriegsdeutschland unter der Kontrolle von Besatzungsmächten: die USA im Westen, die Sowjetunion im Osten. Aus dieser politischen Situation resultierte auch ein andersartiges Verhalten. Nicht zuletzt aus Protest gegen den Vietnamkrieg weigerte sich Beuys lange Zeit, in Amerika auszustellen. So lehnte er 1968 nicht nur die Teilnahme an der legendären New Yorker Ausstellung *Nine at Castelli* ab, an der u.a. die Italiener Zorio und Anselmo beteiligt waren, sondern auch die vom MoMA angebotene „mid-career-show“[15]. Erst auf intensives Drängen von Ronald Feldman unternahm er im Januar 1974 eine Vortragsreise („Lectures in America“*)*, bevor er im Mai 1974 in New York seine erste Aktion *(I like America and America likes Me)* durchführte. Doch aus Protest betrat er dazu nicht amerikanischen Boden.[16] In seiner Arbeit *Joseph Beuys und die*

---

existentielle Geistesverwandtschaft zwischen den beiden Künstlern noch nicht untersucht.

[15] Zur Absage der Ausstellung im Museum for Modern Art, New York, vgl. auch Stefanie Heckmann: „'Energy Plan for the Western Man'. Zu Joseph Beuys' erster Reise in die USA“, in: Beuys: Energieplan. Zeichnungen aus dem Schloss Moyland, hrsg. von Stiftung Museum Schloss Moyland, Sammlung van der Grinten, Joseph Beuys Archiv des Landes Nordrhein-Westfalen, Kat. Museum Schloss Moyland, Bedburg-Hau 2010, S. 25. Als ihm später eine Einzelausstellung im Solomon R. Guggenheim Museum, New York, angeboten wurde, zeigte er 1979 dort als erster lebender deutscher Künstler eine Retrospektive.

[16] Eingewickelt in Decken und auf einer Bahre liegend ließ sich Beuys mit einem Krankenwagen vom Flugzeug zur Galerie fahren, blieb dort fünf Tage (21.-25.5.1974) und ließ sich genauso zum Flughafen zurückbringen. Während der Aktion verbrachte Beuys die Zeit mit einem lebendigen Kojoten, dem als heilig verehrten Symboltier der

amerikanische Anti Form-Kunst berichtet Dirk Luckow von den damaligen zeitgleichen Ereignissen in New York und stellt als Randnotiz seiner Beobachtungen fest, dass „für die Arte povera jedenfalls auch Beuys eine Schlüsselfigur“ war und dass es ihm, Luckow, nur „in diesem Rahmen nicht möglich“ gewesen sei, „die ebenfalls gegebenen 'inneren Bezüge' der beschriebenen Künstler zur italienischen Arte Povera zu erarbeiten“.[17]

In der vorliegenden Gegenüberstellung der Arte povera Künstler aus dem 'Süden' Europas mit dem künstlerischen Einzelgänger Joseph Beuys aus dem 'Norden' sollen diese Bezüge exemplarisch beleuchtet werden. Schon an der Haltung gegenüber Amerika lässt sich ja eine gewichtige Gemeinsamkeit ablesen: Mit ihren je spezifischen Mitteln wendeten sich beide gegen den dort so verbreiteten Hang zur Geschichtsverdrossenheit (vgl. Kap. III).[18] Ziel der Arbeit ist es, die in der Literatur angedeuteten Verknüpfungen und Parallelen zwischen Joseph Beuys und den Arte povera Künstlern zu prüfen und unter komparatistischen und materialästhetischen Gesichtspunkten gegenüberzustellen. Es geht nicht um die Klärung einer Art Originalität von Bildideen, sondern ausgehend von den Werken der einzelnen Künstler das Gemeinsame und das

---

indianischen Ureinwohner. Das „wilde“ Tier versinnbildlicht Beuys' Kritik an der Eroberungskultur Amerikas. Für eine detaillierte Beschreibung vgl. Uwe M. Schneede: Joseph Beuys. Die Aktionen, Ostfildern-Ruit 1994, S. 330-353. Kounellis hat diese Aktion in New York miterlebt, vgl. Kap. II.1. vorliegender Arbeit.

[17] Dirk Luckow: Joseph Beuys und die amerikanische Anti Form-Kunst: Einfluss und Wechselwirkung zwischen Beuys und Morris, Hesse, Nauman, Serra, Berlin 1998, S. 254 und 327.

[18] Vgl. die antiken Gipsabgüsse von Kounellis bei Ileana Sonnabend in New York seit 1972; Kap. II.1.

Trennende als Ausdruck eines Denkens in die gleiche Richtung aufzuzeigen. Herauszufinden gilt, wo und warum Unterschiede im Gebrauch der Materialien vorliegen und warum es in Italien anders als in Deutschland war.

Folgende Thesen leiten deshalb die Untersuchung: Die dialektischen Denkmodelle, die Wertschätzung von Erinnerung und individuellen Wurzeln, die Suche nach neuen Ausdrucksmitteln im Raum und das Ziel der Visualisierung energetischer Prozesse verbindet die Künstler. Ähnlichkeiten und Unterschiede vermitteln sich über eine neue Sprache der Materialien und der medialen Umsetzung. Zeitgleiche Entwicklungen in Kunst, Politik und Gesellschaft hatten Einfluss auf die Auswahl dieser Materialien, den Rückbezug zur Natur und die Suche nach Authentizität. Entscheidender gemeinsamer Nenner ist die anthropologische Dimension einer Stärkung und Erweiterung des sinnlich-poetischen Empfindens.

Materialität und Medialität

Seit etwa 1960 setzen bildende Künstler verschiedenste Rohstoffe als unmittelbares Bildmaterial ein. Diese neuen Materialien werden als Informationsträger und Transportvehikel immaterieller Eigenschaften begriffen.[19] „Sie weisen in ihrer Materialität auf eine Feinstruktur zurück. Anstelle des Objekts, d. h. ich male wie Morandi Gefäße, soll

[19] „Die Erörterung von 'Material' als einer ästhetischen Kategorie hat erst in jüngster Zeit eingesetzt. [...] Gleichwohl besitzt der Begriff durch seine Nähe zu 'Materie', einem Begriff aus dem sich das Material erst in der Neuzeit allmählich herauslöst, eine in die Antike zurückgehende philosophische Bedeutungslast als Korrespondenzbegriff zu 'Form'.“ Vgl. Monika Wagner, Art. „Material“, in: Ästhetische Grundbegriffe: Historisches Wörterbuch in sieben Bänden, Stuttgart/Weimar, Bd. 3, 2001, S. 866-882, hier S. 866.

das Material selbst zu Ausdruck kommen. De Chirico malt Pferde, Kounellis [und Beuys] nehmen Pferde."[20] Lebende Tiere, Fett, Feuer oder Obst werden ihrem natürlichen Umfeld entrissen und in den Kunsträumen als reale „Dinge" installiert, als „lebendige" Bilder. Die Früchte verderben, das Fett wird ranzig, der Salatkopf verliert sein Volumen, die Tiere bewegen sich, die Gasflammen zischen. Man kann die Arbeiten riechen, hören, sehen und in ihrer Stofflichkeit erfahren.[21] Die Materialien sprechen die Sinne an, bilden Leben und Vergänglichkeit ab. Mit ihrem energetischen Potenzial sollte dem Rezipienten auch seine eigene existenzielle Verfassung vor Augen geführt werden. Irritation und Provokation werden Mittel einer intensiven und authentischen Erfahrung. Tommaso Trini hat diese Entwicklung 1969 beschrieben als das „neue Alphabet für Körper und Materie".[22] Dementsprechend ist die Arte povera nicht arm in den Materialien, sondern arm in der Form.

Damit stellt sich die Frage nach dem Wesen dieser Materialität, was war und ist das für ein Weg? Den Künstlern geht es nicht um das rohe Material. Sie betreiben keine

---

[20] Jean-Christophe Ammann im Gespräch mit der Autorin, Frankfurt a. M., 23.9.2006.

[21] Die Künstler übertragen dem Material, als Träger von Informationen, die Rolle des Mediums und ordnen ihm immaterielle Eigenschaften zu. „Darin wirkt eine Tradition nach, [...] [die dem] Hören und Sehen in der Hierarchie der europäischen Geschichte der Sinne" höchsten Rang zukommen ließ, „weil sie der Erkenntnis Gottes am nächsten kamen. Sie schienen der Wahrnehmung des Immateriellen fähig, während das physische Material, das dem Tastsinn zugeordnet wurde, auf der niedrigsten Stufe irdischen Erkennens rangierte." Vgl. Wagner, Art. „Material", in: Ästhetische Grundbegriffe, Bd. 3, 2001, S. 867.

[22] Trini, in: Domus, Jan. 1969, S. 45.

Materialkunst. Ihnen geht es vielmehr um die Metaphysik und die Phänomenologie der Materialien. Die Materialien interessieren als Bedeutungsträger und als Gedächtnisstruktur[23] – ähnlich etwa den Erkenntnissen in der Naturwissenschaft, dass bestimmte Zellen nur auf bestimmten Medien wachsen und sich vermehren. Nach Marshall McLuhan ist das Medium in der Informationsgesellschaft selbst zur Botschaft geworden. Schon die Moderne habe die alte Vorstellung vom Material als einem „quasi neutralen Transportmedium" revidiert. „So verstanden, lässt sich Material nicht mehr nur als ablösbarer Träger einer Form oder einer Idee begreifen, sondern es ist mit diesem unauflöslich verwoben. [...] Diese Tendenz wurde bereits durch die Künste des 20. Jahrhunderts befördert: In den selbstreferenziellen Systemen 'autonomer' Kunstwerke fallen tendenziell Idee, Medium und Material zusammen. Dies hat die Aufmerksamkeit für das Medium im 20. Jahrhundert automatisch auf das Material gelenkt."[24]

An der Universität Zürich beschäftigt sich seit einigen Jahren ein Nationaler Forschungsschwerpunkt *Medienwandel – Medienwechsel – Medienwissen. Historische Perspektiven (2009-*

---

[23] Vittorio Fagone hebt bereits 1982 den „rein gedanklichen Aspekt", d. h. das Konzeptuelle der Arte povera hervor und weist darauf hin, dass der Bruch mit konventionellen Disziplinen und Materialien nicht den Eindruck erwecken dürfe, als handle es sich dabei um eine Materialkunst. Die ungewöhnlichen Materialien dienten der Sichtbarmachung gedanklicher Prozesse; vgl. Vittorio Fagone: „Towards and beyond the abstraction", in: Arte Italiana 1960-1982, kurat. von Carlo Pirovano, Kat. Hayward Gallery, London; Institute of Contemporary Arts London, Mailand 1982, S. 20-22, hier S. 21.

[24] Vgl. Wagner, Art. „Material", in: Ästhetische Grundbegriffe, Bd. 3, 2001, S. 867f.

2013) mit der Geschichtlichkeit von Medien und Medialität.[25] Die Beteiligten richten ihr Augenmerk besonders auf „Situationen, in denen kommunikative Praktiken sich verändern (Medienwandel), mediale Formen Dynamisierung erfahren (Medienwechsel) und Bedingungen von Kommunikation reflektiert werden (Medienwissen)". Im Rahmen des Teilprojekts „Zeigen und Verbergen – Inszenierungen des Medialen in der mittelalterlichen Kunst" gehen sie am Beispiel von „Reliquien" der Frage nach der visuellen Wahrnehmbarkeit des „Heiligen" nach.[26] Reliquien sind Medien zur Sichtbarmachung einer spirituellen Heilsbotschaft, „Körperfragmente", die der medialen Aufbereitung, etwa durch Inschriften, Inventar und Pilgerführer bedürfen. Leitbegriffe dieser „historischen Mediologie" sind Präsentation, Performativität und Inszenierung. Damit werfen sie, die Reliquien, – wie schon die italienischen Wandmalereien des Trecento – Fragen nach der Wechselwirkung zwischen Bild und Betrachter auf, nach Inszenierungsstrategien, die im Grundmuster von „Vorzeigen und Verbergen" mediale Aktivität entwickeln. Der Betrachter wird herausgefordert „als Gegenpart zu einer visuellen (con gli occhi) und imaginativen (con la mente) Handlung".[27]

Vorliegende Analyse möchte aufzeigen, dass Gedanken dieser Art wesentlich das künstlerische Konzept und die Sprache von Joseph Beuys und den Künstlern der Arte povera prägten und einen Beitrag leisten zur Frage, wie die

---

[25] Zu detaillierten Projekt- und Programminformationen siehe http://www.mediality.ch (Stand: 2.12.2011).

[26] Für weitere Informationen zum Teilprojekt siehe http://www.mediality.ch/projekt.php?id=1-C.3 (Stand: 2.12.2011).

[27] Ebd.

letzte Phase der historischen Avantgarde in ein energetisches Denken des 20. Jahrhunderts eingebettet war; denn der Materialbegriff im 20. Jahrhundert hängt eng mit dem Philosophiebegriff und dem Energiebegriff zusammen.

Forschungsstand

In der Forschung gibt es bisher keine Untersuchung, die die Künstler der Arte povera auf einer breiteren Basis kritisch mit Joseph Beuys konfrontiert und die bestehenden gemeinsamen Intentionen wissenschaftlich beleuchtet. Als Quellenmaterial vorliegender Arbeit dienten Zeitungsartikel, Interviews und das Material von Gruppenausstellungen, die die Künstler miteinander in Verbindung bringen. Die frühen Ausstellungskataloge präsentieren die Künstler seit 1968 jedoch eher nebeneinander als miteinander. Erste kritische Gegenüberstellungen der zeitgenössischen deutschen und italienischen Kunst zeichnen sich Ende der 1980er Jahre ab. Erst seit Anfang der 1990er Jahre lässt sich eine intensivere wissenschaftliche Auseinandersetzung in der Sekundärliteratur ausmachen.

In der italienischen Presse sind 1966 die ersten Artikel über die deutsche Kunstszene zu lesen. Im April des Jahres berichten Ettore Sottsass und Pierre Restany in der Zeitschrift *Domus* über „einen der revolutionärsten Künstler, der seltsamerweise Professor für Bildhauerei an der Akademie in Düsseldorf ist" und zeigen neben Abbildungen des Ateliers und Wohnhauses von Joseph Beuys ihren Lesern auch ein Foto der Aktion *und in uns... unter uns... landunter*, aufgenommen 1965 in der Galerie Parnass, Wuppertal.[28] Im

---

28 Ettore Sottsass Jr.: „Breve sondaggio in Germania", in: Domus, Mailand, Nr. 437, April 1966, S. 19-31; Pierre Restany: „Germania anno zero", in: Domus, Mailand, Nr. 437, April 1966, S. 39-40; hier Abb. des Wohnhauses von Beuys in Düsseldorf, Fotos von Jon Naar.

Januar 1968 veröffentlicht Piero Gilardi in *Flash Art* einen Tagebuchauszug über seinen Besuch bei Joseph Beuys.[29] Ein Jahr später, 1969, spricht Tommaso Trini von Beuys als „Meister der jüngsten deutschen Generation, der in Italien bis letzten Sommer noch unbekannt war."[30] Im Februar 1969 publiziert er in *Domus* unter dem Titel *L'immaginazione conquista terrestre* einen Artikel u. a. mit Abbildungen der Raumplastik von Beuys für die *documenta 4* und des verpackten Konzertflügels (*Infiltration Homogen für Konzertflügel,* 1966).[31] Ebenfalls im selben Jahr erscheint in drei Sprachen (italienisch, deutsch, englisch) Germano Celants erstes Buch zur Arte povera. Darin sind neben einem Manifest des Autors, Statements, Werk- und Aktionsfotos von 35 Künstlern, darunter auch amerikanischen und deutschen wie Hans Haake, Reiner Ruthenbeck und Joseph Beuys versammelt.[32]

Die Kataloge der ersten gemeinsamen internationalen Ausstellungen in Düsseldorf, Kassel, Bern und Amsterdam sind wichtige Zeitdokumente. Sie waren für die mediale Verbreitung ebenso wichtig wie die Ausstellungen selbst, denn nicht immer konnten die Künstler persönlich vor Ort sein oder alle wichtigen Werke gezeigt werden.[33] Die

---

29 Piero Gilardi: „da Londra a Dusseldorf", in: Flash Art, Jan./Feb. 1968, S. 1-2.

30 Trini, in: Domus, Jan. 1969, S. 45f.; dt. in: Bätzner 1995, S. 78.

31 Tommaso Trini: „L'immaginazione conquista il terrestre", in: Domus, Mailand, Nr. 471, Feb. 1969, S. 51.

32 Germano Celant: Ars povera. Arte povera, Mailand/New York/Tübingen 1969.

33 Vgl. zum Beispiel den Kat. zur Ausstellung *When Attitudes become Form.* Der Galerist Fabio Sargentini berichtet in einem Fernsehinterview mit Jade Vlietstra für „RAI Storia" (2009), dass Harald Szeemann Anfang 1969 zu ihm in die Galerie kam und ihn um ein Foto der gerade

einzelnen Künstler werden in diesen Publikationen meist noch unkommentiert vorgestellt, neben ihren Arbeiten nur mit Lebenslauf und Ausstellungsübersicht. Erst der einführende Katalogtext von Jean-Christophe Ammann zur Ausstellung *Processi di pensiero visualizzato,* zu der er junge italienische Künstler aus dem Turiner Umkreis 1970 in Luzern versammelte, stellt konkrete Verbindungen her, auch zu Beuys und seiner Arbeit. Mit Blick auf die häufig zitierte Definition der „Ars povera" als einer Kunst, „die im Gegensatz zur technisierten Umwelt mit einfachsten Mitteln eine poetische Aussage anstrebt [...]" und mit moralischem Anspruch „eine ursprüngliche Rückbesinnung auf Umweltphänomene [...]" reflektiert, betont Ammann: „Hier dürften die Worte von Joseph Beuys zutreffen, nach denen die Entwicklung des menschlichen Bewusstseins bereits selbst ein plastischer Vorgang sei".[34]

Seit Anfang der 1970er Jahre wurde Beuys verstärkt auch in italienischen Gruppenausstellungen und Buchpublikationen neben die Künstler der Arte povera gestellt, wenn es darum ging, den europäischen Zeitgeist in der Kunst zu erfassen. In der von Germano Celant kuratierten Ausstellung *Conceptual Art, Arte Povera, Land Art* 1970 in Turin[35], die in ihrer

---

beendeten Ausstellung der 12 cavalli von Kounellis für den Katalog seiner Berner Ausstellung bat. Für das Interview siehe http://www.magazzini.rai.it/dettaglio_puntata.aspx?ID_Puntata=855 (Stand: 15.1.2012).

34 Jean-Christophe Ammann: „Zur Ausstellung", in: Processi e pensieri visualizzati, Junge Italienische Avantgarde, hrsg. von Jean-Christophe Ammann, Kat. Kunstmuseum Luzern 1970, o. S. Zu den Künstlern zählten: Anselmo, Boetti, Fabro, Griffa, Kounellis, Paolini, Penone, Pistoletto, Prini, Salvo, Zorio.

35 Conceptual Art, Arte Povera, Land Art, kurat. von Germano Celant, Kat. Galleria Civica d'Arte Moderna, Turin 1970. Aus der Gruppe der Arte povera Künstler waren auch Merz, Fabro, Anselmo und Kounellis

Struktur und den internationalen Teilnehmern der Berner Ausstellung von 1969 glich, war Beuys mit verschiedenen Arbeiten[36] vertreten. Im November 1973 zeigte Achille Bonito Oliva die *Arena*-Arbeit von Beuys in der Sektion 'arte' der *Incontri Internazionali d'Arte* im Parkhaus der Villa Borghese in Rom.[37] Beuys hatte diese Arbeit ein Jahr zuvor

---

vertreten. Im Katalog sind folgende Arbeiten abgebildet: von Merz (S. 16-19): *che fare?* (Galerie L'Attico, 1969), *Igloo di Giap (1968)*, eine Fotoserie zur Herstellung der Wachsabdrücke von Astgabelzwischenräumen, *Serie di Fibonacci* (1970); von Anselmo (S. 65-67): *Torsione* (1968), *Direzione* (1967-69), *Per un'incisione di infinite migliaia di anni* (1969), *Il respiro* (1969), *Senza titolo* (1968, Struttura che beve), *Verso l'infinito* (1969), *Trecento milioni di anni* (1969) ; von Fabro (S. 145-147): *Struttura ottogonale* (1964), *Impronta* (1964), *Raccordo annulare* (1963), *Mappamondo geodetico. Tautologia* (1968); von Kounellis (S. 168-173): *viaggio* (1969), *Senza titolo* (1970, sensazione mitologica), *Senza titolo* (1970, liegende Frau), *Senza titolo* (1969, capelli), *12 cavalli* (1969), *Senza titolo* (1968, Letto con fuoco), *Senza titolo* (1969, fuochi), Installationsansicht Galerie L'Attico 1967 (Kakteen, Papagei, Eisenbehälter).

36 U. a. mit der Fettecke aus der Aktion *Das Schweigen von Marcel Duchamp wird überbewertet* (11.12.1964). Zu Beuys siehe Kat. Turin 1970, S. 52-55; hier auch Abbildungen der *gummierten Kiste* (1957), der Fettecke mit Luftpumpen, der Aktion *wie man dem toten Hasen die Bilder erklärt* und der Rauminstallation *Fond II* für die Retrospektive in Eindhoven.

37 Achille Bonito Oliva: „Contemporanea / arte 1973-1955“, in: Contemporanea. Incontri Internazionali d'Arte, Kat. Parkhaus der Villa Borghese, Rom 1973, S. 25-32. U. a. sind vertreten: Anselmo mit: *Linea terra* (1970), *Torsione* (n. 3, 1968), *Verticale/Orrizontale* (1968), *Invisibile* (1971/73), *Dissolvenza* (1970), S. 132f; Merz mit: *Igloo* (1972), *Progetto di tavoli per una casa in costruzione permanente, nella quale possono vivere da 1 fino a 88 persone* (1973), S. 138f.; Fabro mit: *Mezzospecchio mezzovetro* (1965), *La squadra* (1966), *Lo spirato* (1968/73), *Italia di cristallo* (1968), *Italia di pelo* (1969), Penisola Italica (1969), *De Italia* (1970/72), S. 140f.; Kounellis mit: *Senza titolo* (1969, Fuochi), *Senza titolo* (1969, Kounellis mit Flamme im Mund), *Senza titolo* (1969), *Senza titolo* (1970, liegende Frau), *Senza titolo* (1973, Gipsfragmente auf Tisch, Flötenspieler, Rabe, Kounellis mit Maske), S. 160f.

bei Lucio Amelio vorgestellt. Oliva präsentierte sie in Rom ohne Ritual oder Aktion, als einfache Bildergalerie nebeneinander an der Wand montiert.[38]

Die verstärkte Präsenz von Beuys in Italien ging einher mit der seit 1971 einsetzenden intensiven Zusammenarbeit von Joseph Beuys mit Galeristen, Kritikern und Sammlern. Ausgangspunkt war das wegweisende Zusammentreffen von Lucio Amelio, Mario Merz, Jannis Kounellis und Germano Celant mit Beuys 1971 in Heidelberg im Rahmen einer Diskussion um die Zukunft des internationalen Kunstmarkts.[39] Der Galerist Lucio Amelio, die Kritiker Achille Bonito Oliva und Germano Celant, sowie die Sammlerin Lucrezia De Domizio Durini waren die zentralen Personen, die Beuys in Italien seit 1971 bis zu seinem Tod ein Forum für seine künstlerischen und politischen Aktionen geschaffen haben. Lucio Amelio wurde ständiger Begleiter und Übersetzer.[40] Im Haus Orlandi, dem Feriensitz von Amelio auf Capri, führte Achille Bonito Oliva das erste Interview mit Beuys in Italien.[41] Das von der Fondazione Amelio und Germano Celant herausgegebene Katalogbuch *Beuys. Tracce in Italia* (1978), an dem Beuys selbst mitgearbeitet hat, sollte

---

38 Die Ausstellung *Arena. Dove sarei arrivato se fossi stato intelligente!* bei Lucio Amelio in Neapel eröffnete Beuys am 15.6.1972 mit der Aktion *Vitex agnus castus;* ausführlich in Kap. V.4. vorliegender Arbeit.

39 Ausführlicher zum Treffen vgl. Germano Celant: Beuys. Tracce in Italia, Ed. Amelio, Neapel 1978, S. 8 (mit Foto), S. 9f.

40 Amelio sprach fliessend deutsch, englisch und französisch. Deutsch lernte er während eines längeren Aufenthalts in der ehemaligen DDR. Beuys sprach nur englisch, seine italienischen Sprachkenntnisse (aus Kriegszeiten in Foggia) waren sehr bescheiden; vgl. Bernd Klüser im Gespräch mit der Autorin, München, 18.9.2006.

41 Das Interview erschien im Dezember 1971 in der Zeitschrift Domus unter dem Titel *Partitura di Joseph Beuys, la rivoluzione siamo noi.*

für den Zeitraum bis 1977 das wichtigste Werk für die vollständige Aufzeichnung und Chronologie seiner Aktivitäten in Italien werden.[42] Neben einer genauen Beschreibung der Werke und Umstände, zahlreichen Abbildungen und einer Bibliografie der publizierten Zeitschriften- und Zeitungsartikel, sind hier auch die wichtigsten Texte und Interviews von Achille Bonito Oliva, Giorgio Franchetti, Mario Perazzi, Umberto Allemandi, Caroline Tisdall und Heiner Bastian versammelt.

In der Publikation *Europe/America the different avant-gardes* (1976) hebt Achille Bonito Oliva unter den europäischen Künstlern Joseph Beuys als jenen hervor, dessen Kunst durch Sprache und ständige Kommunikation den Energien der Welt Ziel und Form verleihen möchte. Er betont Beuys' Rolle für ein neues Naturverständnis und bemerkt, dass die Öffnung hin zu anthropologischen Kategorien bei Beuys dank seiner (Natur-)Materialien humaner verlaufe als bei Merz mit seinen mathematischen Fortpflanzungsprinzipien.[43]

Im Katalog der Luzerner Ausstellung von 1979 *Joseph Beuys: Spuren in Italien,* weist Martin Kunz dann erstmals ausdrücklich darauf hin, dass „in den letzten zehn Jahren

---

[42] Eine Ausstellung zum Buchband *Beuys. Tracce in Italia* fand im Frühjahr 1978 im Museo Pignatelli Cortes in Neapel statt. Parallel zeigte Beuys in der Galerie von Lucio Amelio unter dem Titel *von Gloeden-Postkarten* ein Multiple aus 13 mit Bleistiftzeichnung versehenen, signierten und nummerierten Postkarten mit Motiven von Fotografien von Gloeden; vgl. Celant 1978, S. 97, Abb. S. 98f. und Jörg Schellmann (Hg.): Joseph Beuys: Die Multiples. Werkverzeichnis der Auflagenobjekte und Druckgraphik, 1965-1986, 8. erw. Auflage, München 1997, S. 226.

[43] Achille Bonito Oliva: „Unterschiedliche Avantgarden. Europa/ Amerika", in: Ders. (Hg.), Europe/America the different avant-gardes, Mailand 1976, engl./dt./franz.; dt. Text S. 45-52, hier S. 51.

auch ein großes Interesse der heutigen italienischen Kunst (etwa der Arte povera) an der Arbeit von Beuys" entstanden war.[44] Die darauf folgenden Jahre der Beuysschen Aktivitäten in Italien sind in den von Lucrezia De Domizio Durini herausgegebenen Bänden *Il Capello di feltro. Joseph Beuys una vita raccontata* (1992) und *Joseph Beuys. L'immagine dell'Umanità* (2001) dokumentiert. Anlässlich der Beuys-Ausstellung in der Kunsthalle Zürich (2011) wurde diese Übersicht von Lucrezia De Domizio Durini aktualisiert und in einem Band[45] vereint.

Waren die Ausstellungen bis Mitte der 1970er Jahre noch überwiegend mit den Bezeichnungen von Künstlergruppierungen oder sonst übergreifend thematisch betitelt, so bildete sich ab diesem Zeitpunkt mehr und mehr eine individuellere Betrachtungsweise heraus. Die Ausstellung *Poetische Aufklärung in der europäischen Kunst der Gegenwart bei Joseph Beuys, Marcel Broodthaers, Daniel Buren, Jannis Kounellis, Mario Merz, Gerhard Richter – Geschichte von heute und morgen* im Kunstmuseum Luzern (1978) benannte im Titel schon keine Gruppenbezeichnung mehr, sondern verwies auf einzelne Künstler, die nach dem Urteil von Marlis Grüterich in den letzten „drei Jahrzehnten" alle für eine Erweiterung des Kunstbegriffs standen.[46] Eine tiefere inhaltliche Gegenüber-

---

44 Joseph Beuys: Spuren in Italien, hrsg. von Marianne Eigenheer u. Martin Kunz, Kat. Kunstmuseum Luzern, 1979, o. S. Im Interview mit Kunz äußerte sich Beuys zur Bedeutung Italiens für sein Werk; er sprach über die Mentalität der Bevölkerung, das Klima und die Kultur. Italienische Künstler hat er – mit Ausnahme von Leonardo da Vinci – nicht erwähnt.

45 Lucrezia De Domizio Durini (Hg.): Beuys Voice, 2010, [anlässl. der Ausst.: Joseph Beuys. Difesa della Natura, Kat. Kunsthaus Zürich], Mailand 2011.

46 Marlis Grüterich, in: Poetische Aufklärung in der europäischen Kunst der Gegenwart bei Joseph Beuys, Marcel Broodthaers, Daniel Buren,

stellung blieb noch aus. Ein Jahr später stellte die Ausstellung *Wendepunkt. Kunst in Europa um 1960* Beuys neben Klein, Manzoni, Lo Savio, Kounellis, Rainer und Twombly und versuchte in Ansätzen eine Analyse der verschiedenen Positionen, die zu einer Auflösung des etablierten Kunstbegriffs beigetragen hatten. Im März 1980 präsentierte das deutsche Kunstforum International unter dem Titel *Idylle oder Intensität. Italienische Kunst heute* einen kritischen Überblick zur aktuellen italienischen Kunst, in dem auch internationale Verknüpfungen berücksichtigt sind. Marlis Grüterich befragt unter dem Stichwort „Kunstkolonialismus" darin erstmals konkret die Rolle von Beuys in Italien, stellt aber keine inhaltlichen Parallelen zur italienischen Kunst her.[47] Annelie Pohlen spricht in ihrem Aufsatz *Italienische 'Bilder', Kultur, Tradition und Gegenwart* davon, dass „Merz, Kounellis, Penone […] im sozio-kulturellen Wollen dem Beuysschen Denken verwandt" seien, aber das kulturelle Erbe eben „als Südländer mit der italienischen 'Porosität' und der selbstsicheren Leichtigkeit" benutzen. Und weiter: „Celant hat nicht zu Unrecht einen Vergleich zwischen Beuys und den Arte povera-Künstlern gezogen. Die mentale Verbindung wäre an anderer Stelle einmal gründlicher zu untersuchen. Vergleichbar die Sehnsucht nach der Ganzheit und Einheit des menschlichen Individuums. Nicht vergleichbar die Bausteine, aus denen sich die poetischen

---

Jannis Kounellis, Mario Merz, Gerhard Richter – Geschichte von heute und morgen, hrsg. von Ders., Kat. InK, Halle für internationale neue Kunst Zürich 1978, S. 5. Die Ausstellung basierte auf einem Konzept, in dem die Autorin versuchte, am Beispiel der sechs im Titel genannten Künstler eine eigenständige europäische Entwicklungsgeschichte innerhalb der Kunst der letzten Jahre als „Weichenstellung für morgen", nachzuweisen.

[47] Marlis Grüterich: „Idylle oder Intensität, Italienische Kunst heute", in: Kunstforum International, 39, 1980, S. 11-18, hier S. 15.

Bilder zusammensetzen, weil die Bausteine einem je anderen kulturellen Erbe entstammen."[48] Die dann 1982 in Bordeaux von Germano Celant kuratierte Ausstellung *Arte povera, antiform: sculptures 1966-69* bringt das Problem auf den Punkt. Hier werden amerikanische und europäische Künstler gezeigt mit Werken aus der gleichen Zeit. Auch Beuys war präsent. Mit besonderem Blick auf die Kategorie der Sinnlichkeit, auf den Naturbezug und die Betonung energetischer Prozesse konfrontiert ihn die Schau mit Mario Merz und Jannis Kounellis.[49] An konkreten Werkbeispielen wie den *Eurasien*-Aktionen oder *che fare?* verdeutlicht Celant den verbindenden Materialaspekt und verweist auf gemeinsame Verankerungen im Energetischen.

Zur Ausstellung *Eine Kunst-Geschichte in Turin* schrieb Wulf Herzogenrath ein Jahr später „[...] die 'Arte povera' ist die erste bewusst auf europäisches Bewusstsein und Haltung abzielende Kunst der Nachkriegszeit: eine gesellschaftsbezogene Poetisierung einfachster Materialien. Neben den Künstlern in der Ausstellung gehören zum Umkreis noch weitere in Italien, die sich dann aber anders entwickelten – oder auch in Deutschland, erwähnt seien nur Joseph Beuys und Reiner Ruthenbeck."[50] Doch die 1984 in Venedig gezeigte Ausstellung *Quartetto: Joseph Beuys, Enzo Cucchi, Luciano Fabro, Bruce Nauman* stellte diese Künstler dann

---

48 Annelie Pohlen: „Italienische 'Bilder'. Kultur, Tradition und Gegenwart", in: Kunstforum International, 39, 1980, S. 105-117, hier, S. 110; vgl. dazu Kap. III vorliegender Arbeit.

49 Germano Celant: „Un art critique", in: Arte povera, antiform: sculptures 1966-69, Kat. Centre d'arts plastiques contemporains Bordeaux 1982, o. S.

50 Wulf Herzogenrath in der Einleitung zu: Eine Kunst-Geschichte in Turin, 1965-1983. Una storia a Torino, 1965-1983, hrsg. von Ders., Kat. Kölnischer Kunstverein, Turin 1983, S. 9-11, hier S. 9.

wieder ohne weitere Klärung gemeinsamer Strukturen nebeneinander.
Der intensivste Moment eines direkten deutsch-italienischen Austauschs ereignete sich 1985 in Basel, als Jean-Christophe Ammann eine (erste und letzte) zweitägige Gesprächsrunde mit Beuys, Kounellis, Kiefer und Cucchi über die Aspekte italienischer und deutscher Kunst initiierte.[51] Sie sprachen über die Idee der Nation, den Unterschied zwischen Volk und Masse, das Fehlen einer strukturstiftenden Klasse, Europa und Amerika und ihre unterschiedlichen Traditionen, Medienkultur, Volkskunst und Mythen, sowie den Verlust des Maßes.

Eine Vertiefung dieser Zusammenschau versuchten später die Autoren der Ausstellung *Mythos Italien. Wintermärchen Deutschland* (1988) im Münchner Haus der Kunst. Der umfangreiche Katalog versammelt erstmals zahlreiche Aufsätze, die sich mit den „Konstanten der italienischen Kunst des 20. Jahrhunderts im Vergleich mit Deutschland" beschäftigen. Carla Schulz-Hoffmann betitelte ihren Beitrag mit den Klischeebildern „Mythos Italien" und „Wintermärchen Deutschland". In dem Kapitel 'Geschichtsanalyse – Utopie. Die Arte povera und Beuys' konstatiert sie, dass Joseph Beuys bereits Ende der 1960er Jahre einen nicht unbedeutenden Einfluss auf die künstlerische Entwicklung in Italien ausgeübt hätte, sein 'Erweiterter Kunstbegriff' in

---

[51] Jacqueline Burckhardt (Hg.): Ein Gespräch, Una discussione, Joseph Beuys, Jannis Kounellis, Anselm Kiefer, Enzo Cucchi, Zürich 1986. Die beiden in diesem Buch veröffentlichten Gespräche gehen zurück auf Diskussionen zwischen den vier Künstlern und Jean-Christophe Amman im Juni und Oktober 1985. Am ersten Treffen konnte Beuys aus gesundheitlichen Gründen nicht teilnehmen. Durch Synchronübersetzung ins Deutsche bzw. Italienische wurden die Sprachbarrieren zwischen den Teilnehmern überbrückt.

Italien aber „wohl letztlich die Funktion einer Utopie behalten" habe.[52] Celant untersucht im selben Band die Bedeutung von Joseph Beuys für die italienische Kunst, insbesondere für die Künstler der Arte povera.[53] Aufbauend auf seinen schon erwähnten chronologischen Aufzeichnungen für *Beuys. Tracce in Italia* (1978) leitet er Parallelen ab, konstatiert im Vergleich aber konträre Herangehensweisen und „unterschiedliche Polaritäten". Beuys weise mit seinem Werk „auf die Verwundungen hin [...], indem er versuchte, der Welt eine vitale Energie zu übertragen", die italienischen Künstler dagegen „auf Leitbilder und Entwürfe [...], die sich aus der geschichtlichen Kontinuität ergeben". Deutschen wie Italienern sei jedoch gemeinsam, dass sie „die Wandlungen wie das Überdauern der Zeit" gestalteten.[54] Auch Cornelia Stabenow sieht in der Arbeit von Mario Merz und Jannis Kounellis Parallelen zu Joseph Beuys, vermisst in den Materialien der Arte povera Künstler aber eine Auseinandersetzung mit den „existentiellen, konkreten Eigenschaften", wie sie Beuys oder Burri betrieben hätten.[55]

Seit den 1990er Jahren wird Joseph Beuys auch in wissenschaftlichen Publikationen zur Arte povera öfters

---

52 Carla Schulz-Hoffmann: „Mythos Italien – Wintermärchen Deutschland. Konstanten der italienischen Kunst des 20. Jahrhunderts im Vergleich mit Deutschland", in: Mythos Italien. Wintermärchen Deutschland. Die italienische Moderne und ihr Dialog mit Deutschland, hrsg. von Ders., Kat. Haus der Kunst, München 1988, S. 25f.

53 Germano Celant: „Unterschiedliche Träume: Beuys und die italienische Kunst", in: Kat. München 1988, S. 97-102.

54 Celant, in: Kat. München 1988, S. 101.

55 Cornelia Stabenow: „Die Entkleidung der Kultur. Zur Mythologisierung des Materials bei Mario Merz und Jannis Kounellis", in: Kat. München 1988, S. 85-90, hier S. 85f.

vergleichend erwähnt. Meist verweisen die Autoren bei dem deutschen Künstler auf Parallelphänomene in der materialen und medialen Umsetzung, deren Ähnlichkeiten oder Unterschiede sie anhand exemplarischer Werkvergleiche zu konkretisieren versuchen. So bemerkt Ruhrberg 1992, dass für die Italiener „in erster Linie die Erweiterung des Tafelbildes in den realen Raum von Bedeutung war", und dass es dabei „viele Berührungspunkte zu anderen zeitgenössischen Tendenzen [gegeben hätte]: Environment, Happening und Performance, Concept- und Land Art, Körperkunst, [...] zur amerikanischen Anti Form Kunst und zu Joseph Beuys."[56] Wie Luckow (1998) sieht Ruhrberg hinsichtlich der historischen Bezüge im Werk und dem Anspruch, eine neue künstlerische Sprache auch gesellschaftlich wirksam werden zu lassen, deutliche Unterschiede zwischen Italienern und Amerikanern. Doch vieles verbinde sie mit dem Deutschen Joseph Beuys, bei dem die Auseinandersetzung mit dem romantischen Erbe, die anthropologische Ausrichtung und der mythische Bezug ebenso akzentuiert hervorträten. Dasselbe gelte für das gemeinsame Bedürfnis nach utopischen Zielsetzungen.[57] Konkret sieht Ruhrberg diese Parallelen in der Verwendung von Wachs. Bei Merz und bei Beuys spiegle dieses Material das gemeinsame Interesse an Polaritäten. Der Umgang mit sogenannten „Abfallprodukten"[58] sei aber ganz unterschiedlich. Während bei Beuys viele Materialien auf „Zerstörung, […] Verletzung und Tod" verwiesen, fehlten diese Konnotationen bei Merz. Auf dessen Verwendung alter Glas- und Steinplatten geht sie dabei nicht ein. Auch die

56 Ruhrberg 1992, S. 305.

57 Ebd. S. 306.

58 Ebd. S. 191.

„Verfallenheit des Leibes“ sowie die „Bedrohtheit des Lebens“ stünden bei Merz nicht so im Mittelpunkt, wenngleich seine organischen Materialien wie Früchte oder Reisig auf einen natürlichen Verfallsprozeß aufmerksam machten. Doch für jede Ausstellung würden sie neu arrangiert und frische Früchte präsentiert, die über die Ausstellungsdauer hin verfaulen oder vertrocknen. Bei Beuys dagegen sei der „Verwesungsprozess in die Arbeiten“[59] miteinbezogen, er wolle diesen Zustand bewahren.[60] Als weitere Vergleichskategorie benennt Ruhrberg die Farbe. Im Gegensatz zur visuellen Präsenz bei Merz im Neonlicht spricht sie bei Beuys von „Verbannung der Farbe“. Als Beleg führt sie die häufig verwendete „düstere oder graue Farbigkeit” an, ohne die Idee des Beuysschen Gegenbildes, die eine farbenreiche Welt beim Betrachter provozieren soll, im Diskurs entsprechend zu würdigen.[61] Zentral ist jedoch ihre Beobachtung, dass die Materialien bei Merz im Unterschied zu Beuys nicht die Aufgabe erfüllen, eine plastische Theorie zu vermitteln. Auch die Einbettung in ein „theoretisches Gerüst ebenso wie die pädagogische Komponente“ fehle. Parallelen seien aber in den Gedanken der Wiedererneuerung und des Wachstums, der Einbindung biologischer Prozesse, dem Modell des Organismus und dem prozesshaften Denken „verbunden mit der Stimulierung

[59] Ruhrberg 1992, S. 192 und Fn. 596, und genauer Johannes Meinhardt: „Beuys Schmutz“, in: Kunstforum International, Nr. 84, Juni/Juli/Aug. 1986, S. 202-221, hier S. 206.

[60] Für Beuys selbst hatten seine Aktionen und die darin verwandten Mittel nichts mit Vanitas und Vergänglichkeit zu tun. Diese Zuschreibungen verband er vielmehr mit den Arte povera Künstlern, die das Vanitas-Motiv der Kunst „aufgepfropft“ hätten. Vgl. Beuys in: Götz Adriani/Winfried Konnertz/Karin Thomas: Joseph Beuys, Köln 1986, S. 146.

[61] Ruhrberg 1992, S. 191.

einer dem alltäglichen Leben entrückten Zeit“ zu finden.[62]

Auch Maïten Bouisset spricht 1994 von Joseph Beuys als paralleler Erscheinung. In ihrer Arbeit zur Arte povera beschäftigt sie sich mit den Begegnungen der Künstler anlässlich internationaler Ausstellungen seit 1968 und gibt einen Überblick über die Beuysschen Ausstellungsaktivitäten in Italien seit 1971, ohne jedoch konkrete Interdependenzen oder Einflüsse weiter zu entwickeln.[63] Anke Glas[64] stellt 1998 in ihrer Untersuchung zu den Motiven der Natur und Kultur bei Mario Merz konkrete Bezüge zu Joseph Beuys her, indem sie die Merzschen Wachsformen in Astgabeln und Raumecken[65] mit den Beuysschen Bienenwachsarbeiten (*Bienenkönigin I*, 1947-1952), Fettecken und frühen 'Fettwinkeln' (1962) vergleicht. Über die Auseinandersetzung mit der Bedeutung des Materials im jeweiligen künstlerischen Kontext, gelangt sie zur Feststellung, dass sich das Werk von Beuys insgesamt durch ein „vielschichtigere[s] Bedeutungssystem“ sowie seinen theoretischen Überbau wesentlich unterscheide.[66] In ihren Beobachtungen zur Form der Spirale geht sie über einen Vergleich des spiraligen Horns bei Merz mit den Geweihen bei Beuys nicht hinaus und verweist lediglich auf die Deutung „der Spirale als Seelenprinzip“ bei Rudolf Steiner.[67]

Nike Bätzner kommt in ihrer allgemeinen Einführung zur Arte povera (2000) auf zeitbedingte Parallelen mit Beuys zu

---

62 Ebd. S. 192, Fn. 597.

63 Maïten Bouisset: Arte povera, Phil. Diss. Paris 1994, S. 38.

64 Anke Glas: 'Ikonographie des Bewusstseins'. Zu den Motiven Natur und Kultur bei Mario Merz, Phil. Diss. München 1998, S. 75f.

65 Vgl. Kat. Zürich 1978, S. 78.

66 Glas 1998, S. 75.

67 Glas 1998, S. 112.

sprechen. Verbindendes sieht sie in der „Bedeutung des Realitätsbezuges der Kunst“ und in der „Verknüpfung mit dem Sozialgefüge.“[68] Doch sei die Umsetzung des politischen Anspruchs sehr unterschiedlich.[69] Einen direkten Werkvergleich stellt sie nur mit Kounellis in einer Fußnote zur Bedeutung des Pferdes an. Am Beispiel von *Iphigenie/Titus Andronicus* (1969) verweist sie auf die therapeutische Funktion des Tieres bei Beuys im Gegensatz zu Kounellis. Ganz allgemein seien die Aktionen von Beuys „stärker vom Verlauf und ständig wechselnden Bezügen gekennzeichnet als die bildhaften Konstellationen von Kounellis.“[70] Claudia Bulk zieht in ihrer Publikation zur *Bedeutung der Energie im Werk der Arte povera Künstler* (2001) den 'Erweiterten Kunstbegriff' von Beuys vergleichend heran und resümiert, sie sehe darin eine „ähnliche Ambition in der Loslösung von Einschränkungen, Grenzen und starren Strukturen“ wie bei den italienischen Künstlern.[71]

Die Kunst der italienischen Künstlergruppe zeichne sich nicht durch ein „naives 'Zurück zur Natur'“ aus, sagt Dickel in seinen *Studien zum Naturverständnis in der modernen Kunst* (2006), sondern durch ein komplexes und widersprüchliches Verhältnis zur Natur, das aus der Kombination verschiedener Materialien eine konfliktbehaftete Dialektik offenbare.[72] Besonders bei Kounellis sei in der „Zusammenstellung

---

68 Bätzner 2000, S. 24.

69 Bätzner 2000, S. 232.

70 Bätzner 2000, S. 197.

71 Claudia Bulk: Bedeutung der Energie im Werk der Arte povera Künstler, Phil. Diss. Köln 2001, S. 15.

72 Hans Dickel: Kunst als zweite Natur. Studien zum Naturverständnis in der modernen Kunst, Berlin 2006, zugl. Phil. Habil. Hamburg 1996, S. 37f.

heterogener Materialien“, im „Gegensatz von 'struttura' und 'sensibilità'“ – anstelle „naiv Authentizität zu beschwören“ – dieser Konflikt beschrieben. Beuys hingegen reflektiere – trotz des gemeinsamen Verständnisses von Materialien als Realmetaphern ohne Symbolcharakter – die Materialien in der „Geschichte ihres Gebrauchs“ und so seien „zum Beispiel Filz und Fett mit Spuren der jüngsten deutschen Geschichte behaftet“. Mit diesen Gegensätzen gelinge es ihm, eine Spannung zwischen „unserem 'Funktionsgedächtnis' und dem 'kollektiven Speichergedächtnis'“ zu erzeugen „eine Dissonanz, die zu einer Problematisierung des modernen Naturverhältnisses“ führt. Dickel sieht in dem Einsatz der Beuysschen Materialien ein Unterlaufen von Gewohnheiten und Gewissheiten symbolischer Verständigung, das eine „Entkopplung von Sehen und Wissen“ erreichen und kulturell verfestigte Wahrnehmungsmuster in Frage stellen sollte.[73] Weder die Werke noch die Materialien, die Beuys als Bedeutungsträger verwendete, könnten „ohne weiteres die intendierte Wirkung auslösen“. Doch dazu, bemerkt Dickel, bedürfe es „des kundigen Kommentars ebenso wie der kongenialen Inszenierung [...] Entgegen den Behauptungen des Künstlers [trügen] weder die Materialien noch die damit in Szene gesetzten Werke ihre Bedeutungen unabhängig von Konnotation und Kontext allein in sich selbst“.[74]

---

[73] Zu Beuys vgl. Dickel 2006, S. 38; auf S. 156-198 folgt eine Untersuchung des Naturverständnisses anhand ausgewählter Werke.

[74] Dickel 2006, S. 169; In Fn. 8. verweist Dickel auf entsprechende Aussagen von Beuys im Gespräch mit Erika Billeter: „Meine Arbeit ist nicht symbolisch. [...] Ich habe immer die entsprechenden Formen, Größen, Materialien ausgewählt, die nach meiner Meinung den Energiezusammenhang beleuchten; es sind also immer die Formen selbst, die Materialien, die den Energiezusammenhang unmittelbar

Auch Freya Strecker erkennt diesen Widerspruch bei Beuys in der „Instrumentalisierung seiner Werke [...] zwischen der faktischen Herstellung von Bedeutungen durch Zuschreibung, Setzung und Wahl und der Behauptung einer wesentlichen Beziehung zwischen Material und Bedeutung."[75] Die Autorin nähert sich über die Beobachtung von Burgbacher-Krupka dem Dauerkonflikt in der Rezeption des Beuysschen Oeuvres, der gewollten oder nicht-gewollten „Identifikation des Betrachters mit Beuys und der in den Werken zur Darstellung gebrachten Weltanschauung".[76]

Methode und Aufbau der Arbeit

Wegen dieser komplexen Ausgangssituation musste, was die Auseinandersetzung mit den einzelnen Materialien betrifft, im Verlauf der Arbeit von der ursprünglich geplanten Herangehensweise auf Basis rein materialwissenschaftlicher Studien (vgl. „Archiv zur Erforschung der Materialikonographie"[77]) immer mehr Abstand genommen werden.

---

darstellen – als Formen und nicht als Symbole." In: Mythos und Ritual in der Kunst der siebziger Jahre, Kat. Kunsthaus Zürich 1981, S. 90.

75 Freya Strecker: „Joseph Beuys – Material und Substanz. Zur Ausstellung Joseph Beuys und das Mittelalter", in: Kritische Berichte, 27, 1999, 1, S. 48-65, hier S. 60.

76 Ebd.; zur Beobachtung von Ingrid Burgbacher-Krupka: Strukturen zeitgenössischer Kunst. Eine empirische Untersuchung zur Rezeption der Werke von Beuys, Darboven, Flavin, Long, Walther, Stuttgart 1979, S. 165.

77 Seit Sommer 2000 dokumentiert das von Monika Wagner eingerichtete und von der DFG geförderte Bildarchiv am Kunsthistorischen Institut der Universität Hamburg die Bedeutung von Materialien in der Kunst des 20. Jahrhunderts. Es enthält etwa 18.000 Reproduktionen von Kunstwerken, die unter 52 Schlagworten nach Materialgesichtspunkten von Abfall bis Zelluloid geordnet sind. Siehe: http://www.uni-hamburg.de/Materialarchiv/home.htm (Stand: 16.1.2012).

Die isolierte Betrachtung eines Materials, seine kulturhistorische Einbettung und Zuordnung an die Künstler, die dieses Material hauptsächlich einsetzen, erschließt zwar das jeweilige Material in seinem spezifischen Kontext, reduziert aber gleichzeitig das künstlerische Werk in seiner Vielschichtigkeit und verhindert einen umfassenderen Blick. Da darin jedoch ein Schlüssel für die Gegenüberstellung von Beuys und den Künstlern der Arte povera liegt, baut vorliegende Arbeit zwar auf den Erkenntnissen des Hamburger Materialarchivs auf, versucht darüber hinaus aber, die Künstler und ihr Werk von gemeinsamen übergeordneten Gesichtspunkten her vergleichend zu erschließen.

Da die einzelnen Künstlerpositionen in der zwar als Gruppe bezeichneten italienischen Bewegung bei näherem Hinsehen doch markante individuelle Unterschiede aufweisen, erschien es einzig schlüssig – wie vorne erwähnt –, eine Auswahl aus dieser Künstlergruppe monografisch dem Werkschaffen und der Person von Joseph Beuys gegenüberzustellen. Diese Entscheidung für eine individuelle Betrachtung steht im Einklang mit den beteiligten Künstlern selbst, zumal sie sich ja nach wenigen Jahren von jeglicher Gruppenvereinnahmung lossagten. Heute wird mit dem Namen Arte povera meist aus historischen Gründen, Motiven der Etikettierung oder erfolgversprechender Kunstmarktstrategien operiert. Daher interessierten in vorliegender Arbeit auch nicht die Schwierigkeiten um den Begriff und das Phänomen der Arte povera. Sie sind andernorts ausführlich wissenschaftlich beleuchtet.[78] Die vergleichende Betrachtung von Verbindendem und Trennendem, von formalen Ähnlichkeiten und Unter-

[78] Vgl. Ruhrberg 1994 und Bätzner 2000.

schieden und ihrer je individuellen Herkunft führten rasch zur Abkehr von einem bloßen Vergleich eventueller Iuxtapositionen. Deshalb wurden nicht einzelne Materialien komparatistisch behandelt, sondern Hauptwerke ausgewählt, deren Ikonographie die Zusammenhänge erschließbar macht. Auch sollte keine vergleichende Kunstwissenschaft betrieben werden, die sich mit „Äußerlichkeiten und Details aufhält", um der Gefahr zu entgehen, Identisches zu entdecken, wo nur Ähnliches vorhanden ist.[79] Vielmehr galt es, wie es schon Bätzner nahelegte, „Entsprechungen aufzudecken, nicht Identifikationen. Darin liegt der Unterschied zu einer am Text orientierten Ikonographie, die mittels quellenkundlicher Recherchen den Sinn des Bildes entschlüsseln will und eine Auflösung in bestimmbare Bedeutungen anstrebt."[80] Das Rekonstruieren direkter oder indirekter Begegnungen von Beuys mit den Arte povera-Künstlern anhand bildnerischer oder literarischer Quellen sowie eine kritische Rezeptionsgeschichte von 'Beuys in Italien' zeigte sich denn auch als wenig ergiebig. Es bestand wenig direkter Kontakt zwischen den Künstlern. Presseartikel und Interviews zu den Aufenthalten von Beuys in Italien bestätigen ebenfalls nur die gegenseitige Kenntnisnahme seit 1968, ein direkter Einfluss auf die Werkentwicklung ist nicht nachweisbar. Vorliegende Analyse erfolgte daher auch mit dem Bewusstsein, dass die Grenzen zwischen dem konkreten Einfluss und der allgemeinen Teilhaftigkeit des Künstlers an kulturellen Prozessen und den dadurch bedingten strukturellen Analogien fließend

---

79 Kirsten Claudia Voigt: [Rezension von:] Luckow, Dirk: Joseph Beuys und die amerikanische Anti Form-Kunst: Einfluss und Wechselwirkung zwischen Beuys und Morris, Hesse, Nauman, Serra. Berlin 1998, in: Journal für Kunstgeschichte, 4, 2000, S. 90-92, hier S. 92.

80 Bätzner 2000, S. 13.

sind. Künstlerkollegen bestätigen heute die Wertschätzung – beispielsweise die von Kounellis gegenüber Beuys – betonen aber auch, dass es kein fruchtbares gegenseitiges Verständnis gegeben habe. Die von der Autorin mit Galeristen und Kuratoren geführten Gespräche untermauern diese Tendenz. Beuys insbesondere wollte vermeiden, dass er gleichsam zum deutschen Vertreter der Arte povera wird; ihm war die Gruppe damals inhaltlich zu eng.[81]

Viel interessanter erschien deshalb die Entwicklung einer Metaebene, von deren übergeordneten Themenbereichen aus sich die einzelnen künstlerischen Positionen befragen und vergleichen ließen. Die Methode der Werkanalyse legte vier wesentliche Bereiche frei: Dialektische Prinzipien, Wurzeln der Bild(er)findung, Raum- und Energiebegriff. Daraus ergab sich die Gliederung der Arbeit in vier Kapitel, die mit diesen Begriffen überschrieben sind. In jedem Kapitel sind die Vertreter der Arte povera (Jannis Kounellis, Luciano Fabro, Mario Merz) und Joseph Beuys monografisch und in chronologischer Reihenfolge, beginnend mit den Jüngsten, nebeneinander gestellt. Das erste Kapitel zu den 'Dialektischen Prinzipien' stellt die antithetischen Begriffspaare vor, die das Werk und die materialen 'Bausteine' der einzelnen Künstler charakterisieren und sie in ihrer polaren Methodik verbinden. Es geht um gedankliche Modelle, um die gemeinsame Sprache. Das zweite Kapitel spürt über die Materialien im Werk den Wurzeln[82] der Künstler, den Quellen

[81] Bernd Klüser im Gespräch mit der Autorin, München, 18.9.2006.

[82] Die Entscheidung für die Überschrift dieses Kapitels mit „Wurzeln der Bild(er)findung“ war nicht einfach. Der sprachliche Ausdruck für Bilder, die den Rückgriff auf Vergangenes veranschaulichen, bewegt sich in der abendländischen Philosophie in Begriffsfeldern wie Erinnerung, Gedächtnis, Ursprung, die in Zusammenhang mit Fragen von Zeit und Ewigkeit, Anfang und Ende betrachtet werden. Die Aufsatzsammlung „Mnemosyne. Formen und Funktionen der kulturellen Erinnerung“

ihres Handelns, den Mythen und Erinnerungen nach. Dem Umgang mit dem 'Raum', den verschiedenen Vorstellungen der Erfassung und Öffnung von Raum widmet sich das dritte Kapitel. Im letzten, vierten Kapitel zur 'Energie' vereinen sich schließlich die Positionen in der gemeinsamen Triebfeder, energetische Prozesse durch Visualisierung für das Bewusstsein greifbar zu machen.

(Assmann/Harth 1991) stellt verschiedene Sichtweisen zusammen. Als wegweisend gilt der Aufsatz des Sprachwissenschaftlers Harald Weinrich, der zwei Zentralmetaphern unterscheidet: die Wachstafel und das Magazin. Aus ihrer spezifischen Herkunft und den bestimmten Traditionen, die sich entwickelten, leitet er ab, dass die Magazin-Metapher aus dem Kontext der Sophistik und Rhetorik, also aus erlernbaren Techniken stammt. Die von Platon elaborierte Wachstafel-Metapher hingegen beziehe sich nicht auf ein artifizielles, sondern auf das natürliche Gedächtnis. Dieses erscheine als eine geheimnisvolle göttliche Gabe und werde im Innersten der menschlichen Seele angesiedelt. Die Unterscheidung kann bei den hier zu betrachtenden Werkbeispielen die Fragestellung konkretisieren: Welche Semantik visualisiert artifizielles, d. h. erworbenes Gedächtnis, welche natürliches, d.h. intuitives? Inwieweit stehen sich die Pole als Opposition gegenüber, inwieweit sind sie komplementäre Aspekte eines Zusammenhangs? Bedienen sich die Künstler gleicher oder unterschiedlicher kultureller Archive? Geht es um ein eigenes Erinnerungs- und Erhaltungssystem, um ein eigenes Auswahlprinzip? Die Philosophiegeschichte kann zwar Hintergrund und Orientierung bieten; in der bildenden Kunst gilt es jedoch, von formalen und motivischen Gegebenheiten auszugehen. Der Versuch einer Abgrenzung der komplexen Bildfelder macht auch die vielfältigen Überlagerungen deutlicher. Deshalb erscheint der allgemeine Begriff 'Wurzeln' geeignet, denn mehr als die allgemeine Geschichte bestimmen die mentalen Wurzeln den Umgang mit dem Thema.

II. Dialektische Prinzipien (als Methode)

„Das Kalte wird warm, das Warme kalt, das Feuchte trocken, das Dürre nass." Für Heraklit (ca. 550-480 v. Chr.) war nichts vorstellbar ohne seinen Gegensatz: Leben und Tod, Wachen und Schlafen, Tag und Nacht. Alles Geschehen, das ununterbrochene Werden und Vergehen, leitet sich aus dem Spannungsverhältnis der Gegensätze ab.

Beuys und seine italienischen Künstlerkollegen der Arte povera beziehen sich immer wieder in unterschiedlicher Weise auf den polaren Denkansatz des Vorsokratikers, der sich die Welt als im ständigen Austausch gegensätzlicher Bestimmungen vorstellte und auf diese Weise Erkenntnis generierte.[83] Fest – flüssig, warm – kalt, kristallin – amorph, sichtbar – unsichtbar, es sind Polaritäten vergleichbarer Art,

---

[83] Merz schafft 1985 eine Arbeit mit dem Titel *Tutto scorre. Heraclite*, Abb. in: Mario Merz, hrsg. von Germano Celant, Kat. Solomon R. Guggenheim Museum New York, Mailand 1989, S. 238; Werkbeschreibung bei Glas 1998, S. 135-138. Der von Merz als Zitat von Heraklit aufgefasste Titel „Alles fließt" stammt zwar nicht ursprünglich von dem Philosophen, es bestimmte aber bis ins 19. Jahrhundert die Heraklitrezeption und wurde bis dahin im Sinne eines „Werden und Gehens" interpretiert. Glas legt in Anlehnung an die neue Übersetzung von Neeße dar, dass es sich seit der Jahrhundertwende gezeigt habe, dass die griechische Formel „panta rei" eine Interpretation Platons sei. Platon habe im Kratylos-Dialog die Flusslehre Heraklits mit den Worten gedeutet „Alles weicht und nichts bleibt" und dies wurde in der folgenden Rezeption in „alles fließt" umgewandelt. Siehe dazu Weerts und Gigon in: Gottfried Neeße: Heraklit heute. Die Fragmente seiner Lehre als Urmuster europäischer Philosophie, Hildesheim/Zürich 1982, S. 73. Nach der neuen Übersetzung von Neeße lautet das Flussgleichnis Heraklits auf das sich Merz bezieht wie folgt: „Steigen wir in die gleichen Flüsse fließt anderes und anderes Wasser hinzu" (Fragment 12, Satz 1). Und „In dieselben Flüsse steigen wir und stiegen wir nicht." (Fragment 49a); Ebd.

die – bei aller Differenz – Beuys und seine italienischen Zeitgenossen interessiert und verbunden haben. Das Spannungsfeld zwischen diesen Gegensätzen ist in gewisser Weise ihr gemeinsamer Forschungsraum, in dem sie versuchen, polare Positionen im Material oder in der Materialkombination aufzufinden, darzustellen und diese Gegensätze zu einem Ganzen zu vereinen.

Tiefes Misstrauen gegenüber den diversen Modi der Repräsentation speist ihr Interesse an den Phänomenen und Kräften der Natur. Auf der Suche nach einem Ausweg aus der Verlogenheit greifen sie nach naturgegebenen Materialien und verzichten zugunsten des Anspruchs der Unmittelbarkeit scheinbar auf jede formale Zurichtung. Rohstoffe ziehen als Kunstobjekte ins Museum ein und helfen durch diese Nobilitierung den Blick für die Gefährdung der Natur zu schärfen. In der Heterogenität der Materialkombinationen formulieren die Künstler die Komplexität und den Konfliktreichtum des modernen Naturverhältnisses, indem sie Struktur und materiale Sinnlichkeit der Objekte betont gegenüberstellen. Anselmo möchte den Betrachter „sensibilisieren", Kounellis prägt dafür den Begriff „sensibilità", Fabro spricht von Metaphysik, Beuys von Intuition. Unterschiedliche dialektische Prinzipien begegnen als Methode zur Entfaltung von Erkenntnis und Sensibilität. In der Zusammenschau der Gegensätze forschen die Künstler nach Möglichkeiten zur Überwindung der überall in der Welt beobachteten Fragmentarisierung.

Der Begriff Dialektik ist in der vorliegenden Arbeit so verwendet, wie er seit dem 18. Jahrhundert im Vordergrund steht, nämlich als Lehre von den Gegensätzen in Dingen und Begriffen, ihrer Auffindung oder auch Aufhebung. [84] Germano Celant hat 1988 auf das Dialektische als Spezifikum dieser Künstlergeneration hingewiesen:

> „Die Grenzen zwischen real und irreal, möglich und unmöglich, heilig und profan, abstrakt und konkret, zwischen Reinheit und Unreinheit [sind] labil. Fast könnte man sagen, dass diese strukturelle Zweideutigkeit alle künstlerischen Hervorbringungen durchtränkt hat, die den ewigen Wechsel von Aufbau und Zerstörung, von Geburt und Auflösung überwinden wollten, um sich an die Verwirklichung des Unmöglichen und Phantastischen zu klammern. Die Idee, Kreativität an Desaster und Tragödie zu binden, um die Welt zu erneuern, ist Europas Waffe gewesen, um Anschluss an die Gegenwart zu finden und sie über die Vergangenheit triumphieren zu lassen. Natürlich werden beide in einer unauflöslichen dialektischen Beziehung gehalten."[85]

---

[84] Dialektiké oder ars dialectica ist ursprünglich die „Kunst der Unterredung". Bei Fabro hat sie in diesem Sinn in seiner Arbeit als Lehrer eine zusätzliche Bedeutung. Zur ausführlichen Begriffsdeutung und -nutzung von der Antike bis zur Gegenwart vgl. Historisches Wörterbuch der Philosophie, Bd. 2, 1972, Art. „Dialektik", Sp. 164-226, versch. Autoren.

[85] Celant, in: Kat. München 1988, S. 98.

II.1. Jannis Kounellis

Als um das Jahr 1530 der Bischof von Panama auf dem Weg nach Peru vom Meeressog erfasst auf die Galapagos-Inseln getrieben wurde und dort anlandete, dachte die gesamte Besatzung, in der Hölle angekommen zu sein. Drachen begegneten ihnen in qualmendem vulkanischem Rauch. Heute reisen wir dort hin, um eines der letzten Paradiese der Welt zu besuchen und machen uns Gedanken um seine Bewahrung.

„Hölle und Paradies. Der Mensch denkt immer in diesen Extremen.“[86] Für Kounellis bewegt sich das dialektische Prinzip zwischen Poesie und Kritik, zwischen sinnlich theatraler Lust (vgl. Kap. IV.1.) und kritischem Bewusstsein.

> „Es steckt schon im Wort 'poesia'; es kommt aus dem Griechischen 'poiein', d.h. machen. Also wollten wir damals [Anfang der 1960er Jahre, Anm. d. A.] machen, was fehlte. Was es gab, war die Erkenntnis, dass es dringend einer alternativen Wahrheit bedarf. Daran haben wir gearbeitet. Deshalb gab es diese ganze positive Suche nach den Extremen.“[87]

---

86 „Inferno e paradiso. L‘uomo pensa sempre tra questi estremi.“ Kounellis im Gespräch mit der Autorin, Niccone, 17.3.2009. Aus dem Italienischen von Carolin Angerbauer.

87 „E 'già nella parola 'poesia'; Essa deriva dal greco 'poiein', cioè, fare. Così abbiamo voluto fare in quel momento ciò che mancava. Quello che c‘era era la consapevolezza che ci fosse un bisogno urgente di una verità alternativa. Abbiamo lavorato su questo. Pertanto, vi è stata questa ricerca molto positiva su gli estremi.” Ebd; aus dem Italienischen von Carolin Angerbauer. Dass Paradiesvisionen und Freiheitsutopien speziell die Situation zu Beginn der 1960er Jahre charakterisieren, betont auch Hans Dickel in seinem Aufsatz: „Arte Povera. Von Herbert Marcuse zur Toskana-Fraktion“, in: Kunstchronik, 7, Juli 2001, S. 317-323, hier S. 317.

Zur Ausstellungseröffnung im November 1967 sitzt in der Galerie L´Attico in Rom ein großer roter Ara angekettet auf einer kleinen Eisenstange, die aus einer monochrom grau bemalten Eisenplatte ragt (*Senza titolo*, 1967; Abb. 1). Material und Form könnten gegensätzlicher nicht sein: Eine einfache rechtwinklige Eisenplatte, davor das exotisch bunte, kostbare lebende Tier. Kounellis' Begriff der Ganzheit („totalità") wird schlagartig evident. Organisches und Anorganisches, Buntes und Einfarbiges, Biomorphes und Geometrisches fügen sich zum spannenden Gesamtbild. Ausgestopft hätte der Papagei nur Symbolfunktion. Leben bedeutet aber Realität. Durch die Art und Weise seines Einsatzes wird der Papagei zur Realmetapher.[88] Nicht im einzelnen Material (vgl. Beuys, Kap. II.4.) wird die Polarität thematisiert, sondern im Gesamtbild von Eisenplatte und Vogel. Kounellis integriert die einzelnen Elemente zu einem Bild. Er geht von der Bild-Vorstellung aus, da er sich immer als Maler versteht. Erlebnishaft entfaltet er mit dem exotisch bunten Vogel eine sinnliche Intention und erzeugt aus der Widersprüchlichkeit der Empfindung einen in den Gegensatz der Materialien transponierten Erkenntnisakt, in dem – bei aller Poesie – das kritische Bewusstsein des Künstlers deutlich zutage tritt. Der teure, domestizierte Vogel krächzt und plappert alles, wozu er Lust hat; wann und vor wem ist höchst beliebig. Der Papagei ist Realsatire, Karikatur der menschlichen Gesellschaft und Reminiszenz an eine verlorene intakte Natur. Das lebendige Tier ist ein Attribut von Wirklichkeit, das der Künstler mit dem konzeptuellen Medium der

[88] Ammann, in: Jannis Kounellis, hrsg. von Jean-Christophe Ammann u. Marlis Grüterich, Kat. Kunstmuseum Luzern 1977, o. S.

einfarbigen Bildplatte symbiotisch verschmilzt.[89] Auf diese Weise bricht er die Starrheit der bildlichen Darstellung auf und die Arbeit erhält etwas Bewegtes, Fließendes („fluidità"). Der 'Fluss' im Denken Heraklits scheint auf und Kounellis zeigt ihn in der Bewegung des Tieres als irrationales Moment der Befreiung.

Zusammen mit dem Papagei zeigt Kounellis im selben Galerieraum noch zwei weitere Werke, einen Eisenbehälter mit Baumwolle (*Senza titolo*, 1967; Abb. 1) und acht niedrige Eisenbecken, die mit Erde gefüllt und zum Teil mit Kakteen bepflanzt sind (*Senza titolo*, 1967; Abb. 1). Der Eisenbehälter besteht aus vier einzelnen Eisenplatten, die nach oben schmaler werden und in einer sockelartigen Basis Halt finden. Die Platten stoßen nicht aneinander; an den Ecken lassen sie jeweils einen Spalt frei, so dass die im Behälter befindliche Baumwolle nach außen quellen kann. Auch hier spielt der Künstler wieder im System zwischen organisch-anorganisch, lebendig-tot, weich-hart, warm-kalt, schwer-

---

89 „La simbiosi accentua il processo di liberazione. Infatti dall'innesto di 'presenze visivotattili' (siano esse segni che, materiali, vegetali o animali) sino a tramiti di natura concettuale (siano essi supporti che larvatamente si riferiscono allo spazio euclideo, siano essi 'elementi', ascrivibili alla traduzione filosofica come il fuoco eracliteo) nascono nuove possibilità di convivenza di due termini convenzionalmente antitetici: Idea e materia. " Claudio Cintoli: „Se sono cavalli sono Kounellis ", in: Jannis Kounellis, kurat. von Germano Celant, Kat. Musei Comunali Rimini, Mailand 1983, S. 66. Erstmals publ. in: Cartabianca, Rom, 15.5.1969. [„Die Symbiose verstärkt den Prozess der Befreiung. Durch den Einsatz sicht- und greifbarer 'Realitäten' (seien es materielle, pflanzliche oder tierische Zeichen) bis hin zu Mitteln konzeptueller Natur (seien es Trägerstrukturen, die sich indirekt auf den euklidischen Raum beziehen, seien es 'Elemente', die sich aus der philosophischen Überlieferung herleiten wie das Feuer des Heraklit) entstehen neue Möglichkeiten für die Koexistenz zweier Begriffe, die normalerweise antithetisch sind: Idee und Materie." Aus dem Italienischen von Carolin Angerbauer].

leicht, hoch-tief. Natürliche, organische Materialien, Baumwolle und Kakteen stehen harten, anorganischen Eisenbecken mit strenger stereometrischer Form gegenüber. Auf polemische Art und Weise wird die lebendige Natur der toten Natur drei Mal gegenübergestellt, Kakteen und Eisencontainer, Papagei und Eisentafel, Baumwolle und Eisenplatten. In der Auswahl des meist spröden, aber kulturell befrachteten Materials charakterisiert die Kategorie des Authentischen die Suche der Arte povera-Künstler nach Wahrheit. Ob bildhafte oder theatrale Inszenierung (vgl. Kap. IV.1.), immer tritt in den heterogenen Materialien die Natur selbst in Erscheinung. Typisch für Kounellis ist die Auswahl der einzelnen Elemente aus dem materialästhetischen Fundus der Arbeitswelt wie z. B. Wolle, Eisen oder Kohle. Die schon erwähnten Arbeiten von 1967 sind der Beginn einer Werkreihe, in der Kounellis den Gegensatz von Struktur („struttura") und Sensibilität („sensibilità") in der Komposition heterogener Materialien durchspielt. „Dieses, das Gesamtoeuvre von Kounellis prägende Begriffspaar, ist aber nicht nur als bildnerische Intention zu verstehen, sondern vielmehr noch als Konsequenz eines gesellschaftlichen Verhaltens".[90] Kounellis erklärt:

> „Warum Erde und Kaktus? Aber genau deswegen, um sie in Widerspruch zu der Struktur zu setzen, um eine Kritik am System anzubieten, um dem Künstler zu erlauben, ausreichende Freiheit zu besitzen, jedwede Sache, die geschieht, zu kommentieren. Das ist die Kreativität, bestimmt durch dieses Bewusstsein. Auf jeden Fall laufen die Kunst und die Geschichte parallel und sind nicht unabhängig voneinander, im Gegensatz zu dem, was die idealistische Tradition glaubte. Ich will

---

[90] Ammann, Kat. Kounellis, Luzern 1977, o. S.

> einen kritischen Dialog anregen, der von einer politischen Betrachtung ausgeht, politisch im Sinne von Politik der Kunst“[91]

Aus diesem gesellschaftspolitischen Denkansatz resultiert das irritierend und provozierend Skandalöse, dem sich der Betrachter ausgesetzt sieht, wenn der bunte Papagei in der kalten Umgebung des Eisens plötzlich loskrächzt oder eine Gasflamme emporzischt am menschlichen Fuß (vgl. Kap. V.1.). Kounellis' Materialkombinationen thematisieren die Komplexität und Widersprüchlichkeit des modernen Naturverhältnisses und beschreiben in ihrer Gegensätzlichkeit die Konfliktsituation substantiell. Poesie und Kritik als gegensätzliche Prinzipien der Realisation entsprechen der Mentalität dieses Künstlers, seiner Art des Denkens. Sie sind der Nährboden des Paradoxen und Skandalösen im Werk von Kounellis.

---

[91] „Perché la terra e i cactus? Ma proprio per mettere in contraddizione la struttura. Proprio per offrire una critica al sistema, per permettere all'artista di avere sufficiente libertà di commentare qualsiasi cosa succeda. E la creatività è questo, fissa questa consapevolezza. Per un verso l'arte e la storia corrono parallelamente e non sono indipendenti l'una dall'altra, al contrario di quanto credeva la tradizione idealista. Vorrei incitare un dialogo critico che parte da una considerazione politica, politica nel senso di politica dell'arte." Kounellis im Interview mit Willoughby Sharp, Sommer 1972; in: Kat. Kounellis, Rimini 1983, S. 98; erstmals publiziert als „Structure and Sensibility: An interview with Jannis Kounellis“, in: Avalanche, 5, Sommer 1972, S. 16-25; dt. in: Ruhrberg 1992, S. 249.

II.2. Luciano Fabro

Nach den Kriegsjahren 1959 aus dem Friaul nach Mailand gekommen, trifft der junge Autodidakt Luciano Fabro auf Künstler wie Lucio Fontana und Piero Manzoni, die bereits die traditionellen Erscheinungsformen von Bild und Skulptur überwunden haben. Ab 1963 entstehen erste eigene bildhauerische Werke und parallel dazu – fast immer im Anschluss an die physische Arbeit – theoretische Abhandlungen. Im Folgenden soll gezeigt werden, dass in der Dualität von objekthaftem und theoretischem Werk der spezifische Ansatz Fabros zutage tritt, der ihn deutlich von den anderen Arte povera-Künstlern unterscheidet, mit Beuys dagegen auffällig verbindet. In der frühen programmatischen Schrift von 1963 *La mia certezza: il senso per la mia azione (Pseudo-Bacone)* gibt er in Anklang an Francis Bacon seine „Gewissheit: den Sinn für sein Tun" kund.[92] Den zeitgeistigen Utopien entsprechend möchte er als Künstler neue Instrumente zur geistigen Anregung des Menschen entwickeln. Er forscht, um die Ordnung der Dinge zu entdecken anstelle ihrer Wesenheiten, um die Ursachen aus den Wirkungen zu erschließen, um dann an die Stelle des erfinderischen Zufalls die angemessene Methode

---

92 Der Text ist im ital. Original und in der dt. Übersetzung abgedruckt in: Luciano Fabro, Kat. Museum Folkwang Essen; Museum Boymans van Beuningen Rotterdam, Florenz 1981, S. 7. Fabro bezieht sich hier auf die Aussagen des engl. Philosophen und Juristen Sir Francis Bacon, später italienisiert zu Francesco Bacone (1561-1626), und dessen moderne, induktive Methode, wissenschaftliche Prozesse logisch zu systematisieren. Ein Buch des Schriftstellers ist Fabro in die Hände 'gefallen', als er in der Mailänder Bibliothek arbeitete; vgl. Fabroinopera. Luciano Fabro, hrsg. von Buno Corà, Kat. Palazzo Fabroni, Pistoia, Mailand 1994, S. 49 und Kap. III.2. vorliegender Arbeit.

setzen.[93] Dazu legt sich Fabro in seiner Arbeit auf keine verbindliche, beengende Methodologie fest, sondern sucht die sich abzeichnenden Probleme von wechselnden Standpunkten anzugehen.

Im Herbst des Jahres 1968 findet in Amalfi die zweite Ausstellung der Arte povera-Gruppierung statt, die Celant im Jahr zuvor erstmals zusammengeführt hatte. Luciano Fabro ist daran auch beteiligt, u. a. mit der Arbeit *Felce* (1968; Abb. 2)[94]. Auf ein eiförmig-lanzettlich ausgeschnittenes Bleiblech ist das fiederblättrige Endstück eines getrockneten Farnwedels montiert und mit einer Kristallglasplatte auf die Unterlage gepresst. Der schmale, ungleichmäßig wellenförmig aufgebogene Blechrand gibt dem Glas Halt und macht es auch möglich, das Objekt hochkant an die Wand zu stellen. Zeichenhaft liegt der Farnwedel in der Fläche des 'Blechblattes' analog der Äderung eines gewöhnlichen Laubblattes und transportiert die Idee eines fließenden und versorgenden Systems, dem Anspruch der „fluidità" von Kounellis eng verwandt. Das organische Blattmaterial kontrastiert mit dem Metall, die bildhaft transportierte Bewegung mit dem statisch schweren Blei. Materialkanon und Natur-Kultur-Polarität decken sich insoweit phänomenologisch mit den typischen Merkmalen der Arte povera. Doch anders als Kounellis geht es Fabro bei der

---

93 Fabro, in: Kat. Fabro, Essen/Rotterdam 1981, S. 7.

94 Die Ausstellung *Arte povera +Azioni povere* (4.-6.10.1968) in Amalfi, in der Fabro neben der Arbeit Felce auch Italia d'oro ausstellte, war der erste Einschnitt in seine „Karriere" innerhalb der Gruppe: „Die Ablehnung meiner Arbeit [war] bereits total. Das war dann auch er Grund, warum ich dann nicht zu den wichtigen Ausstellungen in Bern und Amsterdam eingeladen worden bin." Fabro im Interview mit Martin Schwander, in: Luciano Fabro, hrsg. von Martin Schwander, Kat. Kunstmuseum Luzern, Basel 1991, S. 205.

Kombination von organischem und anorganischem Material nicht um lebendig und tot, nicht um eine Vermählung des Gegensätzlichen, sondern um den Ursprung von Strukturen. Wenn er betont, dass bei ihm das Werk selbst aber nicht durch eine grundsätzliche Widersprüchlichkeit charakterisiert sei, so bezieht er sich auf die Ausgangssituation für die Entstehung eines Werks.[95] Sie hat eindeutig zu sein; nach Fabro liegt eine Art ethische Verantwortung darin, dem Werk eine möglichst objektive Sprache und semantische Struktur zu geben. Er fordert Korrektheit im Zitieren semantischer Strukturen, nicht Widersprüchlichkeit. Material und Form stehen im Dienst des Wesentlichen: Wie lässt sich mit dem Gegebenen, der Dinghaftigkeit des Objekts, das Bewusstsein erweitern, das Bewusstsein für Dinge, Umwelt und die menschliche Gesellschaft. Kunst als Medium zur Aneignung von Welt könnte Fabros Devise lauten. Dazu entwickelt er Formen aus dem Material, ähnlich wie Eva Hesse oder Robert Morris.[96] In Fabros Werk kontrastieren nicht die Materialien, sondern – wie häufig auch bei Beuys – das Material mit der Form. Aber in großem Unterschied zu ihm und den anderen Arte povera-Künstlern bearbeitet er auch edle klassische Materialien wie Marmor, Glas, Bronze, Gold mit hohem Anspruch an die handwerklichen Fertigkeiten des Bildhauers und überrascht den Betrachter immer wieder mit raffiniert entwickelten Formen. Sie belegen ein hohes Maß an Beobachtungsgabe, an Naturerkenntnis und technischen Fähigkeiten gepaart mit stilsicherem Ausdruck und dem

---

[95] Fabro im Interview mit Rudolf Schmitz: „Das Werk wird zum Subjekt. Interview mit Luciano Fabro“, Mailand 1997, in: Kat. Slg. Goetz 1997, S. 94.

[96] Doris von Drahten, in: Kunstforum International, 1989, Bd. 103, S. 114.

Bemühen, Ideen zu realisieren. Während Anselmo die Einfachheit der Herstellung betont, schafft Fabro eine Skulptur im klassischen Sinn des Gisant. In der Arbeit *Lo Spirato* (*Der Ausgehauchte*, 1968/73; Abb. 3), einer lebensgroßen Grablegefigur aus weißem Marmor, lässt er gleichsam den Körper verschwinden. Nur der Ansatz der Hüfte, Beine und Füße zeichnen sich unter dem eleganten Faltenwurf des Leintuchs ab. Oberkörper und Arme sind nicht mehr zu sehen. Das leere Kissen, zeigt nur noch den Abdruck des Kopfes.

> „Ich setzte also das Volle, gegeben durch den Abdruck des Körpers, in Beziehung mit dem Leeren, gegeben durch das Bettlaken, das zurückbleibt, sozusagen im Zustand des Fallens. Mich interessierte dieser Übergang zwischen dem Vollen und dem Leeren und alle damit verbundenen Probleme. Deshalb trägt diese Marmorskulptur auch zwei Titel. Der zweite lautet: Dal pieno al vuoto senza soluzione di continuità."[97]

Motivisch erfüllt Fabro aber nicht die Erwartungen des Betrachters. Die irritierende Form der Ausarbeitung und das gleichzeitige Spiel mit Leere und Fülle verleiht seiner Arbeit insgesamt etwas Doppeldeutiges. Gegensätzliches beschäftigt Fabro nur insofern, als ihn Wechselwirkungen interessieren, die dem Material immanent sind. Materie möchte er als Künstler so behandeln als wäre sie immateriell und das Immaterielle so als wäre es materiell.[98] Er sagt, er

---

97 Ebd. Die hier angeführte Übersetzung der Inschrift „Vom Vollen zum Leeren ohne Lösung des Zusammenhangs" ist m. E. treffender übersetzt in: Kat. Fabro, Essen/Rotterdam 19, S. 64: „Vom Vollen zum Leeren ohne Unterbrechung [der Kontinuität, Anm. d. Verf.]".

98 Fabro im Gespräch mit Studenten „Die Schachtel", in: Luciano Fabro: Aufhänger, Köln 1983 S. 230f.

habe deshalb nach Materialien gesucht, die in ihren physikalischen Eigenschaften ‚menschliche Erfahrungen' widerspiegeln, Eigenschaften wie Elastizität, Leuchtkraft, Transparenz oder Reflexion.[99] In der erwähnten Ausstellung von 1968 wird am Beispiel von *Italia d'oro* (1968/1971; Abb. 4) Fabros Differenz in der Gewichtung von Material und Form gegenüber den Kollegen der Arte povera deutlich. Es ist der Anfang einer thematischen Serie von *Italia*-Arbeiten, in denen er die populäre Stiefelsilhouette der italienischen Halbinsel in unterschiedlichen Materialien (Glas, Leder, Fell, verschiedene Metalle, Gold) auf ihre epische Qualität hin durchspielt und die er erst 1981 beenden sollte. *Italia d'oro* ist aus Bronze gegossen und vergoldet. Ein Seil um den Rist des 'Fußes' geschlungen, hängt der italienische Stiefel waidwund da.[100] Fabro zeigt sein Italien kopfunter, aufgehängt wie ein Hase zur Häutung. Die geradezu biomorphe Oberflächenstruktur unterstützt diesen Eindruck, wäre da nicht das Gold, das die ganze Form überzieht und vom Gegenteil kündet. Alle Schönheit, aller Reichtum Italiens wird ausgegossen wie aus einem Füllhorn. Wie *Felce*, das die Natur im Schrein hinter wertvollem Glas zeigt, ist auch *Italia d'oro* eine frühe Exposition des Schönen schlechthin, eine Betonung des Sinnlichen, ausgehend vom Material.

Mit den *Italie*-Arbeiten stellt Fabro auch die Frage nach der Gültigkeit gesellschaftlicher Ordnung. Hans Dickel schreibt

---

99 Fabro, Artist's statement, Vismara Arte Contemporanea, Mailand 1965, zit. nach: Carolyn Christov-Bakargiev: Arte povera, London 1999, S. 245. Und vgl. Frances Morris, in: Luciano Fabro, Kat. Tate Gallery London 1997, S. 12.

100 „Una forma appesa è sempre una forma poco autoritaria." Fabro, Vademecum, in: Fabro Lavori, 1987, S. 182. [„Eine aufgehängte Form ist immer eine Form mit wenig Autorität." Dt. in: Fabro, Aufhänger, 1983, S. 263].

dazu: „Es handelt sich bei den Arbeiten um eine subtile Störung semiotischer Systeme, die sich über die Materialität seiner Werke vermittelt: Insofern sie Begriffe, Motive inadäquat verkörpern, provozieren sie ein heilloses Durcheinander für die Wahrnehmung von Sinn und Sinnlichkeit."[101] Zur Evidenz im Werk Anselmos ist dies eine diametral entgegengesetzte Position. Tautologische Arbeiten, z. B. *Davanti, dietro, destra, sinistra: Cielo, Tautologia* (Abb. 5) dienen Fabro in der Frühphase (1963-1968) als diagnostische Mittel zur Schärfung der Wahrnehmung der Differenz, der Differenz von Theorie und Praxis, von Idee und Ding. Analytisch zerlegt Fabro sein Tun in den gedanklichen Aspekt und den der praktischen Durchführung. Die künstlerische Arbeit intendiert die Aufdeckung eines dualistischen Prinzips, Resultat von Denken und Erfahrung. Der dem Bild in dem Begriff Tautologie mitgegebene Untertitel verweist auf die logische Allgemeingültigkeit des Zusammengehörens von Aktion und Gegenstand, von Formwerdung und Material. Aktion und autonomes Ding drücken also zweimal dasselbe aus. Ist die Arbeit qualitativ gut, enthält sie die geistige Auseinandersetzung im künstlerischen Medium. Sie ist tautologisch, sie spiegelt Identität und zeugt von Einheit. Werner Oechslin schreibt, dass Fabro an das Kunstwerk als Denken glaubt, als geistige Leistung im weitesten Sinn, die sich aus praktischem Handeln und vernünftiger Überlegung zusammensetzt.[102] Sein Tun zielt auf das Ganze, auf Zusammenführung und Integration. Isolierende reduktionistische Untersuchungsmethoden schließt er aus. In diesem

101 Dickel, in: Kunstchronik, 7, 2001, S. 322.

102 Oechslin, Werner: „Luciano Fabro: Arte come pensiero", in: Luciano Fabro: Kunst wird wieder Kunst. Arte torna Arte, Bern/Berlin 1990, S. 149.

Ansatz sind Fabro und Beuys sich geistig sehr nah.

Fabros Werk ist aber nicht das Resultat abstrakter Erkenntnisprozesse. Vielmehr entwickelt er seine Arbeit aus Beobachtungs- und Wahrnehmungssituationen heraus, die er ständig zu verbessern sucht. Hierin gleicht er einem Verhaltensforscher, der aus dem Schutz seines leicht beweglichen Tarnzeltes heraus ein Biotop betrachtet und das beobachtete Geschehen immer besser verstehen will (vgl. Kap. IV.2.). Es geht um die Gegenwart, ihre Wahrnehmungsbedingungen und -bezüge. Bei Fabro führt dies konsequenterweise zu ästhetischen Diskursen über individuelle und kollektiv gesellschaftliche Lebensaspekte. Er macht der Gesellschaft in seinem Werk dinghafte und schriftliche Mitteilungen über seine Beobachtungen und Schlüsse, über seine Aufmerksamkeit für das Leben. Daher rühren seine Kriterien und Ikonographien, um der Gesellschaft zu sagen, ob ihre gegenwärtige Lebensordnung sich dazu eignet, neue künstliche Ordnungen in Entsprechung zur Naturordnung zu produzieren oder nicht.[103] Wenn Fabro von Gesellschaft spricht, ist weniger der Staat gemeint als eine Gesellschaft der Individuen, die Anspruch auf Identität mit sich selber haben. Es verwundert daher nicht, dass Fabro seine Beobachtungen und Erkenntnisse intensiv als Lehrer an der Accademia di Belle Arti di Brera in Mailand vermittelt hat. Auch dies eine wichtige Gemeinsamkeit mit Beuys.

---

103 Grüterich, in: Kat. Köln 1983, S. 40.

II.3. Mario Merz

Apodiktisch formuliert Mario Merz 1981, dass er mit dem Bau eines Iglus die Notwendigkeit verfolgt, etwas herzustellen, das sich grundsätzlich antithetisch zu den aktuellen Modellen der Gegenwart in Gesellschaft, Politik und Kunst verhält.[104]

Auf die Kunst beschränkt bedeutet dies, dass sich in seinem Werk seit Ende der 1960er Jahre vielfältige Materialkombinationen finden, die schon vordergründig diesen dialektischen Ansatz bestätigen. Leuchtende Neonröhren brechen durch feste Formen wie Glasflaschen oder Regenmäntel, Früchte reifen auf Glastischen, Reisigzweige unterbrechen Glas- und Eisenkonstruktionen, Erde bedeckt Eisengestelle. Es ist ein Nebeneinander von organischen und anorganischen, weichen und harten, lebendigen und toten Materialien. Einerseits sind es marginale Objekte, die einen Bezug zum Menschen und seinen elementaren Körperfunktionen haben. Die Flasche 'spricht' vom Trinken, der Tisch vom Essen, der Nachttopf vom Urinieren, der Regenmantel vom Anziehen und ein Regenschirm vom Nasswerden. Auf der anderen Seite steht im Werk die kalte technologische Ausstrahlung des Neonlichts als abstraktes malerisches Element und erster Hinweis auf Immaterialität.[105] An einer Linie des Dialektischen[106] entlang verlaufe dieses Werk, kommentiert Celant 1989 im New Yorker Katalog und sieht in den

---

104 „You have to construct in a way that is antithetical to present-day models." Merz, in: Kat. Merz, New York 1989, S. 25.

105 Celant, in: Kat. Merz, New York 1989, S. 23.

106 „Everything moves along a line of dialectics", Celant, in: Kat. Merz, New York 1989, S. 23.

kombinierten Gegenständen, die Merz oft zufällig findet[107], Zeichen einer historisch begründeten Doppeldeutigkeit, zwischen Bewusstem und Unbewusstem, Materiellem und Immateriellem, Sein und Nicht-Sein.[108]

Mario Merz ist wie Fabro Autodidakt. Wie Kounellis hat er als Maler begonnen. Sein erstes Bild entsteht 1945 im Gefängnis, in dem er wegen antifaschistischer Aktivitäten einsitzt. Ohne je den Stift abzusetzen, zeichnet er das Porträt eines Zellengenossen. Nach der Freilassung wechselt er schnell das Sujet, geht hinaus in die Landschaft und zeichnet Pflanzen.[109] Anfang der 1950er Jahre intensiviert er seine malerische Arbeit. Erste große Bilder entstehen, wie z. B. *Foglia* (1952), die sich im Verlauf von weiteren zehn Jahren zu kiloschweren Farbobjekten wandeln (z. B. *Crostaceo*, 1963). Ab 1966/67 kommen erste skulpturale Objekte dazu, Arbeiten mit Alltagsgegenständen und Neonlicht. Den Wechsel von der Leinwandarchitektur zur Architektur der nomadischen Iglu-Behausung erklärt Mario Merz aus einer tödlichen Langeweile heraus. Die Rechtwinkligkeit der Bilder habe ihn genervt. Und so sei die Idee des Iglus immer präsenter geworden, die Idee einer Form ohne (rechte)

---

107 „[...] the material are chosen from one time to the next, dictated by fate, by the location, by the adjacency of other elements, by the plants [...]." Merz, in: Kat. Merz, New York 1989, S. 25.

108 „Both posses ample virtualities of signification between conscious and unconscious, material and immaterial, being and nonbeing. [...] the legacy of an ambiguity sought by historical vanguards from Pablo Picasso to Marcel Duchamp, from Kurt Schwitters to Salvador Dalì." Celant, in: Kat. Merz, New York 1989, S. 23.

109 Merz im Interview mit Celant, 1971, in: Mario Merz, kurat. von Germano Celant, Kat. Palazzo Congressi ed Esposizioni, Repubblica San Marino, Mailand 1983, S. 50; erstmals publ. in: Domus, 499, 2, Juni 1971, S. 47.

Winkel.[110] Merz vollzieht seinen 'Ausstieg aus dem Bild', indem er den Boden – ähnlich wie Kounellis die Leinwand – gleichsam anhebt und modellhaft eine Urform der Behausung entwickelt (vgl. Kap. IV.4.). Im März 1968 zeigt er in der Galerie Arco d'Alibert in Rom eine der frühesten Realisationen, den *Igloo di Giap* (1968; Abb. 6).[111] Ein hemisphärisches Eisengestell ist mit Maschendraht überzogen und darauf sind wie Bausteine kleine, in Plastikfolie eingewickelte Erdpäckchen gepflastert.[112] Ein Artefakt mit der Anmutung einer ephemeren Behausung, mit einer durchlässig erscheinenden Hülle und doch stabil auf der Erde verankert. Als Botschaft aus einer anderen Welt entspringt am Scheitelpunkt der sphärischen Form ein kaltes Licht, im Neonröhrenspruchband gefangen und sich spiralig, der Schwerkraft folgend nach unten ziehend. In Majuskeln zitiert hierin Merz eine strategische Erkenntnis

---

110 „Quello che mi dava enormemente fastidio erano gli angoli, e allora è venuta fuori questa idea di Giap. Era senza angoli. La scritta di Giap era senza angoli ed è venuto fuori l'igloo. L'igloo come idea del non angolo. Non c'era più l'angolo." Merz im Interview mit Celant, 1971, in: Kat. Merz, San Marino 1983, S. 44.

111 Celant behauptet 1979 von dem Iglu *Objet, cache-toi* (1968), der erste zu sein; vgl. Germano Celant: „The artist as a nomad", in: Artforum, 18, 1979, Nr. 4, S. 53-58, hier S. 54; für die genaue Rekonstruktion der Ausstellungen der beiden Iglus siehe Glas 1998, S. 50: Beide Iglus wurden 1968 zum ersten Mal ausgestellt. Da das *Igloo di Giap* aber bereits im März in Rom und im September auf der Ausstellung *Prospect 68* in Düsseldorf gezeigt wurde, ist es für die vorliegende Diskussion von größerem, weil internationalerem Interesse.

112 Hierbei handelt es sich um eine der drei Versionen des Giap Iglus. Während auch die zweite mit Lehmpäckchen in Plastikfolie bausteinartig verkleidet ist, waren bei der dritten auf dem Drahtgeflecht des Metallgestells wieder Lehmklumpen angebracht, die dort trockneten und eine sehr spröde und unregelmäßige Oberfläche hervorriefen. Vgl. Christov-Bakargiev 1999, S. 55.

des Vietcong-Generals Giap, mit dessen Namen als Signatur die Neonschrift endet: „Se il nemico si concentra perde terreno se si disperde perde forza. Giap".[113] Die Iglus von Merz sind Ausdruck eines dualistischen Ansatzes[114], Sinnbilder elementarer Form und geistiger Raum, Ort des Denkens und der Phantasie zugleich (vgl. Kap. IV.4.), Modell für die Anfänge einer Kultur, die noch halb Naturzustand ist.

> „Der Iglu ist eine Synthese, ein komplexes Bild, weil ich die elementare Vorstellung des Iglus, die ich in mir trage, auf die Folter spanne. Ich glaube der Iglu hat zwei Seiten, eine konkrete und eine eher gedankliche."[115]

Drei Aspekte mögen diese Dualität verdeutlichen:

1) Material und Hülle: Für die Gestaltung der Raumhülle seiner Iglus wählt Merz polares Material. Einmal greift er zu

---

113 „Wenn der Feind sich konzentriert, verliert er an Land, wenn er sich zerstreut, verliert er an Kraft. Giap"; dt. Übersetzung bei Glas 2000, S. 51.

114 Graevenitz prägt diesen „dualistischen" Begriff für Merz in: Kat. Vaduz 2003, S. 219. Der „Dualismus" ist in der Philosophie die These von der Existenz von zwei einander ausschließenden Arten von Entitäten, d. h. Erscheinungsformen. In der traditionellen Philosophie wird davon ausgegangen, dass es sich dabei um materielle und immaterielle Arten handelt. Siehe dazu auch Descartes' klassische Argumentation, dass Körper und Geist getrennt sein könnten (*Meditationes de prima philosophia)*. Aber im sprachlichen Gebrauch werden auch begriffliche Systeme dualistisch genannt, die genau zwei sich ausschließende Allgemeinbegriffe gegenüberstellen, z. B. warm – kalt. Vgl. Wolfgang Nieke, Art. „Dualismus", in: Historisches Wörterbuch der Philosophie, Bd. 2, 1972, Sp. 297-299.

115 Merz im Interview mit Ammann/Pagé, in: Mario Merz „Wenn die Natur Natur ist, was sind dann wir, was ist die Kunst", Kat. ARC Musée d'Art Moderne de la ville de Paris; Kunsthalle Basel, Basel 1981, o. S.

kristallin anorganischen Stoffen. Dazu gehören der Lehm und die Stein- oder Glasplatten. Wachs und Reisig entnimmt er dagegen als Baumaterial dem Reich des Organischen. Seine Materialwahl erinnert stark an entsprechende Prinzipien im Werkschaffen von Kounellis.

2) Form: Die Kalottenform des Iglus ist nicht nur physische Analogie einer primitiven Behausung, die sich schnell errichten und wieder abtransportieren lässt, sondern signifikante Form des menschlichen Schädels. Spricht man in der naturwissenschaftlichen Tradition westlicher Prägung vom Urmenschen, fällt den meisten Zeitgenossen spontan der Neandertaler ein. Was ihn bis heute wesentlich charakterisiert und seine Zuordnung zur Gattung Homo wissenschaftlich sichert, ist die flache Kalottenform des lange Zeit einzigen Knochenfundstücks, das (italienische) Steinbrucharbeiter 1856 im Neandertal bei Düsseldorf zu Tage förderten.[116]

3) Provisorium und Permeabilität: Die Hülle der Merzschen Iglus ist als Schutzhülle unbrauchbar. Der Bau erscheint schnell und provisorisch errichtet, und ist nicht begehbar. Ungleichmäßig gebrochene Glas- und Steinplatten, schrundige Lehmkrusten oder lockere Reisigbündel lassen Wind und Wasser durch. Lose sind die Platten aneinandergelehnt. Nur Kitt und primitive Befestigungs-klemmen geben manchmal Halt. Merz transportiert damit medial die Beweglichkeit und Unruhe nomadischer Existenz

---

116 Der Steinbruchbesitzer Wilhelm Beckershoff übergab nach dem Fund die Knochenfragmente an den Naturforscher Johann Carl Fuhlrott für nähere Untersuchungen. Dieser erkannte in den Überresten Fragmente eines fossilen Menschen. Spätere Untersuchungen und Vergleichsfunde bestätigten dies. Vgl. Ausführungen von Jan Ahlrichs unter http://www.praehistorische-archaeologie.de/wissen/die-steinzeit/mittelpalaeolithikum/kleine-feldhofer-grotte/ (Stand: 20.9.2013).

und – parallel – in der porösen Durchlässigkeit die Möglichkeit zum Stoffaustausch zwischen Innen und Außen.[117] Die permeable Membran lässt Atmung zu, stoffliche und geistige Energie in beide Richtungen fließen. Innen- und Außenraum sind gleich wichtig und gleich wertig.

In einem Gespräch zum *Igloo di Giap* verdeutlicht Merz die antithetisch wirksamen Kräfte, die Rückbindung zwischen Natur und Kultur, Körperraum und Denkraum (vgl. Kap. IV.3.) mit einem Bild aus der Biologie:

> „Es ist wie mit dem Pulsschlag oder der Atmung. Wenn du dich auf die Atmung konzentrierst, spürst du, dass das Ein- und Ausatmen zwei unterschiedliche antithetische Kräfte sind, die aber notwendigerweise in Beziehung zueinander stehen. So bringt der Satz [des Generals Giap; Anm. d. Verf.] eine wirtschaftliche, politische, kulturelle und körperliche Beziehung zum Ausdruck. Es handelt sich um eine sehr kontrollierte Atmung. Damals atmete das Militär und das Volk dieser Nation auf diese Art und Weise, nämlich politisch."[118]

---

117 Zu den komplexen Bezügen aus Ruhe und Bewegung siehe Graevenitz, in: Kat. Vaduz 2003, S. 217. Sie führt die Ausstellung in den Hamburger Deichtorhallen an, in denen Merz räumliche Ähnlichkeiten zu einer Basilika geschaffen hat. Dort wo sich in der Kirche Altar bzw. Apsis befinden, steht bei Merz ein konischer Glastisch und ein Iglu. Der gläserne Iglu ragt aus dem gläsernen Konus heraus.

118 „È come una pulsazione o un respiro. Se ti concentri sulla respirazione senti che l'inalazione e l'esaltazione sono due forze antitetiche che però sono necessariamente in relazione l'una con l'altra. In questo modo la frase esprime una relazione economica, politica, culturale e fisica. È una respirazione molto controllata. In quell'epoca l'esercito e il popolo di quella nazione respiravano in questo modo, politicamente." Merz im

Im Bild des Iglus windet sich die politisch militärische Aussage des Generals Giap an der Stelle aus dem hemisphärischen Raum, an der im menschlichen Körper die Fontanelle sitzt, eine Öffnung im Schädeldach, der in vielen Kulturen eine besondere Bedeutung im Austausch mit übersinnlichen Kräften zukommt. Dieses Prinzip des Austauschs verknüpft Merz stets mit dem Prinzip des Wachstums und der Proliferation im Bild der Spirale oder – in anderen Arbeiten – der Reihung der Fibonaccizahlen (vgl. Kap. III.3. und IV.3.). Celant fokussiert auf den politischen Anspruch, den Merz mit dem Vietcong-Zitat verfolgt. Er sieht den dialektischen Ansatz im *Igloo di Giap* darin, dass Giap und der Künstler selbst nicht nur im Sinn von Gewalt denken, sondern im Sinn von Kraft – in einer dialektischen Beziehung zu Feind und Kontext.[119] Dualistisches Denken, aber mehr noch das Denken in Äquivalenten, gehöre zu Merz' Sinn für Dialektik, meint Graevenitz. Für Mensch, Tier und Pflanze sehe Merz auf verschiedenen Denkebenen Übereinstimmungen und Ähnlichkeiten, es gelte nur, „ihre Entsprechungen zu erkennen."[120]

In zwei Räumen des Gefängnisses von Pescara installiert Merz 1976 die Arbeit *Isola della frutta* (Abb. 7), einen später in vielen Varianten wiederholten, spiralförmigen Tisch.[121] Auf einem Gestell aus Eisen, darauf Glas- und Steinplatten, arrangiert Merz unterschiedliches Obst und Gemüse, Trauben, Äpfel, Zitronen, Kürbis, Fenchel, etc., Saisongemüse in üppiger Fülle. Zwischen die Früchte stellt er

---

Interview mit Bartolomeo Pietromarchi, in: Ders.: Mario Merz. Igloo, Rom 2001, S. 6. Aus dem Italienischen von Carolin Angerbauer.

119 Celant, in: Kat. Merz, New York 1989, S. 26.

120 Graevenitz, in: Kat. Vaduz 2003, S. 219.

121 Christov-Bakargiev 1999, S. 121.

Wassergläser mit Blumen. In den Zwischenräumen der Tischplatten ist Platz für vertikal eingeschobene Reisigbündel. An einigen Stellen leuchten aus dem Obst und Gemüse Fibonaccizahlen heraus, deren Neonröhren senkrecht auf kleinen Kittkegeln montiert sind.[122] Die Materialdialektik entspricht den Igluversionen. Analog stehen sich organische und anorganische Materialien gegenüber, formal sind die Früchte weich und vergänglich – Sinnbild der Realität –, die Tischplatten kantig und hart. Die spiralig ausgreifende Form des Tisches tritt gegen die rechtwinklige Umgebung des Innenraums an. Im Lauf der Ausstellung werden manche der Früchte ihren geschlossenen Farbkörper öffnen und – wie in der Natur – die Samen zur Vermehrung freigeben.[123] Folgerichtig verlässt in der genannten Pescara-Version der Tisch die einengenden Zellen des Gefängnisses und wächst hinaus in den Flur „wie

---

[122] Glas 2000, S. 170.

[123] In der Gegenüberstellung von Vegetabilem und Kristallinem ruft diese Arbeit Anselmos Granitstele mit Salatkopf (*Senza titolo*, 1968) in Erinnerung. Bei allen Parallelen in der Materialwahl, gibt es jedoch einen wesentlichen Unterschied. Merz bezieht das Aufplatzen eines Granatapfels, den Reifungs- und schließlich Verwesungsprozess der Früchte während des Ausstellungsverlaufs explizit ein. Anselmos Arbeit dagegen lebt von der ständigen Erneuerung des Salatkopfes; sie bezieht ihre Kraft aus dem aufrecht erhaltenen Energiepotenzial. Merz dagegen interessiert sich für die Freisetzung des Energiepotenzials aus dem Prozess der Veränderung und Reifung. Die Spannung, die ihn interessiert, bedarf keiner ständigen Erneuerung. Für Beuys' *Capri-Batterie* (1985) gilt hingegen das bei Anselmo Gesagte. Auch die Zitrone muss ständig erneuert werden. Nur im frischen Zustand besitzen ihre Zellen genügend Membranpotenzial; um Energie zum Leuchten freizusetzen.

eine riesige, nicht enden wollende Schlange."[124] Entscheidend ist, dass Merz mit seiner Materialwahl immer wieder – wie Kounellis – Bilder schafft, die das zum Sprechen bringen, was ihn intellektuell und politisch bewegt: Durchlässigkeit, Ausdehnung, Wachstum, Freiheit. In diesem Sinn sind die von ihm geschaffenen Objekte der Versuch, sie auf ihre Wirklichkeit hin zu untersuchen. Dass er dabei sehr bio-logisch vorgeht, entspricht seiner Mentalität. Die als Bild der Proliferation immer wieder verwendeten Fibonaccizahlen[125] belegen dies und leuchten deshalb materialantithetisch auch aus der *Isola della frutta*.

---

124 „...era un biscione che non finiva più." Merz im Interview mit Beatrice Merz, in: Kat. Merz, Rivoli 1990, o. S. Aus dem Italienischen von Carolin Angerbauer.

125 Die Zahlen der Fibonaccireihe sind biologisch ebenso relevant wie mathematisch. Allen schraubigen Blattstellungen ist gemeinsam, dass man im Grundriss (Diagramm) durch die jeweilige Mitte der aufeinanderfolgenden Blattansätze eine Spirallinie ziehen kann, die Grundspirale. Der Winkel zwischen den Medianen zweier aufeinanderfolgender Blätter, der sog. Divergenzwinkel, ist konstant. Er wird gewöhnlich aber nicht als Winkelzahlenwert angegeben, sondern als Bruchteil des Stengelumfangs. Die am häufigsten in der Natur beobachteten Divergenzen, geordnet in einer Zahlenreihe, lauten: ½ (entspricht 180 Grad), 1/3, 2/5, 3/8, 5/13, 8/21 bis 34/39. Wie man sieht, stellen alle diese Divergenzen eine Reihe dar, in der Zähler und Nenner der aufeinanderfolgenden Brüche sich jeweils aus der Summe der Zähler bzw. Nenner der beiden vorausgehenden Brüche ergeben: Zähler und Nenner folgen der sog. Fibonacci-Reihe. Vgl. Strasburger, Lehrbuch der Botanik, begr. von Eduard Strasburger, Fritz Noll, Heinrich Schenck, A.F. Wilhelm Schimper, 29. Aufl. Stuttgart 1967, S. 115.

II.4. Joseph Beuys

Vielmehr als von Malerei oder Bildhauerei fühlt sich der junge Beuys von den Phänomenen der Natur angezogen. Er sieht seine Rolle zunächst weniger in der Kunst als in der des Naturforschers, des Analytikers und Diagnostikers. Er interessiert sich für Form- und Gestaltprozesse der Natur – will ursprünglich sogar Naturwissenschaften studieren[126] –, erlebt dann aber die reduktionistische Methodik dieser Wissenschaften als zu eng und hermetisch. Seines Erachtens vernachlässigen die Naturwissenschaften, wie sie universitär gelehrt werden, die Fähigkeit des Menschen, als „freies Wesen" zu gestalten, nachdrücklich die Gesellschaft zu gestalten. Diese Chance böte ihm nur die Kunst, denn allein die freie Kunst könne das Spezialistentum akademischer Disziplinen – auch das der Malerei und der Bildhauerei – überwinden.[127] Indem Beuys die Wissenschaft zur Kunst und die Kunst zur Wissenschaft machen will, wendet er schon

---

[126] Beuys spricht oft über seine frühe Neigung zu Naturwissenschaften, die Vorbildfunktion von Leonardo da Vinci, das Studium bei Ewald Matarè, die Freundschaft mit dem Biologen und Zoologen Heinz Sielmann, mit dem zusammen er Naturfilme drehte, seine Teilnahme an anthroposophischen Kreisen und die Lektüre von Rudolf Steiner. Wichtige Interviews dazu sind: Beuys im Gespräch mit Georg Jappe, „Interview mit Beuys über Schlüsselerlebnisse", 27.9.76, in: Kunstnachrichten, 3, Luzern/Stuttgart 1977, S. 72-81; Beuys im Gespräch mit Frits Bless am 14. Mai 1978, in: Joseph Beuys – een gesprek, hrsg. von Frits Bless, Appeldorn 1987, S. 11-45; Beuys im Gespräch mit Hermann Schreiber, Jan. 1980, publ. in: Lebensläufe – Hermann Schreiber im Gespräch mit Joseph Beuys, Julius Hackethal, Ernst Herhaus u. a., hrsg. von Hermann Schreiber, Frankfurt a. M. 1982, S. 115-131.

[127] Vgl. Beuys im Interview mit Achille Bonito Oliva, „Partitura di Joseph Beuys: La rivoluzione siamo noi", in: Domus, 505, Dez. 1971, S. 48-50, hier S. 48.

früh ein dialektisches Verfahren an, um in der Synthese gegensätzlicher Positionen höhere Erkenntnis zu gewinnen. Das Streben nach Einheit von Wissenschaft und Kunst, von Logik und Spiel, von Bild und Sprache kennzeichnen seine Kunst.[128] Dass Beuys beginnt, gemäß der damals proklamierten Gleichsetzung von Kunst und Leben neue Wege zu beschreiten, ist nicht zuletzt dem Zeitgeist der Fluxusbewegung zuzuschreiben. In seinem ersten Ausstellungskatalog von 1961[129] erwog er noch, seine biographischen Lebensdaten nicht in konventioneller Form abzuhandeln, um sie 1964 lyrisch verschlüsselt und in ungewöhnlicher Reihung als *Lebenslauf/Werklauf*[130] zu vermitteln: Seine Geburt 1921 in Kleve wird zur „Ausstellung einer mit Heftpflaster zusammengezogenen Wunde", die Imagination des Fünfjährigen 1926 zur „Ausstellung eines Hirschführers". So fortgeführt nehmen die Daten schließlich die Rolle eines selbständigen Kunstwerks ein. Die Mischung von Metaphern und Fakten – Beuys reiht chiffrierte Lebensdaten an fiktive

---

128 Beuys formuliert immer wieder seine Vorbehalte gegenüber logozentrischem Denken und technologischem Fortschritt, so auch während eines Vortrages 1972in Rom im *Zentrum für Alternativinformation.* Die Wissenschaft folge nur den Erfordernissen der Logik, Kunst hingegen besäße das Freiheitspotenzial des Spiels und entspräche der ästhetischen Maxime von Schiller, die besagt, dass der Mensch nur im Spiel Mensch sei. Vgl. Beuys, in: Kat. Luzern 1979, S. 35-37.

129 Joseph Beuys – Zeichnungen/Aquarelle/Ölbilder/plastische Bilder aus der Sammlung van der Grinten, Kat. Städtisches Museum Haus Koekkoek, Kleve 1961.

130 Vgl. *Lebenslauf/Werklauf* von Joseph Beuys, publ. in: Kat. München 1986, S. 251-263. Der *Lebenslauf/Werklauf,* den Beuys erstmals für das Programmheft des Aachener *Festivals der neuen Kunst,* Technische Hochschule Aachen, 20.Juli 1964 verfasste, wurde von ihm bis zum Jahre 1969 fortgeführt. Von 1970 bis zu seinem Tod 1986 wurde er von Eva Beuys ergänzt.

Ausstellungen – soll mehr auf die Wirkung der Ereignisse denn auf die Ereignisse selbst lenken, soll die Bedingungen für das organische Wachsen seiner künstlerischen Arbeit herausstellen.

Die wesentlichen Entscheidungsprozesse für die Auswahl seiner Materialien und Medien entwickeln sich aber schon mehr als ein Jahrzehnt zuvor in einer Phase zurückgezogen lesenden, zeichnenden und materialexperimentierenden Arbeitens. Er 'forschte' nach Methoden und Materialien, um die Empfindungen und Bedürfnisse des Menschen sichtbar zu machen. Als Ergebnis seiner Experimente stellte er ein Theorem auf, das er „Plastische Theorie“ oder „Soziale Plastik“ nannte. Seither dienen seine Arbeiten der Visualisierung und praktischen Anwendung dieser Idee. Um die einmal entdeckten plastischen Prinzipien, zu denen auch das „Polaritätsdenken als Methode“[131] zählt, geht es konsequenterweise in den Zeichnungen der 1950er Jahre ebenso wie in Objekten der 1960er, in den Aktionen und Installationen der 1970er Jahre wie in den Projekten für den öffentlichen Raum der 1980er Jahre.

Der utopische Lehrsatz, Gesellschaft wie eine Plastik

---

[131] Vgl. dazu das Kapitel über das Polaritätsdenken als Geschichtsauffassung und als Methode in der Romantik, in: Theodora Vischer: Beuys und die Romantik. Individuelle Ikonographie, individuelle Mythologie?, Köln 1983, S. 68-79. Das Polaritätsdenken als Methode erläutert Vischer am Beispiel des Physikers Johann Wilhelm Ritter (1776-1810), der das Zustandekommen eines galvanischen Prozesses zum „Centralphänomen“ erhoben hatte. „Allen von Ritter beobachteten Erscheinungen, der Elektrizität und dem Galvanismus, dem Magnetismus, dem Feuer und der Oxidation der Stoffe ist das Grundproblem gemeinsam, wonach sich die ursprüngliche Einheit in die Polarität zweier Gegensätze aufgespalten hat, aber zugleich eine neue höhere Einheit geschaffen wird.“ S. 68.

gestalten zu können, begleitet Beuys' Werkschaffen als ständiger Parallelprozess. So erklärt sich auch seine Entscheidung für die Leitmaterialien Fett, Filz und Kupfer; denn in ihrer Stofflichkeit sind polare Prinzipien wie hart und weich, warm und kalt, chaotisch und geformt erkennbar – Prinzipien die auch im Sozialen gelten. Nach dem 2. Weltkrieg war der Glaube an die segensreiche Kraft des industriellen Fortschritts gebrochen und wie viele seiner Zeitgenossen glaubte auch Beuys an eine soziale Evolution. Als Palliativ des angeblichen Fortschritts pries man die Kategorien des Ursprünglichen, des Organischen und des Natürlichen. Um die nach seiner Meinung verschüttete Wahrnehmungsfähigkeit der Menschen zu aktivieren, bediente sich Beuys neben singulären Materialien auch verschiedener Materialienkompositionen. Damit reiht er sich in das von den Arte povera-Künstlern bekannte Muster organisch-anorganisch oder amorph-kristallin ein. Einzigartig bleibt jedoch sein Unterfangen, dem Betrachter das dialektische Prinzip von Material und Form an einem einzigen Stoff zu veranschaulichen. Dies soll im Folgenden – ausgehend von einer frühen Zeichnung – am Beispiel von Filz dargelegt werden.

Chaos, Form und Farbe im Material Filz

Die Zeichnungen von Joseph Beuys – größtenteils in den 1950er Jahren entstanden und im Kontext ihrer Zeit unvergleichlich – sind Mittel der Vergegenwärtigung von Erforschtem, Geahntem, Erfundenem, unmittelbarer Niederschlag visueller Gedankenarbeit und Instrument bildnerischer Bewegung und Klärung. Wie auf Spuren führen sie den Betrachter zu formalen und inhaltlichen Inventionen und Transformationen.

„Es lässt sich zeigen, dass in den frühesten

> Zeichnungen diese Sachen drin sind. [...] Ich habe zu diesen Zeichnungen später diese plastische Theorie mehr und mehr herausgebildet und dann habe ich natürlich sofort gesehen, dass das alles schon in den Zeichnungen vorgebildet ist.“[132]

Wie früh schon polare Aspekte den Werkzeug- und Hinweischarakter im Beuysschen Schaffen mitbestimmen, zeigt die schlicht elementare Zeichnung *Filzplatten* (1954; Abb. 8). Auf dem in Bleistift ausgeführten Blatt sind, untereinander und jeweils zentriert in eine Bildhälfte gesetzt, zwei nahezu gleich große gleichschenklige Dreiecksflächen zu sehen. Jedes Mal findet sich an der Spitze dieser Flächen noch ein weiteres gleichschenkliges, aber bedeutend kleiner ausgeführtes Dreieck. Ein Mal liegt das kleine Dreiecksgebilde dem großen tangential an; in der unteren Bildhälfte ist es bis auf eine winzige punktuelle Berührung beider Spitzen losgelöst. Nur diese minimale Differenz unterscheidet die beiden Blatthälften und akzentuiert ganz unspektakulär den Gegensatz von Ruhe und Bewegung. Die wenigen Millimeter der Verschiebung entscheiden über den Eindruck von Dynamik. Kraft ihrer immanenten Polarität setzt diese einfache Zeichnung Bewegung in Gang (vgl. Kap. IV.4.). Es ist nur eine kleine Bewegung, keine radikale Kehrtwendung, kein „auf den Kopf stellen“ wie in Fabros *Italia d'oro*-Arbeit. Die Gegensätze von Ruhe und Dynamik sind sowohl aus der Form wie auch aus dem Bleistiftduktus entwickelt. Formal ist die Differenz durch die locker ungerichteten Schraffuren innerhalb der streng geometrisch definierten Fläche noch verstärkt. „Beide Gebilde, besonders das große, besitzen in der Art, wie sie gezeichnet sind, eine gewisse Masse und Stofflichkeit. Der Titel benennt

---

[132] Beuys, in: Kat. Luzern 1979, S. 35-37.

sie als Filz. Dem entsprechen die vielen 'haarigen' Striche von einer gewissen Weichheit und Ungerichtetheit, die umso spürbarer wird, als die Umrisse dieses Stoffes hart und gerade gezeichnet sind, man kann auch finden: kalt im Gegensatz zur 'Wärme' im Innern."[133] Für Beuys ist es selbstverständlich, im Strich des Bleistifts selbst dialektische Qualitäten zu erspüren, ob zaghaft oder entschlossen, fragend oder bestimmt, hart oder weich, rund oder eckig. In einem 1971 mit Hagen Lieberknecht geführten Gespräch sagt er:

> „...mehr filzig, da spielen Elemente wie Filter und Isolieren mit hinein. Das eine hat Wärme, das andere ist kalt. [...] Ein Strich hat auch Temperatur. Man kann sagen, der hat Wärme, er ist pelziger und flockiger..."[134]

Die in den frühen Jahren zeichnerisch entwickelten Ideen hat Beuys später konsequent entsprechend seiner „Plastischen Theorie" im Raum angewendet. Filzdreiecke begegnen als Objekte, in Installationen und in Aktionen. Zwischen zeichnerischem Entwurf und plastischer Realisation stehen vermittelnd diagrammatische Skizzen auf Papier oder Schultafeln, in denen Beuys die Grundbegriffe seiner plastischen Gestaltung gegenüberstellt. Eine dieser ergänzenden und weiterführenden Skizzen ist das *Diagramm*

---

133 Koepplin, in: Räume heutiger Zeichnung: Werke aus dem Basler Kupferstichkabinett, Red. Siegmar Holsten u. Ursula Blanchebarbe, Kat. Staatliche Kunsthalle Baden-Baden 1985, S. 16; im Text zur Zeichnung führt Koepplin den Gedanken der Bewegung inhaltlich noch aus; S. 16f.

134 Beuys im Gespräch mit Hagen Lieberknecht, in: Joseph Beuys - Sammlung Lutz Schirmer Köln, Kat. Historisches Museum St. Gallen 1971, S. 16.

zu einer Plastik (1969).[135] Formal durch Wortreihen in drei Spalten gegliedert, listet Beuys die Begriffe auf, die zum Leitmotiv seiner auf den ursprünglichen Wortsinn rekurrierenden Auffassung von Plastik geworden sind: Chaos (chaotische Energie) – Bewegung (Seele, Empfinden) – Form (Denken, Intellekt). Gleich einer chemischen Reaktion, deren Gleichgewicht durch die Geschwindigkeit der Bewegung der Hin- und Rückreaktion bestimmt wird, stehen sich Ausgangsstoffe und Produkte gegenüber. In der Spalte des Intellekts zeigt eine gleichschenklige Dreiecksfläche als maximal definierte Form die Endsituation der rationalen Form, „kalt". In der linken Spalte entspricht dieser formalen Bestimmtheit ein „warmes" Strichchaos, darunter die Begriffe Fett und Filz.

In der Skizzierung, ob Zeichnung oder Diagramm, lässt sich die aus der dialektischen Spannung zwischen chaotischer Struktur und klar definierter Form[136] resultierende plastische Intention für den Betrachter also leicht nachvollziehen. In der Verwirklichung realer Filzobjekte, z. B. in Wandecken ausgespannten Filzdreiecken[137] oder anderen definierten

[135] Kat. Baden-Baden, 1985; Abb. S. 18. Der Kat. Joseph Beuys - Natur Materie Raum, Kunstsammlung Nordrhein-Westfalen, Düsseldorf 1992, gibt die Skizze auf S. 12 als Bestandteil einer 2-teiligen Arbeit mit dem Titel *Partitur für Dieter Koepplin* (1969) wieder.

[136] Die geometrische Form ist ein Mittel der exakten Mathematik wie auch der Kunst. Die geometrische Form erscheint bei Dürers *Melencolia I* deutlich als Kristall, als „Stein der Weisen". Wenn Beuys einem anderen Material, nämlich dem Filz eine geometrische Form gibt, so greift er dasselbe Prinzip auf. Er gibt dem von Natur aus chaotischen Material eine kristalline Form.

[137] Vgl. *EURASIA*-Aktionen in Kopenhagen und in Berlin 1966.

Formen[138], geht Beuys von dieser Erklärungsebene aus, vertraut dann aber ganz auf die dem Material und der Form eigenen Qualitäten, auf den Gegensatz von warmen, weichen, organischen, chaotisch gewalkten Tierhaaren zur geometrischen Gestalt. Dass er diesen Dualismus nur mit einem einzigen Material behandelt, unterscheidet ihn von den italienischen Zeitgenossen der Arte povera. Dazu kommt noch, dass er über diese visuell sich erschließende Dialektik hinaus Gegensätze mit einbezieht, die das Material Filz nur dem Betrachter erschließt, der mit allen Sinnen wahrzunehmen bereit ist. Es geht nicht vordergründig um kulturhistorische Bezüge, sondern um sinnliche Erfahrungen, die sich allgemein und individuell mit den Qualitäten von Filz als Material verknüpfen, um Erfahrungen polarer Gegensätzlichkeit auf der Basis physiologischer und psychisch-emotionaler Kenntnisse und Erinnerungen. Dieses 'Dazudenken' des Gegensätzlichen, Chaos zu Form, Plus zu Minus, Warm zu Kalt, Innen zu Außen, Bild zu Gegenbild, ist für die Arbeit von Beuys konstitutiv und zugleich provozierendes Element in seinen bildhaften Werken.

Im Jahr 1970 tritt er mit dem *Filzanzug*[139] (Abb. 9) an die Öffentlichkeit. Wie Kounellis seinen Mantel (*Tragedia civile*; vgl. Kap. IV.1.), so präsentiert auch Beuys diesen Anzug 'leer', ohne Person, meist auf einem Kleiderbügel an die Wand gehängt. Das unzeitgemäß natürliche, in seiner Struktur chaotische Material Filz ist in die geordnete, kulturell geprägte Form eines modernen westlichen Kleidungsstücks gebracht. Die Semantik verstört. Den

---

138 Vgl. *FOND III* (1968) oder Filzwinkel und Filzrollen in Raum 2 des *Block Beuys* in Darmstadt.

139 Ausführliche Werkbeschreibung in: Schellmann 1997, S. 433.

Merzschen Mänteln und Iglus vergleichbar fehlt auch diesem Anzug ohne Knöpfe und entsprechende Accessoires die praktische Verwendbarkeit. Das Fehlen der Trageigenschaften deutet daher auf eine mediale Vermittlung fundamentaler menschlicher Bedürfnisse und gesellschaftlicher Zustandsbeschreibungen. Filz ist wärmespeichernde und isolierende Membran zwischen Innen und Außen, zwischen Individuum und Gesellschaft. Dass es Beuys sowohl um die formale wie sozio-kulturelle Darstellung von Gegensätzlichkeiten geht, wird im Interview aus dem Jahr 1979 deutlich:

> „Der Filzanzug versucht zwei Prinzipien auszudrücken, die bei meinen Aktionen sehr wichtig waren. Er stellt das Prinzip für die Theorie der Skulptur als gesamtgesellschaftliche Struktur dar. Zwei Prinzipien werden herausgestellt: Das eine, das man mit einem Pluszeichen versehen könnte, das andere mit einem Minuszeichen. Der Filzanzug repräsentiert beides. Er ist also einmal ein Haus, eine Höhle, die den Menschen abisoliert gegenüber allem anderen. Zum anderen ist er ein Zeichen für die Isolation des Menschen in unserer Zeit. Filz tritt als Isolator auf. [...] Negativ ist die seelische Isolation. Beckett-Situation. Der Mensch ist in einer Tonne drinnen, in einer Mülltonne isoliert. Er findet die Verbindung zum Nächsten nicht."[140]

Im Material Filz hat Beuys ein Medium gefunden, das diese Isolation adäquat ausdrückt und zugleich eine mögliche Lösung der prekären Situation transportiert. Die amorph-chaotische Filzstruktur ist nicht nur Dämmmaterial, sondern auch – und hierin der Hüllenstruktur der Iglus von

---

[140] Interview mit Keto von Waberer, Sept. 1979, in: Joseph Beuys. Eine innere Mongolei, hrsg. von Carl Haenlein, München 1991, S. 206.

Merz sehr ähnlich – ein Medium der Permeabilität, Bild für den materiellen und geistigen Austausch zwischen Innen und Außen und umgekehrt (vgl. Kap. IV.4.).[141]

Die sinnliche Treffsicherheit, die Beuys mit der Verwendung von Filz gelingt, hat seinen italienischen Künstlerkollegen Giovanni Anselmo offensichtlich so beeindruckt, dass er noch heute davon erzählt, wie er auf der Ausstellung *Prospect 68* in Düsseldorf zum ersten Mal den in Filz eingenähten Konzertflügel mit dem Werktitel *Infiltration Homogen für Konzertflügel* (1966) sah und förmlich „elektrisiert" war.[142] Im Kontext von Wärmespeicherung und Isolation betont Beuys hierin zusätzlich „den akustischen Standpunkt", die Tatsache, dass Filzmaterialien „auch etwas Schluckendes, Aufsaugendes haben. Also eine Sache stumm und leise machen."[143] Zum Werk selbst sagt Beuys: „Ich habe das Klavier mit einem Fell versehen. Ein Piano hat auch ein Innenleben. Durch die Schicht von Filz ist alles, was nach außen drängt, gebremst."[144] In seinen Untersuchungen über die Klangaktionen von Joseph Beuys – eines der Residuen daraus ist dieser filzüberzogene Konzertflügel – legt Mario Kramer ausführlich dar, wie Beuys durch den Filzüberzug „nicht sichtbare Eigenschaften" visualisiert und die isolierende, dämmende Wirkung von Filz die akustische Qualität des Instruments unterstreicht.[145] „Die Paradoxie,

---

141 Zu dem dadurch in Gang gebrachten Denkprozess und der frei werdenden evolutionären Wärme bei Beuys vgl. Kap. III.4.

142 Anselmo im Gespräch mit der Autorin, 15.5.2008.

143 Beuys, in: Werke aus der Sammlung Karl Ströher, Kat. Kunstmuseum Basel 1969.

144 Beuys, in: „Die Zeichnung ist Verlängerung des Gedankens." Begegnung mit Beuys, Kat. Regionalmuseum Xanten 1987, S. 33.

145 Mario Kramer: Klang & Skulptur. Der musikalische Aspekt im Werk von Joseph Beuys, Darmstadt 1995, S. 71f.

ein Musikinstrument in Filz zu kleiden, macht – durch die Erfahrung des Betrachters – diese Materialeigenschaft 'sinnfällig'" bemerkt Karlheinz Nowald.[146] Und Dirk Stemmler ergänzt: „Durch die vollständige Umhüllung und Stilllegung der Funktionen von Tastatur, Klangkörper und stützenden Beinen sowie Pedalen mittels Filz wird die Imagination auf die potentiell strahlende Klangplastik des Inneren gelenkt."[147] So wird die Dialektik deutlich, die – unsichtbar – auf der Empfindungsebene aus dem Werk ablesbar ist. Dem akustischen Nichtklingen steht das visuelle Nichtglänzen des Konzertflügels gegenüber. Hör- und Seherwartung sind irritiert, dem strahlenden Klang und Glanz eines Konzertflügels ist widersprochen. Schweigen tritt an die Stelle. Es ist das Imaginative, dessen Wahrnehmung Beuys hier evoziert und – wenig verwunderlich, wenn man sein eigenes Oeuvre bedenkt – Anselmo tief berührt hat.

Im Zusammenhang mit den Materialeigenschaften von Filz muss noch ein weiterer wesentlicher Aspekt angesprochen werden, die Farbe. „Ja, der Beuys arbeitet mit Filz, warum arbeitet er nicht mit Farbe? Aber die Leute denken nie so weit, dass sie sagen: Ja, wenn er mit Filz arbeitet, könnte er nicht vielleicht dadurch in uns eine farbige Welt produzieren?"[148] Grauer Filz wird vom Betrachter

---

146 Karlheinz Nowald: Realität/Beuys/Realität, in: Realität/Realismus/Realität, Kat. Von der Heydt-Museum Wuppertal u. a. 1972, S. 113-136, hier S. 114f. Dieser Vorgehensweise im plastischen Werk von Beuys vergleichbar ist die Raumplastik FOND II von 1968, bei der die völlige Kupferummantelung der beiden Arbeitstische der Filzhülle des Flügels entspricht.

147 Stemmler, Dirk, in: Sammlung „Deutscher Kunst seit 1945", Bonn 1983, Bd. 2, S. 590.

148 Beuys, in: Schellmann 1997, S. 11.

offensichtlich vor allem als monoton, farblos düster und eintönig empfunden. Die Absicht des Künstlers wird nicht erkannt: „Ich nehme dieses Grau, um etwas zu provozieren im Menschen, so etwas wie ein Gegenbild, man könnte fast sagen: den Regenbogen im Menschen zu erzeugen."[149] Was Beuys hier anspricht, ist nicht irgendeine psychedelische Halluzination, die er vom Betrachter einfordert, sondern das aus der Human- und Tierphysiologie allbekannte Phänomen des Gegenbildes. Ein Beispiel: Blicken wir in einem abgedunkelten Raum für einige Sekunden konzentriert auf eine an die Wand projizierte, hell strahlende geometrische Figur, etwa ein Kreuz, so erscheint auf der Netzhaut unserer Augen, sobald wir die Augen schließen und der Projektor abgeschaltet ist, dieselbe Figur schwarz vor hellem Hintergrund. Wir nehmen im Sehzentrum unseres Gehirns das Gegensätzliche von dem wahr, was unsere Sinnesrezeptoren ursprünglich als adäquaten Reiz aufgenommen haben. Dies gilt auch für Komplementärfarben.

Beuys behandelt in diesem Ansatz den Filz außerhalb aller anderen Konnotationen als haptisch relevante Farbsubstanz und fordert vom Betrachter wiederum die Evokation einer Vorstellung, die in den Bereich des Nichtsichtbaren gehört. Sein skulpturaler Ansatz bezieht die naturwissenschaftlich erst in den letzten Jahren belegte Plastizität des menschlichen Gehirns, seine lebenslange Fähigkeit der Veränderung und Erweiterung mit ein. Wo Kounellis (vgl. Kap. II.1.) der Monotonie der grauen Eisenplatte noch den tropisch bunten Papagei gegenüberstellt, vor dem Betrachter die Farbdialektik gewissermaßen ausbreitet, arbeitet Beuys

---

[149] Beuys, in: Joseph Beuys. Zeichnungen, Tekeningen, Drawings, Texte von Heiner Bastian u. Jeannot Simmen, Kat. Berlin/Rotterdam /Bielefeld/Bonn, München 1979, S. 33.

in puristischer Radikalität mit einem einzigen Medium, das für ihn alle angesprochenen Aspekte der Dialektik, der Provokation und Irritation in sich trägt. Anstelle der Kombination heterogener Materialien, derer sich die Künstler der Arte povera zur Charakterisierung der Gegensätzlichkeit bedienen, gelingt Beuys vielfach die Expression dieser Problematik im 'homogenen' Material Filz. Dazu bemerkt Hans Dickel in seinen Untersuchungen über „Material und Bedeutung" jedoch: „Ohne Kenntnis der kulturgeschichtlich vermittelten oder auch willkürlichen Semantisierung für die Objekte, die meist zusätzlich durch biographische Bezüge miteinander verknüpft sind, erschließen sich die Werke keinesfalls so unmittelbar der Anschauung, wie der Künstler es gehofft hatte."[150] Das Problem, dass weder die Werke noch die Materialien, die Beuys als Bedeutungsträger verwendet, ohne weiteres die intendierte Wirkung auslösen und des kundigen Kommentars ebenso wie der kongenialen Inszenierung bedürfen, stellt sich zweifellos. Andererseits frappiert die Logik der visuellen Darstellungskraft, die derjenige entdeckt, der eine andere Perzeptionsperspektive als die rein diskursive einnimmt und auf Phänomene wie Prozesshaftigkeit und Wirkweise achtet. Der Unterschied zwischen dieser Herangehensweise und einem materialikonographischen Ansatz, wie z. B. des Hamburger Materialarchivs[151], lässt sich vielleicht mit Aspekten der Differenz zwischen Homöo- und Allopathie vergleichen. Konsultiert man die Schulmedizin, so geht es um exaktes Messen, um

---

150 Dickel 2006, S. 170; vgl. dazu auch Christa u. Peter Bürger (Hgg.): Postmoderne: Alltag, Allegorie und Avantgarde, Frankfurt a. M. 1987, S. 205.

151 Wagner 2001; Wagner/Rübel 2002; Wagner/Rübel/Hackenschmidt 2002.

Wissen und Technik, bei der Homöopathie hingegen um Dosierung, Form und Rhythmus, Dynamisierung und Potenzierung.

Das Archiv sammelt Fakten, Bezüge und bündelt viel Fachwissen über Filz[152]; doch die spezielle, der Homöopathie vergleichbare Intention und die lyrische Dimension[153], die Beuys in seiner Materialauswahl geleitet hat, erschließt sich weniger. Die Relation zwischen den künstlerisch entscheidenden Auswahlkriterien und biographisch historischen Begründungen für die Wahl des Materials Filz scheint verschoben. Beuys war daran nicht unbeteiligt, strickte er doch selbst am Mythos beispielsweise

---

152 „Filz" Charakteristika: Stoff aus Wolle und Haaren, der mit Wasser und Wärme gewalkt wird / Herstellung ohne technische Geräte / zählt zu den frühesten textilen Stoffen/besonders widerstandsfähig, wärmend, wasserabweisend / normalerweise graubraune Farbigkeit. Geschichte: griech. Quellen berichten von Filz bei Skythen und Persern [...] / die Nomadenvölker Zentralasiens, für die Filz das wichtigste Material für ihre Jurte (Zelthaus), für Teppiche, Kleider, Umhänge, Schuhe und Hüte war, dürften Filz bereits seit dem Neolithikum, d.h. seit der Domestizierung von Schafen und Ziegen hergestellt haben [...] / Im 2. Weltkrieg war Filz Wärmeschutz in Stiefeln, Helmen und Motorhauben, aber auch Decke. Menschliche Haare aus den Konzentrationslagern gingen sofort an die Filzindustrie. In der bildenden Kunst: Bei Beuys [...] Wärmepotenzial und Schutz [...] / Erinnerung an Rolle im 2. Weltkrieg [...] / Militärische Bedeutung [...] / Archaische 2. Haut […], in: Wagner/Rübel/Hackenschmidt 2002, S. 97-101.

153 „[...] innerhalb Natur sind Geheimnisse / verzaubert, die nur gefunden / werden können, wenn man sich / darauf einlässt, nicht wissen- / schaftlich vorauszusetzen (das / braucht man dabei nicht) aber zu / empfinden, welches die tieferen Geheim-/ nisse der sich um uns ausbreitenden / Natur eigentlich sind." Abschrift einer Handschrift von Joseph Beuys, in: Eva Beuys / Wenzel Beuys / Jessyka Beuys (Hgg.): Joseph Beuys. Block Beuys, München 1990, S. 247.

seines Flugzeugabsturzes erheblich mit.[154] Der Zusammenhang zwischen dem Material Filz und den traumatischen Kriegserlebnissen des Künstlers zieht sich motivisch durch die Beuys-Literatur und wird mehr oder weniger simplifizierend, mehr oder weniger wohlwollend[155], mehr oder weniger psychologisierend als prägendes biografisches Erlebnis zitiert. In diesen historisch und generationsbedingt mitgedachten Zusammenhängen liegt vermutlich auch die Ursache, dass Filz immer wieder als 'krudes' Material bezeichnet wird. Dadurch bleiben die aus der naturwissenschaftlichen Perspektive nüchtern deduktiv abgeleiteten Kriterien des Künstlers für die Materialwahl auf der Strecke.

Material – Erinnerung und Gegenwart

Komplexere Untersuchungen zur Genese Beuysscher

---

[154] Im Interview vom 22.8.1980 für die Zeitschrift Stern mit dem Titel „Ich bin ein ganz scharfer Hase" bedient Beuys einmal mehr den Mythos vom Flugzeugabsturz und der Rettung durch Tataren. Er spricht aber auch von mehrmaligen Verwundungen und notwendig gewordenen Lazarettaufenthalten; vgl. Beuys, in: Stern, 19, Hamburg, 30.4.1981, S. 76-82. Im Interview mit André Müller am 8.2.1980 (publ. in der Zeitschrift Penthouse, Nr. 106, Frankfurt a. M. 1980. S. 98-101), erzählt Beuys ausführlich vom Aufwachsen in einer Zeit politischer Wirren zwischen Kommunismus und Nationalismus, seine freiwillige Meldung zur Luftwaffe, seinen irreversiblen Schock über die wahren Ausmaße des Krieges. Doch die in der Literatur überstrapazierte Schlussfolgerung, der Künstler Beuys hätte aufgrund seiner Kriegserlebnisse bei den Tataren zu den Materialien Filz und Fett gefunden, schränkt er im Gespräch stark ein. Auslöser seien vielmehr seine theoretischen Überlegungen zum Thema Plastik gewesen. Bei Recherchen in Kriegsarchiven wurde festgestellt, dass Beuys nach seinem Absturz von deutschen Soldaten gefunden und in ein Lazarett gebracht worden war.

[155] Benjamin H. D. Buchloh: „Beuys: The Twilight of the Ideol. Preliminary Notes of a Critique", in: Artforum, 18, Jan. 1980, S. 35-43.

Bildformen und zur Problematik der Rezeption haben Inge Lorenz[156] und Aleida Assmann[157] vorgelegt. Ausgehend von den Vergangenheitsbezügen in seinem Werk – der dialektischen Verbindung von Altem und Neuem – stellt Lorenz die Frage nach den Zusammenhängen dieses Phänomens. Wenn sie von „historischen Materialien" spricht, so bieten ihre Ausführungen auch Aspekte für die Verwendung von Filz (und anderen Materialien, insbesondere auch altertümlichen Geräten in Beuys' Oeuvre), denn sie thematisiert die Bedeutung von Erinnerung für die Aussagekraft von Kunst:

> „Beuys beschäftigt sich mit einem historischen Material, das Kunst in ihren ursprünglichen Potenzialen befragt, und zwar aus einem zeitgenössischen Bewusstsein heraus. Diese Verknüpfung mit der Gegenwart verweist auf seinen Glauben an eine überzeitliche Kontinuität von Strukturen und Inhalten in der Kunst, z. B. von Wahrnehmungs- und Denkstrukturen, wie sie der früheren Kunst angehörten. Als Antwort auf die Widersprüche der Moderne entzieht sich Beuys hier dem gedanklichen Bild eines linearen Ablaufs von Geschichte. Indem das Alte (Vergangene) gedanklich wie auch bildhaft nachvollzogen wird, stellt Beuys die gesellschaftliche Realität der Gegenwart in Frage und sucht eine Gegenüberstellung oder Ergänzung des Neuen durch das Alte. Der Umgang mit dem

---

156 Inge Lorenz: Der Blick zurück. Joseph Beuys und das Wesen der Kunst. Zur Genese des Werkes und der Bildformen, Münster 1995, zugl. Phil. Diss. Saarbrücken 1995.

157 Aleida Assmann: „Zur Metaphorik der Erinnerung", in: Aleida Assmann/Dietrich Harth (Hgg.): Mnemosyne. Formen und Funktionen der kulturellen Erinnerung, Frankfurt am Main 1991, S. 25-27.

historischen Material erfolgt offensichtlich in der Erwartung, dass Fragmente, die auf frühere Kulturen und Zivilisationen verweisen, den Blick auf das eigentliche Wesen der Kunst und dessen Gültigkeit für die Zukunft öffnen können. Hier verbindet Beuys Geschichte und Gegenwart."[158]

Das bildhafte Wiederauflebenlassen von Erinnerungen spiegelt sich stofflich im Filz, theoretisch schon früh in den Kindheitsdaten des *Lebenslauf/Werklauf*[159], später ganz unmittelbar im Biennale-Beitrag von 1976 in Venedig, der *Straßenbahnhaltestelle* (Abb. 10). Zur Installation gehören der gusseiserne Kopf des 'Eisernen Mannes' aus Kleve und eine Straßenbahnschiene.[160] An einer tatsächlichen Straßenbahn-

158 Inge Lorenz: „Rekurs auf die Vergangenheit mit Blick auf die Zukunft. Kulturelle Erinnerung im Werk von Joseph Beuys", in: Joseph Beuys Symposium Kranenburg 1995, hrsg. von Förderverein Museum Schloss Moyland e. V., Basel 1995, S. 182.

159 Die Formulierung „1923 – Ausstellung einer Schnurrbarttasse – Inhalt Kaffee und Ei" lässt kindliche Eindrücke vom prächtigen Schnurrbart des Vaters und dessen Frühstück bildhaft wiederaufleben. Vgl. Beuys im Gespräch mit Hermann Schreiber, 1980, in: Schreiber 1982, S. 115-131.

160 Den Nachguss des Kopfes des „eisernen Mannes", den er 1976 auf die Säule der *Straßenbahnhaltestelle / Tramstop / Fermata del Tram, 1961–1976, A Monument to the Future* für seinen Beitrag auf der Biennale in Venedig setzte, verbindet Beuys mit der Figur des auf dem Schloß Gnadenthal bei Kleve residierenden Barons und Revolutionärs Anacharsis Cloots. Dieser war eine von Beuys verehrte und als sein alter ego – bisweilen nannte er sich selbst „Joseph Anacharsis Clootsbeuys" – verstandene Persönlichkeit, auf die er sich in vielen Arbeiten, die er in Italien realisierte, bezog. Am 31.10.1972 las Beuys anlässlich der Eröffnung der zweiten *Arena*-Ausstellung in der Galerie L'Attico in Rom aus einer 1865 von Carl Richter verfassten Biografie über den Revolutionär; vgl. Celant 1978, S. 42f. Der Kopf taucht wieder in Beuys' letzter Installation *Palazzo Regale* auf (Neapel, 1985).

haltestelle hatte Beuys als Schüler in Kleve – oft stundenlang wie in Versunkenheit sitzend – erlebt[161], dass Proportionen und Konstellationen von Materialien entscheidend sind. Er spricht damit eine künstlerische Strategie an, die auf eine besondere Art von erinnerndem Denken zurückzuführen ist und das Potenzial der Vergangenheit in die Gegenwart transportiert. Im weitesten Sinne geht es um eine 'animatorische Erinnerung' (Assmann), „die die magische Animation und Wiederbelebung des Vergangenen durch eine Betonung der subjektiven Rückwendung durch Teilnahme, Intuition und Imagination umfasst."[162] Beuys verwendet Materialien und Formen, die einerseits eigene Erinnerungen oder ihm wichtige spirituelle Inhalte alter Kunst transportieren und so vergessene Wahrnehmungs- und Denkstrukturen aktivieren, andererseits Aspekte der Gegenwart miteinbeziehen und treffend pointieren. Seinen bildnerischen Ausdrucksformen geht immer eine Erfahrung voraus, die dann im Medium, in einer unmittelbaren Sprache der Dinge, dem Betrachter mitgeteilt wird. An die Stelle ausholender Schilderung von Erinnerung(sfragmenten) tritt – in methodischer Analogie – die kleine, homöopathische Informationsdosis. Mit kleinen Quantitäten von Unerwartetem werden Reaktionen ausgelöst und Diskussionen angeregt (vgl. Kap. III.4.).

Kombination gegensätzlicher Materialien

Die Auswahl des Materials steht bei Beuys wie bei den Künstlern der Arte povera im Kontext von Authentizität. Die Natur wird durch die verwendeten Materialien selbst in

161 Im Interview mit Georg Jappe über Schlüsselerlebnisse, 27.9.1976, nennt Beuys die *Straßenbahnhaltestelle* als Beispiel für ein prägendes Erlebnis; vgl. Kunstnachrichten, 3, Luzern/Stuttgart 1977, S. 72-81.

162 Lorenz, in: Beuys-Symposium, Kranenburg 1995, S. 182.

Szene gesetzt, die eingesetzten Gegenstände in ihrer sozialen und historischen Dimension reflektiert. In den bildhaften Zusammenstellungen und Kombinationen von Rohstoffen unterschiedlichster Art, technischem Gerät oder Alltagsgegenständen wird dies besonders deutlich. In ihrem Gegensatz erzeugt Beuys eine Spannung, mit der er die Problematisierung des Naturverhältnisses vorantreibt und verfestigte Wahrnehmungsmuster unterläuft. Beispiele dafür sind das frühe Werk *Erdtelephon* (1968; Abb. 11) oder aus den späten Jahren die *Capri-Batterie* (1985; Abb. 12). Helmut Leppien, der am 29. März 1973 im Kunstverein Hannover den Aufbau eines *Erdtelephons* miterlebte, erinnert sich:

> „Beuys erschien mit einem Rasenstück, unterwegs mit vier Spatenstichen ausgehoben, einem alten Telefonapparat und einem gebrauchten Brett. [...] ich stand davor und nahm allmählich wahr, was da zu meinen Füßen lag: Ein Lehmklumpen, von Menschenhand geformt, und ein Gerät aus der Fabrik, Natur und Technik, ein einfaches und ein komplexes Gebilde, das eine Wärme ausstrahlend, das andere Kälte, das eine lebendig, das andere tot."[163]

Anders als bei den Filzobjekten ist die Präsenz leicht lesbar, die Semantik klar. Der alte Telefonapparat und ein ausgestochenes Stück Wiese, technisch entwickeltes Gerät und gewachsene Natur in all ihren visuellen und haptischen Qualitäten stehen sich gegenüber. Beuys unternimmt damit

---

[163] Helmut Leppien, in: Joseph Beuys in der Hamburger Kunsthalle, hrsg. von Uwe M. Schneede, Hamburg 1991, S. 28; Gespräch anlässl. der Einrichtung des Beuys-Saales im Juli 1991. Die Fernsprechgeräte sind immer mit Anschlusskabel und Dose versehen; in Ausstellungen waren die Dosen meist an der Wand montiert. Das erste der sechs Exemplare des *Erdtelephons* aus dem Jahr 1967 ist noch ohne Basisbrett und Bestandteil des *Block Beuys* im Hessischen Landesmuseum Darmstadt.

den Versuch, das Verhältnis Mensch und Natur, Technik und Natur neu zu definieren und wirft dazu die Frage nach der (gestörten) Kommunikation Mensch-Natur auf. Den historischen Aspekt, die vergangene Zeitspanne, während der sich dieses Verhältnis verändert hat, visualisiert das altmodische Modell des Telefonapparats, dessen Zeit anfangs der 1970er Jahre schon abgelaufen war. Das Wiesenstück ist aktuelle Gegenwart. Beuys zeigt die Unterseite, den Boden, aus dem die Kräfte für das Wachstum der Pflanzen stammen, nicht die erbauliche Schönheit und Artenvielfalt, die Dürer dem Betrachter seines Wiesenstücks vor Augen führt. Beuys holt die Natur nicht assimilierend in den Raum der Kunst wie der Maler der Renaissance, sondern nobiliert sie in ihrer derben Materialität und gibt der Erde verlorene Bedeutung zurück. Die ungewöhnliche Gegenüberstellung hat affirmativen Charakter. Sie umschreibt ein kulturelles Unbehagen und die Aufforderung zu neuer Wahrnehmungsperspektive, zu neuem Sehen und Hören.

III. Wurzeln der Bild(er)findung

„Man ist heute dabei, etwas zu begreifen, was das 19. Jahrhundert nicht einmal ahnen konnte: Das Symbol, der Mythos, das Bild gehören zur Substanz des geistigen Lebens. Man kann sie verschleiern, man kann sie verstümmeln, man kann sie degradieren, aber man kann sie niemals tilgen … Die Symbole und die Mythen kommen von sehr weit: sie sind Teil des menschlichen Wesens, und es ist unmöglich, sie in gleich welcher existentiellen Situation des Menschen im Kosmos nicht wiederzufinden."

(Mircea Eliade, Images et Symboles, 1952)

Die Arbeiten von Beuys und den Arte povera-Künstlern sind in vielerlei Hinsicht Reflexe auf die wertenivellierende Massenkultur der Zeit, auf Werbung und Amerikanismus. Doch ohne ihre Bezüge in die viel weiter zurückreichende europäische Kulturgeschichte, ihre Mythen und Erzählungen sind sie nicht denkbar. Wenn die Künstler sich in ihrem Werk auf individuelle kulturelle Wurzeln besinnen, geschieht dies im Bewusstsein der Abgenutztheit politisch-ideologisch gefasster Zukunftsgewissheit und der ihr zuordenbaren Utopien, im Bewusstsein des paradox dialektischen Verhältnisses von Mythos und Moderne und der hermeneutischen Distanz des modernen Subjekts zum Mythos.[164] Gleichwohl ist die Klärung des ästhetischen Status des Erinnerten, der Wurzeln und Mythen und ihrer je eigenen Wertigkeit eine stete Herausforderung.

Dem ersten Versuch einer Ästhetik der 'Neuen Mythologie' in der Frühromantik sind seither viele Ansätze gefolgt, den

---

164 Karl Heinz Bohrer: Mythos und Moderne. Begriff und Bild einer Rekonstruktion, Frankfurt a. M. 1983, S. 8.

Mythos ästhetisch neu aufzuladen oder wiederherzustellen, mythologische Figuren und ihre symbolische bzw. allegorische Anwendung zu überprüfen. Doch bisweilen war der Mythos in der Geschichte tabuisiert und politisch mit einem Verbot belegt wie direkt nach dem 2. Weltkrieg. Wo aber Kreatives entstehen soll, wird der Mythos qua Ästhetik als kontinuierlich über die Zeiten hinweg wirksame Kraft wieder notwendig.[165] Und so stellt Celant fest, dass die Anfangszeit des Kalten Krieges in den 1950er Jahren zwar eine Zeit ausgeprägter Polaritäten war, eine Zeit der Manifeste und populistischen Deklarationen, aber auch eine Periode der Mythen und Träume.[166]

Die Vielfalt dialektischer Beziehungen findet einen gemeinsamen Nenner im dialektischen Verhältnis von Vergangenheit und Gegenwart, der sich in Gesten und Bildern kultureller Erinnerung ausdrückt. Das Antithetische als Prinzip manifestiert sich deshalb auch in den archaisch oder historisch konnotierten Materialien der Künstler, im individuellen Umgang mit der Geschichte. Es ist ein ständiger Diskurs zwischen zwei Überlieferungssystemen, zwischen der Geschichtsschreibung und der Erzählung, der sich in der Materialität widerspiegelt.[167] In der Werkschau erinnern zahlreiche Elemente, formale wie motivische, an vergangene Welten. Archaische und nomadische (Ur-)Formen, Tiere, Textilien und Feuer haben Eingang in die künstlerische Sprache gefunden, nicht als Ideal sondern als Material. Auffallend ist auch der häufige Rekurs auf Gold

---

165 Bohrer 1983, S. 10.

166 Celant, in: The Italian Metamorphosis, 1963-1968, hrsg. u. organ. von Germano Celant, Kat. New York/Mailand/Wolfsburg 1995, S. XVII.

167 Vgl. dazu die Ausführungen zu Calzolari bei Bätzner, in: Kat. Vaduz 2003, S. 101.

und das antikisierende Abgussmaterial Gips, auf antike Gottheiten, historische Helden, christologische Riten und die aktuelle Kunstgeschichte. „Der Tonfall des Perikles oder die Stimme eines Vorsokratikers, die Stimmen der Völker, die von den Galliern erobert wurden, die keltischen Abenteuer, die mit der Entwicklung der katholischen Kirche zusammenprallen, der Formentaumel Pergamons, die byzantinische Unregelmässigkeit, die den Widerspruch zwischen einem orientalischen und einem römischen Reich in sich trägt, die Missgeschicke des Urbino von Venedig, die religiöse Schwärmerei Luthers, Calvins oder des Erasmus von Rotterdam, die kopernikanische Häresie und die des Giordano Bruno – sie alle sind mein Haus", sagt Pier Paolo Calzolari. „Ich bin zweitausend Jahre entfernt von alledem, und dennoch ist der Faden stark und hat einen festen Verlauf."[168]

Karl-Heinz Bohrer begründet diese Aktualität von geschichtlichem und mythologischem Bezug in der zeitgenössischen Kunst und im Film mit dem Hinweis, dass er sich „nicht aus neokonservativer Stimmung [ergibt], sondern wegen des erstaunlich systematischen Rangs, den schon die frühromantische Theorie einer 'Neuen Mythologie', von Nietzsche und Surrealismus in die Moderne übersetzt, für die ästhetische Reflexion eröffnet."[169]

---

[168] Pier Paolo Calzolari, geb. 1943, Künstlerkollege der Arte povera, im Interview mit Denys Zacharopoulos, in: Kat. Slg. Goetz 1997, S. 87.

[169] Bohrer 1983, S. 10.

III.1. Jannis Kounellis

Kleines Lied
In deinen schwarzen Haaren
finde ich sie wieder
die unversehrte Geschichte
als meine eigene
der Schmerz
von tausend alten Wunden
verloren
auf den Wegen des Kontinentes
Schmerz, Liebe
Geschichte, Identität
im Mondschein
fand ich sie wieder die geliebte Sprache

(Jannis Kounellis)[170]

Poetisch bekennt der gebürtige Grieche und Wahlrömer seine Sehnsucht nach Geschichte, nach eigener Unversehrtheit. Im Bild der wiedererkannten schwarzen Haare spielt er an auf die verlorenen Traditionen und Mythen, deren Schmerz und Liebe, Geschichte und Identität er in der geliebten Sprache wieder findet. „Wo Marcuse die Erinnerung noch zu einem Werkzeug der Revolution instrumentalisieren konnte, mit fragwürdigen Erfolgsaussichten übrigens, da wird die Potenz der Erinnerung, ihre Macht und Unverfügbarkeit für Kounellis zu einem

[170] Das Gedicht wurde erstmals als Teil des Textes „Es glüht das Bild zur Stunde der Finsternis“, einer Gemeinschaftsarbeit von Bruno Corà und Jannis Kounellis, in der Zeitschrift Parkett, Nr. 6, Sept. 1985, in ital., engl. und dt. Sprache veröffentlicht; zit. nach: Jannis Kounellis: Ein Magnet im Freien. Schriften und Gespräche 1966-1991, Bern/Berlin 1992, S. 181.

herausfordernden Problem."[171] Aus der griechischen Herkunft – verstanden als antiker Wurzelgrund der europäischen Kultur – und ihrer ländlichen Tradition der Hirten, Bauern und Handwerker speisen sich Materialwahl und künstlerische Inszenierung: „...ich bin sehr verankert in der Kupferschmiede von Anatolien, in den levantischen Häfen. Ich bewundere die Barockfeste...".[172] Doch die Gegenwart und sich selbst hat er immer im Blick. Ein wesentliches Motiv, das die Rückbesinnung auf Vergangenes befördert hat, deutet Kounellis im Gespräch mit Willoughby Sharp an:

> „Es ist nicht so, dass ich in der Vergangenheit graben will aus einem archäologischen Interesse heraus [...], sondern weil die Vergangenheit eine Realität besitzt, die uns noch heute tief prägt. Und wenn du sie langsam an die Oberfläche bringst, eröffnen sich dir viele Möglichkeiten."[173]

Fast zehn Jahre zuvor hat er diese Intention noch pointierter kommentiert: „[...] Die Rückkehr zur Vergangenheit ist gleichbedeutend mit Revolution."[174] Zukunft bestehe in der Aneignung der Vergangenheit und dem Herauslösen ihrer visionären Kraft.[175] Das ist hier kein politischer Aufruf.

---

[171] Bernd Growe, in: Kat. Kounellis, München 1985, S. 18.

[172] Kounellis, Kat. Zürich 1978, S. 61.

[173] „Non che io voglia scavare nel passato per puro piacere d'archeologo [...] ma perché il passato possiede una realtà che ci condiziona ancora profondamente. E se lo riporti lentamente in superficie, ti vengono offerte molte possibilità." Kounellis im Interview mit Willoughby Sharp, Sommer 1972; ital. in: Kat. Kounellis, Rimini 1983, S. 96; dt. in: Kat. Kounellis, Hamburg 1995, S. 51.

[174] „[...] il ritorno a un passato è rivoluzione." Kounellis 1974 im Gespräch mit Celant, in: Kat. Kounellis, Rimini 1983, S. 62.

[175] Vgl. Bruno Corà, in: Positionen heutiger Kunst, Kat. Berlin 1988, S. 24.

'Revolution' ist ganz wörtlich gemeint. Kounellis geht es um ein 'Sich-Zurückwenden' zum Vergangenen, dorthin, wo die vergessenen, verschütteten oder vom Krieg gekappten Wurzeln liegen. Im Gespräch mit der Autorin spricht er in diesem Kontext von der Notwendigkeit einer „rivelazione moderna", einer mo-dernen Offenbarung.[176] Im Wesentlichen sind es drei 'Wurzelstränge', die Kounellis für sich als Kraftquellen entdeckt hat: Musik und Kunstgeschichte, die Welt der einfachen Leute und die griechisch-römische Antike.

Verheiratet mit der Tochter eines griechisch-orthodoxen Priesters und geringer Kenntnis der italienischen Sprache kommt der junge Kounellis 1958 zum Studium der Malerei nach Rom. Im Atelier an der Piazza Firenze hängen bald wandgrosse, mit riesigen Schablonen in schwarzer Farbe rhythmisch bedruckte Leinwände ohne Keilrahmen, die später als Zahlen- und Buchstabenbilder Berühmtheit erlangen sollten. Öfters läd sich Kounellis Gäste ein. Während sie ihn beim Malen erleben, steigert er die sinnlich poetische Atmosphäre mit Gesang. Unerwartet intoniert er gregorianische Choräle und begleitet damit seine Mal-arbeit.[177] Die vom Künstler erzeugte Spannung dokumentiert ein berühmt gewordenes Foto aus seinem Atelier im Jahr 1960 (Abb. 13).[178] Von Kopf bis Fuss in eine Leinwand gehüllt, steht Kounellis vor einer zweiten grossen Leinwand. Beide sind mit grossen Ziffern, mit Pfeilen und verschiedenen Zeichen (X und +) bedruckt. Auf dem Wandbild verlaufen die Chiffren in Leserichtung von links

---

176 Kounellis im Gespräch mit der Autorin, Niccone, 17.3.2009.

177 Grüterich, in: Kat. Kounellis, Luzern 1977, o. S.

178 Kat. Kounellis, Rimini 1983, S. 52 und Lista 2006, S. 12 für genaue Ortsbeschreibung.

nach rechts, auf seiner Ummantelung von unten nach oben. Kounellis' Kopf verschwindet unter einer hohen Papierhülse mit der Anmutung einer bischöflichen Mitra. Auch die Arme sind mit Papier verhüllt. Person und Hintergrund verschmelzen zu einem einheitlichen dreidimensionalen Bild. Der Künstler zitiert in dieser Aufmachung einen Auftritt des Dadaisten Hugo Ball aus dem Jahr 1916 im berühmten Cabaret Voltaire in Zürich, bei dem sich der Protagonist des Dada in Mantel, Hut und Armhülsen zwischen zwei Notenständern inszenierte.[179]

Mit den aktionistischen Zitaten von Gregorianik und Dada steckt schon der junge Kounellis das weite Feld ab, in dem er sich verwurzelt fühlt und in dem er sich bewegen will. Musik wird ab jetzt ein konstitutiver Bestandteil seines Arbeitens und spezifisches Medium zur Vermittlung und Präzisierung seiner Visionen. Die Gregorianik als gleichsam 'arme' Musik, die nicht ausufert und melodisch abschweift, und es im tonalen Gleichmass dennoch vermag, eine spirituell knisternde Atmosphäre zu schaffen, verkörpert die Klarheit und Strenge der Struktur. Dada hingegen steht für Ironie und Humor, für sinnlich anarchische Lust, für Irritation und Provokation. Mit dem musikalisch-

---

[179] Die Aufmachung von Kounellis gleicht in weiten Teilen dem fotografisch weit verbreiteten Auftritt von Hugo Ball im Cabaret Voltaire in Zürich, vgl. Abb. und Erläuterung in: Wendepunkt. Kunst in Europa um 1960, bearb. von Gerhard Storck, Kat. Museum Haus Lange Krefeld 1980, S. 34. Für eine detaillierte Werkbeschreibung und Abb. vgl. Kat. Kounellis, Rimini 1983, S. 34; zur Deutung als Schamanenhut vgl. Ortrud Westheider: „'Doch, ich betrachte mich als Maler.' Über Kounellis' Buchstaben- und Zahlenbilder“, in: Kat. Kounellis, Hamburg 1995, S. 9-16, hier S. 12f. Schneede meint im selben Katalog, dass es sich dabei um Kounellis „erste Aktion“ handle; vgl. Uwe M. Schneede: „Lebende Bilder. Die Aktionen und aktionsähnliche Arbeiten des Jannis Kounellis“, in: Ebd., S. 27-47, hier S. 28.

theatralischen Rückgriff auf zwei so disparate Phänomene der Kulturgeschichte etabliert Kounellis einmal mehr den dialektischen Spannungsbogen, der im Kap. II schon angesprochen wurde und immer wieder aufscheint. Im späteren Werk erweitert Kounellis seine Musikauswahl durch Kompositionen von Beethoven, Mozart und Bizet, deren Stücke er mit Cello, Violine und Flöte vortragen lässt. Mit diesen Instrumenten und Komponisten transportiert er die Bezüge zu den klassischen Motiven und Figuren der Mythologie und deren dialektischen Positionen.[180] Indem er die „belebende Antagonie der Epen Homers und der klassischen Tragödie, die Antagonie zwischen dionysischer Erlebnisfähigkeit und ihrer apollinischen, traumhaft visionären Formung zur existenziellen Vision der Selbstwerdung“[181] übernimmt, greift er zu auf überlieferte Traditionen, bedient sich im kollektiven Gedächtnis gespeicherter Bilder. Dazu passt auch seine Betonung des Fundaments als Aufgreifen einer klassischen Idee.[182]

Während die Musik über Jahrzehnte kontinuierliche Begleiterin des Künstlers bleibt, verändert sich seine Malerei völlig. Kounellis malt nicht mehr, sondern 'montiert' Objekte und Bildräume aus Materialien wie Eisen, Gips, Gold, Wolle, Feuer und lebenden Tieren. Um die Bilder ihrer

---

180 In diesem Zusammenhang fällt auf, dass Kounellis mit seiner Wahl von Saiteninstrumenten und Flöten zwar auf typisch griechische Instrumente aber nie auf griechische Komponisten zurückgreift.

181 Grüterich, in: Kat. Kounellis, Luzern 1977, o. S.

182 Kounellis im Gespräch mit der Autorin, Niccone, 17.3.2009. Kounellis betont die Bedeutung des Fundaments auch in Bezug auf den Raum. Die *12 cavalli* in der Tiefgarage stehen für ihn ebenso auf einem Fundament. Ein sehr plastisches und klassisches Fundament gibt Kounellis vielen seiner Objekte mit einem Art Sockel, als Bett oder Kiste, oder hinterfängt sie in der Vertikalen mit Eisenplatten.

Geschichtlichkeit zu entreissen, braucht er die Realität der Materialien. Sie erzählen von der kollektiven Vergangenheit Griechenlands aus Zeiten der Agrarkultur und der industriellen Revolution und sind – auch als Reaktion auf die Konsum- und Mediengesellschaft der 1960er Jahre – Bekenntnis zur Archaik.

Wolle

Im Material der Wolle werden die schwarzen Haare aus dem eingangs zitierten Gedicht Realität und erlangen haptische Qualität. Kounellis hängt rohe, unverarbeitete Schafwolle, leicht verfilzt und zottelig – wie nach dem ersten Bearbeitungsschritt der Entfettung – gleichsam zum Trocknen über Holzstäbe (*Senza titolo*, 1968, Abb. 14) oder dicke Seile; bisweilen legt er die Wolle auch auf eisernen Lattenrosten aus (*Senza titolo*, 1969, Abb. 15). Wenn er später dasselbe Material um horizontale und vertikale Holzstäbe wickelt – man denkt unwillkürlich an die filzumwickelten Stuhlbeine und Kupferstäbe bei Beuys – oder die Wolle als Decke oder Mantel in den Arbeiten aufscheinen lässt,[183] so ist dafür nicht vordergründig seine griechische Herkunft massgeblich als vielmehr seine anti-technologische Einstellung und das Bedürfnis, immer mehr Kontakt zur

[183] Mit roher, unverarbeiteter Schafwolle umwickelt Kounellis Holzstäbe und lehnt diese vertikal an die Wand oder montiert die Stäbe horizontal wie Sprossen zwischen zwei Holzbalken. Militärdecken aus Wolle begegnen erstmals in *Senza titolo* (1970), später liegen diese Decken auch gefaltet auf Eisenbetten bzw. Lattenrosten. Mit einem Wollmantel arbeitet Kounellis zum ersten Mal in *Tragedia civile* (1975); den Mantel als Motiv nutzt er auch später in aktuelleren modischen Materialien und Formen (Trenchcoat in *Senza titolo*, 1975, und in Bühnenbildern wie 1991 für *Die Mauser*). Bei Beuys denke man an den Hocker in *wie man dem toten Hasen die Bilder erklärt*, die eingewickelten Stangen und Spazierstöcke in *DER CHEF THE CHIEF* oder den *Filzanzug*.

realen Dingwelt zu bekommen: „die Wolle … ist das geschmeidigste Material, es erlaubt mir, eine Geste zu machen … es ist kein technologisches Material oder erinnert nicht an einen bestimmten Sinn … es hilft mir auch, unbewusst, mehr Kontakt zu haben, es kann sein, dass ich auch einen besonderen Kontakt zur Wolle habe, jedoch, das ist relativ, es ist nicht besonders bedeutsam, oder?“[184]

Tatsächlich zeugen seine Objekte vom alltäglichen Umgang mit Wolle und ihrer Nutzung. Der transformierende Eingriff des Künstlers ist minimal, so dass die Arbeiten erst durch den Kontext zu Kunstwerken werden: einmal sind die wollumwickelten Stäbe in Anklang an die amerikanische Minimal Art seriell gereiht (*Senza titolo*, 1968), ein andermal lehnt Kounellis seine 'Wollstangen' vor Wände, die wie die Leinwände von Alberto Burri[185] mit Sackleinen bespannt sind (*Senza titolo*, 1968). In diesem Zusammenhang gewinnt auch der von Kounellis selbst gegebene Hinweis an Bedeutung, dass einige seiner Wollarbeiten als „Wiederbelebung der Kalligraphie von Michaux” zu verstehen seien, also eng mit Poesie, Schrift und Struktur zusammenhängen.[186] Erinnert man den Auftritt von Kounellis im Stil

---

[184] „la lana .... è il materiale più fluido, mi permette di fare un gesto, così, di legarlo, non un materiale tecnologico o che ricorda qualche senso ... anche m'aiuta, inconsapevolmente, ad avere più contatto ... allora, può darsi che ho anche un contatto particolare con la lana, però, è relativo, non è una cosa estremamente importante, no?” Und später sagt er weiter: „se questo qua ricorda anche la Grecia, così, può darsi.” Kounellis, in: Kat. Kounellis, Rimini 1983, S. 74; dt. in: Ruhrberg 1992, S. 260.

[185] Vgl. zu Burri auch den Aufsatz von Maria Grazia Tolomeo: „L'arte in mutamento: da Burri all'Arte povera“, in: Burri, gli artisti e la materia, 1945-2004, hrsg. von Maurizio Calvesi/Italo Tomassoni, Mailand 2005, S. 49-55, hier S. 52.

[186] Kounellis, in: Kat. Kounellis, Rimini 1983, S. 74.

von Hugo Ball, dann darf die Nennung von Henri Michaux[187] als erneutes Bekenntnis zu Dadaismus und Surrealismus gewertet werden. In diesem geistigen Umfeld verstand man Schrift „als einen Ort, von dem die Mediation ursprünglich ausgegangen ist, um schließlich wieder in ihr einzumünden".[188] Die Reihen der aufgehängten Wollfragmente können wie Buchstaben eines Textes oder Noten einer Melodie gelesen werden, in der horizontalen Anordnung als westliche Schrift von links nach rechts, in der vertikalen Anordnung als östliche Kalligraphie, von oben nach unten. Letztendlich ist die Wolle – wie das Feuer und das antike Gold – für Kounellis doch archaisch mythisches Material: „Nichts ist mythischer als das Feuer, nichts ist mythischer und griechischer als die Wolle: der Faden der Parzen, die Ziegen und die Hirten, die haarigen Beine der Satyrn und des Pan."[189] In diesem Material sieht er sich selbst den Filzarbeiten von Joseph Beuys nahe, weil sie ebenso historisch 'antike' Ursprünge hätten, im Gegensatz zu dem rein formalen Interesse eines Robert Morris.[190] Die künstlerische Entscheidung von Kounellis und Beuys für

---

[187] Der französischsprachige Dichter und Maler Henri Michaux (1899–1984) stand zu Beginn den Surrealisten nahe, ging aber als exzessiver Reisender (Südamerika, Indien, Indonesien, China) und großer Einzelgänger in die Kunst des 20. Jahrhunderts ein.

[188] Charitas Jenny-Ebeling: „Meditationen über Bild und Schrift. Zwei Texte von Henri Michaux", [Rezension zu] Henri Michaux. Ideogramme in China, Graz 1994, in: Neue Zürcher Zeitung, 18.2.1995, NZZ-Archivdienste unter http://nzz.gbi.de/webcgi?WID=99552-4750673-02660_18 (Stand: 10.6.2013).

[189] „Niente è più mitico del fuoco, niente è più mitico e greco della lana: il filo delle Parce, le capre e i pastori, le zampe irsute dei satiri e di Pan." Kounellis im Interview mit Celant, in: Kat. Kounellis, Rimini 1983, S. 74. Aus dem Italienischen von Carolin Angerbauer.

[190] Ruhrberg 1992, S. 258, Anm. 781.

Musik, für Sprache und Zeichen und auch für filzige Materialien lässt vordergründig eine geistige Verwandtschaft vermuten. Tatsächlich jedoch offenbaren die unterschiedlichen Ausprägungen umso deutlicher die Differenz der Auffassungen. Kounellis bleibt nahe an der Ebene des Surrealen und des Bühnenhaften. Beuys hingegen gibt seiner Sprache, den Zeichen und den Materialien immer eine Bedeutung. Filz als Material verbildlicht die Bedeutung von Hülle und Isolation, in der Gestalt des Dreiecks den Gegensatz von Chaos und Form (vgl. Kap. II.4.). Kounellis' Wolle hingegen bleibt auch als Material seiner Kunstwerke natürlich, weich und unberührt von Moderne, ob er sie in offenen, zufälligen Formen in eine Reihe hängt oder wie Buchstaben im Sinn von konkreter Poesie anordnet.

Gold

Hirtenkultur und Handwerkskunst spiegeln für Kounellis die Realität einer Vergangenheit, in der Authentizität und kulturelle Identität gegenwärtig waren. Neben Erinnerung und Materialität ist es deshalb auch immer wieder die Würdigung dieser 'Künste', die Kounellis zur Arbeit mit Wolle und Gold verführt.

Der Kunst des Goldschmieds bedient er sich für die Nachbildung seiner geschlossenen Lippen aus massivem Gold (*Senza titolo*, 1972, Abb. 16), die er nach realem Abdruck gießen lässt.[191] Auf der Innenseite erlaubt ein kleines Verlängerungsstück, die 'Goldlippen' zwischen die Zähne zu klemmen und den eigenen Mund zu verdecken. Zwangsläufig stumm präsentiert sich Kounellis mit dieser

191 In der Literatur wird häufig von vergoldeten Lippen gesprochen. Doch im Gespräch mit der Autorin im März 2009 bestätigt Kounellis, dass es sich um massive 'Goldlippen' handelte, die bei einem Hauseinbruch in Rom entwendet wurden und seither verschollen sind.

Arbeit 1972 auf der Ausstellung *Incontri Internazionali d'Arte* in Rom. Der Künstler sitzt unbewegt an einem runden Tisch aus dem 19. Jahrhundert, eine Sängerin und ein Pianist untermalen die Szene musikalisch mit einer Episode aus der Oper Carmen von Bizet.[192] In den Pausen setzt sich die Sängerin zu Kounellis.

Die Konfrontation des heiteren Musikstücks, das die Freiheit und Unangepasstheit des Zigeunerlebens besingt, mit dem demonstrativ verstummten Künstler ist grotesk und irritierend. „Das diskontinuierliche Musik-Theater wirkte gemessen am 'goldenen' bewussten Schweigen des 'Seher'-Künstlers wie hilfloses Marionettentheater"[193] beschreibt Grüterich die Szenerie und deutet im Begriff des Sehers auf ein metaphysisches Spannungsmoment, das Ammann folgendermaßen präzisiert: „Natürlich sind es seine Lippen, aber gleichzeitig auch jene Apollos."[194] Der Künstler setzt seine Lippen mit dem Seher Gott in eins. Der antike Gott aber hält den Mund geschlossen, er spricht nicht mehr und wird auch künftig nicht mehr sprechen. Der 'Goldmund' sei für ihn wie die Totenmaske Agamemnons und auch an der Oper Carmen fasziniere ihn vor allem das Todesmotiv, sagt Kounellis dazu im persönlichen Gespräch.[195] In einem anderen Objekt greift er dieses Motiv im selben Jahr noch

---

[192] Im Palazzo Taverna intonierten Pianist und Sängerin die Arie „Die Liebe von Zigeunern stammt, sie fragt nicht nach Gesetz und Land..." aus dem 1. Akt von Bizets Oper Carmen. Darin versucht die allseits umworbene Carmen, die Aufmerksamkeit von Don José zu erringen, der ihr seine Beachtung bisher nachdrücklich verweigert hat. Carmen fühlt sich nicht gewürdigt und setzt ihr Lied fort. Vgl. dazu Grüterich, in: Kat. Kounellis, Luzern 1977, o. S.

[193] Grüterich, in: Kat. Kounellis, Luzern 1977, o. S.

[194] Ammann, in: Kat. Kounellis, Luzern, 1977, o. S.

[195] Kounellis im Gespräch mit der Autorin, Niccone, 17.3.2009.

mal auf. Er lässt die Kinderschuhe seines Sohnes Damiano in Gold nachgießen (*Senza titolo*, 1972) und stellt sie erhöht, dem Alltag entrückt, auf den unteren Teil des vertikalen Schafts eines Kruzifixfragments.[196] Dort künden sie von Freude und Leben. Das Funkeln des Goldes zeugt von einem Licht, das seinen Ursprung in einem anderen Raum hat. Wie das Feuer ist das Material Gold Medium für Immaterialität und Spiritualität.[197]

---

[196] Kounellis zeigte diese Arbeit in der Galerie Sonnabend, New York, anlässlich seiner ersten Einzelausstellung 1972 in den USA. Für ausführliche Beschreibung und christologische Bezüge vgl. Helmut Friedel: „Jannis Kounellis – Fragmente und Wunden der Erinnerung", in: Jahrbuch des Vereins für christliche Kunst in München e. V., Bd. 16, Festschrift für Norbert Lieb, hrsg. von Lothar Altmann, München 1987, S. 298-303, hier S. 298f.

[197] Über die Konkretion des göttlichen Lichts im Goldgrund mittelalterlicher Tafelgemälde hinaus finden sich in den Publikationen des Hamburger Materialarchivs zahlreiche Belege für die immaterielle Bedeutungsmacht von Gold als Material. Nach dem 2. Weltkrieg und parallel zur Entstehung der Konsumgesellschaft in den westlichen Industrienationen kommt es in der Kunst zu einer Neuauffassung des Stellenwerts des Goldes. Einige Beispiele seien hier angeführt: Yves Klein begegnete den weltlichen Werten der Konsumgesellschaft mit dem Versuch, die spirituelle Tradition des Goldes wieder aufleben zu lassen. Er tauschte 1959 Gold gegen das Zertifikat „Zone de Sensibilitée Picturale Immaterielle", einen Teil übergab er in Paris der Seine, den anderen Teil und seinen Erlös integrierte er in Form von 3 Goldbarren in ein „Ex voto für die Hl. Rita von Cascia", mit dem er um himmlischen Beistand bat. In Italien stellte Alberto Burri schon 1953 alte Jutesäcke feinem Goldstaub gegenüber und verwies auf die materiellen Bedingungen gesellschaftlicher Unterschiede. Andy Warhol idolisierte Mitte der 1950er Jahre die „Golden Shoes" und die „Golden Boys" mit Blattgold und Glitter. Er vermischte das göttliche Licht der christlichen Andachtsbilder mit dem Glamour der Ikonen der Konsumgesellschaft; vgl. Michael Liebelt „Gold", in: Wagner/Rübel/Hackenschmidt 2002, S. 120ff.

Wenn Kounellis Lippen und Schuhe im Material Gold transformiert, dann betont er nicht nur Anfang und Ende, Kopf und Fuß als extreme Endpunkte des menschlichen Körpers; er lenkt vielmehr die Aufmerksamkeit auf schweigendes Denken und elementaren Bodenkontakt. Trotz all der politisch und sozial erfahrenen Widersprüchlichkeit verbindet Kounellis mit seiner ganzen Arbeit einen moralischen Anspruch. Das Bürgertum als revolutionäre Klasse ersetze Moral durch Ökonomie, empört er sich. „[...] Jetzt gibt es die Leere der Macht, [...] auch auf moralischer Ebene."[198] Der verschlossene Mund des Künstlers signalisiert also nicht Resignation, sondern Erkenntnis und Wahrnehmung möglicher gesellschaftlicher Veränderung, denn der utopische Ansatz der 1968er Studentenrevolte war, wenn auch modifiziert, noch immer präsent. Im Bild der Goldlippen konfrontiert er Geschichte und aktuelle Gegenwart.

Seit 1972 erzählen weitere Arbeiten aus Gold von mythologischen, christologischen oder alltäglichen Ikonographien. Als „corona di Dafne" (*Senza titolo,* 1972) ziert ein Siegerkranz aus goldenen Lorbeerblättern einen dunklen Herrenhut aus Filz. Das Attribut des Lorbeerkranzes erinnert an die Erzählung von der Metamorphose der Nymphe Daphne[199] und ist zugleich nach römischer Tradition Siegeszeichen der Cäsaren. Die tiefe Verwurzelung im Gedächtnis der Italiener demonstriert noch heute jeder

---

198 Kounellis, in: Jacqueline Burckhardt (Hg.): Ein Gespräch. Una discussione, 1986, S. 56.

199 Der Mythos berichtet, dass der Wunsch der vor Apolls Zudringlichkeit fliehenden Daphne erhört wird und sie sich in einen Lorbeerbaum verwandelt; vgl. Art. „Daphne", in: Lexikon der antiken Mythen und Gestalten, hrsg. von Michael Grant u. John Hazel, 18. Aufl. München 2004, S. 110.

'Laureato', wenn er sich nach bestandenem Examen mit einem Kranz aus Lorbeerzweigen auf dem Kopf in der Öffentlichkeit präsentiert. Im Jahr 1975 lässt Kounellis die Sohlen seiner eigenen Straßenschuhe (*Senza titolo,* 1975) vergolden und stellt sie mit der goldenen Seite nach oben aus. Als Celant ihn fragt, ob die strahlende Kraft des Goldes auf die Präsenz in der Malerei oder auf eine individuelle Symbolik verweise, antwortet Kounellis mit einer berühmten Anekdote über Verrocchio, der als Bildhauer und Goldschmied die frühe Florentiner Renaissancekunst nachhaltig prägte.[200] Schuhsohle und Filzhut waren als Motiv und Attribut von Joseph Beuys schon wohlbekannt. In der Aktion *wie man dem toten Hasen die Bilder erklärt* (1965) trug Joseph Beuys Eisensohlen am Schuh, die er immer wieder auf eine Filzsohle aufsetzte. Bei aller Übereinstimmung im Motivischen und in der Absicht, kulturelles Gedächtnis zu aktivieren, zeigt sich aber auch die Differenz. Der griechische Römer Kounellis bringt in der grauen Umgebung der Straße Glanz und Schönheit zum Leuchten, der Deutsche demonstriert metaphorisch die Beschwernis des Gehens.

Angesichts eines charakteristischen kombinatorischen Prinzips erscheint das Material Gold bei Kounellis in vielfältigen Bedeutungen. Die spirituell transformierende Qualität des

---

200 „Il Verrocchio era un orefice, per cui presenta una grandissima attenzione ai particolari; non era solo uno scultore ma anche un orefice. Facendo le scarpette ho pensato proprio a Verrocchio e alla sua capacità di resa del particolare e alla sua fede artigianale." Kounellis im Gespräch mit Celant, in: Kat. Kounellis, Mailand 1992, S. 28; [„Verrocchio war ein Goldschmied, deshalb achtete er besonders auf Details; er war nicht nur Bildhauer sondern auch Goldschmied. Während ich die kleinen Schuhe gemacht habe, habe ich genau an Verrocchio gedacht, an seine Fähigkeit zur Detailwiedergabe und seinen Glauben an das Handwerk." Aus dem Italienischen von Carolin Angerbauer].

Materials wird im Kapitel IV.1. am Beispiel der Goldwand näher beleuchtet, seine Bedeutung im Kontext von Alchemie, Metallurgie und Bergbau im Kapitel V.1. Im Folgenden soll die Aufmerksamkeit noch dem materialen Gegenbild zum glänzenden Gold gelten, dem einfachen alltäglichen Gips, der den Künstler in Rom als Reminiszenz an die griechisch-römische Hochkultur ständig umgibt und sich in Form von Masken und Körperfragmenten im Oeuvre spiegelt. Nur am Rand sei hier vermerkt, dass alle Arbeiten mit Gips und Gold erst nach dem großen internen Eklat der Arte povera- Gruppierung entstanden, in dessen Folge – nach der berühmt gewordenen Ausstellung im Münchner Kunstverein 1971 – sich die Gruppe spaltete und alle eigene Wege gingen.

Gips

Aufrecht und unbewegt sitzt Kounellis im April 1972 auf einem lebenden Pferd mitten im Ausstellungsraum der Via del Paradiso in der Galerie L'Attico in Rom (*Senza titolo*, 1972, Abb. 17). Beide Hände greifen nicht etwa zum Zügel, sondern umfassen den Stab einer Gipsmaske, die sich der Künstler in klassisch griechischer Theatertradition vor das Gesicht hält. Im Übrigen ist er alltäglich gekleidet, die Straßenschuhe sind in die Steigbügel gestellt. Den Steinboden bedecken Sägespäne. Nur eine kleine Öllampe an der Wand gibt Licht.

Wenn Kounellis sich so im Galerieraum präsentiert, schlägt er eine Brücke zwischen zeitgenössischer Provokation und traditionellen Motiven von hohem Wiedererkennungswert. Pferd und Reiter begegnen dem Betrachter in ihrer unbewegten Haltung als in die reale Gegenwart geholtes klassisches Reiterstandbild. Im jüngeren historischen Zusammenhang hat dieses Motiv vor allem im 18.

Jahrhundert eine Wiederbelebung erfahren, als Aristokraten auf feurigen Pferden emblematisch zum Sinnbild der Rationalität in der Ära der Aufklärung avancierten.[201] Kounellis bestätigt diesen historischen Bezug: „[...] ich habe meine Arbeit mit den Pferden, zum Beispiel in der Galerie L'Attico, immer mit dem Geist der Aufklärung in Zusammenhang gesehen."[202] Hier sitzt aber kein Herrscher oder Heerführer auf dem Pferd, sondern ein Künstler, der sich innovativ und spektakulär inszeniert, um hinter und unter der Maske des Apoll[203], des Gottes der Schönheit und der Kunst, sein kritisches Bewusstsein zu transportieren. Mit der Maske aus weißem Gips setzt er sich mit der Gottheit in eins. Augenhöhlen und Mund sind verschlossen.

Weit häufiger als aus Gold sind seit der Antike Masken aus Gips im Totenkult bezeugt. Seither gilt dieses Material als traditionelles Modell- und Abgussmaterial und Kounellis belebt damit eine Kette kunsthistorischer Assoziationen. Abgüsse der als vorbildlich erachteten antiken Statuen gehörten seit dem 15. Jahrhundert zum festen Repertoire in

---

[201] Wenn z. B. der französische Maler Jacques-Louis David den polnischen Aristokraten Conte Stanislav Potocki (1781, Nat. Galerie Warschau) auf einer feurigen Stute zeigt, als Sinnbild der Rationalität, die die Natur bezwingt, ist das passend zur Ära der Aufklärung; vgl. Stephen Bann: Jannis Kounellis, London 2003, S. 102f.

[202] Kounellis im Interview mit Robin White, 1979, „Interview at Crown Point Press, Oakland, California", in: View, Nr. 1, 10.3.1979; dt. in: Kounellis, Ein Magnet im Freien, 1992, S. 54-79, hier S. 63.

[203] Die Maske wird sowohl von Kounellis wie auch in der kunstwissenschaftlichen Literatur als Abbild des Apoll beschrieben. Kirà van Lil führt als erste Interviews und Literaturquellen an, die die Annahme untermauern, dass man bei der Maske von Apoll sprechen kann; Ammann und Grüterich hielten 1977 das noch für unbegründet. Vgl. Lil, in: Kat. Kounellis, Hamburg 1995, in Anm. 5, S. 56 und Ammann/Grüterich, Kat. Kounellis, Luzern 1977, o. S.

den Kunstwerkstätten und Ateliers. In der akademischen Lehre als Studienobjekte fest verankert, trugen sie erheblich zur Etablierung eines klassizistischen Formenkanons bei. Für viele Kunstliebhaber und Gelehrte des 18. und auch des 19. Jahrhunderts waren sie das Medium, in dem die erste Begegnung mit der Antike stattfand. Dass sich ein Bild der 'weißen Antike' im Gedächtnis festsetzte, lag nicht zuletzt an diesen populär gewordenen Gipsabgüssen, die mit der Vorstellung vom Guten, Wahren und Schönen korrespondierten: „Das wahre Gefühl des Schönen gleicht einem flüssigen Gipse, welcher über den Kopf des Apollo gegossen wird, und denselben in allen Teilen berührt und umgibt."[204]

Weil sie ihre Ideale so sinnlich und poetisch begreift, beansprucht Kounellis die Geschichte der Antike für seine aufgeklärten Ziele. Gips ist retrospektives und experimentelles Material, historisches Speichermaterial und Ideenmaterial zugleich. Daher rührt seine Eignung zur Revision und Befragung künstlerischer Tradition. Durch die materialbedingte 'Fassung à la porcelaine' rückt Apoll, der Gott der Schönheit, wie von selbst ins immateriell Wirkliche. Kounellis präsentiert in diesem 'Tableau vivant'[205] das

---

204 Johann J. Winckelmann: Abhandlung von der Fähigkeit der Empfindung des Schönen in der Kunst und dem Unterrichte in derselben (1762), in: Ders.: Kleine Schriften und Briefe, bearb. von Wilhelm Senff, Weimar 1960, S. 157.

205 Zum Topos des in der Literatur für Kounellis 'Inszenierungen" diskutierten 'Tableau vivant'-Begriffs vgl. u. a. Schneede, in: Kat. Kounellis, Hamburg 1995, S. 27-47. Schneede stellt sämtliche Werke gegenüber, in denen entweder Kounellis selbst, Frauen oder Pferde involviert sind und analysiert deren Typologie. Er nähert sich so dem speziellen Aktionsbegriff von Kounellis (keine Handlung, keine Dramaturgie, keine Erzählung; S. 36) und spricht meist von

Künstlerthema, die Rolle des Künstlers „als Mittler von Mysterium und Prophezeiung, in diesem Fall der stillen Prophezeiung einer Totalität, die nicht mehr artikuliert werden kann.“[206] Diese Mittlerrolle materialisiert der Künstler in aller Bescheidenheit. Er trägt seine Alltagskleidung. Er spricht nicht wie etwa ein Schauspieler im Theater. Er schweigt hinter der bescheiden billigen Materialität des Gipses, mit der er die Figur des antiken Gottes aktualisiert und den Blick nach innen auf die eigene Verantwortung lenkt. Apoll auf dem Pferd spiegelt den Mythos des Musenrosses Pegasus[207], auf dem sich der Gott zu Zeus auf den Olymp hinaufschwingt. So gelangt er zu Eos, der Morgenröte, deren Wagen er seither um die Erde zieht. Deshalb ist Apoll schon seit dem 6. Jahrhundert auch mit dem Bild des Sonnengottes Helios konnotiert, der Licht und Dunkel auf die Erde bringt.

Zwei Jahre später wiederholt Kounellis die Aktion (*Senza titolo,* 1974) an drei aufeinander folgenden Samstagen in der New Yorker Galerie von Ileana Sonnabend. „Nach langem inneren Kämpfen [...] beschloss Kounellis, die ganze Galerie Sonnabend gelb zu streichen, ein Pferd in den dritten Stock von 420 West Broadway mit dem Lastenaufzug in die Mitte

---

„angehaltenen, lebenden Bildern“, die zwar als „Aktion“, nicht aber im Sinne der Aktion der 60er Jahre zu bezeichnen sind.

206 Thomas McEvilley, in: Kat. Kounellis, Chicago 1986, S. 138.

207 Pegasus ist in der griech. Mythologie ein geflügeltes Pferd. Das Wort bedeutet „Brunnen“ oder Frühling bzw. Flut. Pegasus, das bekannte Musenross, war ein Geschöpf Poseidons und der Gorgo Medusa, das aber erst aus dem Blut der Letzteren hervorsprang, als Perseus ihr das Haupt abschlug. In übertragener Bedeutung ist Pegasus das Flügeltier, das alle Dichter reiten; vgl. Art. „Pegasus“ in: Lexikon der abendländischen Mythologie, hrsg. von Otto Holzapfel, Freiburg im Br. 1993, S. 333.

der Galerie zu befördern, um dann – eine Maske vor das Gesicht haltend – stundenlang als antiker Reiter auf diesem Pferd auszuharren. Eine kleine Petroleumlampe warf ihr gelbes Licht an die Wand."[208] Das lebende Pferd in der Galerie irritiert im New Yorker Umfeld gleichermaßen wie zuvor im römischen. In den USA erfährt die Arbeit aber eine politisch-kulturelle Weiterung. Kounellis präsentiert sich dort mit der antikisierenden Maske explizit als europäischer Künstler, indem er in die Neue Welt ein Bild importiert, das in der Alten Welt allerorts gegenwärtig und im visuellen Gedächtnis der Betrachter verhaftet ist.[209] Die Paradoxie des lebenden 'Reiterstandbildes' in der Galerie, verstärkt durch das sinnliche Erleben des Wieherns, des Geruchs und der Kraft des lebenden Pferdes, ist ein topologisch prägnanter Hinweis auf den Verlust von Erinnerung, der mit der Überbetonung technoider kapitalistischer Kriterien einhergeht.[210]

---

[208] Christos M. Joachimides, in: Museum der Avantgarde. Die Sammlung Sonnabend New York, hrsg. von Ders., Kat. Hamburger Bahnhof Berlin, Mailand 1989, S. 11, und Lil, in: Kat. Kounellis, Hamburg 1995, S. 48.

[209] Zur unterschiedlichen Bedeutung der Arbeit im europäischen und amerikanischen Kontext siehe Ausführungen bei Grüterich, in: Kat. Kounellis, Luzern 1977, o. S.

[210] Als Beuys im Mai des Jahres 1974 in den New Yorker Galerieräumen von René Block in der Aktion *I like America und America likes Me* mit einem lebendigen Tier auftritt, wählt er den Kojoten, um zu verdeutlichen, wie selbstsüchtiger Individualismus in diesem Land vorhandene Lebensformen wie das Miteinander von Indianer und Tier zerstört hat. Der einwandernde Westmensch hätte in Amerika die Chance gehabt, die Freiheit und Großzügigkeit des 'Westprinzips' zu entwickeln. Beuys im Gespräch mit Caroline Tisdall im Mai 1974, in: Joseph Beuys – Coyote, hrsg. von Ders., München 1976, S. 8-16. Kounellis sah diese Aktion in New York und war sehr beeindruckt, insbesondere von den zwei Fettkisten und der für ihn damit

Bemerkenswert ist, wie Kounellis die in der Figur des Apoll angelegte Dialektik durch die Verwendung der Farbe unterstreicht. Die Idee, die Wände gelb zu streichen, sagt er, kam ihm vor Ort. Gelb als Farbe des (Sonnen-)Lichts kontrastiert mit der Idee des *Apollo notturno*.[211] Dieser nächtlich dunkle Aspekt ist materialisiert in der dunklen Fellfarbe des Pferdes. Jedes Mal sitzt Kounellis bei diesen Aktionen auf dunklen Pferden.[212] Apoll ist der Gott, der entweder Heil oder Sühne bringen kann und mit seinem Attribut, dem Pfeil, über Leben und Tod entscheidet. Gespiegelt im leuchtenden Gelbgold der Wände übernimmt der Künstler als Medium die Rolle des Apoll und bringt das Licht, Bild der Erkenntnis. Die Relevanz klassischer Themen für die Gegenwart wird hervorgehoben, aber ohne 'Empfehlung'. Es geht um eine Wahrnehmungssituation, die Kounellis beschwört. Er verzichtet auf Heilsversprechungen und rückt sein Werk in den visionären Bereich. Damit unterscheidet er sich von Joseph Beuys, der immer auch nach umsetzbaren

---

ausgedrückten Trennung und Polarisierung des Raums; Kounellis im Gespräch mit der Autorin, Niccone, 17.3.2009.

211 Kounellis erwähnt diesen Vergleich mit dem „nächtlichen Apoll“ im Gespräch mit der Autorin, Niccone, 17.3.2009. Kounellis selbst nutzt den Begriff im Katalog zur documenta 7 1982 in Kassel. Der stark leuchtende gelbe Farbton der Wand enthielt aber für Kounellis noch nicht – wie später die Goldwand in *Tragedia civile* – das Goldgelb der byzantinischen Bildhintergründe.

212 Das Pferd verkörpert traditionell Kraft und Vitalität, Schnelligkeit und Sprungkraft. In historischen Darstellungen sind Tiere dieser Fellfarbe mit wilden Herden oder militärischen Heeren konnotiert. Sie bringen Tod und Verderben. In der antiken Tradition sind die Zugtiere der Himmelswägen, Eos und Helios, sowie das Musenpferd Pegasus von weißer Fellfarbe. Sie bringen den Menschen Licht, Leben und Erleuchtung. Im europäischen Kontext sind auch die Heiligen, ob Georg oder Martin, meist mit weißen Pferden dargestellt. In der Arbeit *Iphigenie/Titus* (1969) stellt auch Beuys einen Schimmel auf die Bühne.

Alternativen zu Fragen seiner Zeit suchte.[213]

Wie akkumulativ Kounellis mit kunsthistorischer Ikonographie umgeht, wird parallel zur New Yorker Ausstellung im Interview mit Robin White deutlich. Danach gefragt, ob man seine Arbeit auch „als Satire auf die Galerien" ansehen könne, antwortet Kounellis, man könne sie vielleicht im Hinblick auf die Ausstellung von Flavin[214] als satirische Geste interpretieren. Ihm ginge es aber vielmehr um Bezüge zu den Motiven des Blauen Reiter von Kandinsky und des Hl. Georg auf dem Pferd.[215] Kounellis' Inszenierung mit einem lebenden Pferd verschmilzt Motive von hohem Wiedererkennungswert mit solchen formaler Provokation. Er setzt das griechisch antike Apoll-Motiv in eins mit dem christlichen Motiv des Hl. Georg auf dem Pferd, mit Georg dem Drachentöter. Mit dem Hinweis auf diese Gestalt erfährt das Todesmotiv eine diametrale Umkehrung. Der

---

213 Wenn Beuys mit seinem Schlagwort „Jeder Mensch ein Sonnenkönig" anregt, jeder Mensch solle sich wie der französische Sonnenkönig Ludwig XIV. auf seine Fähigkeiten und Rechte besinnen und nach dem Motto „L'État c'est moi" auf politischer Ebene mitwirken, so bietet er als konkretes Ideengebäude das Modell einer direkten Demokratie. Diese politischen Ideen wurden von ihm allerdings nicht in vergleichbarer Bildsprache visualisiert, sondern über einfache Multiples 100fach verbreitet, z. B. mit den bedruckten Plastiktüten „Direkte Demokratie".

214 Zur selben Zeit und im selben Gebäude zeigte der amerikanische Minimalist Dan Flavin in zwei Galerien über und unter dem Ausstellungsraum von Kounellis neue Lichtarbeiten. In der Galerie von John Weber erstrahlten die Räume in Grün, bei Leo Castelli in Weiß; vgl. Ausstellungsrezension von Susan Heinemann, in: Artforum, Sept. 1975, S. 74-77, hier S. 77.

215 „In diesem Sinn könnte es als satirisch interpretiert werden. Aber das war nicht der Sinn dieser Arbeit. Für mich ist [...] *Der Blaue Reiter* von Kandinsky [...] nichts anderes als der Heilige Ritter Georg." Kounellis im Interview mit Robin White, 1979, dt. in: Kounellis, Magnet im Freien 1992, S. 62.

Künstler, der persönlich die Rollen von Apoll alias Hl. Georg alias Aufklärung übernimmt, wandelt sich prototypisch zur Erlöserfigur. Seine Botschaft ist – bei allem theatralen Spektakel – eine Art Erlösungsgedanke. Er führt den Betrachter an kulturelle Wurzeln, möchte die verschiedenen Deutungsmöglichkeiten aber offen lassen. Mit der Arbeit deutet Kounellis seine Rolle, seine Verantwortung als Künstler, als europäischer Künstler. Auf dem Musenross Pegasus, dem Ross der Dichter, übernimmt er selbst die Verantwortung. Er überantwortet sie nicht einer 'himmlischen' Gottheit. Er selbst, der Gott in ihm, wie es auch bei Beuys häufig anklingt, übernimmt die Rolle eines Stammesvaters der Künste.

Zwischen den beiden Aktionen in Rom und New York tritt Kounellis im Jahr 1973 mit einer weiteren Arbeit (*Senza titolo*, 1973; Abb. 18) an die Öffentlichkeit, die er in der römischen Galerie La Salita zeigt. Wieder hält er eine gipserne Maske des Apoll vor dem Gesicht. Diesmal sitzt er aber an einem langen Tisch, auf dem verstreut einzelne Gliedmaßenfragmente einer menschlichen Skulptur herumliegen.[216] An einer Seite des Tisches sitzt eine präparierte Rabenkrähe auf einem entzweiten Torso, am anderen Ende ein Flötenspieler auf einem Stuhl.[217] Dieser begleitet die sonst statische

[216] In der Literatur wird oft irrtümlich von den Fragmenten der zur Maske gehörenden Apolloskulptur gesprochen. Aber die beiden Füße, ein Oberschenkel, ein Arm und der Torso stammen nach Unterdörfer nicht von derselben Figur; gleichwohl verleite die Ansammlung der einzelnen Gliedmaßen den Betrachter dazu, die Stücke als ursprüngliche Einheit zu lesen. Vgl. Unterdörfer, Michaela: Die Rezeption der Antike in der Postmoderne: der Gipsabguss in der italienischen Kunst der siebziger und achtziger Jahre, Diss. Phil. Erlangen 1998, S. 46.

[217] Zu den klassischen Attributen zählen Saiteninstrumente. Seit dem Wettstreit mit Marsyas ist die Flöte ein von Apoll verschmähtes Instrument.

Inszenierung mit einem drei Minuten dauernden Satzfragment von Mozart, das er ständig wiederholt.[218]

Die einzelnen Skulpturenteile, Arme, Beine, Füße, Hände und der entzweite Torso sind keine Bruchstücke mit zufällig entstandenen Kanten. Es scheint, als habe Kounellis einen antiken Gipsabguss gezielt in Einzelteile zersägt, die Glieder exakt getrennt.[219] Einige wenige tragen Flecken von Schwefel, Ruß oder schwarzer Farbe. Die Fragmente reflektieren das Problem von Original und Kopie wie auch die Frage nach dem Ursprung von Form. Anders als seine Künstlerkollegen verwendet Kounellis vorgefertigte Gipsformen. Er wählt in der Regel den Abguß nicht selbst aus, sondern beauftragt Gehilfen, nach groben Angaben ein entsprechendes Bildwerk auszusuchen. Die Bearbeitung beschränkt sich dann auf ein Zerlegen der Form mit der Säge oder eine Farbgebung.[220] Die meisten Gipsbruchstücke

---

218 Mozart gilt Kounellis als Komponist der Aufklärung. Für eine Wiederholung der Aktion 1975 in der Berliner Galerie von Volker Skulima sind dieselben Requisiten verwendet worden wie 1973, nur die Flöte wurde durch ein Cello ersetzt. Für diese wiederholte Aktion liess Kounellis Melodien aus der Dreigroschenoper von Kurt Weil spielen; vgl. Kounellis im Gespräch mit Celant 1974, in: Kat. Kounellis, Mailand 1983, S. 105; Lil, in: Kat. Kounellis, Hamburg 1995, S. 49; und Ammann, in: Kat. Kounellis, Luzern 1977. o.S.

219 Lil erklärt diesen Eindruck damit, Kounellis habe „nicht Fragmente, sondern bearbeitete Gipsabgüsse eingesetzt".Vgl. Lil, in: Kat. Kounellis, Hamburg 1995, S. 51.

220 Abgesehen von einem vagen Hinweis auf Antiquitätengeschäfte äussert sich Kounellis nicht zur Herkunft oder Spezifität der Abgüsse. Die meisten der Fragmente sind weiss belassen und nur zum Teil in dunkle Farbe getaucht, manchmal aber mit Schwefel gelb gefärbt. Die Verwendung von Schwefel findet sich auch bei Beuys, dort wegen alchemistischer Konnotationen. Vereinzelt sengt Kounellis die Gipsabgüsse mit einem Bunsenbrenner an und hinterlässt auf Wand und Konsolen Rußmale.

lassen sich nur ungefähr in die antike oder klassizistische Idealplastik einordnen. Inhaltlich sind sie nicht näher charakterisiert und Kounellis gibt ihnen nie einen Titel.[221] Das Motiv des Fragmentarischen vereint in sich die Dialektik aus aktiv zerschlagender Handlung und passivem Erleiden von Zerstörung und Zerstückelung. Der ikonoklastische Akt des Künstlers an den Abgüssen antiker Statuen beinhaltet beide Aspekte und versteht sich als Aufforderung zu kritischer Wahrnehmung und Eigeninitiative gegenüber einer Beschreibung von Welt, wie sie Ammann formuliert: „Heute gibt es keine Philosophien mehr, deshalb gibt es auch keine Mathematik bzw. keine Kunst. Es fehlt die Zusammenschau, es ist alles zerstückelt.“[222] So sehr die Fragmente als bildhafte Zustandsbeschreibung gelesen werden können und Kounellis sich „so gewissermaßen handgreiflich Geschichte aneignet", wie Kirà van Lil[223] bemerkt, evozieren sie weiterführende philosophische und anthropologische Assoziationen. Kounellis selbst sagt, dass es ihm bei der (Zer-)Teilung um viel mehr gehe, nämlich um eine „divisione eucaristica”[224], eine eucharistische Teilung in drei Teile: Kopf, Rumpf und Gliedmaßen. Daraus entstünden dann die Fragmente, die erst die Ausgangslage für eine neue Ganzheit schaffen. Der christologische Begriff der Eucharistie, der auf die Feier der Teilung des 'Corpus Christi'

---

[221] Unterdörfer 1998, S. 45. Die Literatur bietet verschiedenste Deutungen, doch die meisten Abgüsse sind nicht archäologisch identifizierbar. Unterdörfer führt in ihrer Dissertation 1998 im Werkverzeichnis zu Kounellis alle Arbeiten mit Gipsabgüssen auf, mit Angaben zu den antiken Vorbildern und den unterschiedlichen Zuweisungen in der Literatur.

[222] Ammann im Gespräch mit der Autorin, Frankfurt a. M., 23.9.2006.

[223] Lil, in: Kat. Kounellis, Hamburg 1995, S. 51.

[224] Kounellis im Gespräch mit der Autorin, Niccone, 17.3.2009.

in der Brotbrechung verweist, greift hier den Gedanken der Erlösung auf, den der Künstler alias Apoll alias Hl. Georg zu vermitteln bereit ist.

Die Aktivierung gegenläufiger Kräfte, Opferung und Erlösung in einem, überträgt sich von den auf dem Tisch ausgelegten Skulpturfragmenten auf den Betrachter. Kounellis weckt in ihm Energien zur Eigeninitiative, beschwört den Perspektivenwechsel und so die Lust, das Zerlegte wieder zusammenzufügen. Der Zuschauer spürt, wie die wenig beachteten Selbstheilungskräfte aktiviert werden und im Denken die Bilder der Vergangenheit mit denen der Gegenwart symbiotisch verwachsen.

> „Die Unbeweglichkeit des Körpers mit der Maske stellt einen bestimmten Typ von Göttlichkeit dar. [...] Mich interessiert es, die Freiheit der Tragödie geltend zu machen, weil das Drama bürgerliche Bedingung repräsentiert, während die Tragödie ungeheuere göttliche Ursachen und historische Motivationen besitzt. [...] Es handelt sich um die Opferdarbringung eines Körpers aus Fragmenten, der von mir wiederbelebt wird, mit dem Raben in der Nähe, weil er ein Symbol des Todes ist. Dieses Wiederaufleben bedeutet keine Reinkarnation, sondern die Ziele wieder aufleben lassen. Zugleich habe ich den Tisch ausgewählt, weil er ein alltägliches Objekt ist, des Leben, an dem man Speisen konsumiert. Daneben spielt ein Flötist, ein Stück von Mozart, der aufgeklärt und offen ist, das Gegenteil der Gotik und und des kirchlichen Bach. Wie ich dir sagte, bei der Verteilung der Fragmente fehlt, wie den Buchstaben, die Kom-

position. Sie besitzen nur eine innere Ordnung."[225]

Die Begleitmusik ist poetische Handlung und dramatisches Potenzial zugleich. Die wertvolle Lyra wäre als Instrument das klassische Attribut des Musengotts Apoll. Kounellis bricht instinktiv die tradierte Form und lässt einen Spieler mit dem einfachen Hirteninstrument der Flöte auftreten, der an die bittere Episode mit dem Satyr Marsyas erinnert. Marsyas hatte virtuos auf der Flöte zu spielen gelernt und stolz Apoll zum Wettstreit herausgefordert. Doch der Satyr verlor und musste grausam sterben.[226] Dieser 'dunkle', in der

---

225 „La staticità del corpo con la maschera rappresenta un certo tipo di divinità. [...] A me interessa affermare la libertà della tragedia, perché il dramma rappresenta una condizione borghese, mentre la tragedia ha ragioni divine e motivazioni storiche immense. [...] È il sacrificio di un corpo in frantumi, rivissuto da me, con il corvo vicino, perché simbolo della morte. Così rivivere non significa reincarnare, ma rivivere gli scopi. Al tempo stesso ho scelto il tavolo perché è un oggetto quotidiano, di vita, dove si consuma il cibo. Accanto il flautista esegue un pezzo di Mozart, che è illuminista e aperto, contrapposto al gotico ed ecclesiastico Bach. Come ti dicevo, la disposizione dei frammenti, come nelle lettere, manca di composizione. Possiedono solo un ordine interno." Kounellis, in: Kat. Kounellis, Rimini 1983, S. 159. Für die dt. Übersetzung (geringfügig von der Autorin korrigiert) vgl. Ruhrberg 1992, S. 294.

226 Der Satyr Marsyas fand die von Minerva erfundene, später von ihr weggeworfene Flöte und lernte darauf meisterhaft zu spielen. Er war so stolz auf seine Weisen, dass er Apoll zu einem Wettstreit herausforderte. Der Gott siegte, weil er auch auf der umgedrehten Leier spielen konnte, was Marsyas mit der Flöte nicht vermochte. Da vereinbart worden war, dass der Sieger über den Verlierer frei verfügen könne, fesselte ihn der erzürnte Gott an einen Baum und zog ihm in Streifen die Haut ab. Eine ähnliche Geschichte erzählt vom musikalischen Wettstreit zwischen Apoll und Pan, der auch als Flötenspieler antrat. Die Flöte durfte lange Zeit nicht in Anwesenheit Apolls gespielt werden. Vgl. zum Mythos die Dissertationsschrift von Katia Marano: Apoll und Marsyas. Ikonologische Studien zu einem Mythos in der italienischen Renaissance [=Reihe Europäische Hochschulschriften, Bd. 324], Frankfurt a. M.

Bezeichnung *Apollo notturno* bereits erwähnte Aspekt, ist in dieser Arbeit durch den Raben dargestellt, der böses Omen und Tod verbildlicht, aber andererseits durch seine Fähigkeit zum Sprechen und Wahrsagen auch mit Apoll, dem Gott der Weissagung, in mythologischer Verbindung steht.[227]

So still die Inszenierung erscheinen mag, sie ist ein Bild der Realität, des dramatischen Widerstreits von apollinischem und dionysischem Prinzip[228], das in der Tragödie seine Synthese erlebt. Dionysos als Gott „der unbildlichen Kunst der Musik", Apoll als Vertreter „der Kunst des Bildners"[229]. Auch Beuys setzte sich intensiv mit der Polarität dieser beiden Prinzipien auseinander. Seine Analyse des Formbegriffs führte ihn zu den drei Begriffen Wille, Gefühl

---

1998, hier S. 13. Marano weist auch darauf hin, dass in der ursprünglichen Tradition Athene die Flöte erfand, diese aber nicht wegwarf, sondern Apoll lehrte, darauf zu spielen. Erst die spätere Erzählung von der Ablehnung der Flöte durch Minerva und deren Auffindung durch Marsyas sind Grund und Voraussetzung für die Entstehung des Mythos um Apoll und Marsyas, vgl. S. 14.

227 Krähen und Raben spielen wegen ihrer Wahrsagefähigkeiten oft eine wichtige Rolle in Sagen und Märchen. Schon die alten Götter und Könige haben deren Weisheit, Intelligenz und Flugfähigkeit genutzt und auch in der nordischen Mythologie symbolisiert der Rabe die Weisheit. Dem griechischen Gott Apoll waren die Raben heilig. Der Mythos berichtet, dass ein dem Apoll dienender Rabe ihm verriet, dass die sterbliche Koronis, die von Apoll ein Kind erwartete, einen Sterblichen erhört hatte. Erbost über den Fehltritt schoss der Gott einen Pfeil auf die Geliebte ab, der sie tötete. Das Gefieder des bis dahin weissen Raben färbte Apoll schwarz; vgl. „Apollon" in: Lexikon der antiken Mythen und Gestalten, S. 60-65.

228 Nach Nietzsche kommt die Ruhe, Ausgeglichenheit und der analytische Blick Apolls eher in der bildenden Kunst zum Ausdruck, während das Dionysische sich in der Musik Ausdruck verschafft; vgl. Lil, in: Kat. Kounellis, Hamburg 1995, Anm. 10, S. 56.

229 Ruhrberg 1992, S. 295.

und Denken. Die Formgebung entspricht in diesem Sinne der Verschmelzung der beiden göttlichen Prinzipien, da sie die Umformung eines chaotischen, nebulösen Zustandes in einen bewussten bedeutet.

In einem Gespräch über östliche und westliche Philosophien und über die Christus-Figur bzw. den Christus-Geist, den Beuys in Verbindung zum westlichen analytischen Denken – im Gegensatz zum östlichen fühlenden Denken – setzt, kommt er auf Apoll zu sprechen:

> „[Christus] wurde durch die westliche Welt verstanden... Also, das Wurzeln des Schicksals der westlichen Welt beginnt in diesem Moment [mit dem Auftreten von Christus] in Parallelität zu Intentionen, die auch aus anderen Kulturen kamen – du brauchst nur auf Apoll zu schauen in Griechenland, dort ist ein ähnliches Verständnis zur Idee des Christus. In Apoll erscheint eine Art von Vorgänger für diese Christus-Idee. Also es ist kein Wunder, dass zur gleichen Zeit als Christus erschien, oder fast zur gleichen Zeit, dass dann eine Methodik, die sich der Analyse bediente, aus der griechischen Kultur hervorkam. Beispielsweise Aristoteles [. . .]."[230]

Diese Gedankenlinie repetiert Beuys in einem Gespräch vom 27.1.1983 über das Nichtverstehen von Kunst in einer Podiumsdiskussion des österreichischen Fernsehens, bei dem über die historische Entwicklung von Kulturen und Religionen diskutiert wurde:

„Und es ist eigentlich nicht verwunderlich, dass der

---

230 Beuys im Gespräch mit Louwrien Wijers, 22.11.1979, in: Joseph Beuys talks to Louwrien Wijers, hrsg. von Kantoor voor Cultuur Extracten, Velp (Holland), April 1980, S. 1-71, hier S. 50.

Sonnenkult von Echnaton und er selber als Figur sich dann später in einer viel deutlicheren Form, in Apollo als einem Sonnengott wiederspiegeln. Und dann – Apollo –, wie gesagt, eine Vorläuferfigur ist für das Sonnenelement, für das Lichtelement in der Christus-Erscheinung."[231]

Kounellis ist nüchterner. Er ist nicht daran interessiert, seine Aktionen und deren Relikte als Vergegenwärtigung eines antiken Mythos verstanden zu wissen. Grundsätzlich lehnt er jede ikonographisch-inhaltliche Interpretation ab, da, wie er sagt, heute jeder Künstler seine eigene Ikonographie erfindet.[232] Bei ihm begegnen wir einer besonders vielschichtigen Ikonographie, wobei es nicht darauf ankommt, bestimmte Themen symbolisch festzulegen, sondern 'symbolische Bilder' im Einklang mit der sich verändernden Mentalität zu schaffen. Da sich das existentielle Grundthema bei Kounellis nicht ändert, spielt auch die Chronologie der Inszenierungen und die Einzelbedeutung der Elemente keine besondere Rolle. Nur die Sensibilität ändert sich und mit ihr auch der Charakter der künstlerischen Formulierungen, d. h. deren Intensität und Authentizität.[233] In seiner integralen (Kunst-)Geschichte verbinden sich Tradition und Überraschung, Meditation und Kontemplation, Gedächtnis und Ursächlichkeit („causalità“). Im

231 Beuys, in: Gespräche mit Beuys. Joseph Beuys in Wien und am Friedrichshof, hrsg. von Theo Altenberg u. Oswald Oberhuber, Klagenfurt 1988, S. 126.

232 Zdenek Felix: „Kounellis oder die nicht gescheiterte Hoffnung“, in: Kat. Kounellis, Essen 1979, S. 3f. Siehe hierzu auch Siegmar Holsten: „Zu Kounellis’ Werk und Arbeitsweise. Bezüge und Bildvergleiche“, in: Begleitheft zur Ausstellung: Jannis Kounellis, Kat. Staatliche Kunsthalle Baden-Baden 1982, S. 3.

233 Unterdörfer 1998, S. 46-48. Hier auch umfangreicher Überblick über Gipsarbeiten bei Kounellis, Paolini, Parmiggianini und Pistoletto.

Einsatz der eigenen Person, ihrer Entäußerung und Glaubwürdigkeit, weist er methodisch einen Weg zu den Ansätzen einer neuen kulturellen Identität. Erinnerung beschwört er als aufklärerischen Akt schlechthin.

III.2. Luciano Fabro

Den von Kounellis geforderten 'Dialog mit der Geschichte' entwickelt Fabro konsequent. Kontinuierlich von der Antike bis in die Gegenwart errichtet er immer wieder gedankliche Pfeiler, reflektiert ästhetische Werte und Wahrnehmungskonventionen, um darauf die Brücke bis in die jüngste Vergangenheit zu schlagen.[234] Die Mythen der Antike greift Fabro auf, weil sie ihm eine lebendige Kraft und die Grundlage unserer Kultur bedeuten. „Mythen sind nicht Teil der Geschichte, sie sind das Leben".[235] Wenn man in einer Bildidee einen Mythos wiederfinde, dann gewinne man etwas hinzu, eine viel lebendigere Vorstellung. Alles bekomme einen viel weiteren, organisierteren Sinn. Auf die Frage, seit wann Mythen in seiner Arbeit eine Rolle gespielt hätten, antwortet er, vielleicht seit 1968, dem Jahr von *Tamerlano* (Abb.19).[236] An der zwiespältigen geschichtlichen Figur dieses mongolisch-usbekischen Helden und Usurpators[237] des 13. Jahrhunderts manifestiert Fabro sein grund-

---

234 Z. B. mit *Apollo e Dafne, Tamerlano, Penelope;* vgl. Zdenek Felix, in: Kat. Fabro, Essen/Rotterdam 1981, S. 9. Zur Installation *Prometeo* (1986) und der Verbindung zur Reaktorkatastrophe von Tschernobyl 1986 siehe Fabro im Gespräch mit Martin Schwander, in: Kat. Fabro, Luzern 1991, S. 200.

235 Fabro im Gespräch mit Martin Schwander zu den Arbeiten *Prometeo* (1986) und *Demetra* (1987); in: Kat. Fabro, Luzern 1991, S. 195-206, hier 199f.

236 Fabro im Interview mit Giovanni Lista, „'La forme est toujours le résultat de l'acte' Luciano Fabro. Entretien avec Giovanni Lista", in: Ligeia, 25/28, 1998/1999, S. 50.

237 Der Name Tamerlan geht auf den mongolischen Kämpfer und Herrscher Timur zurück, der wegen körperlicher Verwachsungen und der Lähmung seines rechten Beines den persischen Beinamen „Lang"(der Gelähmte) erhielt. „Timur der Lahme" wurde in Europa zu dem hier gebräuchlichen Namen Tamerlan verkürzt, im italienischen

sätzliches Interesse am lebendigen Verhältnis von Innen und Außen. Deshalb stecken in den Nasenlöchern der Bronzemaske noch die strohhalmartigen Atemhilfen, die gewöhnlich dem lebenden Modell während des Abdrucknehmens das Weiteratmen erlauben, so als hätte es sich um einen realen Gesichtsabdruck und nicht um eine Steinmaske als Vorlage gehandelt. Er habe die zwei Halme dort belassen, um diesen Bezug zwischen dem 'Dahinter' und dem 'Außen', die Beziehung zwischen der Außenwelt und dem lebenden Mensch, von dem der Abdruck genommen wurde, zu betonen. So kann er atmen, denn „atmen muss er, weil er lebendig ist."[238] Die Halme verweisen also auf den handwerklichen Prozess der Herstellung und gleichzeitig auf den lebendigen Fluss und Stoffaustausch zwischen Innen und Außen, den Bewegungsfluss zwischen der alten Welt des Tamerlan und der aktuellen Gegenwart. Der Glanz des Goldes, der wie ein Siegerkranz die Tamerlan-Maske umgibt, steigert die Impression des Lebendigen, die Fabro bisweilen noch dadurch dramatisiert, dass er die Arbeit in die lebendige Natur einbettet, sie mitten in eine von Weinblättern dicht bewachsene Mauer platziert. Die grünen Blätter des Weins kehren bildsprachlich den Stoffkreislauf um. Der ausgehauchte 'Odem' des Tamerlan dient ihnen zum Lebenserhalt. Gold ist für Fabro das physische Material, mit

---

Tamerlano. Er zerstörte auf seinen Eroberungen zahlreiche Städte und ganze Kulturen auf brutalste Weise; andererseits pflegte er eine Hochkultur und verwandelte die Stadt Samarkand in ein Paradies der Künste und Wissenschaften. Vgl. Fabro, Lavori, 1987, S. 181, dt. in: Fabro, Aufhänger, 1983, S. 262f. Die Figur des Tamerlan stand im Mittelpunkt eines Workshops zu „Timurid 'Kitabkhana'" am Kunsthistorischen Institut in Florenz – Max-Planck-Institut, 10.-11.2.2012.

[238] Fabro, in: Fabro, Aufhänger 1983, S. 262.

dem er die immaterielle Komponente des Lebendigen zum Ausdruck bringt. Per definitionem ist es für ihn metaphysisch.[239] Daher ist auch der Bronzeguss *Tamerlano* peripher vergoldet, die Wechselwirkung Innen-Außen, materielle und immaterielle Welt aktiv betont. Ein derart reziproker Austausch findet sich bei Kounellis nicht. Fabro wiederum nutzt nie einen vorgefertigten Abguss[240], um sich dann möglicherweise in eine andere Gestalt zu verwandeln, wie es Kounellis mit der Apollo-Maske macht. Er setzt die Maske auch nicht auf, weder sich selbst, noch einer anderen Person. Er betont den Gegenstand an sich, die Figur des Tamerlan, nicht den Künstler. Kounellis greift unverändert Aspekte der Antike auf und fügt sie in das Heute. Ihn interessiert nicht wie Fabro das Metaphysische. Mit Erde, Kohle oder Wolle ließen sich solche Empfindungen auch schwerlich transportieren. Fabro grenzt sich also in der Materialauswahl deutlich von den anderen Künstlern der Arte povera ab. Er zelebriert die Qualitäten der Idee, mit der das eine oder andere Material korrespondiert. Bei Kounellis findet sich dieser ideelle Ansatz nicht, wohl aber bei Beuys, Merz und Anselmo. Basierend auf der Potenzialität von Mythos und Historie nutzt er seine neu gefundenen Formen als Reflexionsfläche für die immer noch lebendige mythische Kraft und spiegelt diese in die Aktualität der menschlichen Gesellschaft zurück. So bespricht er die vielfältigsten

---

[239] Fabro, Aufhänger, 1983, S. 257.

[240] *Tamerlano* ist als Abdruck der Gipsmaske eines 'Gesichts', einer ursprünglichen Steinmaske entstanden. Fabro hat nicht wie üblich von der Innenseite, sondern von der Außenseite des Gipsabdrucks die vorliegende Bronzeform gegossen. Noch vor der Abformung partiell aufgedrückte Tonmasse (ital.: creta) macht die Konturen dieses Gesichts zusätzlich unscharf und verschwommen; vgl. Fabro im Gespräch mit Jole de Sanna, in: Fabro, hrsg. von Jole De Sanna, Kat. Pinacoteca Comunale di Ravenna 1983, S. 88.

Erkenntnisprobleme – ähnlich der Idee des oszillierenden Lehr-Lern-Verhältnisses von Beuys – mit seinen Studenten im Dialog. Diese Diskurse forcierte er insbesondere im Künstlerhaus *Casa degli Artisti*[241]. Im Stil des klassischen sokratischen Wechselgesprächs versucht Fabro, sich und seinen Zuhörern Klarheit über die Welt, über Denken und Handeln zu verschaffen.[242]

So sehr Fabro ausgehend von Humanismus und Aufklärung die rationalen Erkenntnisse der Naturwissenschaften, vor allem der Mathematik und Physik interessieren, so fürchtet er doch immer wieder um den „Kollaps des Mythos (colasso del mito)" und „hütet sorgfältigst jene notwendige Verbindung mit dem sinnlichen Apparat, bevor Kunst zerredet, klassifiziert und abgelegt wird."[243] Kollaps des Mythos heißt für Fabro gesellschaftliche Negation des Metaphysischen und Ersatz durch den Begriff der Funktion. Im Gespräch mit Martin Schwander führt Fabro diesen Gedanken aus.[244] Er erinnert an einen frühen Text von 1964, in dem er sich gegen eine Funktionalisierung der Kunst

---

241 1978 gründete Fabro mit Hidetoshi Nagasawa und Jole de Sanna das Künstlerhaus *Casa degli artisti* in Mailand. Er begann dort zu unterrichten und in Gesprächen mit Kollegen, Studenten, Galeristen und Kritikern kunsttheoretische Überlegungen anzustellen. Diese Erfahrungen waren mitentscheidend für seine akademische Karriere und die Lehre an der Accademia di Brera in Mailand ab 1983.

242 Seit 1980 begleiten seine Ausstellungen theoretische Überlegungen sowie lexikalische Werkauflistungen, die Fabro im Rahmen der Dialoge entwickelt und in Texten und kleinen Büchlein publiziert (Regole d'Arte; Vademecum); vgl. Fabro, Vademecum, Oktober 1981, in: Lavori 1963-1986, S. 179-183, dt. in: Fabro, Aufhänger, 1983, hier insbes. *Viertes Buch* und *Fünftes Buch*.

243 Oechslin, in: Fabro 1990, S. 157f.

244 Fabro im Gespräch mit Martin Schwander, in: Kat. Fabro, Luzern 1991, S. 197f.

ausgesprochen hat, obwohl nach seiner Überzeugung damals noch ein positives Verhältnis zur Gesellschaft, ein ungebrochener Glaube an den Aufbau einer besseren Gesellschaft vorherrschte. „In jenem Text sage ich bereits, dass ich ein Humanist sei."[245] Humanistisch heißt bei Fabro, das Kunstwerk in einer Identität mit der Theorie, dem Denken und der Bedeutung des Logos zu sehen. Unter Theorie versteht er handelnde Intelligenz, einen Wegweiser für zeitgemäße Lösungen. Die letzten, die eine konkrete Theorie hatten, waren für ihn Leonardo da Vinci und Leon Battista Alberti, danach habe sich Ideologie eingeschlichen.[246] „Die Gesellschaft hatte stets das Bedürfnis, die Metaphysik mit Strukturen zu überdecken."[247] Für Fabro bedeutet dies einen eklatanten Verlust.[248] Mit Beginn der Massenkultur Ende der 1960er Jahre nimmt die bürokratische Ablage der Kunst, ihre domestizierte Einordnung in Publikationen und Museen rasant an Fahrt zu und entsprechend ihre Fähigkeit und Eignung für neue Wege und Lösungsmöglichkeiten ab. Die äußeren Zeichen des Avantgardismus hätten sich abgenützt, konstatiert Oechslin, die Welt werde durch starre Formen gelähmt. Da helfe nur

245 Der von Fabro erwähnte Text trägt den Titel: *Akten der Stadtverwaltung Mailand* (1964), publ. in: Fabro, Aufhänger, 1983, S. 17-21.

246 Fabro im Gespräch mit Bruno Corà, 1983, in: Fabro 1990, S. 7-34, hier S. 11.

247 Ebd.

248 Fabro begründet dies aus seiner Achtung des italienischen Geschichts- und Rechtsphilosophen Giovanni Battista Vico (Neapel, 1668-1744). Dieser setzte sich mit dem Auf- und Niedergang von Zivilisationen auseinander, war Gegner von Descartes und der zeitgenössischen Aufklärung. In dem *Brief an die Nachfahren der Germanen* (Mailand, 1977) hebt Fabro die wesentlichen Aspekte, die für ihn aus Vicos Schrift „Scienza Nuova" und „Dignità" zum Begriff der Erinnerung zentral sind, hervor; vgl. Fabro, Aufhänger, 1983, S. 300f.

die Besinnung auf jene alte humanistische Position, die ihre geistigen Inhalte in immer sich wandelnder Situation stets verändert in der Form der Kunst darbietet.[249] Fabro verifiziert diese Irritation, indem er als Reaktion auf die persönlichen sozialen und politischen Erfahrungen im eigenen Land die Reihe der *Italie*-Arbeiten (1968-1981) entwickelt (vgl. Kap. II.2.). Mit *Italia d'oro* (1968/1971) beginnt er die aufkeimenden negativen Wertsetzungen und Ordnungsmaßstäbe der italienischen Gesellschaft zu hinterfragen und eigenwillig ironisch zu kommentieren. In der Ausstellung bei Christian Stein in Turin 1975 setzt er unter jede *Italia*-Arbeit einen kurzen Text, den er mit den Namen alter Schulfreunde signiert. Unter der Arbeit *Italia d'oro* waren Sätze aus einer Rede des Tiberius Gracchus zu den römischen Ackergesetzen zu lesen:

> „Die wilden Tiere, die Italien bevölkern, haben ihre Höhlen und kennen ihre Lagerstätte, ihren Schlupfwinkel. Die Männer aber, die für Italien kämpfen und sterben, haben nichts als Luft und Licht, und unstet, ohne Haus und Heim, ziehen sie mit Weib und Kind im Lande umher. Die Feldherren lügen, wenn sie in der Schlacht ihre Soldaten aufrufen, Gräber und Heiligtümer gegen die Feinde zu verteidigen. Denn keiner von diesen armen Römern hat einen Altar von seinen Vätern geerbt, keiner eine Grabstätte seiner Vorfahren. Für Wohlleben und Reichtum anderer setzen sie im Krieg ihr Leben ein."[250]

---

249 Oechslin, in: Fabro 1990, S. 153.

250 „Gli animali selvaggi che vivono in Italia hanno le loro tane; ognuno di essi conosce un giaciglio, un nascondiglio. Soltanto gli uomini che combattono e muoiono per l'Italia non possono contare su altro che

Fabros 'Dialog mit der Geschichte' reicht bis in die römischen Wurzeln hinein. „Es ging [in den 1970er Jahren; Anm. d. Verf.] darum, Brücken zu bauen in einem Moment, in dem das Bewusstsein sehr antihistorisch war [...]. Für mich begann eine philologische und genealogische Arbeit der Vergegenwärtigung".[251] Zu diesen Brückenbauern zählt Fabro auch Kollegen der jüngeren Vergangenheit, die wie er eine neue künstlerische Dynamik entfachen wollten, ohne die eine Kultur nicht funktioniert. Ausdrücklich erwähnt er Manzoni, Fontana, Lo Savio und – zur Verwunderung bis Bestürzung mancher Zeitgenossen – de Chirico, der damals vielen als Reaktionär galt.[252] Im Kontext dieses Impulses zur künstlerischen Auseinandersetzung zeigte Fabro 1988 im Kunstverein München die Arbeit *Nudo che scende le scale,* die exemplarisch, ironisch distanziert und präzis zugleich, seine Haltung des kreativen Aufklärens verbildlicht.[253] Eine

---

sull'aria e la luce; con le moglie e coi figli vivono per le strade, anziché su un campo. I generali mentono quando, prima delle battaglie, scongiurano i soldati di difendere contro il nemico i focolari e le tombe, perché la maggior parte dei romani non ha un focolare, e nessuno ha una tomba dei suoi antenati. Soltanto per il lusso e la gloria degli altri, devono spargere il loro sangue e morire." Rede des Tiberius Gracchus (133 v. Chr.), nach der Überlieferung von Plutarch (46-120 n.Chr.); in: Fabro, Letture parallele III, Turin 1975; zit. nach Kat. Fabro, Pistoia 1994, o. S.; dt. zit. nach Klaus Becker: Geächtete Titanen, Berlin 2008, S. 61.

251 Fabro im Gespräch mit Rudolf Schmitz, in: Kat. Slg. Goetz 1997, S. 101.

252 Ebd.

253 Seit 1987 existieren verschiedene Versionen der *Nudi*-Arbeiten. Das Schema ist bei allen gleich; sie sind aus verschiedenen Marmor- oder Metallarten und in ihrer Größe unterschiedlich. In der Proportion von Länge und Breite entsprechen die Arbeiten immer den Maßen eines menschlichen Körpers; sie werden in verschiedenen Positionen gezeigt, die jeweils den Titel der Arbeit bestimmen: *Amanti, Bagnanti, Balconi, Due nudi che scendono la scale ballando il Boogie-Woogie, Nudi che scendono le scale,*

körpergroße Platte aus fleischfarbenem Marmor überbrückte in sanftem Spannungsbogen einige Treppenstufen. Akzentuierung im Raum und Sinnlichkeit des Materials entfalteten latente Erotik, der vertraute Titel weckte Neugier. Der Künstler merkt dazu an: „Heute geht es darum, die Kunst der Konstruktion von der schizophrenen Kunst zu scheiden [...] *Nudo che scende le scale* [war ausgestellt] mit dem darin enthaltenen Vorschlag, den häretischen Kombinator Duchamp in einen Theologen der Konstruktion abzuwandeln."[254] Ein Aufruf zur Verantwortung, gepaart mit frechem Witz. Als Künstler, Lehrer und Schriftsteller hat Fabro zeitlebens an diesem konstruktiven Brückenbau gearbeitet, an der Vereinbarkeit von Innerlichkeit und Äußerlichkeit, an der Widerspruchsfreiheit von individueller Befreiung und kollektiver Arbeit.

Nudi distesi, Prigioni; vgl. Luciano Fabro, hrsg. von Johannes Gachnang, Rudi Fuchs u. Cristina Mundici, Kat. Castello di Rivoli, Museo d'Arte Contemporanea, Mailand 1989, S. 156.

[254] Fabro, in: Fabro 1990, S. 146. Duchamps Bildakt *Eine Treppe herabsteigend Nr. 2* (Nu descendant un escalier no.2) aus dem Jahr 1912 wurde vom „Salon des Indépendants" in Paris zurückgewiesen. Duchamp zeigte das im kubistischen Stil mit gleichzeitigen futuristischen Elementen gemalte und stark von Eadweard Muybridges Bildfolge *Woman walking downstairs* beeinflusste Werk daraufhin auf der Armory Show in New York 1913. Mit der Verwandlung des unbewegten Bildes in ein scheinbar bewegtes löste er heftige Diskussionen aus, die ihn in Amerika schnell bekannt machten. Heute befindet sich das Werk im Philadelphia Museum of Art. Auch Olaf Nicolai spielt darauf explizit mit seinen *Chant sur l'èscalier* an, die er im Jahr 2011 in der Pinakothek der Moderne München über ein Jahr lang ein Mal im Monat aufführen ließ.

III.3. Mario Merz

Mario Merz geht es um Welterfassung, letztlich nur den einen Sinn, diesen innersten Zusammenhang der Welt, diese Parallelität von Naturgesetz und mathematischem System, diese geheime Harmonie aller Baupläne sichtbar zu machen.[255] Ähnlich wie Fabro interessiert er sich deshalb für die Gegenwart, für das 'Heute', das er aus den Wurzelfragmenten der Vergangenheit heraus neu denken möchte. „Unser Standpunkt am Ende dieses Jahrhunderts besteht darin, alle großen Mythen der Menschheit von früher wieder aufzunehmen. Ich bin überzeugt davon, dass mit diesen großen Mythen auch die Phantasie wieder mit Macht eingeführt wird“, erklärt er 1981.[256]

Mario Merz schlägt den Bogen von der Gegenwart zur Prähistorie. Er interessiert sich für die Geistes-, Kunst- und Naturgeschichte. Häufig erscheint in seinem Werk der Titel *Vento preistorico dalle montagne gelate* (Prähistorischer Wind aus dem vereisten Gebirge), den er schon in den 1960er Jahren für bemalte Leinwandarchitekturen und in den 1970er Jahren in Verbindung mit Fibonaccizahlen und Reisig verwendet.[257] Darin hat sich früh eine Erfahrung angedeutet, die ihn seither immer beschäftigt hat und die er 1994 im Gespräch mit seinem Schweizer Landmann, dem Architekten Mario Botta, folgendermaßen formulierte:

---

[255] Wieland Schmied: „Notizen zu Mario Merz“, in: Mario Merz: Drehen die Häuser sich um dich oder drehst du dich um die Häuser? Haus am Lützowplatz, Red. Mario Merz, Karl Ruhrberg u. Thomas Deecke, Kat. Haus am Lützowplatz Berlin [Deutscher Akademischer Austauschdienst], Berlin 1974, o. S.

[256] Merz im Interview mit Ammann/Pagé, in: Kat. Paris/Basel 1981, o. S.

[257] Ausführlicher zur Prähistorie siehe Glas 2000, S. 145f.

> „Vor langer Zeit, sagen wir in der Vergangenheit, war die Architektur 'Architektur' – aber sie war auch noch etwas anderes – nicht Architektur. Die Malerei war 'Malerei' – und sie war nicht nur Malerei. Die Skulptur war 'Skulptur' und noch etwas mehr als Skulptur. Sie hatten starke physische Beziehungen untereinander. Damit ist Schluss in dem Moment, wo einer ein Fahrrad baut, der andere ein Motorrad. Der eine ist Kellner – ein anderer Typ ist Computermensch. Der Architekt ist Architekt geworden – und der Maler ist Maler geworden. Wir haben eine gigantische Spezialisierung, die es dem Architekten verbietet, ein wirklich großer Architekt zu sein – und dem Maler, wirklich ein großer Maler zu sein. So sehen die Verhältnisse aus. Wir kennen die Spezialisierung. Was wir nicht mehr kennen, ist die Synthese, die der Mensch im Kollektiv gelebt hat. Deshalb sieht es so aus, wie es aussieht.“[258]

Segmentierung und Spezialisierung hat Merz ursächlich als gegenwärtiges kulturelles Hauptproblem erkannt. Einhergegangen ist diese Entwicklung mit der Loslösung des Menschen von der Natur. „Wie er [der Mensch; Anm. d. Verf.] auch praktisch das metaphysische Problem der Differenz zwischen sich selbst und der Natur lebt. Also dies ist das große Problem, kein soziologisches, sondern ein kulturelles. Eine neue Architektur ... entsteht in dem Moment, in dem sich der Mensch als nicht mehr losgelöst von der Natur erlebt.“[259] und damit von seinen Wurzeln. Die

---

258 Merz in: Cristina Bechtler (Hg.): Mario Botta, Mario Merz. Im Gespräch mit Marlis Grüterich, Ostfildern-Ruit 1996, S. 18.

259 „Come vive ancora il problema praticamente metafisico della differenza tra se stesso e la natura. Ecco questo grosso problema che non è sociologico ma di cultura. L‘architettura nuova … nasce in un

naturgegebenen Rohstoffe, die Merz so häufig für seine Arbeit auswählt, sind Vehikel dieses Rückbezugs auf die Natur und vergangene archaische (Lebens-)Formen. Dies bestimmt auch seinen Umgang mit der europäischen Geistesgeschichte. Mit den Zitaten von Heraklit und Hölderlin, von Ezra Pound oder Fibonacci wählt er kulturelle Äußerungen der Vergangenheit, die in enger Verbindung mit der Natur stehen.[260] Die anschauliche Bildsprache verdankt Merz seinem ausgeprägt innovatorischen Sinn für Logos und Mythos, für Ratio und Tradition, aus denen der frühere Mensch den spirituellen Gehalt seines Lebens und der Welt ableitete. Merz reaktiviert die unterschiedlichsten Werte, „um sie der heutigen Kunst zurückzuführen und somit auch die Verbindung zwischen Vergangenheit und Zukunft herzustellen",[261] und sie in konsequenter Fortsetzung seines dialektischen Ansatzes auf ihre Zukunftstauglichkeit zu untersuchen.

Mit dem *Igloo di Giap* (1968/72; vgl. Kap. II.4.) transportiert Merz dieses Denken zum ersten Mal in die internationale Öffentlichkeit. Harald Szeemann hatte ihn zur *documenta 5* (1972) nach Kassel geladen. Mit besonderem Verweis auf

---

momento in cui l'uomo non si sente più legato dalla natura." Merz, in: A.E.I.U.O., Nr. 3, Rom 1981, S. 18f. Dt. in: Ruhrberg 1992, S. 227, Fn. 699.

[260] Vgl. dazu auch die Kapitel bei Glas 2000, „Das sprachliche Programm – Der Einfluss von Ezra Pound", S. 83-90, „Tutto scorre. Heraclite (1985)", S. 135-137, „Tutto è connesso. Hölderlin (1988) Stein, Wind und All-Einheit" S. 138-147, und die Zusammenfassung S. 199. Zur Bedeutung von Ezra Pound und T. S. Eliot im Werk von Merz und den Umgang mit Schrift anderer Künstlerkollegen siehe auch Christoph-Barkargiev, in: Kat. Turin 2005, S. 152-157f.

[261] Zdenek Felix: „Krokodile, Eulen und Zahlen", in: Über Mario Merz: 28. Internationales Kunstgespräch der Galerie nächst St. Stephan, Wien, 28./29. Oktober 1983, Beiträge von Franz Mrkvicka, Wien 1984, S. 63.

Merz und auf Joseph Beuys nannte Szeemann die von ihm ausgewählten Künstler „individuelle Mythologen“[262]. Sie seien mutig genug, in diesen uniformen Tagen einen eigenen Mythos zu schaffen. Gemeint war damit vor allem die Freiheit, die diese Künstler in ihrer Arbeit und ihrem Handeln weitergeben. Eine Freiheit, die auch in mythenfeindlichen Zeiten die Phantasie an die Stelle der Grenzen des Wachstums setzt. Zugleich betont er den Mut, das Unvollendete, die Schatten, die andere Seite von 'Ratio' und 'Logos' wieder in den Vordergrund zu stellen.[263] Diese andere Seite ist der Mythos, ohne den wir nicht auskommen: als die bildhafte Möglichkeit der Verzeitlichung, um uns wieder zu erkennen; als eine kontinuierliche, potentiell ständig wirksame Kraft, die immer wieder neu interpretierbar ein Gewebe von Sinnorientierungen zulässt.[264] Der Mythos erzählt in Bildern, was ursprünglich war und drückt dadurch aus, was ist und gilt. Wieland Schmied bezeichnete die in Szeemanns Abteilung vertretenen Künstler später als „die Individuellsten der Individualisten, die Subjektivsten der Subjektiven – die alle, wenn auch auf verschlungenen und oft labyrinthischen Wegen auf der Suche waren nach objektiv gültigen, allgemein verbindlichen Erklärungen der tiefsten Zusammenhänge der Welt. Man hätte sie die Metaphysiker nennen können“.[265]

Igloo di Giap ist „ein Modell für die Anfänge der Kultur, die noch halb Naturzustand war: eine aus dünnen Metallstäben

---

262 Szeemann, in: Visionäre Schweiz, hrsg. von Harald Szeemann, Kat. Kunsthaus Zürich; Städtische Kunsthalle u. Kunstverein für die Rheinlande und Westfalen, Düsseldorf, Aarau u. a. 1991, S. 184.

263 Ebd.

264 Ammann, Jean-Christophe: „Zur Utopie in mythischen Bildern“, in: Bohrer 1983, S. 545-571, hier S. 545.

265 Schmied, in: Kat. Merz, Berlin 1974, o. S.

konstruierte Halbkugel, die Erdstücke tragen konnte – ein Abbild der Idee der menschlichen Behausung, nach Tragen und Lasten ausgewogene Bogen-Architektur und gleichsam angehobener Boden. Dieses Haus-Symbol hat wie der Steinbogen 'die richtige Form, um den Schub der Wirklichkeit zu tragen' (Merz, ca. 1970).“[266] Nach Szeemann ist der Iglu die Wiederherstellung eines universalen Topos, des archaischen Hauses, des Hauses der Welt.[267] Zur strategischen, in Neon leuchtenden Entweder-Oder-Aussage des Generals Giap, die sich spiralig um die primitive Bauform schlängelt (vgl. Kap. II.4.), bemerkt Marlis Grüterich: „Die ausgewogene Zustandsform dieses Gegensatzes zeigt der Iglu. Er sollte für Merz die Basis dafür abgeben, die mythische Entstehungsgeschichte einer Utopie von heute figürlich darzustellen und so denkbar zu machen.“[268] Nicht von ungefähr greift Merz für seine Zukunftsmotivation in dieser Arbeit die Aussage des ehemaligen Vietcong-Generals auf, dessen Worte seine Kulturkritik metaphorisch um 'östliches Denken' erweitern: „Ich habe 1968 den Igloo di Giap nicht deshalb gemacht, weil ich glaubte, dass es auf der Seite des Giap eine politische Lösung gäbe, sondern weil er eine Art buddhistische Intuition des Krieges und des Kriegslebens hatte.“[269]

Interesse an östlich asiatischem Denken teilt Merz mit Ezra Pound, dem er in Jugendjahren einmal persönlich begegnete und dessen Werk, wie er selbst betont, eine starke poetische

---

266 Marlis Grüterich: „Die Bio-Logik von Mario Merz – Kunst aus gesellschaftlichem Anlass“, in: Kunstforum International, Bd. 15, 1976, S. 146.

267 Szeemann, in: Kat. Merz, Trento 1995, o. S.

268 Grüterich, in: Kunstforum International, Bd. 15, 1976, S. 146.

269 Merz im Interview mit Ammann/Pagé, in: Kat. Merz, 1981, o. S.

Wirkung auf sein Schaffen hatte.[270] So ist die große inhaltliche Übereinstimmung kaum überraschend, die beide Künstler in ihrer Sicht des Verhältnisses von Mensch und Natur verbindet und einmal mehr deutlich macht, dass Merz das zeitgenössische, von Aufklärung und Positivismus geprägte Denken als von der Natur entfremdet begreift. Pound besingt in den Pisaner Cantos die Menschheitsgeschichte von ihren mythischen Anfängen bis in die Gegenwart, von der zeitlos empfundenen Einheit mit der Natur, den Metamorphosen von Pflanze, Tier und Mensch bis in die lineare Geschichte. Merz war von den Gesängen des Dichters so angetan, dass er einige Iglus mit einem Zitat aus den Cantos beschriftete.[271] Wie der Dichter sieht auch Merz die Natur als großen fortwährenden Prozess, in dem zwar ständiger Wandel zu beobachten ist, gleichwohl alle Erscheinungen miteinander vereint sind: Mensch und Dinge, Geist und Materie. Die Vitalität und Kraft der natürlichen Prozesse, Ausdehnung und Zusammenziehung spiegeln sich in den Elementen, die Merz in seinen 'Landschaften' vereinigt (Reisigbündel, Obst, Tiere, Elektrizität, Zahlenreihen, Iglus; vgl. dazu Kap. IV.3.).

Das gesamte Werk von Merz ist auf der 'Logik' des Mythos aufgebaut, seine Wurzeln eng mit seinen dialektischen Prinzipien verknüpft.[272] Was gewöhnlich als Gegensatz gesehen wird, versucht Merz im Denken und Erfinden seiner

---

270 Merz 1983 im Gespräch mit Celant in: Kat. Merz, Mailand 1983, S. 26, 31.

271 Mehrere Igluvariationen (1968-1972) beschriftete Merz mit folgendem Satz: „If the hoar frost grip thy tent / Thou wilt give thanks when night is spent“ (dt. „Kommt Rauhreif nieder auf dein Zelt / Wirst du heilfroh sein, wenn der Tag sich hellt“). Die vielschichtigen Facetten der Beziehung Merz-Pound sind ausführlich dargestellt in: Ruhrberg 1992, S. 208-217 und Glas 2000, S. 83-90.

272 Ammann, in: Bohrer 1983, S. 545.

Bilder zusammenzubringen. Zwei komplementäre Hauptelemente bestimmen dieses Werk: Die Fibonacci-Reihe und die Spirale. Die Fibonacci-Zahlen gründen auf einem System, das nach dem Mathematiker Fibonacci da Pisa (1180-1250) benannt ist (vgl. Kap. II.3. und IV.3.).[273] Auf die Zahlenreihe stieß Merz nach eigenen Angaben in einem Schulbuch für Mathematik.[274] In einer Gruppenausstellung in Bologna zeigt er 1970 seine ersten Fibonacci-Arbeiten, eine Installation aus mannshohen Glasscheiben (*0 serie di Fibonacci*) und eine Videoarbeit.[275] Auf den Glasscheiben sind die Zahlen 0, 1, 1, 2, 3, 5, 8, 13 ... mit dem Pinsel aufgemalt.[276] Es sind die ersten Glieder einer aufsteigenden Zahlenreihe, deren weitere Glieder sich jeweils aus der Summe der beiden vorhergehenden ergeben. So beschleunigt sich in dieser Reihe das Wachstum des Zahlenwerts

---

[273] Mario Merz: disegni. Arbeiten auf Papier, hrsg. von Carl Haenlein, Kat. Kestner Gesellschaft Hannover 1982, S. 12. Für eine genaue Erläuterungen zu Herleitung, Herkunft und Umsetzung der Fibonaccireihe und anderer Zahlen im Werk von Merz vgl. Weibel, Peter: „Kuriosa der Zahlenkunde und die Numerische Sensibilität“, in: Über Mario Merz, Wien 1983, S. 95-124.

[274] Vgl. u. a. Merz im Gespräch mit Mario Botta u. Marlis Grüterich, in: Bechtler 1996, S. 29.

[275] Ausst. Gennaio 1970 – III. Biennale internazionale della giovane pittura, Kat. Museo Civico Bologna 1970. In dieser Ausstellung über die „junge Malerei“, wurden vor allem Installationen und kurze Videoarbeiten der Künstler sowie längere ältere Filme gezeigt: Gerry Schum, Land Art (1969); Joseph Beuys, Eurasienstab (1967); Degli Espinosa, Festival Danza Volo Musica Dinamite (1969). In der von Renato Barilli, Maurizio Calvesi, Andrea Emiliani und Tommaso Trini kuratierten Ausstellung waren auch alle Vertreter der Arte Povera gezeigt; vgl. Glas 2000, S. 91, Fn. 259. Für eine ausführliche Beschreibung der gezeigten Arbeiten von Mario Merz vgl. ebd., S. 92, Abb. 23.

[276] Die Thematik 'Fibonacci' und ihre Genese im Werk von Mario Merz ist ausführlich dargestellt in: Ruhrberg 1992, S. 200-208 und Glas 2000, S. 91-121.

exponentiell gegen Unendlich. Wegen dieses geordneten und zugleich dynamischen Verlaufs gilt Merz diese Zahlenfolge als Gleichnis für Wachstum und Ausdehnung schlechthin. Die einzelnen Ziffern, die vorhergehenden wie die nachfolgenden, bedingen sich. Es ist ein Relativismus abgebildet, der für Kultur und Natur gleichermaßen Gültigkeit hat; denn alle Tatsachen, so lehrt die Erfahrung, sind Resultate, die sich auf vorhergehende Ereignisse rückbeziehen lassen.

> „Fibonacci hatte die Idee einer Zahlenreihe, deren Bedeutung nicht rein mathematisch sein sollte, sondern eine Fortpflanzungsgeschwindigkeit ausdrückte. [...] sie [die Zahlen] sind vegetativ und biologisch natürlich, da sie eine Art Vater und Mutter haben, um den darauf folgenden Sohn zu erzeugen. So stimmen diese Zahlen häufig mit der Proliferation der natürlichen Elemente und unserer Körperteile überein, wir haben z.B. 5 Finger, 2 Augen, 1 Nase, das heißt, wir haben 1, 2, 5, und diese Zahl, die sich über sich selbst auffächernd erhöht, ist leicht erkennbar. Weil diese Reihe biologisch gesehen denkbar ist, habe ich diese Arbeit gemacht, weil sie eine Richtung und vor allem weil sie Wurzeln hat, sie besitzt Wurzeln, weil sie biologisch gesehen eine Bedeutung hat, auch wenn sie nicht direkt wissenschaftlich ist. Diese Reihe wird von Computern verwendet, deshalb dachte ich mir, dass man mit dieser Reihe immer neue Beziehungen herstellen kann. Daraus sind Zeichnungen entstanden, die man mit Hilfe derselben Serie kontinuierlich von einer Sache auf die andere übertragen kann, und deshalb habe ich den *Fibonacci-Iglu* gemacht. Ich nahm Eisenstücke, habe sie mit Gelenken verbunden und konstruierte den Iglu, indem ich die Räume nach Zah-

len bezeichnete. Das war der Iglu von New York."[277]

In Merz' biologischer Interpretation und Anwendung des mathematischen Zahlenverlaufs schließt sich gedanklich der Kreis zu den in Kap. II angesprochenen Polaritäten und ihrer prozesshaften Aufhebung. Alles zielt auf die Schärfung des Bewusstseins. Wie im Bild des Fließens bei Heraklit ist alles im Wandel, die Tier- und Pflanzenwelt, der Mensch als Ich und der gesamte Kosmos. Alles und Jedes ist nicht nur Zustand, sondern immer auch Geschehen.[278] Durch die Paarung von Zitaten der Prähistorie und der Gegenwart im 20. Jahrhundert macht Merz neben dem Prinzip des Übergangs (wenn etwa Neonröhren Alltagsgegenstände durchbohren; vgl. dazu Kap. V.3.) also immer wieder auf das Prinzip der Vereinigung aufmerksam. Im Iglu *Tutto è connesso.*

---

[277] „Fibonacci ha avuto l'idea di una serie di numeri, la quale importanza non doveva essere puramente matematica, ma esprimere una velocità di proliferazione. [...] sono vegetativi e biologicamente naturali, dato che hanno una specie di padre e madre precedenti per poter fare il figlio seguente. Così questi numeri spesso hanno una corrispondenza con le proliferazioni degli elementi naturali, per esempio, noi abbiamo 5 dita, 2 occhi, 1 naso, ed è facilmente riconoscibile questo numero che sorpassa se stesso in senso divaricante. Poiché questa serie è biologicamente pensabile, ho fatto questo lavoro, perché ha una direzione e sopratutto le radici, possiede le radici perché ha biologicamente un significato, anche se non direttamente scientifico. Questa serie non è fantastica, ma è usata nei computers, per cui ho pensato che è sempre possibile creare dei rapporti con questa serie. Ne sono derivati disegni che sono continuamente trasportabili, con la stessa serie, da una cosa a un'altra, ed è per quello che ho fatto l'*igloo di Fibonacci*. Ho preso dei pezzi di ferro, li ho collegati con degli snodi, e calcolando gli spazi con i numeri, ho costruito un igloo, quello di New York." Merz im Interview mit Celant, 1971, in: Kat. Merz, San Marino 1983, S. 48, 61f.; dt. in: Mario Merz, bearb. von Marisa Merz u. Harald Szeemann, Kat. Kunsthaus Zürich 1985, S. 37f. Den *Fibonacci-Iglu* zeigte Mario Merz 1971 in der Galerie von Ileana Sonnabend, New York.

[278] Glas 2000, S. 137.

Hölderlin (1988) ist diese Idee des 'Hen kai pan' (Alles ist Eins), mit der sich Hölderlin auf Vorsokratiker wie Heraklit bezieht, exemplarisch ins Bild gesetzt.[279] Merz zitiert nicht wörtlich, sondern greift im Titel zusammenfassend eine Hölderlinsche Grundthematik auf. Er hat mit diesem Iglu ein Gehäuse mit irdischem und himmlischem Bereich gebaut.[280] Mit Steinplatten auf dem metallenen Grundgerüst konstruiert Merz offene und geschlossene Kammerräume in diesem Iglu, die mit den neonleuchtenden Fibonacci-Zahlen dergestalt korrespondieren, dass eine Ahnung von Wachstum und Unendlichkeit, Abgeschlossenheit und Öffnung, entsteht. Die akklamatorische Nennung des Namens Hölderlin im Werktitel steht im Kontext mit einer Reihe weiterer geschichtlicher Personen, die Merz zusammen mit dem Gedanken der Einheit benennt und neben Heraklit als kulturelle Erneuerer auffasst, z. B. Giordano Bruno und Leonardo.[281]

Jeder Vorgang der Vereinigung ist dynamisch, voller

[279] Glas 2000, S. 141; der Iglu ist dort ausführlich beschrieben.

[280] Christov-Bakargiev spricht im Katalogtext von „globo terreste e cupola celeste"; in: Mario Merz, kurat. von Pier Giovanni Castagnoli, Ida Gianelli u. Beatrice Merz, Kat. Galleria Civica d'Arte Moderna e Contemporanea, Castello di Rivoli – Museo d'Arte Contemporanea, Fondazione Merz, Turin 2006, S. 150.

[281] Merz, in: Mario Merz: lo spazio è curvo o diritto, Kat. Museo d'Arte Contemporanea Luigi Pecci Prato, Firenze 1990 S. 46: „[...] Bruno Giordano contro l'impero iconografico! / Leonardo che cerca il profumo dell'inesistenza iconografica, contro la politica dell'impero / che è la forza reazionaria che rivaluta l'iconografia di se stesso per imporre alle masse la paura del vuoto." [„Giordano Bruno gegen die Herrschaft der Ikonographie! Leonardo auf der Suche nach dem Duft einer ikonographischen Nichtexistenz gegen die Politik der Herrschenden, die als reaktionäre Kraft der Ikonographie des Einzelnen Bedeutung verleiht, um den Massen eine Angst vor der Leere aufzuzwingen." Aus dem Italienischen von Carolin Angerbauer].

Spannung und es regiert der Zweifel.[282] Dafür steht schon bei Heraklit das Bild der Spirale.[283] 1970 hat Merz mit Gerry Schum – in dessen 'Fernsehgalerie' u.a. auch Beuys vertreten war – einen kurzen Video-Film produziert, der den Künstler hinter einer Glasscheibe zeigt, in deren Zentrum eine Weinbergschnecke sitzt, die ihr 'Nomadenhaus' wie einen Iglu mit sich herumträgt.[284] Von der Schnecke ausgehend zeichnet Merz – tautologisch das bezeichnend, was der lateinische Gattungsname Helix schon ausdrückt – eine Spirale auf das Glas und erläutert dazu im Film laut deklamierend die Fibonacci-Zahlen. Die Schnecke – in Form des verwandten Nautilus, dt. Schiffsboot, auch in der biologischen Wissenschaft als lebendes Fossil bezeichnet – kündet von weit zurückliegenden Zeiten. Die spiraloide Struktur ihres Hauses ist materialisierter Ausdruck der Fibonacci-Reihe und deren asymmetrischer Progression. Tierisches und in Form des Iglus menschliches Nomadenhaus entsprechen in ihrer räumlichen Struktur und Ausdehnung den gleichen Gesetzmäßigkeiten. Zum Thema 'Zahlenprogression' bemerkt Paul Klee 1924: „Denn es geht sogar dem Schwerfälligen ein, dass die augenscheinliche Berechenbarkeit der Verhältnisse von Teilen zueinander und zum Ganzen verborgeneren Zahlenverhältnissen an anderen künstlichen und natürlichen Organismen entspricht. Dass diese Zahlen nichts Kaltes bedeuten, sondern Leben atmen,

---

282 Neeße 1982, S. 86.

283 Vgl. dazu das Fragment 59 von Heraklit, in: Neeße 1982, S. 72; zum Thema der Spirale bei Merz siehe auch Glas 2000, S. 110 ff.

284 Dieses Video-Objekt für Gerry Schum trägt den Titel *Lumaca,* 1970; in: Mario Merz, Red. Zdenek Felix u. Germano Celant, Kat. Museum Folkwang Essen; Van Abbemuseum Eindhoven, Essen 1979, Abb. S. 24, Text S. 25.

ist ebenso klar.“[285] Und Mario Merz selbst sagt: „Die Zahlen sind lebendige Tiere.“[286] Er spielt in diesen dualistischen Arbeiten aus Zahlen und Tieren mit einem tautologischen Ansatz, wie er im Werk von Luciano Fabro (vgl. Kap. II.3.) expressis verbis vom Künstler benannt ist.

Gleichsam schwerelos bewegt sich 1981 in der Basler Kunsthalle ein ausgestopftes Krokodil kopfüber an der Decke und lässt in hellblauer Neonschrift, wie eine Spur im Sand, eine Folge von Fibonacci-Zahlen zurück.[287] Das prähistorische Reptil von Mario Merz erkundet langsam und bedächtig die 'weiße Wand', auf der die moderne Technik die Suche nach dem Weg in die Zukunft neonhell beleuchtet. Merz interessieren in Zeichnung, Malerei und plastischer Gestalt Tiere unterschiedlichster Natur und Beweglichkeit, die über lange Zeiträume hinweg vermitteln oder von Schwellensituationen (wie dem Übergang vom Wasser- zum Landleben) zeugen.

> „Bis jetzt habe ich das Krokodil, das Rhinozeros, den Tiger, den Uhu oder die Eule dargestellt, die häufig in der mittelalterlichen, griechischen oder ägyptischen Symbolik auftaucht. Sie ist ein typisch symbolisches Tier für Weisheit, aber auch für Wahnsinn, bei Goya z. B. ... Die Nacht der Menschheit ist das Tier, vor allem das älteste Tier. Eher sind es noch die Tiere, die aus der Nacht des Menschen stammen, der Mensch stellt

---

285 Paul Klee: Vom Vorbildlichen zum Urbildlichen (1924), zit. nach: Christian Geelhaar: Paul Klee: Progressionen, Konstruktionen und Konzepte aus der Bildnerischen Gestaltungslehre, in: Kat. Kunst über Kunst, Kölnischer Kunstverein, Köln 1974, S. 45.

286 Merz, in: Kat. Merz, Paris/Basel 1981, o. S.

287 *Cocodrillo del Niger* (1972), ausgestopftes Krokodil, Neonzahlen, Abb. in: Kat. Merz, Paris/Basel 1981, o. S.

ein wenig den Tag dar."[288]

Formensprache und Material dieser 'Urtier'-Arbeiten zeigen, dass Merz beides will, Prähistorie und Aufklärung, Hell und Dunkel. Ausgestopfte, exotische oder prähistorische Tiere begegnen im Merzschen Oeuvre seit Anfang der 1970er Jahre.[289] Es ist die Idee der Einheit, die bei Merz auch in der Form der 'Urtiere' immer wieder auftaucht und im Begriff des Organismus gipfelt. Wie das antike Pneuma im Topos des Windes gewaltige Zeitspannen verbindet, manifestiert sich in ihnen über all die Jahre hinweg konsequent seine Affinität zur mythischen Natur, sie machen sein mythisches Denken evident. Mythos sucht Ordnung, heißt es bei Claude Levi-Strauss.[290] Ammann greift dessen Mytho-Logik auf und meint damit bei Merz eine Neubestimmung der Daseinsbefindlichkeit, über die eigenen Bilder hin zu den verbindenden Bildern.[291] Neben dem Gedanken der Alleinheit führt auch die in der Auswahl der Tiere, ihrer prähistorischen Herkunft und ihrer langsam verzögerten Beweglichkeit versteckte Kritik am Weltbild – ähnlich wie bei Beuys und Kounellis – auf die Geisteswelt der Romantik zurück, die Merz in seiner Kindheit begeistert aufgenommen hat.[292] Ende des 18. Jahrhunderts schon hat eine nicht

---

288 Merz, in: ebd.

289 Zu den ersten Arbeiten mit ausgestopften Tieren gehören *Iguana* (1971) und *Zebra e Fibonacci* (1973).

290 Uwe Justus Wenzel: „Der Blick der Katze. Ein Versuch über Claude Lévi-Strauss und das Verhältnis des Anthropologen zur Philosophie", in: Neue Zürcher Zeitung, 22./23.11.2008, Nr. 274, S. 28.

291 Ammann, in: Bohrer 1983, S. 45f.

292 Als wichtige Erinnerung aus seiner Kindheit betont Merz 1983 im Gespräch mit Celant, dass er sehr viel gelesen habe, vor allem die deutschen und italienischen Romantiker, z. B. Giacomo Leopardi, aber auch orientalische Romantik. In: Kat. Merz, San Marino 1983, S. 23.

unbedeutende romantische Bewegung die destruktiven Wirkungen der Aufklärung beklagt. Im ältesten Systemprogramm des deutschen Idealismus – 1796/99 von Hegel oder Schelling verfasst – wird dem Staat vorgeworfen, „das freie Wesen, den Menschen, als 'mechanisches Räderwerk' zu behandeln; 'und das soll er [der Staat] nicht; also soll er aufhören'."[293] Die Kritik am Staat als Maschine appelliert an den Gegenbegriff des Organismus, dessen Stärke Merz in den Urtieren präsent sieht.[294] Anders als die lebenden Pferde z. B. von Kounellis, geht es Merz beim Umgang mit den Tieren der Vergangenheit um einen besonderen Bezug zur Natur. Sie verweisen für ihn auf Mechanismen, die der Mensch in der modernen, technisierten Welt verlernt hat.

> „Die Leere der Technik-Menschen von heute muss einer sehr weit zurückliegenden Nicht-Leere entgegengesetzt werden. [...] Der Mensch vor 50 Millionen Jahren war verbunden mit den schrecklichsten Tieren der Phantasiewelt. Die menschliche Traumwelt hat den Tieren immer eine symbolische Eigenständigkeit verliehen. Es gibt eine symbolische Übertragung vom Wal zum Tiger, zum Löwen, zum Krokodil [...]. Das sind alles nicht nur religiöse Symbole, sondern auch organische [...]. Die Tiere ähneln in ihrer Komplexität den Menschen."[295]

Hier scheint ein Rückbezug zum Tier als Konzept der Erweiterung menschlicher Erfahrens- und Empfindungs-

293 Frank, Manfred: Der kommende Gott. Vorlesungen über die Neue Mythologie, Frankfurt 1982, S. 115, 153-156.

294 „Ein großes Tier aus der Vergangenheit des Planeten in Szene setzen ist immer etwas unglaublich viel Fundamentaleres als die Neuheit eines Flugzeugs oder als eine politische Lösung." Merz im Interview mit Ammann/Pagé, in: Kat. Paris/Basel 1981, o. S.

295 Ebd.

bereiche durch, wie es vergleichbar im Beuysschen Oeuvre verankert ist. Toter Hase oder lebender Kojote sind für Beuys Wesen, die dem modernen Menschen als Außenorgan dienen können, als Organe, die ihm Verlorenes und Fehlendes ersetzen und ein komplexeres Erspüren innerer und äußerer Reize eröffnen. Merz begründet mit dem Bezug auf Stammes- und Menschheitsgeschichte theoretisch, was seine Malerei und Skulptur bildhaft leistet. Zum einen ist es der „Gedanke des unentbehrlichen Korrektivs des vorherrschenden, einseitig auf Technik ausgerichteten Bewusstseins“, und zum anderen der „Gedanke der Notwendigkeit, die Vorstellung der linearen, unumkehrbaren Evolution von Mensch und Natur zu revidieren.“ Darin sieht Felix Parallelen zu „gewissen Positionen des gegenwärtigen wissenschaftlichen und philosophischen Denkens, die heute zunehmend an Bedeutung gewinnen“. Was Merz mit dem Begriff der „Nicht-Leere“ meint, könne man mit Heideggers metaphysischem Begriff des „ursprünglichen Entbergens“ umschreiben.[296] „Entbergen“ im Heideggerschen Sinn des Hervorbringens von Nicht-anwesendem ins Anwesende, da es im Wesen der modernen Technik liege, etwas zu entbergen, das sie nicht selbst hervorbringen kann. Dazu gehören z. B. die Erkenntnis genauso wie die Bearbeitung von Natur, die Erzeugung von Produkten, das Aufstellen von Theorien oder das Sammeln neuer Ideen.[297]

---

[296] Felix, in: Über Merz Merz, Wien 1983, S. 70f.

[297] Ebd. Für die grundlegende Zusammengehörigkeit von Ver- und Entbergen vgl. Martin Heidegger: Sein und Zeit, 1927, 18. Aufl. Tübingen 2001.

III.4. Joseph Beuys

Wie seine italienischen Kollegen zählt Joseph Beuys zu jener Generation von Künstlern, die ihrer Kunst Inhalt und Form verleihen, in dem sie die damals verpönten Mythen wieder in ihr Werk aufnehmen. Während Kounellis den persönlichen Dialog mit der Geschichte über archaische und mythologische Fragmente eröffnet, greift Fabro mit zahlreichen Titeln auf die Mythen der Antike zurück, weil sie ihm eine „lebendige Kraft" und die Grundlage unserer Kultur bedeuten, „sie sind das Leben." (vgl. Kap III.1. und III.2.). Genauso ist Merz überzeugt, dass mit den „großen Mythen auch wieder die Phantasie mit Macht eingeführt wird" (vgl. Kap. III.3.). Auch Beuys hat sich über „erstaunlich weite Strecken auf Mythen gestützt", aber – sagt Schneede – man käme bei ihm „weder mit dem ursprünglichen noch mit dem semiotischen Sinn des Begriffs Mythos" weiter.[298] Denn Beuys ginge es weder um Schöpfungsgeschichten noch um ein zeitgenössisches kollektives Faszinosum. Ihn interessierten die den Mythen zugrunde liegenden „Bewusstseinsstrukturen", die „mythische Anschauung".[299] Diese zeichne sich durch eine

---

[298] Uwe M. Schneede: „'Es geht um die ganze Wirklichkeit': Mythos und Ritual in Beuys' Aktionen", in: Mythos: Joseph Beuys, Matthew Barney, Douglas Gordon, Cy Twombly, hrsg. von Eckhard Schneider, Kat. Kunsthaus Bregenz 2007, S. 39-51, hier S. 39.

[299] Mythenforscher unterscheiden zum einen die Mythen aus der Vergangenheit mit ihren spezifischen Inhalten und ihrer unabänderlichen Ordnung und zum anderen die aus den Mythen abgeleitete Bewusstseinsstruktur, ohne ihre Inhalte; vgl. Burghart Schmidt: „Kunst: Fluchtlinie zum Mythos? – Retter des Mythos?", in: Faszination des Mythos. Studien zu antiken und modernen Interpretationen, hrsg. von Renate Schlesier, Frankfurt a. M. 1985. Für den Begriff der „mythischen Anschauung" vgl. Dietrich Harth: „Revolution und Mythos. Sieben Thesen zur Genesis und Geltung zweier Grundbegriffe historischen Denkens", in: Ders. (Hg.): Revolution

„Sichtweise in Zusammenhängen und Übergängen zwischen Zeichen und Bild, zwischen Glaube und Wissen, zwischen Magie und Empirie, zwischen Menschen und Göttern aus, die die Logik zwangsläufig trennen muss."[300]

> „Ich habe ja die Figur des Schamanen wirklich angenommen während der Aktion, [...] allerdings nicht, um zurückzuweisen, in dem Sinn, dass wir wieder zurückmüssen, wo der Schamane seine Berechtigung hatte." Vielmehr „benutze ich diese alte Figur, um etwas Zukünftiges auszudrücken, indem ich sage, dass der Schamane für etwas gestanden hat, was in der Lage war, sowohl materielle wie spirituelle Zusammenhänge in eine Einheit zu bekommen."[301]

Dass in einer rational beherrschten und „daher auf Trennungen bedachten Welt" die „Vereinigungskraft der mythischen Anschauung" wiederentdeckt wird, sei nicht verwunderlich, sagt Dietrich Harth.[302] Auf die Frage nach Beuys' Wurzeln angewandt eröffnet diese Beobachtung einen neuen Horizont auf das Bedeutungsspektrum und die Rolle des Mythos in seinem Oeuvre und bindet ihn zugleich in aktuelle zeitgeistige Strömungen ein. Die Kunst des Joseph Beuys nährte sich aus zwei polaren Quellen, Geist und Materie, Spiritualität und Natur(-wissenschaft). Beuys wollte die „Vereinigungskraft der mythischen Anschauung" in den Blick rücken und zur Wirkung bringen. Im Unterschied zu einem der größten „individuellen

---

und Mythos, mit Beiträgen von Jan Assmann, Frankfurt a. M. 1992; und vgl. Schneede, in: Kat. Bregenz 2007, S. 39.

300 Harth 1992, S. 22.

301 Beuys im Gespräch mit Billeter, in: Kat. Kunsthaus Zürich 1981, S. 89.

302 Harth 1992, S. 22.

Mythologen" des 20. Jahrhunderts, Marcel Duchamp, hat Beuys sein Werk aber „nicht aus der Analyse von Kunst" entwickelt, sondern „aus dem Topos von Kindheitserinnerungen und Schlüsselerlebnissen, in denen sich Sinnliches und Übersinnliches zu Visionen" verdichtet.[303] Dehnt man die Betrachtung auf seine Jugend- und frühen Kriegsjahre aus, kann man eine Fülle verschiedenster Erfahrungen unter diesen Topos subsumieren: das regelmäßige Warten an der Straßenbahnhaltestelle nach der Schule, sein Musizieren, das frühe Interesse an Natur und Naturmythen, das Erlebnis der von den Nationalsozialisten organisierten Bücherverbrennung im Hof seines Gymnasiums – dabei hat er nach eigener Aussage das Buch *Systema Naturae* von Carl von Linné „aus diesem großen brennenden Haufen [...] beiseite geschafft" –, die Begegnung mit Reproduktionen Wilhelm Lehmbrucks in einem Katalog und schließlich – während des Krieges beim späteren Tierfilmer Heinz Sielmann – seine Ausbildung zum Bordfunker und der Besuch von Vorlesungen der Botanik, Zoologie und Geographie an der Reichsuniversität in Posen.[304] Aus den Kriegswirren im italienischen Foggia schreibt er in einem Brief an seine Eltern dann, dass er Künstler werden wolle.[305] „Eigentlich ist dieser Schock nach Ende des Krieges mein Urerlebnis, mein Grunderlebnis, was dazu geführt hat, dass ich überhaupt begonnen habe, mich

---

303 Für Eckhart Schneider verkörpert Beuys durch das Zusammenwirken von Person und Werk die größte „individuelle Mythologie" seit Marcel Duchamp; vgl. Schneider, in: Kat. Bregenz 2007, S. 7.

304 Für ausführliche biografische Daten vgl. Götz Adriani/Winfried Konnertz/Karin Thomas: Joseph Beuys, Köln 1994, S. 13-15.

305 Brief vom 18.5.43: „Ich habe mich entschlossen, nach dem Kriege den Bildhauerberuf zu erlernen. ..."; in: Joseph Beuys. Das Geheimnis der zarten Knospe Hülle, hrsg. von Eva Beuys, München 2000, S. 269, 275.

mit Kunst auseinanderzusetzen, also mich im Sinne eines radikalen Neubeginns wieder zu orientieren.“[306]

Aus unterschiedlichsten Neigungen, Erfahrungen und Studien entwickelt also Beuys seine zentralen Themen: Natur und Naturmystik, Medizin und Alchemie, Mensch und Gesellschaft, Glaube und Religion, die sich in Motiven und Figuren wie dem Jäger, Sammler, Heiler, Zeremonienmeister und prähistorischen Aspekten (Fauna und Flora als Urlandschaften), archetypischen und mythologischen Tieren und Pflanzen, rituellen Orten und Objekten (Feuerstellen, Opfermalen, Schlitten, Kreuzformen) widerspiegeln.[307]

> „Ich wollte keine Symbole schaffen oder abbilden, sondern die Mächte der realen Welt ausdrücken: die wirklichen Mächte. Der alte Weg war die Mythologie. Der neue Weg führt eher über die Kunst und die Wissenschaft: was ich als exakte Wissenschaft bezeichne – das Ergebnis unmittelbarer Beobachtung. Aber in der Folklore z.B. finde ich eine Form der Bedeutung, die in die Zukunft weist, und ein modernes Verständnis mythologischer Kräfte. 'Oh Falada, da du hangest' ist ein deutsches Märchen, das eine kosmische Bedeutung vermittelt, symbolisiert durch dieses Pferd.“[308]

---

306 Marina Schneede: Mit Haut und Haaren: Der Körper in der zeitgenössischen Kunst, Köln 2002, S. 106.

307 Rituale und christliche Symbole wie die Kreuzform als Zeichen und Verbindung von Ratio und Mystik (Bsp: Braunkreuze aus Urfarbe Rot; eingetrocknetes Blut) prägten wie Antike und Christentum sein Denken in Analogien. Vgl. dazu ausführlich Hans-Peter Wipplinger: „Mittler zwischen den Welten. Schamanische Energien im Werk von Joseph Beuys“, in: Kat. Beuys, Moyland 2010, S. 239-247, hier S. 239.

308 Beuys im Interview mit Caroline Tisdall, 1974, in: Joseph Beuys. The secret block for a secret person in Ireland, hrsg. von Heiner Bastian, Kat.

Vor diesem Hintergrund ist seine Aktualisierung volkskundlicher Mythen und Märchen zu sehen.[309] Wie die Gebrüder Grimm betrachtet er das Brauchtum als Relikt uralter Mythologien und sieht insbesondere im deutschen Märchen ursprüngliche transzendente Kräfte fortwirken, deren Existenz wissenschaftlich nicht fassbar ist.[310] Wenn Beuys in der Aktion *wie man dem toten Hasen die Bilder erklärt* am 26. Nov. 1965 in der Galerie Schmela Düsseldorf seinen

---

Berlin/Tübingen, München 1988, S. 49. Beim „Falada"-Motiv aus dem Gänsemagd Märchen handelt es sich um ein sprechendes Pferd, ein explizit germanisches Glaubensrelikt, das Beuys als Motiv in Zeichnungen aufnimmt. Das Pferdemotiv besitzt in Grimms Märchen eine enge Verbindung zur germanischen Mythologie und den Naturgeistern der Volksmythologien; vgl. Nicole Fritz: „'Eine Wurzel in der Volkskunst.' Zur Rolle des Aberglaubens im Werk von Joseph Beuys", in: Kat. Beuys, Moyland 2010, S. 215-225, hier S. 217. Für Beuys sind Tiere abgespaltene Wesensglieder des Menschen; sie sind für ihn Engelswesen; vgl. Kap IV.4.

309 Kat. Beuys, Moyland 2010, S. 215.

310 In dieser Sichtweise lassen sich Ähnlichkeiten zu Kounellis' Umgang mit Ritualen, Mythen und Brauchtümern des Mittelmeerraums ausmachen; vgl. Kap. III.1. Und auch Merz erwähnt das Stichwort „folglore" in einem Interview mit Celant. Er wollte eine Art Folklore schaffen, die in die Objekte eindringt, in physische Realitäten wie Flaschen, Autos und Gläser; vgl. Merz im Interview mit Celant, 1971, in: Kat. Merz, San Marino 1983, S. 49.

Kopf mit Gold[311] und Honig[312] (Abb. 20) präpariert, sich selbst durch diese 'Maske' in ein anderes Wesen wandelt, dann zeigt er dem Betrachter kommunikative Chancen auf, weit jenseits des Alltäglichen und Rationalen. Ohne an eine bestimmte Kultur anzuknüpfen, ist mit einer Maskierung immer eine Verwandlung in eine andere Gestalt mit überindividuellen und besonderen spirituellen Fähigkeiten angezeigt.[313] So gewandelt vermag Beuys mit der Natur zu sprechen, mit dem Hasen in Dialog zu treten und ihm zwei Stunden lang die Ausstellung zu erklären.[314] „Ich erkläre sie ihm, weil ich die [Bilder; Anm. d. Verf.] nicht den Leuten erklären mag“[315]; ein Hase bewahrt „stärkere Kräfte der Intuition als manche menschlichen Wesen mit ihrem

---

311 Wie schon bei Kounellis deutlich wird (vgl. Kap. III.1.), ist das kostbare Material mit der Sphäre der Götter verbunden, man denke an die goldenen Kultbilder der griechischen Antike. Als Farbe war es Zeichen des Todes und der Todesnähe. Bei den Kirchenvätern stand es für Reinheit und Seele und als theologische Metapher für die göttliche Weisheit. Dass es in der frühmittelalterlichen Malerei den spirituellen Grund jenseits der Realität bezeichnet, unterstreicht die Beuyssche Intention einer vergleichbar materiellen Verbindung zum Übersinnlichen.

312 Honig ist traditionell ein Lebenselixier, bei der Geburt und im Angesicht des Todes. In Ägypten pflegte man Verstorbene mit Honig zu salben. Germanen und Inder flößten Neugeborenen zuerst Honig ein, um deren Lebensrecht zu begründen. Bei den Kirchenvätern war Honig eine geistige Speise, die Zugang zum Mysterium gewährte. Im Christentum steht Honig für Auferstehung.

313 Vgl. Kounellis mit der sog. Apollo-Maske; Kap. III.1. vorliegender Arbeit.

314 In den Mythen sprechen nicht nur Tiere, sondern auch Steine, Felsen oder Pflanzen zu den Menschen. Die Kommunikation wird befördert, wenn der Mensch eine Maske aufsetzt, einen Geist verkörpert. Vgl. Schneede, in: Kat: Bregenz 2007, S. 42f.

315 Beuys, in: Ursula Meyer: „How to Explain Pictures to a Dead Hare“, in: Artnews, Bd. 68, Nr. 9, 1970, S. 57.

unerbittlichen Rationalismus."[316] Für Schneede sind die Beuysschen Aktionen „angewandter Mythos".[317] „Der Hase fungierte hier als positives Gegenbild zum einseitig entwickelten Menschen; intuitives Erfassen wurde mit Hilfe des Symbols Hase verkörpert. Indem Beuys dem Publikum die Kommunikation versagte, gleichwohl aber eine Kommunikation vorführte, inszenierte er den Prozess der Imagination vor und setzte ihn zugleich beim Publikum in Gang."[318]

Die angewandte Verwissenschaftlichung der Naturerfahrung – seit Beginn des 20. Jahrhunderts waren in der Chemie und Pharmazie eine Fülle neuer Industriekonzerne entstanden so z.B. IG-Farben, BASF, Ciba-Geigy, Hoffmann-LaRoche u.a. – und die damit verbundene Ausrichtung auf Produktionsoptimierung und Profitorientierung, nahm Beuys als verhängnisvolle epochale Befindlichkeit wahr. Früh erkannte er, dass die „Rückkoppelung der in den Expertenkulturen erarbeiteten Resultate in die Lebenswelt"[319] ein tiefgreifendes Problem unserer Gesellschaft wird. Und so antwortet er auf die Pillen der pharmazeutischen Industrie mit der Arbeit, *o. T. (Kunstpille,* 1963; Abb. 21)[320], einem winzigen flachen Filzobjekt von ca. 1cm Durchmesser, ausgestanzt aus einer Filzdecke. In der Zeitschrift *Kunst* erscheint 1964 ein Foto

---

316 Beuys im Gespräch mit Caroline Tisdall, Sept./Okt. 1978, in: Joseph Beuys, hrsg. von Caroline Tisdall Kat. Solomon R. Guggenheim Museum, New York 1979, S. 88; dt. bei Schneede, in: Kat. Bregenz 2007, S. 43.

317 Schneede, in: Kat. Bregenz 2007, S. 43.

318 Ebd.

319 Bürger 1987, S. 200.

320 Die *Kunstpille* ist nicht mehr aufzufinden. Sie wird von Eva Beuys der *Szene aus der Hirschjagd* zugeordnet, einem offenen Schrank aus dem Beuysschen Atelier in der Kunstakademie Düsseldorf, heute Teil des Darmstädter Blocks; vgl. Block Beuys 1990, S. 50f.

dieser 'Kunstpille' als Teil eines dreiteiligen programmatischen Ensembles zusammen mit dem Text *Vehicle Art* und dem ersten veröffentlichten Interview des Künstlers.[321] Das Filzobjekt zeigt in seiner Materialität biographische Wurzeln, motivisch den Einfluss therapeutischen und naturwissenschaftlich technischen Denkens. Möglicherweise spielte Beuys mit der 'Pille' aber auch ironisch auf den unmittelbaren Zeitgeist an.[322] Als Kunstwerk steht dieses Objekt außerhalb jeder ikonographischen Überlieferungskette. Eine klare Deutung als „Realmetapher“ wird gestört, denn die Abbildung der 'Kunstpille' erscheint in einem gemeinsamen Kasten mit der „Irrealmetapher“ des märchenhaften Textes *Vehicle Art.* Der Betrachter des Fotos wird zugleich zum Leser einer verschlüsselten Dichtung, Mythos und Logos begegnen sich, Bild und Wort oszillieren. Mit dem Begriff *Vehicle Art* bezeichnete Beuys eine Art Fortsetzung der Fluxus-Idee, ein Verlassen stilistischer Erstarrung zugunsten korrespondierender Komponenten. Konsequent didaktisch wird dies im dritten Teil der *Kunstpille*, dem Interview, erklärt. Beuys spricht den Betrachter auf drei Ebenen an, um seine Aufmerksamkeit zu erregen: bildlich, poetisch, didaktisch. Indem er sich in seinem Märchen-Text geheimnisvoll als

---

321 Vgl. Kunst. Magazin für moderne Malerei – Grafik – Plastik, 5/6, Mainz 1964. Auf den S. 127-129 ist der zweite Teil des Interviews mit Beuys publiziert (der 1. Teil erschien anlässl. der Fluxusveranstaltung vom 20.7.1964 in Aachen in der vorhergegangenen Ausgabe). Der Text des Märchens *Vehicle Art* ist in Kap. IV.4. wiedergegeben. Für die Abb. zu *Kunstpille* und Text vgl. Kat. Beuys, New York 1979, S. 89 und Block Beuys 1990, S. 50f.: Die Pille „ist ein Fertigprodukt und musste zu diesem Text fotografiert werden. Der Text erinnert an Räume und deren Differenzierungen. Es ist ein Bildhauertext. Die Kunstpille hilft dem Bildhauer selbst, die Kunst, hoffentlich, den anderen.“

322 1960 kam die erste Antibaby-Pille namens *Enovid* in den USA auf den Markt. 1961 wurde sie als *Anovlar* auch in Deutschland zugelassen.

„Chef der Hirschführer, der seinen Steckkontakt überall im Umkreis anschließen konnte..." inszeniert, provoziert er die Aktivität seines Gegenüber, das Mitdenken und Mitfühlen mit einem Künstler, der neben der Kunstpille andere heilsame Produkte wie „Kunst zum Einreiben in Form von Salbe, Kunst in Wurstform zum Scheibenabschneiden" produziert, um eine alternative Therapie anzubieten. Der wichtige Unterschied zu Fluxus ist, „dass *Vehicle Art* die Antwort beachtet, sich wie eine Fähre zu bewegen [vermag] hin und zurück, zwischen dem Alten und dem Neuen. [...] Fluxus bewegte sich nur in eine Richtung".[323] Dennoch war die Fluxusbewegung eine der Wurzeln von Beuys' Kunst – aus 'genetischer' Sicht ein zentraler Unterschied zu den Arte povera Künstlern[324]. Sie war von Bedeutung für seine zukünftige künstlerische Praxis wie auch für seine Vorstellungen vom plastischen Denken, denn „im Rahmen von Fluxus [wurden] alle Gattungsbegrenzungen aufgehoben, jede Art von Materialität herangezogen, jedes wie auch immer erzeugte Geräusch als musikalisch verstanden, gebräuchliche Benutzungsformen verdreht."[325]

Mit dem Bild der Fähre, des einfachen Kahns oder Boots[326]

---

323 Beuys im Interview mit Mats B., „Om harblod och andliga behov (Von Hasenblut und geistigen Bedürfnissen)", in: Moderna Museet, 2, Stockholm 1982, S. 13-15, hier S. 15.

324 „Fluxus war für Italien nicht interessant." Michelangelo Pistoletto im Gespräch mit der Autorin, Biella, 21.7.2009.

325 Schneede 1994, S. 11.

326 Vgl. dazu auch die mythologische, visionäre und dynamische Bedeutung von Boot und Meer bei Kounellis seit den 1960er Jahren: Bsp. *Senza titolo*, 1964 (Öl auf Leinwand; Wellen); *Senza titolo*, 1969 (Foto von Kounellis auf Fischerboot auf offenem Meer); während der Biennale 1974 in Venedig (Schiffskörper in der Lagune genutzt als schwimmende Höhle und Ausstellungsraum); *Senza titolo*, 1978, Bologna (Schiffsmodell, Jutesäcke, Öl auf Leinwand); *Senza titolo*, 1993, Venedig (alte Segel von

bedient sich Beuys eines Symbols, das in den mythischen Vorstellungen vieler Völker verankert ist und auch zum Repertoir der Romantiker gehörte, in deren Denken er die erwähnte „Vereinigungskraft der mythischen Anschauung“ konzeptuell vorgeformt findet. Er sagt:

> „Der andere gute Ansatzpunkt [als noch weiter zurückzugehen; Anm. d. Verf.] wäre das Zeitalter des deutschen Idealismus, in dem die Konzeption, wie ich sie habe, auftrat. Bei den Romantikern findet man ihn, bei Novalis, man findet ihn um den ganzen Goethekreis, man findet ihn bei Lorenz Ocken beispielsweise, man findet ihn bei Carl Gustav Carus, bei Caspar David Friedrich, man findet ihn bei Schelling, bei Hegel usw. Man findet ihn später bei Menschen, die auch am deutschen Idealismus angeknüpft haben, beispielsweise bei Rudolf Steiner. Das ist wiederum ein Ansatz, der mich im höchsten Grade interessiert, weil da etwas vorweggenommen ist, was nicht zur Ausführung gekommen, also nicht in die wissenschaftliche Diskussion eingebracht worden ist.“[327]

> „Goethe, Hegel, Novalis und Friedrich von Schiller wurden verworfen durch dieses materialistische Verständnis von Welt, Steiner war auf der Linie dieses

---

Fischerbooten in ehem. Fabrikhalle, Biennale di Venezia 1993), Abb. Kat. Kounellis, Neapel 2006, S. 172f., 170, 174, 176f. Auch bei Mario Merz findet sich das Thema des Bootes als Titel und Objekt, als Motiv für Bewegung, Abenteuer und ewiges Wandern: *Alla deriva con i numeri di Fibonacci. Vascello fantasma* (Venezia, 36. Biennale, 1972); *Bateau ivre* (1983); vgl. Glas 1998, S. 125f.

[327] Beuys im Gespräch mit Heiner Bastian u. Jeannot Simmen, 8.8.1979, „Wenn sich keiner meldet, zeichne ich nicht“, in: Kat. Beuys, Berlin u. a. 1979, S. 29-40, hier S. 36f.

roten Fadens. Er hatte diese Linie in seinem Kopf und zeigte bereits eine Art von Richtung an, die die Menschen gehen sollten oder zu gehen hätten. Also deshalb ist diese gesamt historische Analyse so ungeheuer wichtig, um Vorschläge zur Lösung der Zukunftsprobleme zu erhalten. Und deshalb geht es in der Diskussion nicht um die Erfindung so einer Art von persönlicher – wir nennen das im Deutschen ´Liebhaberei´. Nein, da ist eine Entwicklungslinie in der Geschichte. Und deshalb ist es so außerordentlich wichtig, solch eine Gestalt wie Rudolf Steiner zu erwähnen, um den Kontext zu erklären ...“[328]

Beuys verfolgt einen „integralen“ (Ken Wilber) Ansatz. Er greift historische Gedankenlinien auf, die die Menschen vom Materiellen hin zum Spirituellen leiten sollten.[329] Derartiges Gedankengut wird gern in die Nähe gesellschaftlicher

---

[328] Beuys, in: Joseph Beuys talks to Louwrien Wijers, hrsg. von Kantoor voor Culturur Extracten, Velp (Holland), April 1980, S. 53.

[329] Dass die methodische Vielfalt der Beuysschen Gesellschaftsarbeit (zu Themen wie Ost-West-Konflikt, Ökonomie und Ökologie) früh Eingang in die öffentliche Diskussion fand und zum Teil auch zeitgenössisch wahrgenommen wurde, mag der Hinweis auf entsprechende thematische Ausstellungen und Publikationen belegen: Joseph Beuys und die Medizin, hrsg. von Axel Hinrich Murken, Münster 1979; Beuys und die Romantik, hrsg. von Theodora Vischer, Köln 1983; Elementarzeichen. Urformen visueller Information, Kat. Neuer Berliner Kunstverein, Berlin 1985; Beuys zu Christus – eine Position im Gespräch, hrsg. von Friedhelm Mennekes, Stuttgart 1989; Hauptstrom Jupiter. Beuys und die Antike, Kat. Glyptothek München 1993; Joseph Beuys und das Mittelalter, Kat. Schnütgen-Museums Köln 1997; Leonardo da Vinci : Joseph Beuys. Der Codex Leicester im Spiegel der Gegenwart, Kat. Haus der Kunst, München 1999/2000; Museum der Dinge Berlin 2000, Düsseldorf 1999.

Utopie[330] gerückt, gewinnt aber eine andere Perspektive in Anlehnung an Peter Bürger, der vorschlägt: „statt den avantgardistischen [bzw. den romantischen oder idealistischen] Impuls auszugrenzen, wäre zu überlegen, ob in ihm nicht Impulse liegen, die es aufzunehmen gilt, wenn Kunst mehr sein soll als eine Institution, die Folgeprobleme der gesellschaftlichen Modernisierung zu kompensieren erlaubt".[331] Beuys nimmt sehr bewusst die Impulse der Romantiker auf und trägt sie weiter mit der Umdeutung, in Zukunft würde die materielle Tendenz des derzeitigen Konsumverhaltens „im Sinne eines homöopathischen Qualitätsanspruches verdünnt".[332]

Er knüpft an die Polaritäts-[333], Enzyklopädie-[334] und

---

330 Beuys untermauerte seine Forderung nach einer Veränderung der politischen und wirtschaftlichen Systeme, indem er alternative Theorien ins Gespräch brachte. Von der realen Wirtschaft und der realen Politik wurde er meist als Utopist wahrgenommen. Beuys sympathisierte mit revolutionärem Gedankengut der französischen Revolution wie auch dem von Persönlichkeiten, die sich für soziale Reformen einsetzten, z. B. Michail Bakunin, Silvio Gesell oder Anacharsis Cloots (vgl. Kap. II.4).

331 Bürger 1987, S. 201.

332 Beuys, in: Der Spiegel, 23, Hamburg, 4.6.1984, S. 182.

333 Das Polaritätsdenken als Methode: Die naturwissenschaftliche Basis für das Polaritätsdenken als Methode lieferte der Physiker Johann Wilhelm Ritter (1776-1810), der Erscheinungen der Elektrizität, des Galvanismus, des Magnetismus und der Oxidation der Stoffe beobachtete. Nach Ritter sei diesen Phänomenen gemeinsam, dass sich eine ursprüngliche Einheit in die Polarität zweier Gegensätze aufgespalten habe, aber zugleich eine neue, höhere Einheit geschaffen werde; vgl. Vischer 1983, S. 68; und Magdalena Holzhey: Im Labor des Zeichners. Joseph Beuys und die Naturwissenschaft, Berlin 2009, zugl. Phil. Diss. FAU Erlangen-Nürnberg 2009, S. 94, 111, 156, 188.

334 Die Epoche der Romantik war geprägt von einer vom Modell des Organismus gebildeten Welt- und Naturauffassung mit der Überzeugung, dass „Eins in allem und alles in Einem" enthalten sei. Novalis steht exemplarisch für ein Enzyklopädiekonzept, das die

Geschichtsvorstellungen[335] dieser Epoche an, deren Denken das Kreative des Menschen unterstreicht, „was auch die Idee umfasst, Geschichte 'machen' [...] zu können"[336]. Sein maßgebliches Interesse an der Romantik gründet im mythischen Analogiedenken der Protagonisten. Wie Theodora Vischer in *Beuys und die Romantik* darstellt, können diese Denkweisen nicht nur als Basis Beuysscher Gedankengänge, sondern auch für eine semantische Lesart seiner Werke herangezogen werden. In ihren Untersuchungen über den Stellenwert der Naturwissenschaften in der Romantik und konkret im Werk von Novalis zeigt sie anhand der Werke *FOND 0* bis *FOND IV*, dass die Ikonographie von Beuys keine individuelle ist, sondern eine

---

Materialien jeder Einzelwissenschaft sammelt, um ihr Verhältnis zueinander zu untersuchen, das Verbindende zwischen ihnen hervorzuheben und eine alles vereinende Gesamtwissenschaft hervorzubringen. Mit diesem Konzept sollte die Vereinzelung der Wissenschaften aufgehoben werden und stattdessen eine Synthese erfolgen, welche die Methode der Potenzierung, ein aktives dynamisches Verfahren anwendet; vgl. Vischer 1983, S. 41, 42, 46.

335 Das aus physikalischen Erscheinungen abgeleitete Polaritätsdenken und das Enzyklopädiekonzept beeinflusste die Geschichtsvorstellung der Romantik und führte zur Vorstellung eines Dreiphasensystems von „goldenem Zeitalter – Zwischenzeit – goldenem Zeitalter". Vischer (1983) legt am Beispiel von Ritter, Novalis und Runge dar, dass es unverzichtbar ist, die Naturforschungen der Zeit um 1800 und die Geschichtsvorstellung von Novalis zu beachten, wenn man sich dem Wissenschafts- und Geschichtsverständnis von Beuys nähern will.

336 „Im Gegensatz zum Historismus, in dem man davon ausgeht, dass die Geschichte nicht gesteuert werden kann, sondern vieles zufällig geschieht und wir durch Geschichte werden wie wir sind." Peter Vogt, in: Kontingenz und Notwendigkeit. Eine Ideen- und Begriffsgeschichte, Berlin 2011, zit. nach Oliver Müller, „Anerkennen und Entspannen", in: Süddeutsche Zeitung, Nr. 109, 11.5.2012, S. 14.

aus der Romantik überkommene.[337]

Beuys' Ansatz, alle archaischen, bildlich erzählbaren Geschichten – oder jedenfalls ihre Haltungen, ihre Strukturen – wieder für das Werk verfügbar zu machen, um einen entsprechenden inneren Reichtum zu demonstrieren und zu reaktivieren, war ein provokanter Akt gegen die Zeit[338], den er zunächst verschwiegen in den Zeichnungen mit Motiven[339] wie der Norne, dem Schwan oder dem Hirsch erprobte, später dann öffentlich wirksam in den Aktionen.

---

337 Nach Vischer hat Beuys eine neue Bild- und Materialqualität geschaffen, die in der Forschung mit der Kategorie der individuellen Ikonographie und individuellen Mythologie erfasst wird; vgl. Vischer 1983, S. 37. Die Bezeichnung „Individuelle Mythologie“ wurde von Harald Szeemann auf der documenta 5 1972 in Kassel für das Beuyssche Werk verwendet; auch Mario Merz war in dieser Kategorie vertreten (vgl. Kap. III.3.). Vgl. zu Beuys auch Inge Lorenz: Der Blick zurück. Joseph Beuys und das Wesen der Kunst: Zur Genese der Bildformen, Saarbrücken 1995, S. 2, Anm. 5.

338 In der überwiegend fortschrittsgläubigen Zeit nach dem 2. Weltkrieg galt der für die Mythosarbeit unabdingbare Rückbezug als Sakrileg. Es war die Epoche der Verdrängung – auch der Verdrängung des Mythos wie Georg Picht gezeigt hat. Im Künstlerischen war es eine Zeit der Ikonographielosigkeit. Die Surrealisten der 1920er/30er Jahre hatten sich schon gegen den Inhaltsentzug der Avantgarden gewehrt und ihre eigene Ikonographie entwickelt; der Krieg unterband die weitere Entwicklung. Wo danach wieder Gestalten in Bildern auftraten – wie in der Pop Art – waren sie i. d. Regel fortschrittssicher der Zeitgenossenschaft verpflichtet; vgl. Georg Picht in seiner Vorlesung *Kunst und Mythos* von 1973/74, publ. in: [Sammlung] Vorlesungen und Schriften: Georg Picht, hrsg. von Constanze Eisenbart, Bd. 1, Stuttgart 1986, S. 367.

339 Weitere immer wiederkehrende Figuren sind die Hexe, die Zauberin, Frau Holle, die Zwerge und Naturgeister wie die Elfe, die Fee, die Nebelfrau oder der Berggeist. Berggeister zählen zu den Bewohnern der 'unterirdischen' Welt (Felshöhlen, Zwergenreich, Brunnen, Höhlen), Zwerge sind gleichzeitig Metapher für eine energetische Verbindung zur Erde; vgl. Fritz: in: Kat. Beuys, Moyland 2010, S. 217, 219, 221.

Deren performativer Aspekt entsprang zwar aus dem Zeitgeist von Fluxus und Happening der 1960er Jahre, aber Beuys gab ihnen seit Anfang eine individuelle Erscheinungsform und setzte sie als „Gegengift zur technischen Welt“[340] ein. Er präsentierte sie als Gegenmodell zur zweckrationalisierten Welt und damit als Modell für ein weiter reichendes Bewusstsein.[341] Dieses 'Gegen' ist eine Haltung, die sich auch in Form der Antibegriffe im

---

340 Boehm, in: Bohrer 1983, S. 533. Boehm erkennt im Mythos als „Gegengift zur technischen Welt“ ein essentielles Ingredienz des zeitgenössischen Denkens.

341 Bereits in seinem ersten Auftritt gemeinsam mit den wichtigsten Fluxuskünstlern Amerikas, Europas und Japans (Emmett Williams, Alison Knowles, Dick Higgins, Robert Filliou, Daniel Spoerri, Tomas Schmit, Nam June Paik) am 3.2.1963 im Rahmen des Festivals *Festum Fluxorum. Fluxus. Musik und Antimusik. Das instrumentale Theater* in der Düsseldorfer Akademie, brach Beuys mit den Gesetzen der Fluxusbewegung. Sein Beitrag, die *Sibirische Symphonie* (späterer Aktionstitel *Sibirische Symphonie 1. Satz),* entsprach zwar noch in der formalen Verwendung von Flügel und Tafel dem Fluxuskanon, inhaltlich unterschied er sich aber deutlich. Wie Schneede analysiert, steht die natürlich urtümliche, sibirische Landschaft dem kulturellen Flügel entgegen; „das tote Tier und die Herzentnahme rühren an Empfindungszonen, die Fluxus unangenehm und fremd waren; der 'gekreuzigte' Hase brachte eine Bedeutungsschwere hinein, wie Fluxus sie gerade bekämpfte.“ Über eine elektrische Hochleitung als symbolische Energieleiter verband er Anfang und Ende, also das Leben mit dem Tod; der Hase steht für Wiedergeburt. In seiner ersten Einzelaktion *wie man dem toten Hasen die Bilder erklärt* (1965) wandte sich Beuys über die rituelle Zwiesprache mit dem Tier, den inneren Seelenkräften des Menschen zu. In >>*Hauptstrom*>> (1967) ging es neben dem Zeitbegriff und Transformation und das Ritual als Modell. In der Aktion *Celtic* (1971) in Basel nahm er das christliche Ritual in der Fußwaschung auf, vollzog eine Selbst-Taufe und fegte in einem Reinigungsritual mit dem Besen den Boden. In *I like America and America likes Me* (1974) übte er Kritik an der Zerstörung des Mythos und an der unbewältigten Vergangenheit. Vgl. ausführlich Schneede, in: Kat. Bregenz 2007, S. 39-41.

Beuysschen Schaffen spiegelt; es ist geradezu ein Charakteristikum seiner Arbeit, dass er immer wieder Begriffe wie Antichemie, Antiphysik, Antizeit oder Antiraum appellativ proklamiert.[342] Alessandro Nova legt in seinen Recherchen zu den Antibegriffen dar, dass diese in der Beuysschen Beschäftigung mit Themen und Künstlern der Renaissance wurzeln.

> „Beuys interessierte sich sehr für die italienische und die deutsche Renaissance, aber vielleicht noch mehr für die Antirenaissance, um den Titel des epochalen Buches von Eugenio Battisti zu zitieren. Battisti sammelte das Material für sein Buch in den späten 50er Jahren, als das Interesse für Esoterismus, Alchemie, Kabbala, Nekromantie, Hexerei, Hexensabbat, Astrologie, Magie, Ungeheuer, Wunderkammern und Automata stark verbreitet war. Die Kunst von Beuys entwickelte sich in diesem Kontext."[343]

Als Luciano Fabro, Jannis Kounellis, Rebecca Horn, Hans Haacke, James Lee Byars und Joseph Beuys 1982 die Ausstellung in Kassel zu einer „goldenen" documenta[344]

---

342 Zu Antibegriffen vgl. Angerbauer-Rau 1998, die Stichwörter: „Antikunst" Nr. 27, 76, 78, 118; „Antinatur (des Menschen)" Nr. 34, „Antizeit" Nr. 35, „Antimathematik, -physik, -chemie" Nr. 4, „Antiwissenschaft" Nr. 31, „Antinatur und Natur (des Menschen)" Nr. 87, „Antizeit, Antiraum" Nr. 19.

343 Alessandro Nova: „Die Legende des Künstlers: Beuys und Leonardo", in: Kat. München/Berlin 1999, S. 57-69, hier 68f.

344 Im Fridericianum reihten sich die Goldwand von Kounellis, der goldene Friedenshase von Beuys (mit Juwelen, Perlen und Kreuz), die „Juwelen" von Fabro (Kreuz, Rahmen, Gitter, als Rückbesinnung auf die drei großen Weltreligionen Zarathustra, Buddha, Christus; vgl. auch Kap. IV.2. vorliegender Arbeit) tryptichonartig um die Goldsäule von James Lee Byars (2,50m hoher Metallzylinder mit Goldplättchen überzogen);

machten, bestand ein Beitrag von Beuys in der Aktion *Wandlung. Die Umschmelzung der Krone Ivan des Schrecklichen in einen Friedenshasen.* Aus der (Imitation der) Zarenkrone wurde ein Friedenshase und eine kleine Sonnenkugel. Zur Steigerung und wie zur geheimnisvollen Unterstützung rief er während der Schmelzaktion große Persönlichkeiten aus der Welt der Alchemie beim Namen: „*Agrippa von Nettesheim! - Paracelsus! - Athanasius Kircher*".[345] Die laute Nennung der Namen während der documenta-Aktion bestätigt die Kraft und Geschlossenheit eines 'roten Fadens', der im 20. Jahrhundert seine Verortung bei Zeitgenossen wie Rudolf Steiner und Rudolf Hauschka, bei Anthroposophie und Homöopathie findet.[346] Doch dieser okkult alchemistische Aspekt ist nur ein Mosaikstein. Weitere bedeutsame Parallelen lassen sich aus Beuys' Beschäftigung mit dem Werk von Leonardo ableiten, in dem die Vereinigung mittelalterlich-mythologischer und neuzeitlich-analytischer Betrachtung deutlich wird.[347] Im Kontext der italienischen Arte povera sind vor allem die Aspekte des Materialen, der Versuchsanordnung[348] und Prozesshaftigkeit sowie des

---

vgl. Rose Huhn/Peter Rautmann: „'Gold gab ich für Eisen' Materialaspekte zur documenta 7", in: Kritische Berichte, 10, Nr. 4, 1982, S. 21-36, hier 21-30.

345 Schneede 1994, S. 385f.; Verena Kuni beschreibt Beuys' Vorgehen als „soziale Alchemie", Kuni 2006, S. 509 und vgl. Kap. V.4. vorliegender Arbeit.

346 Vgl. die Untersuchungen von Holzhey 2009, insbes. S. 110, 138f. und Ausführungen in Kap. V.4. vorliegender Arbeit.

347 Adriani/Konnertz/Thomas 1994, S. 24; und Beuys im Gespräch mit Martin Kunz, in: Kat. Beuys, Luzern 1979, o. S.

348 Die Rolle des 'Ateliers als Laboratorium' beschreibt Vasari in seiner Biografie über Leonardo: Um ein Rundschild mit außergewöhnlichem Motiv zu malen, „brachte Leonardo in einen seiner Räume, zu dem nur er selbst Zutritt hatte, zwei Arten von Eidechsen, des weiteren Grillen, Schlangen, Falter, Heuschrecken, Fledermäuse und noch andere

zeichnerischen Werks von Bedeutung.

> „Gewiss könnte man einfach oberflächliche Verwandtschaften zwischen beiden [Beuys und Leonardo] vorschlagen: die enge Beziehung zwischen Kunst und Wissenschaft (obwohl diese wegen der beiden unterschiedlichen Epochen selbstverständlich auf ganz verschiedenen Ebenen ablief), der Universalcharakter ihrer Forschungen und die grundlegende Rolle des Zeichnens für die Kunst. Man könnte sogar vermuten, dass Beuys diese allgemeinen Parallelen bewusst und zynisch kultivierte. Doch er war zu klug, um Leonardo direkt und pedantisch zu imitieren [...] Es war Beuys selbstverständlich klar, dass er weder stilistisch noch inhaltlich direkt mit Leonardo dialogisieren konnte oder wollte. Seine Ehrerbietung gegenüber Leonardo war viel subtiler und bestand darin, seine Arbeitsmethode wieder zu beleben. Das Zeichnen als Prozess und das Atelier als Laboratorium sind die realen Verwandtschaften zwischen ihnen."[349]

Ein Zyklus von 96 Handzeichnungen, den Beuys 1974/75 in Auseinandersetzung mit den Zeichnungen Leonardos geschaffen hat, veranschaulicht seine Faszination für eine Persönlichkeit, die wie er die Vorstellung von Kunst und Künstler erweitert hat.[350] Leonardos *Codex Leicester* (1506-

---

seltsame Tiere vergleichbarer Art. Von allen diesen nahm er verschiedene Teile [zum Vorbild] und vereinigte sie zu einem schrecklichen, grauenerregenden Ungeheuer, das mit seinem Atem Gift und Feuer spie." Nova, in: Kat. München/Berlin 1999, S. 63.

349 Nova, in: Kat. München/Berlin 1999, S. 66.

350 „Also ich nehme die Kunstgeschichte ernst. Ich fasse sie einmal ins Auge, etwa von der Innovation, die durch Leonardo geschehen ist – weil Leonardo eine Schlüsselfigur ist, weil auch er zu gleicher Zeit der Vertreter eines zeitgemäßen analytischen Wissenschaftsbegriffs ist."

1510) gilt als großartiges Dokument für das Reifestadium der 'Wissenschaft' von Leonardo. Er zeugt davon, wie Leonardo Naturphänomene untersuchte, leidenschaftlich über deren Ursachen räsonierte und visuelle Modelle für die beschriebenen Ereignisse entwarf. Die Aufzeichnungen enthalten thematische Sprünge, die eine erstaunliche Phantasie erkennen lassen und brillante Querverbindungen zu anderen Disziplinen herstellen. Beuys' Verfahren, Text, Modell und Diagramme zu einem programmatischen wie gleichermaßen offenen Ideengebilde zu verknüpfen, verbindet ihn mit der Denk- und Arbeitsweise Leonardos.[351] Wie dieser sammelte Beuys in seinem Atelier Dinge aus der Natur und dem Alltag, krude Materialien, Lebensmittel, technische Apparaturen und dergleichen. Die technischen Apparaturen evozieren den Eindruck eines Forschungslabors, die gesammelten Gegenstände sind Rohmaterialien für oder Relikte aus Experimenten des Künstlers. Als

---

Beuys am 23.11.1979 im Gespräch mit Niels Meyer anlässlich dessen unveröffentlichter Abiturarbeit, vgl. Angerbauer-Rau 1998, Nr. 287. Ausführlich zu den Zeichnungen vgl. Holzhey 2009, S. 55-87.

[351] Der Wirkungsmächtigkeit beider Künstlerpersönlichkeiten galt 1999 die erwähnte Münchner Ausstellung *Leonardo da Vinci : Joseph Beuys. Der Codex Leicester im Spiegel der Gegenwart*, die ihre gigantische mediale Aufbereitung den neuen Besitzern des *Codex Leicester*, Melinda und Bill Gates, verdankte. Dem Thema gingen bereits frühere Ausstellungen in der Münchner Fachhochschule, zunächst Anfang 1991 *Leonardo da Vinci – Naturstudien* und 1993 *Beuys und Leonardo,* voraus. In der Biografie von Beuys scheint das Interesse an Leonardo immer wieder auf: 1950 organisierte Beuys die *Giocondologie*, eine Ausstellung in Kranenburg; 1959 illustrierte er mit schematischen Zeichnungen die Staatsexamensarbeit seiner Frau Eva Beuys-Wurmbach, später publiziert unter dem Titel *Die Landschaften in den Hintergründen der Gemälde Leonardos*; 1962 listete er den Namen Leonardos zusammen mit anderen Berühmtheiten in seinem Werk *Partitur* auf; 1975 wurden die Zeichnungen zu den beiden wiederentdeckten Skizzenbüchern Leonardos in Madrid publiziert.

Barraque D'Dull Odde (1961-67) wurde ein Regal mit früheren Atelierrequisiten zum Kunstwerk. Im 'Berg' – antinomisch als Grab betitelt – der Arbeit *Hasengrab V (die Alpen*, 1965) sind Äste, Mullbinden, Kartonteile, verschiedene Arten von Nadeln, eine Plastikdose mit grünen Tabletten, Blut, Leim, Fett, Watte, ein Stift mit weißer Miene, eine Medizinflasche und eine Tube über einem toten Hasen zu einem Grabhügel aufgetürmt. Auf dem Gipfel steckt eine kleine Schweizer Flagge.[352] Wenngleich diese Gegenstände im Kontext seines Oeuvres durchaus eine semantische Bedeutung haben, sagt Beuys in diesem Fall:

> „Die Materialien sind nicht besonders bedeutungsvoll; sie sind eher die chaotische Folge von dem, was gerade vorhanden war. Wichtig war, dass Kontraste zwischen den verschiedenen Materialien entstanden, und dass sie den Hasen bedeckten. Aber es gibt hier einige sehr wichtige Details; eine schweizerische Flagge und einige zerrissene Briefe. Die Briefe schrieb ich 1954-55, und sie sind wohl die schwierigsten Briefe, die ich je geschrieben habe; ich schickte sie nie ab [...] Die Flagge gibt, aufgrund ihrer nationalen Symbolik eine Assoziation, die die geographische Assoziation zu einer Berglandschaft stützt und präzisiert. [...] Aber auch, wenn das Kreuz sich auf ein geographisches Gebiet bezieht, ist dessen Fähigkeit, wie ein

352 Das Thema Schweiz und Berge beschäftigte auch Mario Merz. Seine Abstammung (aus Lenzburg/ Schweiz) führte ihn Anfang der 1960er Jahre zusammen mit seiner Frau Marisa von Turin aus wieder in die Schweizer Berge, nach Kandersteg und Kienthal im Berner Oberland. Dort entstanden sehr naturnahe Zeichnungen und Bilder (*Kauz, Blumiger Fels, Goldlaub*). Die Berge blieben eine stets wiederkehrende Sehnsucht in seinem Oeuvre (*Vento preistorico dalle montagne gelate, I monti pallidi);* vgl. Szeemann in: Kat. Zürich/Düsseldorf 1991, S. 181.

vielfacettiertes Zeichen zu wirken, das wichtigste."[353]

Beuys betont die scheinbar offene Bedeutungsvalenz, die aber doch in engstem Zusammenhang steht mit seinen biografischen und kulturgeschichtlichen Wurzeln. Indem er die Gegenstände aus ihrer 'Unauffälligkeit' in die 'Auffälligkeit' treten lässt, lenkt er die Wahrnehmung. So, wie die Romantiker die Anschauung von Natur durch ihre Darstellung verändert haben, so ändert auch Beuys diese Anschauung. Als Petrarca den Mont Ventoux erstiegen hatte, empfand er das Gipfelerlebnis noch als Weg zu Gott. Der Berg war – wie in den meisten Religionen – Gottessymbol. Erst in der Romantik wurde der Berg auch zur ästhetischen Naturerfahrung, die der Künstler an seine Betrachter weitergeben wollte.[354] Beuys greift das Phänomen Berg auf, als Spur von und Zeichen für etwas Höheres „analog zum Kopf des Menschen"[355]. Doch welche Naturerfahrung gibt er weiter? Der Berg besteht nur zum geringen Teil aus Ästen, aus unveränderter Natur. Diese ist durchmischt mit Blut und Dingen der medizinischen Heilkunde, die wie ein Berg aus Abfall den Hasen bedecken. Wie die toten Äste so steht der tote Hase für die Natur, für ein Tier, dessen angestammter Lebensraum durch die industrielle Produktion bedroht ist. Sein Tod steht sinnbildlich für den drohenden Tod des Menschen durch ökologische Katastrophen. Auch das Blut erzählt von der Verletztheit der Natur. Ob die Mullbinden und Tabletten Heilung versprechen oder den Untergang doch nicht verhindern können, vielleicht sogar dazu beitragen, bleibt offen. Beuys weist auf 'wichtige Details' hin: Die Schweizer Flagge, einige zerrissene Briefe und – wenn

---

353 Beuys, in: Moderna Museet, 2, 1982, S. 14.

354 Zur Bedeutung des Bergs in der Romantik vgl. auch Dickel 2006, S. 55.

355 Beuys, in: Moderna Museet, 2, 1982, S. 14.

auch im Zitat nicht ausdrücklich genannt – der Bleistift. Die Flagge verstärkt die gewünschte Assoziation mit einer Berglandschaft. Bleistift und Briefe drücken die – utopische? – Hoffnung einer Lösung aus, das Kreuz, neben der geographischen Bedeutung, den Christusbezug. Durch Worte, die der Selbstanalyse oder der Mitteilung dienen können, durch Information, durch Bildung, durch Appelle wäre Veränderung möglich. Beuys weiß, dass Wörter wie Bilder nur Versuche sein können, um Veränderung zu erreichen, doch die Fortsetzung des 'roten Fadens' idealistischen Denkens ist für ihn der richtige Weg.

> „Ganz prinzipiell habe ich natürlich meine Wurzeln in einem idealistischen Anfang, der später von der materialistischen, sog. industriellen Revolution unterdrückt wurde. Schon bei Kant sieht man einen ersten Zweifel in der Möglichkeit, eine geistige Wahrheit zu erreichen – denken Sie an die zerrissenen Briefe! – und bei Novalis, Fichte, Hegel, genauso wie bei Caspar David Friedrich ist die Frage von der Relation vom Wort zur Welt von größter Bedeutung.“[356]

Die zerrissenen Briefe dechiffrieren einmal mehr die tautologische Dimension der Beuysschen Werke, den doppelt – in Bild und Wort – wiedergegebenen Sachverhalt.[357] Im Unterschied zum Objekt der *Kunstpille* und der Dichtung *Vehicle Art*, bei denen Bild und Wort noch getrennt im Rahmen nebeneinander stehen, werden in den zerrissenen Briefen Bild und Wort eins. Die Methode begrifflicher und bildlicher Verdoppelung wiederholt sich im Titel der Arbeit, indem der in Klammern gesetzte Hinweis

---

[356] Ebd.

[357] Vgl. dazu die *Tautologie*-Arbeiten bei Fabro, Kap. II.2.

'die Alpen' die visuelle Aufmerksamkeit auf die Form lenkt und die Imagination des Betrachters herausfordert. Mit der Hügelform, der kleinen Flagge und den Worten 'die Alpen' wird dreifach auf die Bergvorstellung und ihre geistesgeschichtliche Genese hingewiesen. Zugleich bleibt das Gefühl eines Mysteriums erhalten. Alles bleibt fraglich, eine rationale Analyse ist nicht möglich. Im Verhältnis der Gegenstände untereinander wie auch im Verhältnis von Wort und Bild treten Auffassungen zutage, die in der Romantik wurzeln. Diese Epoche war geprägt von einer vom Modell des Organismus gebildeten Welt- und Naturauffassung mit der Überzeugung, dass „Eins in allem und alles in Einem“ enthalten sei.[358] Zu diesem Modell gehört die Vorstellung von Wachstum, Entwicklung, Evolution, des Nichtendenden oder auch Unsichtbaren, die Beuys und die italienischen Arte povera-Künstler eng verbindet. Wenn Nova, ausgehend von der Beobachtung, Leonardo habe die Poetik des 'nonfinito' eingeleitet, zu überlegen gibt, ob nicht auch die Aktionen von Beuys als 'nonfinito' gesehen werden können, darf in diesem Kontext ergänzt werden, dass das damalige Credo bei Aktionen und Happenings zwar nicht 'nonfinito' hieß, aber mit dem Begriff des offenen Kunstwerks (Umberto Eco) in Verbindung gebracht werden kann. Der Zeitgeist des Fluxus forderte die Einbeziehung des Betrachters, korrespondierende Entwicklungen und variierende Resultate. Mehr als bei den Aktionen trifft die Konnotation des 'nonfinito' auf die Theorie der „Sozialen Plastik“ zu, die Beuys nie niederschrieb, sondern immer nur mündlich verbreitete. In diesem Sinn kann man mit Nova behaupten, dass Beuys die Implikationen seiner ephemeren Arbeit schätzte. „Er wusste, dass das nonfinito und das Unbestimmte den

---

358 Vischer 1983, S. 46.

Mythos nähren".[359] Im Mythos ist die „Rückkehr zu den Ursprüngen" (Mircea Eliade) entscheidend für eine grundlegende Neuorientierung. Wenn Beuys frühe Aktionen mit dem Zusatztitel „Sibirische Symphonie" bezeichnet, ruft er – ähnlich wie Mario Merz mit den prähistorischen kalten Winden – Erinnerungsbilder an öde, unwirtliche (Ur-)Landschaften hervor, die wie andere Objekte bei Beuys die Vorsilbe *Ur-* tragen (*Urschlitten*) und sich auf C. G. Jungs „Urbild" beziehen. Damit meint aber Beuys – wie Merz – „nicht unbedingt etwas Altes, sondern einen Archetypus, also etwas durchaus Aktuelles".[360]

[359] Nova, in: Kat. München/Berlin 1999, S. 67.

[360] Beuys im Gespräch mit Hans van der Grinten, 7.12.1970, in: J. B. Aktioner. Aktionen, Kat. Moderna Museet Stockholm 1971, o. S.

IV. Raum

Bis ins 17. Jahrhundert kommen Naturphilosophie und Kosmologie ohne ausdrücklichen Raumbegriff aus, bildende Kunst und Architektur gar bis in das ausgehende 19. Jahrhundert.[361] Raum und Zeit spielen zwar im Ganzen der menschlichen Erkenntnissuche eine besondere Rolle, bleiben aber im Bereich imaginärer Vorstellungen und unterliegen seit Platon und Aristoteles wechselnden und vielfältigen Anschauungsformen.[362] Bisweilen gab es lokale

---

361 Alles was bis dahin vorliegt, entstammt der Ateliersprache der Künstler und ihren auf Technik und Kunsttheorie gerichteten Überlegungen: Raum wird gleichbedeutend mit Ort, Szene, Vertiefung, Bildtiefe gebraucht; vgl. Michaela Ott: Art. „Raum", in: Ästhetische Grundbegriffe. Historisches Wörterbuch in sieben Bänden, Bd. 5, Stuttgart/Weimar 2001, S. 113-148, hier S. 136. August Schmarsow formuliert 1893 erstmals in seiner Vorlesung „Das Wesen der architektonischen Schöpfung" Architektur als Raumkunst. Schmarsow macht als erster die Dynamik der Wahrnehmung dank Ortswechsel und Bewegung zum Ausgangspunkt eines Raumbegriffes. Wenn also der „Raum für die Kunstwissenschaft erst gegen Ende des 19. Jahrhunderts fruchtbar gemacht" wird und es bis 1893 dauern sollte, „bis sich Raum als Leitkategorie des Faches etablierte", dann ist das rein auf die Kunsttheorie zu beziehen; vgl. Wolfgang Kemp: Art. „Raum", in: Metzler Lexikon der Kunstwissenschaft, hrsg. von Ulrich Pfisterer, Stuttgart/Weimar 2003, S. 295.

362 Bei Platon vermittelt der Raum als ontologische Kategorie zwischen Sein und Werden. Aristoteles dagegen behandelt den Raum nicht im modernen Sinne, sondern erörtert im 5. Buch der Physik (IV 1-5) den natürlichen ‚Ort' (topos). Seine Definition des Ortsbegriffs lautet: „Die unmittelbare, unbewegliche Grenze des Umfassenden – das ist Ort" (212a). Die Idee dabei ist, dass der Ort einen Körper – z. B. einen Tisch – „unmittelbar umfasst", so wie ein passgenauer Handschuh die Hand. Im Gegensatz zum Handschuh ist der Ort aber „unbeweglich", d. h. wird der Tisch fortgetragen, so wird sein Ort nicht mitbewegt, sondern der Tisch kommt an einen anderen Ort.

Erörterungen, beispielsweise von Fragen des „Orts“ in aristotelischer Tradition auf der französischen Bühne. Doch erst mit der Aufklärung und den neuzeitlichen Naturwissenschaften wird im ausgehenden 18. Jahrhundert eine erkenntniskritische und ästhetische Kategorie ansatzweise entfaltet.[363] In der Malerei erscheint die Frage nach dem Raum in der Renaissance insofern, als das Mimesis-Postulat Künstler wie Leonardo zu Betrachtungen über das Problem der perspektivischen Tiefendarstellung anregt.[364]

Die Raumdiskussionen des 20. Jahrhunderts gehen in ihren Ansätzen auf Kant zurück, der die Notwendigkeit einer sinnlichen Wahrnehmung von Raum postuliert.[365] Er stellt fest, dass der Raum allen Anschauungen schon zugrunde liegen muss, denn:

> „Ich kann mir weder etwas ohne räumliche Ausdehnung vorstellen, noch den Raum selbst als geteilt oder nicht existierend. Er liegt also a priori unserer sinnlichen Wahrnehmung zugrunde. Daher auch die Möglichkeit reiner (a priori) Geometrie.“[366]

Ein grundlegender Wandel deutet sich Mitte des 19. Jahrhunderts an, als Mathematiker wie Bernhard Riemann nicht-euklidische Geometrien für mannigfaltige n-Dimensionen mit den sog. „gekrümmten Räumen“ formulieren[367]. Der euklidische dreidimensionale Raum

---

363 Ott, Art. „Raum“, in: Ästhetische Grundbegriffe, Bd. 5, 2001, S. 113.

364 Kemp 2003, S. 295.

365 Ott, Art. „Raum“, in: Ästhetische Grundbegriffe, Bd. 5, 2001, S. 129.

366 Vgl. Stichwort „Raum“ in: dtv-Atlas zur Philosophie, München 1991, S. 137.

367 G. F. Bernhard Riemann (*1826 in Breselenz bei Dannenberg (Elbe); † 1866 in Selasca am Lago Maggiore) war Mathematiker, der auf vielen

erscheint demnach nur mehr als Sonderfall. Ein einschneidender Schritt ist Albert Einsteins Allgemeine Relativitätstheorie (1916) mit den Erkenntnissen zum dynamischen Raum, d. h. zum energetisch bewegten Raum, der seine Pluralität abhängig von Messinstrumenten und Geschwindigkeiten erfährt. Diese neuen Theorien stellen nun aber nicht nur Dreidimensionalität, Homogenität und Isotropie des herkömmlichen Raums in Frage, sondern sie zeigen darüber hinaus eine relationale Metrik und Raumstruktur auf, operieren mit 'Raumarten' und erstellen ein 'Raummodell', das anschaulich kaum oder nur mittelbar erfassbar ist. In der Folge entsteht eine radikale Diskrepanz zwischen dem Anschauungsraum und den Räumen einer nicht-euklidischen Geometrie.[368]

Dadurch erhält mit Beginn des 20. Jahrhunderts die Raumfrage auch in der Philosophie neue Dringlichkeit. Raum wird als vielgestaltiger Nahraum menschlicher Erfahrung expliziert und mit den Dimensionen der menschlichen Wahrnehmung, Existenz und Leiblichkeit ins Verhältnis gesetzt. Edmund Husserl betont in seiner

---

Gebieten der Analysis, Differentialgeometrie, theoretischen Physik und analytischen Zahlentheorie bahnbrechend wirkte. Die Riemannsche Geometrie beantwortet die Frage, welche Gestaltsverhältnisse und welche von Ort zu Ort verschiedene Krümmung der Raum unter bestimmten Voraussetzungen haben kann. Sie war auch für die Relativitätstheorie von großer Bedeutung; vgl. Brockhaus, 20. überarb. Aufl., Leipzig/Mannheim 2001, 18. Bd, S. 383-385.

[368] Dies betrifft insbesondere die physikalischen Räume im subatomaren und astronomischen Bereich. Und so erstaunt es wenig, dass im neu eröffneten Wissensraum der Psychoanalyse dem psychischen Innenraum eine Dimension mit Unendlichkeitsaspekten beigesellt wird (vgl. Sigmund Freud, Das Unbewusste); vgl. Ott, Art. „Raum“, in: Ästhetische Grundbegriffe, Bd. 5, 2001, S. 135.

Vorlesung *Ding und Raum* 1907 die 'Inadäquation' der Wahrnehmung räumlicher Dinge, da eine dreidimensionale Anschauung unmöglich sei. Erst die Synthese von Perzeption und Imagination ergäbe eine adäquate Dingwahrnehmung.[369] Fritz Mauthner betont in seinen Ausführungen zum Raum (1910/11) einen weiteren Aspekt: „Auch der Raum wie so vieles andere, ist nur ein mythologischer Begriff, in welchem wir die Erscheinungen zusammenfassen, dass wirkliche Bewegungen nach Richtungen erfolgen."[370] Dazu zieht er die Beobachtungen von Rudolf Goldscheid[371] heran, der die Richtung in den Kontext von Kausalität und Zweck stellt und die Frage aufwirft, ob die Richtungen im Raum vielleicht erst durch den Menschen in den Raum hineingetragen werden, mit der relativen Realität des Raums also nichts zu schaffen haben. Hängen aber die Bewegungen im Raum immer mit Richtungen zusammen, so werden mit dem Richtungs-begriff auch der Bewegungsbegriff und der Realitätsbegriff (des Raums) zu psychologischen Problemen, zu viel ernsteren psychologischen Problemen als die Frage nach der Entstehung der Raumvorstellung eine war. Besonders Anselmo greift in seinem Oeuvre den Gedanken der

369 Die Generierung des dreidimensionalen Bildes durch den Erinnerungsabgleich des Gehirns, wie die heutige Neurobiologie belegt, nimmt er hier imaginativ vorweg.

370 Fritz Mauthner (Hg.), Art. „Raum", Wörterbuch der Philosophie. Neue Beiträge zu einer Kritik der Sprache, Erstausgabe 1910/11, Bd. 2, S. 284-295, hier S. 291.

371 Vgl. für die Ausführungen zum Richtungsbegriff von Rudolf Goldscheid (1870-1931) die Diplomarbeit von Georg Witrisal, Univ. Graz, 2004, Online-Publikation unter: http://www.witrisal.at/goldscheid/rudolf_goldscheids_soziallamarckismus.pdf (Stand: 12.2. 2012), insb. S. 117-123.

Richtung immer wieder auf (vgl. Titel wie *Direzione, Oltremare*) und betont damit die Bedeutung von Standortbestimmung und Ausrichtung im (kosmischen) Raum.

Die Richtung der Erkenntnis im Kontext der Frage nach Raum und Zeit thematisiert Ernst Cassirer 1930 in seinem Vortrag *Mythischer, ästhetischer und theoretischer Raum*:

> „Die spezifische Bedeutung der Frage nach dem 'Was' des Raumes und der Zeit scheint darin zu liegen, dass mit und an dieser Frage die Erkenntnis allmählich eine neue 'Richtung' gewinnt. Hier zuerst begreift sie, dass und warum die echte Außenwendung nur durch eine ihr entsprechende Innenwendung zu vollziehen ist – hier lernt sie einsehen, dass der Horizont der Gegenständlichkeit sich erst wahrhaft aufschließt, wenn der Blick des Geistes nicht lediglich nach vorwärts auf die Welt der Objekte, sondern nach rückwärts, auf die eigene 'Natur' und auf die eigene Funktion der Erkenntnis selbst gerichtet wird.“[372]

Maurice Merleau-Ponty nähert sich dem Raum wahrnehmungstheoretisch und bestimmt ihn 1945 in Ablehnung der geometrischen Behältervorstellung als mediale und rationale Größe. Er erkennt das Primat der leibhaftigen Wahrnehmung als Voraussetzung für existenzialistische Philosophie und exemplifiziert dies vor seinem Tod 1961 im Theorie Poem *L'oeil et l'esprit.* Er kritisiert die strenge Systematisierung des cartesischen Sehmodells der Dioptrik

---

[372] Ernst Cassirer: Mythischer, ästhetischer und theoretischer Raum. Vortrag auf dem Vierten Kongress für Ästhetik und allgemeine Kunstwissenschaft, Hamburg 1930, erstmals publ. im Beilagenheft zur Zeitschrift für Ästhetik und allgemeine Kunstwissenschaft, 25, 1931, S. 21-36 und in: Jörg Dünne/Stephan Günzel (Hgg.): Raumtheorien, Frankfurt 2006, S. 485.

und die Starrheit, die auch die Zentralperspektive kennzeichnet, „da in ihr jedem fixen Ding sein fixer Platz im bildnerischen Raumgefüge zugewiesen wird.“[373] Dieses perspektivische Bild, das von Alberti mit „finestra aperta“ bezeichnet wird, verlange zudem, dass der Betrachter nicht hinter, sondern vor der Welt stehe. Indem der Betrachter sich den Raum vor sich konstruiert, wird vergessen, dass er sich eigentlich in ihm befindet. Bereits in der *Phänomenologie der Wahrnehmung* wehrt sich Merleau-Ponty gegen die Vorstellung, dass das Auge der Welt immer nur gegenüberstehe und niemals in ihr sei. Er sieht den Leib des Menschen immer in und nicht vor der Welt. Entgegen der Wissenschaft mit ihrem Ziel der Objektivierung und der Etablierung einer „Gegenüberwelt“, die dem Menschen scheinbar die Möglichkeit eines Überblicks gewährt, will Merleau-Ponty ihn wieder mitten in die Realität integrieren. Er thematisiert die Verwobenheit des Menschen mit dem „universellen Fleisch der Welt“ insbesondere am Motiv des sehenden und sichtbaren Leibes. Der Leib wird zum einzigen Mittel, um mitten unter die Dinge zu gelangen, er ist sehend „in das Sichtbare eingetaucht“.[374] Die Leibverbundenheit des Sehens ist für Merleau-Ponty der geeignetste Zugang des Menschen zur Wirklichkeit.

Diese Ausrichtung auf die Wirklichkeit im Bewusstsein einer Grenzwanderung zwischen Objekt und Subjekt interessiert

---

[373] Maurice Merleau-Ponty: Das Auge und der Geist, philosophische Essays, (Le Tholonet, Juli-August 1960), hrsg. u. übers. von Hans Werner Arndt, Hamburg 1984, S. 13-44, hier S. 25-28; vgl. dazu auch die Ausführungen bei Hana Gründler: Wittgenstein. Anders sehen. Die Familienähnlichkeit von Kunst, Ästhetik und Philosophie, Berlin 2008, S. 120f.

[374] Maurice Merleau-Ponty: Die Phänomenologie der Wahrnehmung, 1966, S. 180f. und Gründler 2008, S. 122.

auch die Künstler der Arte povera und bildet eine Schnittmenge mit dem von ihnen anvisierten Realitätsbegriff. Die französisch sprechende Kunstszene Turins, in der sich Mario Merz damals bewegt, orientiert sich traditionell an Pariser Kunst- und Philosophietendenzen und diskutiert Merleau-Pontys Philosophie der Wahrnehmung, das Bewusstwerden physisch-psychischer Parameter der angeborenen Weltzugehörigkeit.[375] Eine derartige Sichtweise befähigt zur transzendierenden Lebenseinstellung und dazu, den Rest der Welt als Teil des Ganzen in Sehen und Denken einzubeziehen. Das ist es, was „der Autodidakt Merz ohnehin tat und instinktsicher mit der Logik der Phantasie" und der Naturwissenschaft ins Werk setzt.[376]

„Lights All Askew In The Heavens" titelt am 10. November 1919 die New York Times. Während einer totalen Sonnenfinsternis war es dem Astronomen Arthur Stanley Eddington gelungen, mit zwei Fotografien den Nachweis für die Richtigkeit der Allgemeinen Relativitätstheorie zu

---

[375] Merleau-Pontys *Phénomenologie de la perception* (Paris 1945) wurde 1965 auf italienisch publiziert. Carolyn Christov-Bakargiev erkennt darin einige Parallelen zu zentralen Vorstellungen der Arte povera, z. B. dass für Merleau-Ponty die Beziehung Bewusstsein-Welt vergleichbar mit der Beziehung Natur-Körper sei; vgl. Christov-Bakargiev 1999, S. 26. Ausführlich zum sozio-kulturellen Klima der Stadt Turin und der Bedeutung für die Künstler der Arte povera vgl. Elizabeth Mangini: Arte povera in Turin 1967-1978: Contextualizing artistic strategies during the anni di piombo, Univ. Diss. The City University of New York, 2010, S. 28-70; ProQuest: http://gateway.proquest.com/openurl%3furl_ver=Z39.88-2004%26res_dat=xri:pqdiss%26rft_val_fmt=info:ofi/fmt:kev:mtx:dissertatio%26rft_dat=xri:pqdiss: 3412738 (Stand: 12.8.12).

[376] Vgl. Marlis Grüterich: „Mario Merz' Kunst. Das Welthaus in der Stadt bewohnen", in: Frammenti dell'Arte Povera. Jannis Kounellis und Mario Merz in der Sammlung Speck, hrsg. von Andrea Madesta, Kat. Museum Moderner Kunst Kärnten, Köln 2007, S. 55f.

liefern.[377] Die 'verschobenen Lichter am Himmel' waren Beleg für Einsteins theoretische Voraussage. Danach sollte die Schwerkraft einer Masse den Raum verbiegen ähnlich einer Bleikugel, die ein Gummituch eindellt. Lässt man dann eine Murmel in geringem Abstand auf die Kugel zulaufen, wird sie – je nach Anfangsgeschwindigkeit – vom ursprünglich geraden Weg abkommen und eine mehr oder weniger gekrümmte Bahn zurücklegen. Mit diesem einfachen Beispiel lässt sich der von Einstein postulierte und heute mehrfach gemessene und bestätigte Gravitationseffekt beschreiben. Eddington konnte zeigen, dass die Lichtpunkte in unmittelbarer Nachbarschaft der schwarzen Sonne im Vergleich zu ihrer wahren Position am Firmament um einen winzigen Betrag verschoben waren.[378]

---

[377] A. S. Eddington fotografierte die totale Sonnenfinsternis auf der Insel Principe im Golf von Guinea am 29.5.1919. Zur Kontrolle hatte er ein halbes Jahr zuvor am selben Ort mit denselben Instrumenten das Sternenfeld aufgenommen.

[378] Aufgrund dieser Tatsache hatte Albert Einstein 1936 in der Zeitschrift *Science* spekuliert, dass ein Stern das von einem dahinter liegenden Objekt ausgehende und sich im leeren Raum geradlinig ausbreitende Licht gleich einer Glaslinse (Lupe) bricht. Je nach räumlicher Orientierung von Beobachter, Linse und Objekt werden dadurch unterschiedliche Bilder erzeugt, leuchtende Ringe oder stark gekrümmte Bögen. Heute ist belegt, dass nicht nur einzelne Objekte als kosmische Linsen wirken, sondern häufig Galaxienhaufen, Ansammlungen gigantischer Materiekonzentrationen. 1979 wurde der erste Quasar nachgewiesen, aktiver Kern einer jungen Galaxie mit massereichen Schwarzen Löchern, deren Licht von einer auf der Sichtlinie zur Erde liegenden Galaxie (= Gravitationslinse) in mehrere Bilder aufgespalten wird. Aus solchen Bildern lassen sich, ähnlich wie in der klassischen Optik, Rückschlüsse ziehen auf die Beschaffenheit der Materie oder die Struktur des Raums. Gleichzeitig ist aber auch klar, dass die sichtbare Materie keineswegs ausreicht, um die beobachteten Mehrfachbilder dahinter liegender Objekte zu erzeugen. Die Natur der unsichtbaren Dunklen Materie (ca.

Der Nachweis der Krümmung des Raums stellt die Wahrnehmung der sichtbaren Realität in Frage und nährt die Zweifel an der Linearität kausaler Logik. Jenseits des Alltäglichen gilt es, 'rund' zu denken, nicht linear,[379] wie es keltische Kulturen und die Romantiker intuitiv erahnt haben. Spiralförmige Zeichen und sphärische Anordnungen sprechen bei Merz und Beuys von dieser Affinität. Sie und besonders Anselmo und Fabro forschen mit ihrer jeweiligen Materialität und Medialität am heute aktuellen Postulat kosmisch-menschlicher Erkenntnis, wenn sie Titel wählen wie *Infinito* oder *Invisibile*. Diese Begriffe drücken nicht nur eine innere Sehnsucht aus, sondern bezeichnen ihre konkrete Arbeit am Phänomen der unsichtbaren, unbekannten 'dunklen' Materie und Energie. Antoni Tàpies hat die aktuelle Materie- und Raumdiskussion der 1970er Jahre

23%) liegt genauso wie die der Dunklen Energie (ca. 73%), die für die Expansion des Universums verantwortlich ist, buchstäblich im Dunkeln; vgl. dazu Helmut Hornung, „Kosmisches Licht auf krummen Touren“, in: MaxPlanckForschung, Nr. 4, 2010, S. 57-63.

379 Marshall McLuhan kritisiert in seiner Medientheorie seit den 1960er Jahren die rationale, d. h. lineare Raumhomogenisierung und fordert einen „vieldeutig klingenden Rundraum“ ein, der dem Verlust der Sinneswahrnehmung entgegenwirkt. Jean Baudrillard überträgt die Krümmung des kosmischen Raums auf die Geschichte, in dem er mutmaßt, dass „es wohl genauso eine Krümmung des geschichtlichen Zeit-Raums geben wird. [...] Höchstwahrscheinlich gebunden an die Kugelform der Zeit [...] lenkt eine unheilvolle Krümmung alle Bahnen in die Irre.“ Deshalb prognostiziert er im nicht-euklidischen Raum am Ende des 20. Jahrhundert „chaotische Effekte auch bezüglich der Zeitlichkeit – die Dinge laufen immer schneller ab, wenn sie sich ihrer Entscheidungsphase nähern, genauso wie das Wasser mysteriöserweise seinen Lauf beschleunigt, wenn es sich dem Wasserfall nähert.“ Vgl. Jean Baudrillard: „Die Rückwendung der Geschichte“, in: Zeit-Medien-Wahrnehmung, hrsg. von Mike Sandbothe u. Walther Ch. Zimmerli, Darmstadt 1994, S. 1-13.

prägnant zusammengefasst:

> „Eine klare Idee vom Raum zu haben, glaube ich, ist sehr revolutionär. Wenn ich heute ein klassisches Bild anschaue mit seiner traditionellen Perspektive und seinem Hell-Dunkel, als ob innerhalb des Rahmens ein leerer Raum wäre, in dem Körper herumspazieren, bekomme ich sofort den Eindruck, dass eine falsche Idee der Realität vermittelt wird. Heute wissen wir durch die Wissenschaft, dass es nicht so ist. Das ist keine Laune; es ist nicht so, dass ich sage: Dieser Raum gefällt mir, und der andere gefällt mir nicht. Der klassische Raum deformiert unsere Mentalität, weil er eine falsche Idee der Wirklichkeit vermittelt. Diese Deformierung will uns vortäuschen, dass wir isolierte Körper sind, die in der Leere schweben – in der Leere des klassischen Raumes. Das würde bedeuten, dass wir getrennt sind, dass es zwischen mir und ihnen keine Kommunikation gibt, dass ein Raum zwischen uns ist. Die aktuelle Wissenschaft dagegen, die Physik, die Forschung im All, die Relativitätstheorie, die Quantentheorie, auch die heutige Biologie hat uns gezeigt, dass das nicht so ist, dass über unsere Haut hinaus die Kommunikation weitergeht. Ich glaube, wenn wir eine exakte Idee vom Raum haben, lässt das in uns ein Gefühl von Solidarität mit allen Wesen der Natur entstehen. Während der klassische Raum ein Gefühl des Antagonismus zwischen diesen Wesen hervorruft.“[380]

Die Quantentheorie zeigt auf subatomarer und molekularer Ebene, wie Räume erst durch Bewegung elementarer

---

[380] Tàpies im Interview mit Rhea Thönges-Stringaris „'Die Kunst kann überall sein'. Interview mit Antoni Tàpies“, in: Info 3, 12.12.1985, o. S.

Teilchen entstehen und wie sich in Abhängigkeit von ihrer Energie die Form des Raums verändert. Solche Teilchen können sich anziehen oder abstoßen oder sind sich egal, wie Menschen. Die Naturwissenschaft hat dem Rechnung getragen. Physiker untersuchen seit einiger Zeit die Beziehung Teilchen-Mensch unter der Versuchsbezeichnung 'soziöökonomische' Physik.[381] Hier wie dort führen etwaige Polaritäten zu unterschiedlichsten Metastrukturen, Gruppenbildungen oder zur Vereinzelung; Menschen finden sich in politischen, sozialen oder ökonomischen Interessensverbänden zusammen oder gehen getrennte Wege. Singularitäten und Massenphänomene basieren gleichermaßen auf der Wechselwirkung einzelner Teilchen.[382]

Mit der von Harald Szeemann kuratierten Ausstellung *When Attitudes Become Form* wird deutlich, was Ende der 1960er Jahre „diesseits der Fläche" geschieht. Das Medium, das vorher als materiales, technisches und institutionelles Bezugssystem fokussiert worden war, ist in den Hintergrund getreten. Formwerdung vollzieht sich jetzt durch die Tätigkeit des Menschen im 'künstlerischen Vorgang'.[383] „Die Werke der Ausstellung waren Aktionen, Konzepte und individuelle Handlungen, die durch ihre Realisierung im Raum eine wahrnehmbare Form erhielten." Der Raum wird

---

381 Jürgen Mimkes im Gespräch mit Patrick Illinger, in: Süddeutsche Zeitung, Nr. 39, 17.2.2011, S. 18.

382 Für Emile Durkheim ist der Raum von religiösen, moralischen und ökonomischen Institutionen abhängig und gibt über den Zustand eines Kollektivs Auskunft („représentations essentiellement collectives"); vgl. Ott, Art. „Raum", in: Ästhetische Grundbegriffe, Bd. 5, 2001, S. 135.

383 Christian Spies: „Diesseits der Bildfläche. Vom gestalteten Raum in den Realraum", in: Das Raumbild. Bilder jenseits ihrer Flächen, hrsg. von Gundolf Winter, Jens Schröter u. Joanna Barck, München 2009, S. 137-155, hier S. 137.

dadurch zentrale Komponente. So handelt es sich nicht mehr um einen Bildraum im Sinne eines Verweisraums, den Szeemann gestalteten Raum nennt, sondern um einen Realraum, in dem Künstler, Betrachter, Objekt und Institution als offenes Bezugssystem zusammenkommen. Bildraum und Ausstellungsraum fallen im neuen Raumbild zusammen.[384]

Christian Spies legt dar, dass diese Spannungsverhältnisse nichts wirklich Neues waren, sondern die Wiederentdeckung der Ideen der russischen Avantgarde um El Lissitzky und Malewitsch aus den 1920er Jahren. Die Suprematisten bereits öffneten den Raum[385], den die Malerei der 1950er Jahre dann wieder auf die Bildfläche reduzierte. Sie machten erstmals den Raum selbst – wie auch Schwitters mit dem „Merzraum" – zum Gegenstand der Kunst: „Der neue Raum braucht und will keine Bilder (...). Der Raum ist für den Menschen da – nicht der Mensch für den Raum. (...) Wir wollen den Raum als ausgemalten Sarg für unseren lebenden Körper nicht mehr."[386] Beuys und seine italienischen Zeitgenossen der Arte povera haben in ihrer 'Forschung' diesen Ansatz der Avantgarde aufgegriffen und mikro- und makrokosmisch weiterentwickelt. Dabei beziehen sie sich nicht nur im eingesetzten Material, sondern auch in der Proportionalität der kreierten Räume immer auf den

---

384 Spies 2009, S. 138f.

385 Malewitsch, der vom weißen Bildgrund als 'totalem Raum' spricht, hatte sich selbst zum 'Vorsitzenden des Raums' ernannt. Den (weißen) Raum in seinen suprematistischen Bildern setzte er mit dem unendlichen kosmischen Raum gleich; vgl. Glas 2000, S. 178.

386 El Lissitzki: Prounenraum, Grosse Berliner Kunstausstellung 1923, in: El Lissitzky, Maler, Architekt, Typograf, Fotograf; Erinnerungen, Briefe, Schriften, hrsg. von Sophie Lissitzky-Küppers, Dresden 1976, S. 361.

menschlichen Maßstab, seien es unsichtbare geistige oder politisch-soziale, geografisch-reale oder utopische Räume. Ganz allgemein inspirieren die Ideale der 1960er Jahre revolutionäre und alternative Wege des Lebens, der Liebe und der Unterhaltung sowie radikal neue Räume, in denen diese neuen Wege praktiziert werden sollen. Idealistische und meist anarchistische Enklaven definieren das Konzept der Kommune neu. Sie erfinden spontane Arten des Bauens und der Unterkunft gepaart mit lustvoll grenzüberschreitender Mobilität, sei es im Zelt oder wie die Zigeuner im Wohnwagen (vgl. Merz, *Carozzone,* 1954).[387] Es entsteht ein räumliches Vokabular, das bis heute nachklingt. Entscheidend war der Gedanke der Öffnung. Nicht gegen 'das System' an sich agieren Künstler und andere Kulturschaffende, sondern gegen die als geschlossen wahrgenommenen Systeme in Ost und West setzen sie ihre Idee der 'offenen Systeme' im Widerstand gegen eine Amerika-dominierte, technokratische Gesellschaft und die Frontenbildung des Eisernen Vorhangs.

[387] Ruhrberg 1992, S. 36.

IV.1. Jannis Kounellis

Ausstieg aus dem Bild - Die räumliche Leinwand

In konsequenter Fortführung der dramatisch dadaesken Auftritte im Hotelatelier (vgl. Kap. III.1.) findet Kounellis ab Mitte der 1960er Jahre einen eigenen Weg für seinen 'Ausstieg aus dem Bild' (Lazlo Glozer, vgl. Einleitung), für die Erweiterung des Tafelbildes in den plastischen Raum. Charakteristisch für dieses vorsichtig forschende Erschließen der Dimensionen von Raum und Zeit sind zu Beginn im Werkschaffen die unterschiedlichen Versionen der 'Leinwand-Rosen'.[388]

Im römischen Galerieraum L'Attico zeigt Kounellis 1967 erste Ergebnisse. Auf einem großen (280 x 300 cm), mit hellem Baumwollstoff bespannten Keilrahmen sind drei gestielte Blüten zu sehen – scherenschnittartig monochrom aus demselben Stoff gefertigt –, deren großflächige Formen mit Druckknöpfen auf dem flachen Bildgrund befestigt sind (*Senza titolo*, 1967, Abb. 22).[389] Unregelmäßig lappig fallen die Blütenblattränder aus der Fläche. Rechts und links von der Leinwand hat Kounellis vertikal übereinander je 12 Vogelkäfige montiert, einfache Käfige mit rechteckigem Grundriss und parallelen Drahtstäben, wie sie traditionell im südeuropäischen Haushalt zur Vogelhaltung auf Terrassen oder an Hauswänden benutzt werden. In jedem hüpft und

---

[388] Für eine aktualisierte Zuordnung der verschiedenen Leinwand-Rosen-Arbeiten vgl. Denis Viva: *senza titolo (Rosa nera)*, in: Mus. Kat. Museo del Novecento. La collezione, kurat. von Flavio Fergonzi, Antonello Negri u. Marina Pugliese, Mailand 2010, S. 256-258.

[389] Kounellis zeigt die Arbeit im Rahmen der Ausstellung *Il giardino, i giochi* im März 1967 in der Galleria L'Attico in Rom; allg. zu den Blumenbildern von 1967 vgl. Ruhrberg 1992, S. 239-246.

singt ein kleiner Vogel, meist ein Kanarienvogel im typisch gelben Federkleid.[390] Mit ihrem unkoordinierten Flug- und polyphonen Gesangsverhalten evoziert die Vogelschar ein geräuschvolles Chaos, das die Erwartungshaltung des typischen Besuchers im Galerieraum empfindlich stört.[391] Unwillkürlich lenkt der Betrachter seinen Blick auf die ruhige Leinwand, die – gerahmt von den Käfigen – ihm wie ein Fluchtpunkt als Fenster nach draußen erscheint.[392] In den Blütenformen aus Stoff hat Kounellis das Moment der Bewegung und Zeit viel zurückhaltender elaboriert. Form und Umriss deuten darauf hin, dass es sich um Rosen handelt, deren Blühen und Vergehen Kounellis hier beispielhaft thematisiert.[393] Die locker und ganz verschieden

---

390 Mehr als 500 Jahre hat der Mensch diesen Singvogel domestiziert. Seine Fähigkeit, unterschiedlichste Melodien und Gesänge zu erlernen, hat den Kanarienvogel, den „Sänger im gelben Federkleid", als Zuchttier berühmt gemacht.

391 Dazu erzählt Kounellis die Anekdote, dass er ein Jahr zuvor (*Senza titolo*, 1966) eine vergleichbare Arbeit – die Rosen im Zentrum waren in schwarzer Farbe ausgeführt – an einen Musiker verkauft habe und ihn dabei die Vorstellung amüsierte, wie gerade die Sinne eines Musikers von dieser Arbeit gefordert würden. Wenn der Besitzer das Bild erhalten will, muss er die Singvögel regelmäßig füttern. Nur durch Zuwendung und Aufmerksamkeit kann er in den Genuss des Bildes kommen. Gleichzeitig ist der Musiker aber ständig dem polyphonen Gezwitscher ausgesetzt; vgl. Kounellis im Gespräch mit Carla Lonzi, 1966, in: Kounellis, Ein Magnet im Freien, 1992, S. 11.

392 Zum Topos 'Fenster' als Inspirationsquelle und seinen möglichen poetischen wie kunsthistorischen Bezügen bei Kounellis vgl. die Ausführungen bei Ruhrberg 1992, S. 274f.

393 Im Gespräch mit Carla Lonzi 1966 spricht Kounellis im Zusammenhang mit diesen Blütenformen selbst von Rosen, die er in verschiedenen Farb- und Materialvarianten ausgeführt hat; vgl. Kat. Kounellis, Rimini 1983, S. 46f. und Kounellis, Ein Magnet im Freien, 1992, S. 11. In einer auch als „rosa nera" bezeichneten Arbeit desselben Jahres (*Senza titolo*,

in den Raum hinauslappenden Blütenblattränder lassen in ihrer Dreizahl die wesentlichen Zustandsformen floraler Entwicklung assoziieren, von der noch geschlossenen Blüte, die sich nach einer gewissen Zeit öffnet und entfaltet, bis sie schließlich verblüht. Rosen wie Vögel sind Elemente eines Bildraums, der zur Reflexion über Werden und Vergehen, über Geschichte, Gegenwart und Zukunft auffordert. Fröhliches Hüpfen und Flattern der Vögel und ihre sonnige Farbigkeit künden von sinnlicher Lust am Leben, an Entwicklung, Wachstum und Zukunft. Der Betrachter erlebt mit ihnen Bewegung und Freiheit direkt im Bild. Doch der reale Raum, die Käfige sind verschlossen. Die Wirklichkeit ist begrenzt, räumlich wie zeitlich.

Durch das Einbeziehen vitaler Realität, durch Präsenz statt Repräsentanz, beginnt Kounellis in den 1960er Jahren seine Malerei zu dramatisieren.[394] So ziehen die singenden Kanarienvögel[395] ein Jahr später, 1968, aus dem damals noch

---

1967) ist eine vergleichbare Blütenform aus Kohlestückchen auf eine Leinwand fixiert. Wie in 'Apollo notturno' (vgl. Kap. II.1.) spiegelt die schwarze Farbe das Todesmotiv der Tragödie. Rosen stehen für Kounellis in enger Beziehung zu dem charakteristischen Attribut der tragischen Heldin in Shakespeares Hamlet, zu den Blumen der Ophelia, die sich am Ende ertränkt. Zur Thematik der Rose mehr bei: Alberto Boatto, in: Kat. Kounellis, Rimini 1983, S. 50.

394 Grüterich, in: Kat. Kounellis, Hamburg 1995, S. 30.

395 Wie universell die Signalwirkung singender Kanarienvögel im kulturellen Erbe Europas verankert ist, zeigen jüngste Interventionen von Bogomir Ecker (*1950; seit 2002 Professor an der HdK Braunschweig) im öffentlichen Raum der Hansestadt Hamburg. Heimlich und ohne Auftrag installierte er 2009 im neuen Luxusareal 'HafenCity' u.a. zehn Käfige mit Kanarienvögeln, die unter Brücken oder Durchgängen die Passanten mit ihrem Gesang erfreuten. Er wolle „in Hamburgs neuem Prestige-Viertel ein wenig Menschliches

eher privaten Galerieraum in den öffentlicheren Raum des Theaters.[396] In unzählig vielen aneinander- und aufeinandergefügten Käfigen liefern sie den lautstarken Hintergrund für eine Bühne auf der Kounellis ein Szenario seines Material- und Formenkosmos ausbreitet: Ein Sessel, ein Stuhl, ein Holzkarren, ein Haufen Erde, Kohlestücke und Kohlesäcke, Schafwolle, ein Pinienbaum und schließlich noch ein Mann mit Stock und schwarzem Hut.

Der Theaterbesucher der damaligen Zeit ist gerade dabei, sich an Provokation und Irritation zu gewöhnen. Er darf sich mit dem Aufbrechen starr festgelegter Handlungsabläufe ebenso vertraut machen, wie dem Unterlaufen einer klaren Trennung von Zuschauer- und Bühnenraum.[397] Auf der Turiner Bühne sieht er daher Schauspieler und Bühnentechniker offen hantieren, sie betreten und verlassen ständig den Bühnenraum mit neuen Materialien, rezitieren und agieren auf beweglichen Holzkarren, die über die Bühne gerollt werden. Einzelne Elemente wie der Mann mit Hut und Stock, erinnern den Kunstsinnigen an surrealistische

---

unterbringen"; vgl. Isabelle Hofmann, „Eingriff ins Luxusareal", in: Kunstzeitung, Aug. 2010, Nr. 168, S. 17.

396 Kounellis wurde 1968 die Möglichkeit einer Bühnenausstattung für das Stück *I testimoni* (dt.: *Die Zeugen oder Unsere kleine Stabilisierung*) von Tadeusz Rózewicz unter der Regie von Carlo Quartucci am Teatro Stabile in Turin angeboten. Genaue Ausführungen dazu bei Ruhrberg 1992, S. 260-267.

397 Gronau verweist auf die damalige Entwicklung im Theater „Strategien der Befreiung und Integration der vormals stummen Theatermasse" zu favorisieren; vgl. Gronau, Barbara: Theaterinstallationen. Performative Räume bei Beuys, Boltanski und Kabakov, München 2010, S. 24, Anm. 19. Siehe dazu auch Erika Fischer-Lichte: Die Entdeckung des Zuschauers. Paradigmenwechsel auf dem Theater des 20. Jahrhunderts, Tübingen 1997; und vgl Kap. III.4. vorliegender Arbeit.

oder dadaistische Bildwelten, z. B. Magrittes Serie des *Therapeuten*.[398] Doch lebende Tiere im Theater sind fremd. Die gewohnte symbolisch-fiktionale Darstellung von Realität auf der Bühne derart zu brechen, ist neu.[399] Die Vögel im Hintergrund, zunächst als einziger Fixpunkt im chaotischen Bühnengeschehen wahrgenommen, verstören – wie zuvor im Galerieraum – mit ihren lebhaften Bewegungen und der andauernden, nicht steuerbaren Geräuschkulisse das Publikum, das einstudierte Szenenfolgen erwartet und gewöhnt ist.[400]

Kounellis geht es bei dieser Aufführung nicht um Theater, um verstörendes Schauspiel oder Illustration. Er versteht sein Mitwirken als rebellischen Akt, mit dem er im Theaterraum die mannigfaltigen Elemente des Lebendigen, Mensch und Natur vereint, um ein Ziel zu erreichen:

---

398 Von Magritte gibt es eine Serie von drei Bildern mit der Darstellung eines Mannes mit Stock und Hut; zwei sind mit *Therapeut* betitelt (1937), das dritte mit *Der Befreier* (1947). Für den Vergleich mit Kounellis siehe Ruhrberg 1992, S. 262f. Schon im Interview mit Volpi bestätigt Kounellis den Bezug, betont aber auch die Differenz. „Magritte agisce in modo mentale, mentre io in modo...fisico."; vgl. Marisa Volpi: „Tecniche e materiali", in: Marcatré, Nr. 37/40, Mai 1968, S. 66-85, hier S. 73.

399 Anlässlich seiner ersten Ausstellung in Europa 1966 in der Galleria La Salita in Rom zeigt Richard Serra unter dem Titel *Live Animal Habitat* auch Käfige mit kleinen lebenden und ausgestopften Tieren (u. a. Hasen). Diese Ausstellung, die in Bezug auf Serras eigene Entwicklung eine zurückhaltende Bewertung erfuhr, wird in der späteren Serra-Literatur als wegweisend für die italienische Arte povera dargestellt; vgl. Ernst-Gerhard Güse (Hg.): Richard Serra, Stuttgart 1987, S. 364.

400 Wegen dieser Dynamik bezeichnet Kounellis diese Arbeit auch nicht als 'Bühnenbild', sondern nennt sie „un disturbo dell'ambiente"; vgl. Kounellis, in: Kat. Kounellis, Rimini 1983, S. 64.

Authentizität.[401] „Ziel ist die Authentizität", schreibt er in einem Text, den er anlässlich der Aufführung dieses Theaterstücks verfasst und den man zu Recht als sein ästhetisches und gesellschaftliches Grundsatzprogramm begreifen darf.[402] Um diese Authentizität zu gewinnen, bedarf es eines rebellischen Aktes, im Material und im Ausdruck.

Dodici cavalli vivi

Das Bild als theatralen Raum, realmetaphorisch klein und vital zuerst im Vogelkäfig ausgestellt, erweitert Kounellis von jetzt an radikal. Er bricht den Galerieraum machtvoll auf und verwandelt 1969 in Rom die Galleria L'Attico in einen Pferdestall (*Senza titolo*, 1969; 'Dodici cavalli vivi'; Abb. 23). Zwölf schnaubende, stampfende Pferde, Rappen und Schimmel, sind an den Wänden der ehemaligen Tiefgarage entlang angebunden. Kounellis konfrontiert den Besucher mit der Totalität menschlich erfahrbarer Reizqualitäten, die tief in dessen emotionale Befindlichkeit eingreifen: Fäkaler Geruch und sinnliche Schönheit, archaische Kraft und ängstliche Schwäche. Kounellis rekurriert in dieser Arbeit aber nicht auf das Motiv Pferd, das mit dem Mythos, der Geschichte und Kunstgeschichte des Menschen eng verbunden ist. Er stellt die Pferde als reale lebendige Wesen in den Kontext der Kunst und spiegelt im Gegensatzpaar

---

401 Zur Kategorie der Authentizität im Werk von Kounellis und den Konzeptionen von Adorno vgl. Dickel, in: Kunstchronik, 7, 2001, S. 322.

402 Der Titel dieser Schrift, 1968 zum ersten Mal in der Zeitschrift Marcatré publiziert, lautet: „Del corpo, del comportamento, del 'naturale', del 'vivo' come autenticità teatrale", Kounellis in: Marcatré, Nr. 43-45, 1968, S. 230-237, und Kat. Kounellis, Rimini 1983, S. 66-70. Eine Zusammenfassung der wesentlichen Aussagen findet sich bei Ruhrberg 1992, S. 263-266.

von Raum und Pferd das dialektische Verhältnis von 'Struktur' und 'Sensibilität'. Mit ihrer animalischen Kraft, ihrer Ausstrahlung lebendiger Energie, Wärme und Bewegung (vgl. Beuys Kap. IV.4.) verkörpern sie das Prinzip der 'sensibilità' gegenüber der starren Struktur des sozialen Umfelds, der bürgerlichen Realität am Beispiel des Galerieraums. Entlang der Wände aufgereiht rahmen die Pferde den Raum wie zuvor die Vögel die Leinwand. Von der zentralen Bodenfläche aus betrachtet erinnert das vom Künstler kreierte Gesamtbild an das traditionelle Format westlicher Malerei. Dahinter steht die Idee vom 'Gemälde'. Mit ihrer vitalen Präsenz aber sprengen die Pferde die Enge dieser Struktur und handeln so auch von der Situation des Künstlers in der Zeit. Kounellis arbeitet mit 'lebenden Bildern', d.h. expansiven Bildern, die hochgradig kulturelles Bewusstsein verkörpern.[403]

> „Ich habe eine Wirklichkeit erreicht, in der sich eine andere Annäherung, eine andere Dialektik und eine andere Ausdehnung abzeichnet. Und gerade weil es sich nicht um Nachahmung handelt, gibt es den Gedanken einer dialektischen Ausdehnung."[404]

Der Künstler „ist ein Rebell, der Energien entfesseln kann, Farben und Wärme anbietet, die die Realität modifizieren können... Die Pferde implizieren auch die Gewalttätigkeit des Intellektuellen, sie sind das kämpferische Symbol

---

[403] Jean-Christophe Ammann: „Was die siebziger Jahre von den sechzigern unterscheidet. Der Weg in die achtziger Jahre", in: Kunstforum International, 39, 3/80, S. 175.

[404] Kounellis im Interview mit Bruno Corà, 1997, in: Kat. Slg. Goetz 1997, S. 107.

dafür."[405]

Verschlossene Raumöffnungen

Dass seine Arbeit von der Malerei und zugleich vom Offen- und Geschlossensein des sozialen Raumes handelt, zeigt Kounellis im Sommer desselben Jahres in San Benedetto del Tronto als Beitrag zu einer Ausstellung, die unter dem Titel *Al di là della pittura* mehrere Künstler zusammenfasste.[406] In der Fläche einer Tür, die er dort im Raum vorfindet, greift Kounellis explizit das Format des Tafelbildes auf und verschließt zum ersten Mal einen Durchgang komplett mit Bruchsteinen unterschiedlicher Größe (*Senza titolo*, 1969; Abb. 24).[407]

Das Vermauern des Galerieraums kann als weitere Radikalisierung der Kritik an der konventionellen Rolle der Galerie gelesen werden, die er schon mit den Pferden aufbrach – aber Kounellis geht noch darüber hinaus. Indem er die rechteckige Höhlung der Tür visuell 'ausbeutet', sowohl in Bezug auf das vertikale Bild der westlichen Gemäldetradition wie auch hinsichtlich des physischen Auffüllens eines Raums, verdreht Kounellis die typischen Rahmenbedingungen. Er drängt den Betrachter der Ausstellung, sich selbst Fragen über den symbolischen und politischen Wert der eigenen Gesten zu stellen. Codognato

---

405 Germano Celant: „Jannis Kounellis, Ohne Titel (Dodici Cavalli Vivi), Rom 1969", in: Bernd Klüser/ Katharina Hegewisch (Hgg.): Die Kunst der Ausstellung. Eine Dokumentation dreißig exemplarischer Kunstausstellungen dieses Jahrhunderts, Frankfurt a. M./Leipzig 1991, S. 200f.

406 In der gleichen Ausstellung zeigte Mario Merz die Arbeit *le tracce,* die dreizehigen, in die Wand gearbeiteten Abdrücke einer Möwenspur.

407 Mario Codognato: „Le radici del viaggio", in: Kat. Kounellis, Neapel 2006, S. 123; hier auch Abb.

spricht davon, dass sich bei dieser Art des Verschließens die politische Intention des künstlerischen Akts bestätigt. Kounellis schafft eine Dialektik zwischen dem Raum, der eigentlich nur für das Ausstellen von Kunst bestimmt ist und den Fragen, die die historische Realität an seine soziale Funktion stellt.[408]

Ein Jahr später, 1970, schreibt Kounellis aus Japan: „Ho visto la città di Kyoto con le porte e le finestre murate".[409] Zurück in Europa setzt er diesen Impuls verstärkt um und integriert bis in die 1990er Jahre hinein das Verschließen 'hohler' Räume konstitutiv in sein Werkschaffen. Es handelt sich dabei um Öffnungen mit festgelegten Begrenzungen, um Tür- und Fensterstöcke, mithin euklidische, architektonisch-geometrische Räume und andererseits um den menschlichen Mund. Mit den Formaten der Türen und Fenster nimmt der Künstler immer wieder die traditionelle Rechteckform des klassischen Gemäldes auf. Diese Formen sind uns darüber hinaus im modernen Alltag vertraut. In der Innenraum-Architektur genauso wie in der Ausstattung prägen sie als Bett oder Lattenrost (vgl. Kap. V.1.) das zivilisierte menschliche Leben, geben als Maueröffnung den Weg oder Blick in die Landschaft frei.[410] Kounellis füllt diese

408 Ebd.

409 Textfragment einer Postkarte an Jean-Christophe Ammann, 1970; Ammann, in: Kat. Kounellis, Luzern 1977, o. S. [„Ich sah die Stadt Kioto mit vermauerten Türen und Fenstern." Aus dem Italienischen von Carolin Angerbauer].

410 Auffallend ist, dass Kounellis sich eines architektonischen Elements bedient, das seit der Renaissance den Blick im gemalten Bild, den Ausblick in Raum und Zeit, die ferne Landschaft und Perspektive thematisiert. Ob die Beschäftigung mit den Tür- und Fensteröffnungen von dieser traditionellen Motivik oder eher von der griechischen Bauerntradition, die Fenster im Winter gegen die Kälte zu vermauern,

Öffnungen mit unterschiedlichen Materialien. Oft handelt es sich um einen Mix gefundener einfacher Baumaterialien wie Holzlatten, Eisenschienen, Bruch- oder Ziegelsteinen, später sind es auch Metallplatten und Teer.[411] Die einzelnen Gegenstände fügt er traditionell handwerklich aufeinander. Immer baut er eine Art 'muro al secco'. Nie benutzt er für seine Schichtungen moderne Haftmittel wie etwa Zement. Auch bei lockerer Füllung stehen die einzelnen Materialien in ausgewogenem Gleichgewicht und stützen sich gegenseitig. Es geht Kounellis um eine „physische Sache“, ein physische Wirkung auch auf den Betrachter, dem er die aktuelle Präsenz und Plastizität des Raumes nahebringt, die sonst leicht 'übersehen' wird. Diese Thematik interessiert auch seinen Künstlerkollegen Michelangelo Pistoletto. Der jedoch dreht die Blick-Perspektive durch die Verwendung von Spiegeln bewusst um.[412] Beide Künstler, Kounellis und

---

herrührt oder doch von Literaten- und Künstlerkollegen und deren Anregungen, wie Ruhrberg andeutet, muss offen bleiben. Zum Fenster als Inspirationsquelle vgl. die umfangreichen Ausführungen bei Ruhrberg 1992, S. 274-276.

411 Ausführlich dem Thema des Zumauerns und Verschließens von Türöffnungen und Fenstern (seit 1969) bei Kounellis vgl. Ruhrberg 1992, S. 272-276.

412 „Qui c'è lo specchio, noi siamo arrivati dal passato... faccio una freccia che porta verso lo specchio. Noi siamo qui, che cosa facciamo? Dobbiamo entrare nello specchio, ma per entrare tutti si devono allontanare dallo specchio. Più vai dietro, più vai in là. Quindi, per entrare nella realtà che devi fare? Qui la freccia è diretta, ma come devi fare per non andare contro lo specchio? Devi fare una curva, devi girare per tornare indietro. Sia stretta o larga, ma devi curvare. L'Avanguardia non va più diritta ma in curva.“ Pistoletto im Gespräch mit der Autorin, Biella, 21.7.2009; [„Hier ist der Spiegel, wir sind aus der Vergangenheit gekommen... ich mache einen Pfeil, der zum Spiegel führt. Wir sind hier, was machen wir jetzt? Wir müssen in den Spiegel hinein, aber um hinein zu kommen, müssen sich alle vom Spiegel entfernen. Je weiter man

Pistoletto, haben aber eine vergleichbare Auffassung von „totalità". Der Betrachter soll sich mitten in der Arbeit befinden, Teil der Expansion und des Ganzen werden.

Wenn Kounellis die Türen verschließt und so auf sie aufmerksam macht, bindet er sie konkret und plastisch in ein komplexes Bedeutungsgefüge ein, das seine Vision von der Aufgabe der Kunst transportiert. Wie die Pflanzen und Tiere stehen die Türen für eine Form von Bewegung, von „fluidità". Sie markieren den Übergang von einem Raum, von einem Zustand in einen anderen. Die Kategorie des Transitorischen überträgt der Künstler in seiner Arbeit auf den ganzen Raum der Galerie, dessen Öffnungen er jedoch vermauert. Materiale Trennung und die Idee des Übergangs stehen in dem konfliktreichen Spannungsverhältnis von „struttura – sensibilità". Eva Meyer-Hermann spricht im Kontext dieser 'Vermauerungen' von einem „neuen Ortsbegriff", einem „'Ort', der sich im Werk selbst ergibt, der aus äußeren Bedingungen und dem Material zu einer immateriellen Größe wird."[413]

Parallel zum Museum entwickelt das politische Bewusstsein der Künstler dieser Zeit den Galerieraum zu einem öffentlichen Raum. Der Künstler agiert darin als öffentliche Person, auf einer schwierigen Gratwanderung zwischen

---

zurückgeht, desto weiter geht man hinein. Also, um in die Realität einzutreten, was musst du tun? Hier ist der Pfeil gerade, aber wie musst du es anstellen, um nicht gegen den Spiegel zu laufen? Du musst eine Kurve machen, du musst dich drehen, um zurückzugehen. Sei sie eng oder weit, du musst eine Kurve machen. Die Avantgarde geht nicht mehr geradeaus, sie macht eine Kurve." Aus dem Italienischen von Carolin Angerbauer].

413 Eva Meyer-Hermann: „Der Ort ist das Gedächtnis des Ortes", in: Kat. Slg. Goetz 1997, S. 33.

gesellschaftspolitischem und künstlerisch kreativem Anspruch. Hier scheint sich Kounellis der Beuysschen Idee der Sozialen Plastik nähern zu wollen, erreicht aber nicht die gleiche Intensität:

> „Ich habe die Galerie benutzt wie eine bürgerliche Realität, wie eine soziale Struktur. Auf diese Weise habe ich mich mit den ökonomischen und ideologischen Interessen auseinandergesetzt, die die Grundlage einer Galerie sind.“[414]

In diesem Raum geht es dem Künstler nicht um eine Art von kontemplativem Handeln, sondern um das Agieren in der Wirklichkeit, um das Skizzieren eines Entwurfs für eine glaubhafte Existenz. Kounellis definiert den Ausstellungsraum als eine „caverna drammatica, teatrale“, eine dramatische theatrale Höhle. Theatraler Raum heißt für ihn Lebensraum, Raum der Tragödie. „Leben hat immer seine eigene Räumlichkeit. Es trennt nicht den Raum, es polarisiert ihn“, sagt er. „Auch Beuys polarisierte den Raum“ fährt er augenblicklich fort und verweist zum Beleg auf die Elemente im Raum der Kojote-Aktion von 1974 in New York.[415] Kounellis stellt den geschlossenen Raum in die Öffentlichkeit und gibt damit seiner Mentalität einen öffentlichen Ausdruck, eine soziale Form. Wie schon hinter der Maske des Apoll kann er mit und hinter den verbauten Öffnungen

---

[414] „[...] ho usato la galleria, come una realtà borghese, come una struttura sociale. In questo modo mi sono confrontato con gli interessi economici e ideologici che sono i fondamenti di una galleria.“ Kounellis im Interview mit Willoughby Sharp, 1972, in: Kat. Kounellis, Rimini 1983, S. 94; dt. in: Kat. Kounellis, Hamburg 1995, S. 30.

[415] „Vivere ha la sua spazialità. Non la divide, la polarizza.“ … „Anche Beuys polarizzava lo spazio.“ Kounellis im Gespräch mit der Autorin, Niccone, 17.3.2009. Aus dem Italienischen von Carolin Angerbauer.

eine Gemeinsamkeit mit dem Publikum herstellen. Die Tür ist die Maske des Raums, hinter der das künstlerische Orakel sich öffnet. Die 'Bausteine' machen die konstruktive 'Sprechweise' des Künstlers deutlich, meint Celant und stellt fest, dass die einzelnen Steine den Buchstaben und Zeichen der frühen malerischen Arbeiten gleichen. Und so erreiche Kounellis eine weitere Konnotation der Tür, als „facciata pittorica“, als malerische Fassade.[416] Die vermauerte Tür sei kein neutraler Raum, sondern die Perspektive einer künstlerischen Zivilisation, die aus der Galerie in die Öffentlichkeit, den Stadtraum hinaus sich erweitert und dort politische Wirkung erlangen soll:

> „[…] die Steinfragmente übertragen ihre Energie in die Wand hinein. Von der Wand fließt sie in die Zimmer, von den Zimmern in das ganze Gebäude, vom Gebäude in die Stadt. Es wird also ein Kunstbegriff dauernder Wechselwirkung vorgeschlagen, der immer zum Begriff der 'polis' führt, dem Kern jeder politischen Aktion.“[417]

Dies wird in den Arbeiten nach 1980 durch die Verwendung von 'Spolien' als Vehikel eines traditionellen handwerklichen wie geistigen Wissens noch betont, wenn Kounellis das alltägliche Baumaterial mit kulturellen Gütern, antiken Gipsfragmenten, Köpfen antiker Gottheiten (*Senza titolo*,

---

[416] Celant, in: Kat. Kounellis, Rimini 1983, S. 14.

[417] „[...] le pietre-frammenti prolungano nel muro la loro energia, e questa scorre dal muro alle stanze, dalle stanze all'edificio, dall'edificio alla città. Si propone quindi un concetto di arte indissolubilmente legata ai rapporti di corrispondenze continue che conducono sempre alla 'polis', fulcro di qualsiasi azione politica.” Ebd., S. 15; aus dem Italienischen von Carolin Angerbauer.

1980) oder alten Büchern (*Senza titolo*, 1993) kombiniert.[418] Auch das Verschließen des eigenen Mundes mit dem goldenen Lippenabguss (*Senza titolo*, 1972; vgl. Kap. III.1.) ist für den Künstler ein Akt des 'Vermauerns'. Funktion, Schönheit und Lebendigkeit des Organs, Stimme und eigene Meinung verschwinden hinter und unter dem edlen Metall. In den Jahren darauf macht Kounellis noch provokanter auf den Mund als menschlichen Hohl-Raum aufmerksam. Er füllt ihn mit einem brennenden Bunsenbrenner (*Senza titolo,* 1973), einer Eisenbahnlokomotive, die sichtbar in die Mundöffnung einfährt (*Senza titolo,* 1988), einer brennenden Kerze auf einer kleinen Eisenkonsole (*Senza titolo,* 1989) oder einem Stück Kohle, das er zwischen den Zähnen hält (*Senza titolo*, 1990).

Ob Mund oder Tür, Kounellis interessieren Öffnungen, in denen oder hinter denen eine Leere liegt.[419] Deshalb sind beide ähnlich. Das eine sei eine organische, das andere eine architektonische Aushöhlung, erklärt er 1992 im Gespräch mit Celant.[420] Kounellis spricht von „cavità", von Leere, von Höhlen, deren theatraler Raum erst 'körperlich' erfahrbar wird, wenn er gefüllt ist.[421] Schon die goldenen Kinderschuhe (vgl. Kap. III.1.) waren leere Hülsen. Wie ein Gefäß

---

418 Unterdörfer 1998, S. 131.

419 Später kommt die 'Brunnen'-Thematik hinzu, in der Kounellis die Idee der 'cavità' im Sinne von Tiefe (Ort) und Vergangenheit (Zeit) zum Ausdruck bringt; vgl. Bruno Corà: „Jannis Kounellis: l'Umanesimo del reale nel tempo della virtualità", in: Kounellis. Esposizione di paesaggi invernali, hrsg. von Bruno Corà u. Chiara D'Afflitto, Kat. Palazzo Fabroni, Pistoia, Mailand 1993, S. 14-17.

420 Kounellis im Interview mit Celant, in: Kat. Kounellis, Mailand 1992, S. 23.

421 Ebd., S. 16.

kann der Raum als Medium betrachtet werden, das aufnimmt, um abzugeben. „Martin Heidegger hat in einer tiefsinnigen Betrachtung über das Wesen der 'Dinge' am Beispiel eines Kruges ausgeführt, wie er seine Funktion nur in dem Maß erfüllt, als er hohl ist, mithin gefüllt werden kann. Was er erhält, gibt er in der Gebärde des Schenkens weiter. Der moderne Mensch hat den Schnabel des Kruges verstopft. Da fließt nichts mehr hinaus, das geht auf Dauer nicht gut.“[422] Aus dieser Perspektive transportieren die verschlossenen Räume metaphorisch auch viele nicht eingelöste Hoffnungen der 1968er Bewegung, Trauer und Melancholie über Niederlagen, Verlust- und Mangelerfahrungen.[423]

Tragedia civile

Kounellis' Werk erscheint wie eine Sammlung vieler Geschichten, wie die Inszenierung theatraler Texte, in denen sich Zeit und Raum des Künstlers und seines Publikums überlappen und ausbreiten. Im Galerieraum von Lucio Amelio in Neapel lässt er 1975 die gesamte Fläche einer Wand mit Blattgold belegen (*Tragedia civile*, 1975, Abb. 25).[424] Glanz und Spiegelung der homogenen Goldfläche transzendieren deren reale Bestimmung und suggerieren dem Betrachter einen „'Unraum' unbestimmbarer Tiefe“.[425] Doch ein alter hölzerner Garderobenständer davor bricht

---

[422] Peter Sloterdijk im Interview mit Eva Karcher, in: Süddeutsche Zeitung, Nr. 2, 3./4.1.2009, S. VIII. Martin Heidegger: „Das Ding“, in: Ders.: Vorträge und Aufsätze, 10. Aufl. Stuttgart 2004, S. 157-175.

[423] Bruno Corà, in: Viaggio in Italia, Kat. Pinacoteca Comunale Ravenna 1988, S. 19.

[424] *Tragedia civile* zählt zu den wenigen Arbeiten im Oeuvre von Kounellis, die einen Titel tragen; vgl. dazu Bann 2003, S. 125.

[425] Friedel, in: Altmann 1987, S. 301.

die mystisch sakrale Ausstrahlung abrupt. Das Gestell ist offensichtlich benutzt worden. Ein schwarzer Wollmantel und ein grauer Herrenhut künden davon und scheinen auf Abholung zu warten. Doch der Akteur hat sich dem Geschehen entzogen. Seitlich gibt eine kleine Petroleumlampe schwaches Licht, von der Goldwand geheimnisvoll reflektiert, doch stark genug, um den Schatten des Gestells darauf zu werfen.[426]

Kounellis konfrontiert den Betrachter mit einem energiegeladenen Raum, der seine Spannung aus der Polarität von Form und Material gleichermaßen bezieht. Das schimmernde Gold spiegelt byzantinischen Glanz, der Garderobenständer Wiener Kaffeehausatmosphäre, Göttliches und Alltägliches begegnen sich auf Augenhöhe. Aus dem goldenen Grund leuchtet die Geschichte der spätmittelalterlichen Malerei der Sieneser Meister in den theatralen Raum, als diese begannen, sich vom byzantinischen Einfluss zu lösen. Damals nahmen die gemalten Figuren eines Duccio oder Simone Martini räumliche Form und Masse an und setzten sich von der hierarchischen Flachheit byzantinischer Darstellungen ab. In *Tragedia civile* ist die Figur ganz abwesend, nur die abgelegten Kleidungsstücke erzählen von ihrer Existenz. Es sind bürgerliche Schutzhüllen des Alltags, die die menschliche Proportion des hölzernen Garderobengestells bekleiden. Kein Heiliger oder Stifter in edlem Gewand gewinnt in seiner Ausgestaltung Raum und Bedeutung. Die Protagonisten sind auch nicht mehr tragische Helden der Antike, deren Handeln durch

---

426 Interessant ist in diesem Zusammenhang ein Hinweis von Stephen Bann. Er sieht in Schattenwurf und den leeren Hüllen von Hut und Mantel eine Konnotation Duchamps'scher Ready-mades. Vgl. Bann 2003, S. 129.

göttliche Mächte bestimmt wird; die Handelnden sind Menschen der Gegenwart, verstrickt in die 'bürgerlichen Trauerspiele'. Sie stehen im Spannungsfeld zwischen Hoffnung und tragischer Welterfahrung: „...die Zukunft [ist] nie 'zukunftsträchtig' gewesen, sie hatte seit eh und je etwas von der Melancholie der Vergangenheit in sich".[427]

Wie Jahre zuvor der Bühnenraum im Turiner Theater ist *Tragedia civile* im Galerieraum ein dramatisches Bild, ein Raum der Geschichte, Gegenwart und Zukunft. Das Panorama der Goldwand, der monochrome Hintergrund, die Atmosphäre durch die diffuse Beleuchtung mit einer einzigen schwachen Lichtquelle machen deutlich, dass Kounellis sich damals mit den unterschiedlichsten theatralen Erscheinungsformen auseinandersetzt.[428] Vor allem das zu dieser Zeit sehr aktuelle Brechtsche Theater, dessen Bühnengeschehen, Raumgestaltung und Dramaturgie beschäftigt ihn.[429] Doch bei allem theatralen Charakter stehen bei Kounellis die Ereignisse im Bühnenraum

---

427 Kounellis im Gespräch mit Bruno Corà, 1980, in: Kounellis, Ein Magnet im Freien, 1992, S. 90.

428 Die Thesen, die Kounellis über die Aufgabe des Theaters aufstellt, weisen neben Parallelen zum absurden Theater oder zur Brechtschen Dramentheorie, auch Bezüge zum Theater der Grausamkeit von Antonin Artaud auf. Diese Theaterform sollte sowohl beim Schauspieler als auch beim Zuschauer „einen Prozess der Selbsterkenntnis auslösen", ihn durch die „grausame Heilung" zu einer Art Neugeburt des Lebens, einer echten Existenzerfahrung führen. Jerzy Grotowski orientierte sich bei seiner Konzeption des 'Armen Theaters' an dem Vorbild Artauds, ohne jedoch wie dieser auf die Inspiration aus den Riten primitiver Kulte oder des orientalischen Theaters zurückzugreifen. Ausführlich dargestellt bei Ruhrberg 1992, S. 266 und Anm. 806.

429 Brechts Bühnen zeichneten sich oft durch einen monochromen Hintergrund mit einer einzigen Lichtquelle aus. Diese Parallele bestätigt Kounellis im Gespräch mit der Autorin, Niccone, 17.3.2009.

Exponaten einer Ausstellung weit näher als irgendwelchen Aufführungskünsten. Eine augenblickliche Szene wird angehalten, ein lebendes Bild gedehnt. Es gibt keine Handlung, weder Anfang noch Ende. Es sind wie er sagt „feste Installationen“.[430] In der Tat spielt für Kounellis die Bewegung als symbolische Form eine geringe Rolle. Ihn interessiert zwar die wörtliche Lebendigkeit in dem Sinn, dass er selbst, seine Modelle oder die Tiere leben. Aber diese lebendigen Elemente sind immer fixiert oder angebunden. Mit ihnen selbst passiert nichts. Es ist keine Aktion.[431] Nur beim Betrachter soll der Impuls zur Bewegung und Veränderung wirksam werden.

Kounellis vereint in seinen Bildern Aspekte modernen Theaters mit Übergangsphasen in der Geschichte der Malerei. Seine Werke tendieren zu einer umfassenden Entgrenzung des Skulpturalen und einer durch Musik und Feuer (vgl. Kap. V.1.) alle Sinne umfassenden Erweiterung des Bildraums, in dem gleichzeitig das Motiv zu einer Geschichte verdichtet ist. Für den Materialkosmos könnte man Schwitters und Burri als Ahnherren nennen, für die Raumöffnung sind die Ideen von Pollock und Fontana ausschlaggebend.[432] Kounellis versteht Pollocks am Boden bearbeitete Leinwand nicht mehr als traditionelles Gemälde,

---

430 Kounellis im Gespräch mit Jean-Pierre Bordaz, in: Kounellis, Ein Magnet im Freien, 1992, S. 197.

431 „Se ci sono animali o io stesso nei lavori, non si tratta di un'azione. Io sono un pittore. Io non cerco il movimento, erano immagini rigide, immobili.“ Kounellis im Gespräch mit der Autorin, Niccone, 17.3.2009. [„Wenn Tiere oder ich selbst in Arbeiten auftreten, handelt es sich dabei nicht um eine Aktion. Ich bin Maler. Ich suche nicht die Bewegung, es waren starre, unbewegte Bilder.“ Aus dem Italienischen von Carolin Angerbauer].

432 Ruhrberg 1992, S. 280.

sondern als Bild, das wie die Sandzeichnungen der Indios dem Betrachter einen Blick in den Kosmos eröffnet.[433] Diese „cosmicità" resultiere aus dem gleichförmig rhythmischen Malakt, dessen immer und immer wiederholter Bewegungsablauf auch eine Nähe zu den Ursprüngen und Vorfahren herstelle.[434] Im Interview von Bruno Corà auch befragt, worin seiner Meinung nach der Unterschied zu den früheren Raumkonzeptionen bedeutender Künstler bestehe, antwortet Kounellis:

> „Es handelt sich um eine neue Auffassung des Raums. Natürlich ist die Frage des Raums auch bei Fontana gegenwärtig, er hatte aber eine andere Vorstellung vom Raum. Es stimmt, dass sich viele Künstler mit diesem Problem beschäftigt haben, doch bei ihnen fehlt Zentralität. Ich dagegen gehe von einem neuen Verständnis der Zentralität aus, das nicht mehr das von Fautrier ist. Mit der Krise am Ende bzw. in der letzten Phase des Informel veränderte sich der Raum. Fautriers Konzept der Frontalität war – zumindest für mich – nicht mehr überzeugend. Sie war eine Phantasmagorie und musste deshalb überwunden werden. Ganz abgesehen davon, dass ich die Idee des Raums auch deshalb wandelte, weil die Maße meiner Bilder den Wänden meiner damaligen Wohnung entsprachen. Es handelte sich also nicht nur um eine gedankliche Entwicklung. [...] Zu Beginn war es eher

---

433 Kounellis im Interview mit Marisa Volpi, in: Kat. Kounellis, Rimini 1983, S. 54.

434 Kounellis im Interview mit Bruno Corà, 1993, in: Kat. Kounellis, Pistoia 1993, S. 16.

ein ideologischer Akt.“[435]

In der goldenen Wand von *Tragedia civile* gibt es eine türartige Öffnung. Sie ist leer, der Durchgang frei. Der Künstler-Seher, ein „Liebender auf Reisen“[436], nimmt den gewöhnlichen Betrachter mit, lädt ein ins Unvollendete, ins kosmische Geheimnis.

---

[435] Kounellis im Interview mit Bruno Corà, 1997, in: Kat. Slg. Goetz 1997, S. 102f.

[436] Ebd., S. 114.

IV.2. Luciano Fabro

'Raum' ist für Fabro ein offenes System, in dem Künstler, Betrachter und Objekt aufeinandertreffen. Entscheidender Bezugspunkt in diesem System, sagt er im Gespräch[437], sei der Mensch, der sich zwischen den Dingen bewegt. Deshalb müsse in ihrem Verhältnis zueinander an die Stelle der statischen Auffassung des Humanismus, die er – von der Zentralperspektive abgeleitet – auch als zentrisch bezeichnet, eine erlebnisorientierte Perspektive treten. Als Konsequenz versucht Fabro oft subversiv den Betrachter zur Bewegung zu stimulieren, seine gewohnte statische Betrachtungsweise zu unterlaufen, indem er alle normierten Denkweisen, ob aus geometrischer, anthropologischer, metaphysischer oder philosophischer Sicht in Frage stellt. Während die Natur üblicherweise im Sinn von 'Hervorbringen' – Blütenstaub, männliche und weibliche Organe – nach dem anthropomorphen Bild menschlicher Fortpflanzung wahrgenommen werde, könne die Kunst weitaus vielfältigere Aspekte entwickeln. Sie vermöge es, die Dinge, den Raum und die Natur aus der einengenden Bedeutung des 'Seins' heraustreten zu lassen und sie in ihrem 'Sichbefinden' zur Geltung zu bringen.[438]

---

437 Die hier dargelegten Gedanken orientieren sich an dem Gespräch mit Jole De Sanna, das Fabro 1981 führte. Seit der Ausstellung in Essen/Rotterdam ist es als durchlaufender Text ohne Angabe der Gesprächspartner unter dem Titel *Februar 1981* bekannt; vgl. Kat. Fabro, Essen/Rotterdam 1981, S. 17-19. In Interviewform findet sich das Gespräch mit dem Titel *Februar 1981. La Natura* in: Fabro, Lavori, 1987, S. 176-178.

438 Als Sammelbegriff für alle Positionen und Arten des 'Sichbefindens' dient Fabro der Begriff der Katastasis. Er beschreibt allg. die Aufstellung aller Faktoren, die einen Konflikt ausmachen und in die Katastrophe münden sowie den scheinbaren Ruhezustand bzw. die scheinbare Lösung einer dramatischen Handlung auf dem Höhepunkt der Verwicklung. In

Schon in den frühen Glas- und Spiegelarbeiten von 1963-1965 regt Fabro den Betrachter zur Bewegung an, animiert ihn zum Herumgehen um die Kunst, um sich und den Raum zu erfahren. Ein Jahr später fordert er den Betrachter sogar auf, unter physischer Kraftanstrengung in die Kunst einzutreten (*In-cubo*, 1966; Abb. 26), dem Verschmelzen von Geometrie und menschlichem Maß, der Ausdehnung des Raums im Verhältnis zum menschlichen Körper nachzuspüren. In *Davanti, dietro, destra, sinistra, Cielo. Tautologia* (1967-68) lenkt Fabro den Blick des Betrachters aus der Erdgebundenheit in die kosmische Weite des Himmels, in den *Italie*-Arbeiten bringt er die Geographie und eingefahrene politische Sichtweisen ins Wanken. Dies soll im Folgenden vertieft werden.

Die Betrachterbewegung war zeitgleich auch von anderen Künstlern intendiert. So plante Joseph Beuys für die Präsentation seiner Werke im Darmstädter Block einen Parcours des Betrachters (vgl. Kap. IV.4.). Doch für Fabros spezifisches Raumverständnis im Spannungsfeld zwischen Bild und Skulptur ist die Bewegung von weitaus grundsätzlicherer Bedeutung. Dass es sich bei seinen Arbeiten auch um eine Auseinandersetzung mit den theoretischen Grundlagen von Räumlichkeit, der 'Ordnung der Dinge', handelt, belegt das schon in Kap. II.2 erwähnte Manifest *La mia certezza: il mio senso per la mia azione (pseudo-Bacone)* von 1963.

---

der epischen und dramatischen Poesie beschreibt dieser Begriff den Teil der Handlung, worin der in der Epistasis geknüpfte Knoten sich noch fester schnürt, um dann in der Katastrophe gelöst zu werden; Jole De Sanna vertieft diese Bezugspunkte im Gespräch mit Fabro, der letztlich bemerkt, dass der Begriff „Katastasis“ für ihn ein Modus sei, Bedingungen zu akzeptieren. Vgl. Kat. Fabro, Essen/Rotterdam 1981, S. 17.

Zwei- und Dreidimensionalität

Seit Anfang der 1960er Jahre arbeitet Fabro mit Glas und experimentiert mit der Erscheinung des 'Davor und Dahinter'. Die zweidimensionale Glasscheibe, die zusammen mit dem Gitter durch die Malereigeschichte der Neuzeit hindurch zum Inbegriff einer perspektivischen Projektionsebene und als Spiegel im Modernismus zum Emblem einer hermetischen Selbstbezüglichkeit geworden war, erfährt durch Fabro eine Erweiterung in den dreidimensionalen Raum. Mit *Buco* (1963), *Mezzo Specchiato Mezzo Trasparente* (1965) und *Tutto Trasparente* (1965) sucht Fabro nach adäquaten Formen, Zufall und Kausalität der natürlichen Umgebung einzufangen. Diese Serie von Glas- und Spiegelarbeiten spielt mit Perspektivenwechsel, Transparenz und Reflexion, deren Interdependenz er wie ein Verhaltensbiologe experimentell zu ermitteln sucht.

> „Ich konstruierte sogar eine kleine Maschine, um die Vorgänge besser studieren zu können. Ich studierte alles, was sich, wenn man sich darauf versteift, in zwei Jahren (1963-65) studieren und ausprobieren lässt, bis ich mir eines Tages über mein Verhalten 'vor' der Glasscheibe bewusst wurde. Erstens: ich stand immer an derselben Stelle, um sie zu beobachten. Zweitens: dabei fokussierten meine Augen auf der Scheibe, was zur Folge hatte, dass sie alles, was an Objekten und Raum durch die Scheibe sichtbar wurde, verschwommen machten und folglich verwischten. Drittens: meine Augen kreisten um die Scheibe wie um eine Rennbahn. Ich versuchte dann, die Größe der Scheibe zu ändern, aber ich bemerkte sofort, dass in einer veränderten Situation irgendwie sich auch mein Verhalten änderte. Ich wiederholte das Experiment mit anderen Personen; das ging gut, weil fast alle

> Personen dieselbe Position einnahmen und, nachdem sie die Glasscheibe wie Kurzsichtige angeschaut hatten, ihre Augen anfingen zu rotieren. Nahm ich eine Scheibe mit einem anderen Format, so geschah dies alles nicht mehr."[439]

Bei *Buco* (Abb. 27) hat Fabro versucht, den visuellen Widerstand so gering wie möglich zu halten. Die Glasplatte im hochrechteckigen Format auf einem Ständer ähnlich einer Staffelei frei im Raum, berührt ihre Halterung nur an drei Punkten. Teils verspiegelt teils durchsichtig ist die 'Bildfläche' von einem Muster aus x-förmigen Kreuzen überzogen, deren schwungvolle senkrechte und waagrechte Reihung den Eindruck eines Netzes vermittelt. Eine vom Musterverlauf frei gehaltene Stelle in der Mitte wirkt wie ein aufgerissenes 'Loch', das unwillkürlich den Blick fokussiert und der Arbeit den Namen gegeben hat. Mit ausgeklügelter Technik hat Fabro die Zwischenräume der Netzstruktur verspiegelt, während die kreuzförmige Gitterlineatur durchsichtig geblieben ist.[440] Durchsicht und Spiegelung erlauben

---

439 „Costruii perfino un marchingegno per studiare meglio alcuni fenomeni. Studiai tutto quello che l'ostinazione fa provare e studiare in due anni (dal ´63 al ´65), poi un giorno mi accorsi che io mi fermavo ad osservarlo collocandomi sempre nello stesso punto: il mio sguardo si metteva a fuoco sulla lastra di conseguenza sfuocando e cancellando quanto di oggetti e spazio appariva in trasparenza, lo sguardo cominciava a girare sui bordi del vetro come su una pista. Provai allora a cambiare le dimensioni del vetro ma vidi subito che in altre situazioni qualcuno dei comportamenti non si verificava. Rifeci l'esperimento con altre persone; andò bene, con poca approssimazione tutti o quasi andavano a collocarsi sullo stesso punto e dopo aver guardato il vetro con uno sguardo da miopi cominciavano a roteare gli occhi. Cambiando la forma del vetro tutto ciò non succedeva." Fabro, Vademecum, in: Kat. Fabro, Lavori 1987, S. 180; dt. in: Fabro, Aufhänger, 1983, S. 252.

440 Die Zeichen wurden mit einer speziellen Paste auf die Glasplatte aufgetragen, in ein Silberbad eingetaucht und anschließend wie ein

eine zeitgleiche Wahrnehmung von Mensch und Ding vor und hinter der Scheibe. Das alltägliche Phänomen ihrer räumlichen Trennung erfährt auf der Bildfläche eine Vereinigung. Doch der Betrachter vermag sich und seine Umgebung nicht im Ganzen, sondern nur bruchstückhaft zu erkennen. Die Ordnung der Dinge scheint „disorganizzato in frammenti“.[441]

> „Ich wollte einen optischen Trick anwenden, der dazu dienen sollte, die Sinne zu lenken. Die Transparenz und die Reflexion manifestieren sich nämlich auf zwei unterschiedliche Weisen: zuerst wird der Raum-Sinn angesprochen, dann folgt mit der Bewegung der Hand der Tast-Sinn.“[442]

Fabro macht hier deutlich, dass ihn neben einer neuen Raumerfahrung auch die Sinnlichkeit der Bildidee interessiert. Seine Spiegelglasarbeiten sind also auch konkrete Experimente zur Steigerung räumlich-sinnlicher Wahrnehmung. Indem er das Kreuzmuster mit dem Pinsel auftrug, bewahrte er im kalt kristallinen Bildobjekt von *Buco* so viel wie möglich von der „Sensibilität der Handschrift“.[443] Hier klingen offensichtliche Parallelen zu Kounellis'

Klebeband abgezogen. Fabro beschrieb die Technik in Vademecum, Oktober 1981, in: Kat. Fabro, Essen/Rotterdam 1981, S. 36 und in: Fabro, Lavori, 1987, S. 179f.

441 Fabro, in: Kat. Fabro, Mailand 1980, S. 1. Die Kategorie des Fragmentarischen greift auch Kounellis auf; vgl. Gipsfragmente, Kap. II.1.

442 „Io cercavo di adattare, condurre un trucco ottico a fare così da guida ai sensi, primo fra i sensi quello dello spazio: il gesto della mano è il senso del tratto che segue quello dello spazio che si manifesta nei due modi diversi della trasparenza e della riflessione”. Fabro, Vademecum, in: Fabro, Lavori 1987, S. 180; dt. in: Fabro, Aufhänger, 1983, S. 250.

443 Ebd.

„sensibilità"-Begriff an. Doch anders als dieser verwendet Fabro keine lebendigen und nur wenige figurative Elemente, um das Erlebnismoment zu intensivieren. Eher formale Kriterien stehen im Vordergrund. Fabro beschränkt sich auf einfache Zeichensetzung und überwiegend geometrische Formen, mit denen er den Betrachter auf eine erweiterte, konzeptuellere Erkenntnisebene führt.[444] Im Verlauf der Entwicklung der genannten Werkserie lässt sich eine zunehmende Reduktion und Abstrahierung der Formensprache beobachten. Bei *Mezzo Specchiato Mezzo Trasparente* (1965) und *Tutto Trasparente* (1965) handelt es sich um Glasarbeiten mit 'monochromen' Flächen, konzipiert als Querformate, deren Ausdehnung sich in einem bestimmten Abstand mit dem Gesichtsfeld des Betrachters deckt. Wie der Name verrät, ist die Bildfläche von *Mezzo Specchiato Mezzo Trasparente* (senkrecht) in zwei Hälften geteilt, die eine verspiegelt die andere durchsichtig. Entsprechend ist bei *Tutto Trasparente* das Glas vollständig durchsichtig belassen. Erscheint bei der Halbverspiegelung der Raum davor und dahinter zunächst noch nebeneinander, reduziert sich in der letzten Arbeit dieser Serie der visuelle Effekt auf eine undeutliche Reflexion von Betrachter und Umraum in ein und demselben 'Bild'. In dieser einfachsten Form der unbearbeiteten Glasfläche verschwimmen Mensch und

---

[444] Fabro nahm das Thema der Glasarbeiten 2004 erneut auf, diesmal mit technologischeren Mitteln und spezialisierteren Handwerkern. In der Ausstellung *Didactica Magna Minima Moralia* (2007) in Neapel – die er vor seinem Tod noch selbst thematisch und inhaltlich geplant hat –, zeigte er Glasflächen, die beidseitig verspiegelt waren, so dass zwischen Vorder- und Rückseite kein Unterschied bestand. Anders als bei der ersten *Buco*-Arbeit entwarf er die Gitterrasterung am Computer. Bei den neuen Versionen von *Buco*, *Mezzo Specchiato Mezzo Trasparente*, *Tutto Trasparente*, *Tondo* und *Quadrato* (2004-2007) war auch das Format den größeren Dimensionen heutiger musealer Räume angepasst; vgl. Kat. Fabro, Neapel 2007, S. 91.

Raum in Transparenz und Spiegelung zu einer Gesamtheit. Diesseits wie jenseits sind für Fabro nur eine Frage der Auswahl.[445] Der Betrachter erkennt sich als Teil eines ephemeren Gemäldes, dessen zufällige Figurationen durch seine Bewegung bedingt sind.

Raum als Ergebnis sinnlicher Erfahrungen ist für Fabro immer mit der Kategorie des Illusionistischen und Metaphorischen verknüpft. Ausdruckskraft bezieht er vor allem daraus, dass seine Grenzen unsichtbar werden, wie es im Extremfall in *Tutto Trasparente* der Fall ist.[446] Ähnlich wie Fontana, der in *Ambiente spaziale a luce nera* (1948-49)[447] Schwarzlicht dafür eingesetzt hat, geht es auch Fabro um einen neuen Erfahrungsraum, dessen Grenzen sich einer optischen Erfahrbarkeit weitgehend entziehen. Bei seiner Suche nach einer neuen Syntax betont er auch immer wieder die persönliche Bedeutung von Fontanas 'concetti spaziali', deren Werktitel er mit *Concetto Spaziale. Tautologia* (1967) und *Concetto Spaziale d'après Watteau* (1971) sogar direkt zitiert.[448] Im Vergleich dazu verfolgt Michelangelo Pistoletto mit seinen Spiegelarbeiten eine andere Intention. Seine Themen sind Zukunft und Vergangenheit, der Blick nach vorne und zurück, die der Spiegel als zeitliche und räumliche Dimension eröffnet. Er möchte verlorengegangene (Lebens-

---

445 Fabro, in: Kat. Fabro, Essen/Rotterdam 1981, S. 9.

446 Fabro, Akten der Stadt Mailand, in: Fabro, Aufhänger, 1983, S. 21.

447 Fabro verweist selbst auf Lucio Fontana; ebd. Fontanas Arbeit *Ambiente spaziale a luce nera* zählt zu einer Serie von Rauminstallationen, unter deren Bezeichnung er farbige mehrteilige Skulpturen schuf, die freihängend in völlig abgedunkelten Räumen mit ultraviolettem Licht angestrahlt werden.

448 Für eine genauere Beschreibung der Werke vgl. Kat. Fabro, Ravenna 1983, S. 148. Der „spazialismo" Fontanas kann als Ausgangspunkt für Fabros Überlegungen zum Raum gelten. Bereits der Titel der *Buco*-Arbeiten, spielen auf die 'Löcher' von Fontana an.

)Perspektiven eröffnen, die vom Modernismus verschlossen wurden.[449] Wegweisend für Fabros Befreiungsversuche aus festgefahrenen Begriffen wie Form, Farbe, Tiefe und Dimension war auch die Arbeit Piero Manzonis, in der dieser – etwa mit der unendlichen Linie (1959-1961) oder dem *Socle du Monde* (1961) – Fragen aufwirft, die zu einem absoluten Raum- und unendlichen Zeitverständnis führen.[450]

Raum als Empfindung und Plastik

Die hinter all diesem Bemühen stehende 'Ganzheit', die Fabro – wie Merz und Beuys – über das Medium transparenter (Membran-)Strukturen anstrebt, hat ihr Vorbild in der Natur. Sie löse alle Raumprobleme selbst; nie habe man das Gefühl einer Störung.[451] Davon ausgehend mündet Fabros Beschäftigung mit Größe und Bewegung, Ding und Mensch in einer intensiven Auseinandersetzung mit geometrisch konstruierten Bezugssystemen, die er aber ausdrücklich 'nicht zentrisch' angelegt wissen will. Mit Blick auf Künstlerkollegen vergangener Zeiten unterscheidet er deutlich zwischen jenen, die sich wie etwa Correggio oder Palladio zum Raum hin öffneten und solchen, die nach seiner Ansicht die Dinge von einem festen Standpunkt aus umschrieben wie beispielsweise Poussin oder Tiepolo. Sie hatten für Fabro eine naturferne Position eingenommen.

---

449 Vgl. Pistoletto im Gespräch mit der Autorin, Biella, 21.7.2009.

450 Für den Vergleich mit Fontana und Manzoni vgl. Corà, in: Kat. Fabro, Pistoia 1994, S. 57. Die verschieden langen Linien ließ Manzoni auf Papierstreifen ausdrucken und nach ihrer Ausführung eng zusammengerollt in einem unter Vakuum gesetzten zylinderförmigen Behälter einschließen. Sie sollten jeweils in einer Hauptstadt der Welt platziert werden, bis die Summe der „Line of Infinite Length" die Länge des Umfanges der Erde erreicht hat.

451 Fabro im Gespräch mit Jole de Sanna, 1982, in: Fabro, Aufhänger, 1983, S. 291.

Auch Fontanas 'Raum' sei in diesem Sinn ein Raum, der einen zwar umgebe, aber nicht wirklich in sich aufnehme. Wie in der Renaissance setze sich bei ihm das Gefühl der Raumkrise fort.[452] In ausführlichen Studien zur historischen Entwicklung räumlicher Vorstellungen kommt Fabro zu dem Schluss, dass man sich diesem Problem nicht von der Seite der methodenorientiert reduktionistischen Wissenschaft, sondern von der Seite der Kunst nähern sollte. Der geometrischen Wissenschaft spricht Fabro die Eignung zur Beschreibung eines Raumempfindens völlig ab.[453] Um seine Vorstellung davon lebendig werden zu lassen, schuf Fabro 1966 mit *In-cubo* ein prototypisches 'Haus', einen einfachen dreidimensionalen Raum, der ihn selbst aufnehmen konnte. Der extrem leichte Kubus besteht aus einem filigranen hölzernen Rahmengestell, die Wände sind mit weißer Leinwand bespannt. Höhe und Breite entsprechen den Maßen des Künstlers, dessen Körper „ein Meter achtundsiebzig groß ist und eine ebenso große Armreichweite hat.“[454] Fünf Seiten sind verschlossen, die sechste zum Boden hin ist offen. Die präzise Konstruktion nach personalisierten Maßen begründet Fabro mit der Annahme,

---

452 Fabro, Februar 1981, in: Kat. Fabro, Essen/Rotterdam 1981, S. 20.

453 Ebd., S. 19.

454 „alta sul metro e settantotto e con analoga apertura di braccia.“ Fabro, 1966. In cubo, in: Fabro, Attaccapanni, 1978, S. 22; dt. in: Fabro, 1966 Im Kubus, in: Kat. Essen/Rotterdam 1981, S. 38. Die fotografische Bildstrecke dokumentiert die 'Nutzung' der Arbeit durch den Künstler anlässlich der Ausstellung in der Galleria Notizie, Turin 1967. Das erste Exemplar, das sich in der Sammlung des Künstlers befindet, entspricht Fabros Maßen (Innenseite 178 cm, Außenseite 192 cm), das zweite jenen von Carla Lonzi (Innenseite 165cm, Außenseite 181 cm); vgl. Christov-Barkargiev 1999, S. 99 und Kat. Fabro, Neapel 2007, S. 197. Es ist ein schöner Zufall, dass die längere Kupferstange in *DER CHEF/THE CHIEF* von Joseph Beuys – entsprechend den Maßen des Künstlers – auch 178 cm lang ist; vgl, Kap. III.4.

der Mensch empfinde einen Raum erst dann als angenehm, wenn er ihn mit ausgestreckten Armen abmessen und mit den Haaren die Decke berühren könne. Es sei wie das absolute Maß, das absolute Gleichgewicht – wie auf der berühmten Zeichnung des vitruvianischen Menschen von Leonardo (1492). Dem Betrachter eröffnet sich dieses Erlebnis aber erst, wenn er sich in den Raum hineinbewegt. Durch das Anheben des Kubus spürt er dessen Leichtigkeit, durchbricht die Form und taucht in die Isolation ein wie in einen Gedanken. Gleichzeitig bleibt er mit den Füßen über den offenen Boden mit der Außenwelt verbunden. Fabro eröffnet mit *In-cubo* Überlegungen zum Raum, die über das technische Instrument als Medium der geometrischen Konstruktion und das stofflich-organische Material dem Betrachter einen sinnlichen Austausch zwischen Innen und Außen er-möglichen. Der um das Gestell gespannte opake Stoff lässt Licht, Bewegung und Geräusche 'durchscheinen'. Fabro betont damit wieder die für ihn einzig wahre Qualität des Raums, die Transparenz[455] und stellt Symmetrie, Schwerkraft und 'zentrische' Frontalität des Blicks zur Diskussion. Mit *Allestimento teatrale. Cubo di specchi* (1967) erweitert er die Idee des Kubus quantitativ und ideell. Der ursprünglich für die *Sala delle Colonne* des Teatro Stabile in Turin[456] entworfene, aber erst acht Jahre später realisierte

---

455 „La trasparenza non è ottica ma di tutte le sensazioni." Fabro im Gespräch mit Jole De Sanna, in: Kat. Fabro, Ravenna 1983, S. 24. [„Die Transparenz ist nicht [nur] optisch, sie betrifft alle Sinne." Aus dem Italienischen von Carolin Angerbauer].

456 Im gleichen Theater zeigte Kounellis ein Jahr später sein Bühnenbild für *I Testimoni*, vgl. Kap. III.1. Zu den genauen Umständen der problematischen Entstehung der Arbeit vgl. Fabro, in: Fabro, Aufhänger, 1983, S. 30, und Corà, in: Kat. Fabro, Pistoia 1994, S. 54: Erst acht Jahre später fanden „Aufführungen" der Arbeit in Galerien und Museen statt. Fabro präsentierte die Auftragsarbeit erstmals 1975 in Pescara in der Galerie Bagno Borbonico, dem ersten Sitz der Galerie von Mario Pieroni.

Raum ist um ein Vielfaches größer als *In-cubo* und an Innen- und Außenseiten vollständig verspiegelt. Bei der ersten Vorstellung dieser von Fabro als „Theaterinszenierung“[457] bezeichneten Arbeit agierte im Inneren ein Schauspieler, an dessen 'Auftritt' das versammelte Publikum über Lautsprecher teilnahm. Während der Schauspieler bei seiner Rezitation im Inneren mit der unendlichen Spiegelung seiner selbst konfrontiert ist, sehen sich die Zuschauer im Spiegel dem Abbild ihres eigenen Theaters gegenüber.[458]

Fabro siedelt die Arbeit „zwischen zwei künstlerischen Disziplinen an: der fühlbaren, sichtbaren Kunst und dem sichtbaren, hörbaren Theater.“[459] Dabei behält er die institutionell getrennte Rolle von Schauspieler und Publikum auf der Bühne und im Plenum bei; sie sind wie üblich gleichzeitig präsent und über die Sprache miteinander verbunden. Indem der Schauspieler aber für das Publikum unsichtbar bleibt und sich jeder Teilnehmer selbst im Spiegel sieht, weist Fabro jeden Einzelnen auf sich zurück, auf seine je eigene Raumempfindung. Die verbale und musikalische Partitur[460] der Arbeit und ihre minimale 'theatrale' Ausstattung mit Spiegel und Mikrofon verstärken – ähnlich wie die Klangräume von Beuys und Kounellis – die sinnliche Erfahrbarkeit.[461] Der formal-geometrische Aspekt, wie er in

---

457 Fabro, in: Fabro, Aufhänger, 1983, S. 30. Während der Ausstellung ist der Besucher auch heute noch dazu eingeladen, die Schiebetür selbst zu öffnen, und in das Innere des Kubus einzutreten.

458 Fabro, in: Fabro, Aufhänger, 1983, S. 32.

459 „[...] tra due discipline artistiche: l'arte tattile e visiva e il teatro visivo e sonoro.“ Fabro, Attaccapanni, 1978, S. 30; dt. in: Fabro, Aufhänger, 1983, S. 31.

460 Corà, in: Kat. Fabro, Pistoia 1994, S. 54.

461 In der Präsentation im Kunstmuseum Luzern am 28.9.1991 stieg Fabro selbst in den verspiegelten Kubus und 'erweiterte' die Arbeit um eine lebende Ente und einen Topf mit weißen Geranien, d. h. um

den *Primary Structures* amerikanischer Künstler dieser Zeit im Mittelpunkt stand, ist für Fabro nicht von Bedeutung.[462] *Incubo* und die erweiterte Form in *Allestimento teatrale* können als „Proto-Habitate“[463] gelesen werden, als Vorläufer der *Habitat*-Arbeiten, mit denen Fabro in den 1980er Jahren seine ganzheitliche Raumvorstellung als Topos untermauert.

Auch wenn der Raum unendlich groß ist wie der Himmel, geht es Fabro immer um den persönlichen Bezug, um die Erfahrung der eigenen wie der räumlichen Plastizität.

> „Es existiert kein absoluter Raum, sondern nur ein relativer Raum, ein persönlicher Raum. Insofern ist er an eine Person gebunden. Viel wichtiger ist die Bewegung dieser Person im Raum, sei es auch der Raum des Himmels oder die ganze Bewegung des Himmels. Als ich den Himmel gemacht hatte, benutzte ich lieber ein Foto des Himmels mit der Person davor, das für den Himmel steht.“[464]

---

organisches Leben; vgl. Fabro, Allestimento teatrale, in: Fabro, Aufhänger, 1983, S. 32.

462 Die 'Minimal Art' verbreitete sich in Italien erst ab 1966/67. Vorher war sie Fabro nicht bekannt. Die Künstler der Arte povera standen später auch im Austausch mit den Minimalisten, aber sie hatten ganz andere Intentionen. Für sie stand weniger das Formale, als das Natürliche, die Poesie, das Menschliche und die sinnliche Erfahrung im Alltag im Vordergrund; Fabro im Interview mit Giovanni Lista, in: Ligeia, 25/28, 1998/1999, S. 40.

463 Bruno Corà, April 1983, zum Habitat Konzept, in: Kat. Fabro, Pistoia 1994, S. 53f.

464 „Non esiste uno spazio assoluto, ma uno spazio in relazione, uno spazio personale. In quanto è legato a una persona. È più importante il movimento di questa persona nello spazio, sia pure questo spazio, lo spazio del cielo, di tutto il movimento del cielo. Fatto il cielo preferisco usare la foto del cielo con la persona davanti, che vale per il cielo.“ Fabro,

Die Arbeit, zu der diese Aussage gehört, heißt *Davanti, dietro, destra, sinistra, Cielo. Tautologia* (1967-1968; vgl. Kap. II.1.). Das von Fabro angesprochene Foto zeigt als Halbfigur eine Person, die aus der vergrößerten Darstellung eines Sternbildes herausblickt.[465] Mit weißer Farbe hat Fabro alle Strukturen und Symbole der Sternkarte auf drei Platten aus schwarz lackiertem Eisenblech (insgesamt 250 x 345 cm) übertragen, dabei aber die Schreibweise der Symbole im Vergleich zur Originalkarte geändert, so dass die Karte als solche unlesbar wird.[466] Als großes abstrahiertes Himmelsfragment steht die 'Blechkarte' gegen die Wand gelehnt am Boden. Der grenzenlose und mit großer Geschwindigkeit auseinanderstrebende Kosmos tritt mit seinem Betrachter in Wechselwirkung, macht ihn selbst zum Teil davon. Zur Arbeit gehört ein kleines Quadrat aus Plexiglas (7 x 7 cm) auf dem die Worte für 'vorne', 'hinten', 'rechts' und 'links' zu lesen sind. Mit einem Magnet kann das Quadrat beliebig auf der Himmelskarte verschoben werden und der Betrachter sich physisch im himmlischen Raum verorten.[467] Wenn Fabro dazu noch das Rastergitter der astronomischen Wissenschaft auf diesen Himmel legt, deutet er an, dass der Mensch den unendlichen Raum mit simpler reduktionistischer Methode nicht erfassen kann. Die Ohnmacht des linearen Systems gegenüber der Grenzenlosigkeit des Raums wird offensichtlich.

---

in: Kat. Fabro, Mailand 1980, S. 10. Aus dem Italienischen von Carolin Angerbauer.

465 Fabro beschreibt die Herstellung des Sternbildes im Interview mit Carla Lonzi, in: Carla Lonzi: Selbstbildnis – Autoritratto. Zur Situation der italienischen Kunst um 1967, aus dem Ital. von Verena Listl, Erstausg. Bari 1969, Bern u. a. 2000, S. 239f.

466 Fabro, Vademecum, in: Fabro, Aufhänger, 1983, S. 258.

467 Fabro im Interview mit Carla Lonzi, in: Lonzi 1969/2000, S. 240.

Fabro thematisiert hier erneut das 'Sichbefinden' des Menschen. Kaum einer seiner Kollegen – außer vielleicht Giulio Paolini – verfolgte das Thema Mensch-Raum so dominant und konsequent, verfocht die Idee von der Entwicklung eines erweiterten Raumempfindens so dezidiert wie er:

> „In dem Moment, in dem man sagte, man müsse aus dem Bild austreten und die Umgebung besetzen, habe ich gefragt: 'was ist das ideale Maß des Raumes?' Das ideale Maß des Raumes ist das Maß des Menschen. Man musste anfangen, den Raum zu denken wie einen Sinn unter all den anderen Sinnen (Gehörsinn, Tastsinn, Gesichtssinn). Das Problem bestand darin, einen Raum zu schaffen, der nicht nur einzelne isolierte Ansprüche befriedigte sondern alle zusammen. Ich wollte keine Mechanik der Empfindung, sondern reine Empfindung konkret machen."[468]

Mit den *Piedi*-Arbeiten (1968-1971, Abb. 28) gibt Fabro diesem Empfinden Erdung, stellt es auf die Beine; mit ihrer Überlängung formuliert er seine Vorstellung vom plastischen Raum. Fuß und Bein dieser *Piedi* reichen über die gesamte Höhe des Innenraums, vom Boden bis zur Decke[469],

---

468 „Nel momento in cui si diceva di uscire dal quadro e occupare l'ambiente, io dicevo: 'qual è la misura ideale della stanza?' La misura ideale della stanza è la misura dell'uomo. Bisognava cominciare a considerare lo spazio come senso tra i sensi, a iniziare dagli altri sensi [udito, tatto, vista]. Il problema era riuscire a costruire uno spazio in cui non ci fossero sollecitazioni isolate, ma tutte assieme. Ciò che volevo ottenere era contro la meccanica della sensazione, era sensazione pura resa concreta." Fabro im Interview mit Stefano Chiodi: „Situazioni del senso", in: Digraphe, Nr. 54, Dez. 1990, S. 79-90. Aus dem Italienischen von Carolin Angerbauer.

469 Einige Exemplare fanden ihre Aufstellung auch im Außenraum, direkt unter freiem Himmel.

ihre Materialität verleitet zum sinnlichen Erleben, zum Fühlen, Hören und Spüren. Die prähistorisch animalischen Formen, die Vogelkrallen und Tierpratzen sind sorgfältigst in kostbarem Muranoglas oder Marmor ausgeführt, ihr vertikaler 'Lauf' gleichsam bestrumpft, in elegante Faltenwürfe, Plissees und Rüschen gehüllt.[470] In der künstlerischen Perfektion sieht sich Fabro selbst einer Traditionslinie von Phidias über Buonarrotti, Bernini bis Canova verpflichtet.[471]

'Füße' sind wie antike Säulen Basis und tragendes Element zugleich. Emblematisch steht der Fuß für die menschliche Figur, auf ihm ruht ihr Gewicht, er ist das zentrale Element ihrer Stabilität.[472] Die Betonung dieses Bodenkontaktes findet sich auch bei den Künstlerkollegen, bei Kounellis mit der Vergoldung der Schuhsohlen, noch deutlicher bei Joseph Beuys. Mit Filz- und Eisensohlen z. B. in *wie man dem toten Hasen die Bilder erklärt* hat er den direkten Erdbezug unterstrichen, in Bildern die Analogie von Bein und Säule thematisiert. Im Rahmen der Aktion *Infiltration Homogen für Konzertflügel, der größte Komponist der Gegenwart ist das Conterganskind* (Düsseldorf, 7. Juli 1966) entstand die Zeichnung *Unbetitelt,* o. J. (1966) auf der in einem Detail ein anatomisches Beinskelett einer antiken ionischen Säule

470 Die Titel der Arbeiten benennen die kostbare materielle Vielfalt: *Piede alpacca e seta* (1968-71), *Piede marmo bianco e seta naturale* (1968-71), *Piede marmo verde di Prato e seta* (1968-71), *Piede marmo Breccia Medicew e seta* (1968-71), *Piede vetro di Murano e shantung di seta* (1968-71).

471 Fabro, Aufhänger, 1983, S. 65.

472 Franz Meyer: „Die neue Skulptur der sechziger Jahre“, in: Rowell, Margit (Hg.), Skulptur im 20. Jahrhundert. Figur – Raumkonstruktion – Prozeß, München 1986, S. 242-249, hier S. 247.

gegenüberstellt ist.[473] Fabro spricht von der Antike als einem Anker, den er – wie das Meer – mit neuen Materialien bedecke (vgl. Kap. II.2.).[474] Er betreibe eine Art paläontologischer Rekonstruktion, wie man sie in Museen für Naturkunde findet. Auch in der Natur der Kunst habe sich wie in der biologischen Natur ein stabilisierendes, mitwachsendes Skelett entwickelt als Ergebnis einer Verfestigung plastischer Masse und ihrer Verlagerung. Im Glas[475] der *Piedi* hat Fabro diese Art der Fluidität eingefordert; denn am Anfang steht für ihn – wie für Beuys[476], der im Material der Knochen ein Produkt erstarrter Flüssigkeit sieht – die Plastizität, nicht das Skelett.

Den Gedanken des Wachstums, der 'natürlichen' Entwicklung und des plastischen Formens übertrug Fabro auch auf seine Heimat Italien. Parallel zur Hochphase der politischen und studentischen Unruhen – deren Einflüsse er aber nie besonders betonte – manifestiert sich in den *Italie*-Arbeiten seit 1968 eine intensive Auseinandersetzung mit den gesellschaftlichen und politischen Ordnungssystemen seines Landes. Ironisch spielt Fabro mit der Form des italienischen Stiefels und verleiht dem 'beinartigen' Raumkörper mit den unterschiedlichsten Materialien Plastizität (vgl. *Italia d'oro,* 1968-71; Kap. III.2.). Mehr als drei

---

473 Abb. in Kat. Beuys, Berlin 2008, Abb. 0426, und ----- III, 12 (recto), 1966, Abb. 0427, S. 105; vgl. auch Kap. III.4. vorliegender Arbeit.

474 Fabro, Vademecum, in: Kat. Fabro, Essen/Rotterdam 1981, S. 4f.

475 Zum Material Glas äußerte sich Fabro im Gespräch mit Marisa Volpi, in: Marcatré, Mai 1968, S. 77.

476 Vgl. die Aussagen von Beuys im Gespräch mit Bernhard Johannes Blume und Heinz-Günther Prager, 15.11.1975, in: Kat. documenta 6, Kassel 1977, S. 156f.

Jahrzehnte lang entstehen zahlreiche Varianten.[477] Einige hängen von der Decke, andere liegen am Boden oder lehnen an der Wand. Ammann sagt, die *Italie*-Arbeiten seien die „begriffliche Formulierung der formalen Interpretation.“[478] Fabro interessiert die 'Natur' jedes einzelnen 'Italien' in Bezug auf das jeweilige gesellschaftliche, politische, auch klischeehafte Argument. Die Interpretation liegt zwischen der Materie, der Festlegung ihrer Form und ihrer Existenz als Bild. In den *Piedi*- und den *Italie*-Arbeiten trifft die Beschreibung der Werke auf die Verbindung der beiden zentralen Begriffe von Materie und Qualität, die die ursprüngliche Bedeutung von Form festlegen. Daraus entwickelt sich für Fabro das Problem des Bildes; denn, wenn die Form ihren Ursprung in der Systematisierung der Materie hat, wie definiert man dann das Bild, oder besser das Gesicht der Arbeit?

'Bilder' – wie Fabro sie einsetzt – schaffen eine räumliche Beziehung zwischen Innen und Außen, stehen für die Frage nach dem Davor und Dahinter. Deshalb „[bestehe ich] in den ersten Habitat-Arbeiten [...] auf der Tatsache, dass an den Nahtstellen zwischen zwei Zimmern (*Concetto spaziale*) oder zwischen Zelt und Landschaft (*Concetto spaziale d'après Watteau*) ein Bild ist, als Indiz.“[479] Die Idee vom Bild als

---

477 Eine Auswahl: *Italia carta stradale* (1969), *Sullo stato* (1970), *Italia di cartoccio* (1970), *Italia cosa nostra* (1971), *It-Alia* (1971), *Speculum Italiae* (1971), *Latin lover* (1972), *Italia feticcio* (1981), *Italia elastica* (1980), *Italia da guerra* (1981), *Italia vota* (1983), *Italia all'asta* (2004). Für eine ausführliche Beschreibung der *Italie*-Arbeiten mit passenden Zitaten aus Fabros Texten, sowie Informationen zu Material, Technik und Maßen vgl. Kat. Fabro, San Francisco 1992, S. 109-110.

478 Ammann, in: Kat. Luzern 1970, o. S.

479 „[...] nei primi Habitat insisto sul fatto che nei punti di congiunzione tra una stanza e l'altra (*Concetto spaziale*) e tra la tenda e il paesaggio (*Concetto spaziale d'après Watteau*) c'è un quadro, come indizio." Fabro im

'Raumteiler' hatte sich schon in den eingangs erwähnten Glas- und Spiegelarbeiten angedeutet. Ab 1980 benennt Fabro dieses Konzept mit dem Begriff *Habitat*[480] und verwendet die Bezeichnung auch rückwirkend für einige Werktitel, die er dann als „erste Habitate“ deklariert. Ein Beispiel ist das erwähnte *Concetto Spaziale. Tautologia* von 1967. Fabro ließ dafür zwei identische Räume errichten und verstellte den Durchgang mit einem 'Bild'.[481] Höhe und Breite der Leinwand waren größer als die Maße der Türöffnung zwischen den Räumen. Beim Publikum habe das 'Bild' Unverständnis und Neugier hervorgerufen, sagt Fabro, da die Lesbarkeit des verschlossenen Raumes rein im Glauben an die Beschreibung des identischen ersten Raumes erfolge.[482] Konzeptuell erinnert dieser Ansatz an eine Situation im Film *Transsibirische Bahn* (1970) von Joseph Beuys, in der die Zuschauer mit einem Blick auf die nackte

---

Gespräch mit Jole De Sanna, in: Kat. Fabro, Ravenna 1983, S. 97. Zu der wegweisenden Bedeutung der beiden Arbeiten für die *Habitat*-Konzepte siehe ebd., S. 69. Aus dem Italienischen von Carolin Angerbauer.

480 Der Habitat-Begriff ist der ökologisch-biologischen Wissenschaft entlehnt und beschreibt den Aufenthaltsraum, das Wohn- (Haus, Zelt oder Siedlung), Nahrungs- und Fortpflanzungsareal eines Lebewesens. Zugleich schließt dieser Begriff auch die Funktion des Lebewesens in diesem Raum ein, also gleichsam seine 'Planstelle' im jeweiligen ökologischen Gefüge. Damit deckt sich dieser Begriff mit Fabros Auffassung von 'totalità', in deren Kontext es um die Zusammenschau von Raum, Materie, Form und Mensch – mit all seinen Erfahrungen – geht. Für eine ausführliche Beschäftigung mit den Habitaten bei Fabro vgl. Kap. „L'habitat“ in: Kat. Fabro, Ravenna 1983, S. 69-80, hier S. 69, und die einzelnen Beschreibungen zu „Les habitats“ im Kat. Fabro Paris, 1996, S. 134-182.

481 Ausstellung *Trigon,* Graz, 1967; vgl. Fabro, Aufhänger 1983, S. 41f. Für die Ausstellungen in Luzern 1991 und in San Francisco 1992 nutzte er die vorhandenen Raumverhältnisse.

482 Fabro, Attaccapanni 1978, S. 42.

Keilrahmen-Konstruktion der Rückseite zweier Leinwände konfrontiert werden, die am Boden stehen. Sinngemäß kommentierte Beuys, es gehe um den Raum dahinter, dort sei alles in Bewegung.[483]

Für Fabro setzt die Arbeit des Künstlers dort an, wo Materie und Raum zu eigener Ordnung verwachsen. Die *Habitate* sind nicht das Ergebnis einer formalen Ordnung der Materialien, sondern ihre direkte Präsentation durch eine neue Art der Zusammenführung. Wie die Spiralen von Merz und Beuys folgen die Bildräume Fabros den naturgesetzlichen Kräften von Ausdehnung und Zusammenziehung. Er führt den Besucher hinein in die Zusammenhänge und Folgen zwischen den verschiedenen Phasen der Arbeit und in die Wahrnehmung der „mythischen Totalität von Gesichts- und Raumsinn."[484]

---

483 Vgl. Hinweis von Christine Demele, Beuys-Symposium, Düsseldorf, 9.1.2011. Beuys zeigt diesen Filmstill in einem der Foto-Bilderrahmen der *Arena*-Ausstellungen; vgl. Kap. V.4. vorliegender Arbeit.

484 Grüterich, in: Kat. Köln 1983, S. 41.

IV.3. Mario Merz

Nach Kounellis mit seinen *Dodici cavalli* (vgl. Kap. IV.1.) verwandelt Merz – im Februar 1969 – den Tiefgaragenraum der Galerie L´Attico in Rom (Abb. 29).[485] Als Titel für seine Ausstellung wählt er das Lenin-Zitat 'Che fare?', das schon im Jahr zuvor in blauer Neonschrift aus einem kleinen Wachsobjekt herausleuchtete (*Che fare?*, 1968). Diesmal führt er mit dieser Frage den Galeriebesucher in eine aus unterschiedlichsten Einzelelementen „kreierte Landschaft, in ein komplexes Gegenüber zivilisatorischer und natürlicher Materialien."[486] Der Schriftzug steht mit großen Buchstaben aus grünem Kitt an der Wand geschrieben. Merz spricht mit dieser Arbeit zwei Diskursgattungen an, die für sein Werk bestimmend sind: Logos und Mythos. „Mit Reisigbündeln, Glasscheiben, rudimentären Eisengestellen, Drahtnetzen, Strohballen, aufgehäufter Erde, einem Glasiglu und einem Simca 1000 erklärt Merz den vorgegebenen Raum zum Hort eines prähistorisch-modernen Sammlers", schreibt Cornelia Stabenow.[487] Wie Kounellis lässt er das Material im Eigentlichen unangetastet. Die Nachahmung der Wirklichkeit ist die Wirklichkeit. Zwar ist das Reisig gebündelt, die Erde aufgehäuft, das Glas angelehnt, doch konzeptuell ist das Material ohne Funktion, von einer Wertung und Besitznahme durch das Subjekt befreit. Merz thematisiert wie

---

485 Für eine ausführliche Beschreibung der Ausstellung vgl. Ruhrberg 1992, S. 194-196.

486 Stabenow, in: Kat. München 1988, S. 85-90, hier S. 87.

487 Ebd. Der Erdhaufen in Kombination mit zwei Metallnetzen hat auffallende Ähnlichkeiten zu den *Aschehaufen (*1968) des Beuysschülers Rainer Ruthenbeck. Ruhrberg verweist auf die Tatsache, dass Ruthenbecks Aschehaufen im März 1969 auf der Berner Ausstellung *When Attitudes become Form* zu sehen waren, an der auch Merz teilnahm, und Celant vier Abbildungen in seine Publikation *Ars povera. Arte povera* von 1969 integrierte (dort S. 152f.); vgl. Ruhrberg 1992, Fn. 602.

Kounellis „die ursprüngliche Nahtstelle zwischen Natur und Kultur, eine Art Nullpunkt, an dem der Mensch zwar die Umwelt ordnet, aber nicht beherrscht.“[488] Anstelle eines Produkts steht die Geste. Merz´ Eingriff in diese 'Raum-Vitrine' der Galerie beschränkt sich auf systematisierende Ordnung und Ikonographie des Materials, ein archetypisches Handeln, um die wirkliche Erfahrung über das Objekt zu zeigen, es als substantiell Eigentliches, Freies zu präsentieren, ohne Anspruch auf Verfügung oder Beherrschung.[489]

Europa ist Ende der 1960er Jahre von einem Klima geprägt, das die Idee einer politischen und sozialen Erneuerung spiegelt, nach Veränderung drängt. Zunehmende Spezialisierung, kapitalistische Trennung der Lebensbereiche, Konsumismus und Naturzerstörung werden als krankmachend wahrgenommen. In dieser Situation stellt Merz die Frage: Che fare, was ist zu tun? Für ihn gilt es, eine andere Welt zu 'bauen', ein 'Haus', das Wurzeln hat und eine Zukunftsperspektive gleichermaßen, ein 'Haus', das Leben zulässt und bejaht. Nur das Bauen habe für ihn heute die Anziehungskraft, die Kunst zum Wachsen zu bringen, anstatt sie auf ein Symboldasein zu reduzieren.[490] 'Haus' ist für den Künstler Merz ein universaler Topos für Raum, Lebensraum, Zeitraum, ein Raum, der sich vom Körperraum bis in den kosmischen Raum dehnt. Die Haltung der 'alten' Architektur sei eine Haltung der Verteidigung gegenüber der Natur. Der heutige Mensch lebe daher mit dem metaphysischen Problem der Differenz zwischen sich

---

488 Ebd.

489 Claude Lévi-Strauss: Das wilde Denken, Frankfurt a. M. 1973, S. 23, 35f.

490 Vgl. dazu Merz, Voglio fare subito un libro, 1985, S. 253.

selbst und der Natur, sagt Merz.[491]

Organische Raumauffassung – Fibonacci und Spirale

Provokativ greift der Künstler mit dem Leninwort die zeitgenössische Stimmung auf und nutzt den politischen Slogan, um eine organische Gesellschaftsarchitektur einzufordern. In diesem Sinn empfindet er wie Donald Judd Architektur und Kunst als zwei Seiten ein und derselben Medaille. Judd geht 1971 in die texanische Wüste und beginnt dort die Arbeit an *The Block*, einem Architektur- und Raumkomplex unterschiedlichster Gebäude und funktionsloser Betonkuben, deren lange Reihung aus der Sicht des Betrachters wie von selbst in die Natur der flachen Wüstenlandschaft übergeht.[492] Bei Merz ist es der Iglu, der als ein grammatikalisches Element den ursprünglichen Konstruktionswillen des Menschen mit den Bedingungen der Natur zur Synthese bringt.[493] Wie Kounellis geht es ihm um eine Art von 'totalità', um ein organisch atmendes Ganzes von Kultur und Natur, um Systole und Diastole des menschlichen Organismus genauso wie um die vergleichbare Bewegung im Universum. Ein gesunder Organismus ist beweglich, energetisch, atmet, dehnt sich aus und zieht sich zusammen, wächst, ist rückbezüglich in seiner Genetik und Mentalität, und kreativ für die Zukunft.

> „Die Fibonacci-Reihe [...] addiert die Drei die Zwei, um die Fünf zu bilden, die Fünf die Drei, um die Zahl Acht zu bilden. So verlängert sich die Sequenz, aber

---

491 Merz in: A.E.I.O.U., Nr. 3, Rom 1981, S. 18.

492 Judd nannte den Gebäudekomplex, den er in Marfa/Texas erwarb *La Mansana de Chinati* oder auch *The Block* (heute: Chinati-Foundation); vgl. auch die zeitliche und namentliche Parallele zu *Block Beuys*, Darmstadt (Kap. IV.4.).

493 Stabenow, in: Kat. München 1988, S. 88.

> sie erweitert sich auch schnell, wie das Wachstum eines lebendigen Organismus."[494]

Obwohl Merz, wie Ruhrberg schreibt, mit der Literatur der deutschen Frühromantik nicht vertraut war, zeigen sich erstaunliche Parallelen im Naturverständnis, insbesondere in der Art und Weise, wie mathematische Funktionen dazu herangezogen werden.[495] Was bei Merz in den biologischen Zusammenhängen der Fibonaccizahlenreihe manifest wird, erschließt sich für Schlegel und Novalis aus der Anwendung der mathematischen Potenzreihe auf die Entwicklung von Mensch und Natur. In der Potenzierung wächst eine Zahlenreihe ähnlich exponentiell wie die Fibonaccireihe durch immer wiederkehrende Multiplikation einer bestimmten Größe mit sich selbst.[496] Solche Kombinationen stehen für „die Selbstbestimmung, für die Möglichkeit, sich in einer unendlichen Reihe von 'Selbstbegegnungen' auf immer höhere Potenz zu heben. [...] Diese Identifizierung der Natur und des menschlichen Bewusstseins mit einer Potenzreihe, in der jedes Glied eine Reflexion über die eigene frühere Wesens- und Handlungsart darstellt, ist das Rückgrat des frühromantischen Glaubens an eine Identität von Subjekt und Objekt, Geist und Natur, Endlichkeit und Unendlichkeit

---

[494] „La serie di Fibonacci [. . .] somma il tre il due per formare il cinque. Il cinque il tre per formare il numero otto. Così la sequenza si allunga, ma anche si dilata rapidamente come la crescita di un organismo vivente." Merz, Voglio fare subito un libro, 1985, ital. S. 116, dt. S. 117; zur Fibonaccireihe vgl. auch Ausführungen in Kap. II.3. vorliegender Arbeit.

[495] Merz im persönlichen Gespräch mit Bettina Ruhrberg, vgl. Ruhrberg 1992, Anm. 633.

[496] Ab Mitte des 19. Jahrhunderts wird das Prinzip der Potenzierung Grundlage der Wirkspezifität pflanzlicher Drogen(substanz) in der durch Samuel Hahnemann begründeten Homöopathie (vgl. dazu auch die Bezüge bei Beuys Kap V.4.).

…".[497] Nach Schelling entfaltet sich die Natur in ihren mannigfaltigen Formen aus der Einheit von Geist und Natur im Absoluten. Über Materie, Pflanze, Tier bis zum Menschen durchläuft sie einzelne Stufen der Vollkommenheit. Mit dem Bild einer sich erweiternden Spirale ist diese Entwicklung schon damals illustriert.[498] An ihrer Spitze steht der Mensch in all seinen Bezügen, vertikal zu Herkunft und Abstammung, horizontal eingebunden in die Polarität von Körper, Geist und Seele. Das Bild der Spirale, die Wirkung polarer Kräfte (vgl. Kap. II.), das Verständnis der Einheit von Geist und Natur als kosmisch-dynamischer Prozess, als Geschehen also und nicht als Zustand, sind Gedanken der Schellingschen Naturphilosophie, die sich in unterschiedlicher Gewichtung im Oeuvre von Merz und auch Beuys wiederfinden.[499]

> „Die Spirale drückt wahrscheinlich einzig und allein die Erhebung der Materie über sich selbst aus.", sagt Merz. „Die Spirale ist mit mir selbst entstanden. Die Zahlenreihe von Fibonacci entspricht einer spiralförmigen mathematischen Organisation, die sich von der Renaissance-Perspektive unterscheidet und

---

[497] John Neubauer: „Zwischen Natur und mathematischer Abstraktion: der Potenzbegriff der Frühromantik", in: Romantik in Deutschland: ein interdisziplinäres Symposion [Sonderband der Deutschen Vierteljahresschrift für Literaturwissenschaft und Geistesgeschichte], hrsg. von Richard Brinkmann, Stuttgart 1978, S. 117, 182.

[498] Karl Eduard Rotschuh: „Naturphilosophische Konzepte der Medizin aus der Zeit der deutschen Romantik", in: Brinkmann 1978, S. 247.

[499] An dieser Stelle kann nur auf weiterführende Literatur verwiesen werden, z. B. auf die Aufsätze von Werner Hartkopf: „Denken und Naturentwicklung" und Wolfdietrich Schmied-Kowarzik: „Zur Dialektik des Verhältnisses von Mensch und Natur", in: Natur und geschichtlicher Prozess. Studien zur Naturphilosophie F.W.J. Schellings, hrsg. von Hans Jörg Sandkühler, Frankfurt a. M. 1984, S. 83-126 und S. 145-174.

> organisch ist. [...] Ich dachte mir, es sei interessant für die Kunst, entsprechend dieser Zahlenreihe Zahlen im Raum aufzuteilen. In der Natur selbst existiert eine Art Anlage zu Asymmetrie, die sich die Natur selbst zur Produktion gibt. Die Symmetrie zwingt zum Eingeschlossensein. Mit der Asymmetrie geht man immer notwendigerweise aus sich heraus, deshalb hat mich die Asymmetrie der Zahlenreihe von Fibonacci sehr interessiert."[500]

Die Auffassung, dass kulturelle Werte sich evolutionär entwickeln, sie wie lebendige Organismen sind für die genauso einheitliche Naturgesetze gelten, charakterisiert das Werk Ezra Pounds, von dessen poetischer Sprache sich Merz nach eigenem Bekunden angezogen und stimuliert fühlte.[501] Schon in frühen Gedichten findet sich diese Idee, wenn Pound, die antike Erzählung von Apoll und Daphne aufnehmend, die Metamorphose des Menschen in einen Baum thematisiert und sie als Rückkehr des von der Seele getrennten Geistes interpretiert.[502] Pound beschreibt eine Ganzheit, die dem Beziehungsgefüge der frühromantischen Denker äquivalent ist.

Kosmischer und geistiger Raum

> „Die Spirale ist ein Symbol der Zeit, sie ist Ausdehnung vom Zentrum zur Peripherie. Ausdehnung des Raums entspricht aber dem Konzept der Zeit an sich. Einstein hat das im 20. Jahrhundert gesagt, aber die gleiche Idee hatten schon die Azteken.

---

500 Merz im Interview mit Ammann/Pagé, Kat. Merz, Basel/Paris 1981, o. S.

501 Merz 1983 im Gespräch mit Germano Celant, in: Kat. Merz, New York 1989, S. 49; vgl. auch Kap. III.3. vorliegender Arbeit.

502 Franz Link: Ezra Pound, München/Zürich 1984, S. 17, 34.

> Die Spirale ist eine so organische Form, dass sie meiner Ansicht nach immer dem organischen Rhythmus der Hand, die sie geschaffen hat, folgen muss."[503]

Mit diesem 'Folgenmüssen' infiziert Merz den Betrachter, wenn er den Neonschriftzug des *Igloo di Giap* (vgl. Kap. II.3. und III.3.) entziffern will. Dazu muss er sich nolens volens in Bewegung setzen, dem spiraligen Verlauf der Schrift folgen und die Hemisphäre des primitiven Hauses umkreisen. Erst dann erschließt sich ihm, kognitiv und sinnlich zugleich, das (strategische) Prinzip von Expansion und Konzentration, die Interdependenz von Raum und Kraft, die Merz mit den Worten des vietnamesischen Generals transportiert. Die planetarische Bewegung, die Merz evoziert, vermittelt die Ahnung von einer Öffnung, die sich letztlich bis ins Kosmische erweitert. Die Vision von einer Verknüpfung des irdisch gebundenen Raumes mit dem unendlichen beschäftigte auch die Architekten der Moderne. Le Corbusier fordert 1950 in der Schrift *Vers une architecture:* „Die Konstruktion hat haltbar zu machen. Die Architektur hat Geist und Seele zu bewegen. Die architektonische Ergriffenheit entsteht dann, wenn das Werk eine Übereinstimmung mit dem Universum zum Klingen bringt, dessen Gesetze wir erleiden, erkennen und bewundern."[504] Frank Lloyd Wright verfolgte in der Architektur des New Yorker Guggenheim Museums eine ähnliche Idee der Offenheit, wenn er den Besucher auf spiralförmigem Weg nach oben führt. In der *Guggenheim International Exhibition* 1971 greift Merz puristisch diesen Weg, diese apostrophierte

---

[503] Merz im Interview mit Ammann/Pagé, Kat. Merz, Basel/Paris 1981, o. S.

[504] Le Corbusier: „Vers une architecture", in: Architektur 1940-1980, hrsg. von Adolf Max Vogt, Berlin 1980, S. 20.

Notwendigkeit des 'Folgenmüssens' auf. In exakter Entsprechung der vorgegebenen architektonischen Wendelung montiert er neonleuchtende Fibonaccizahlen von unten nach oben an die Wand. Die Spirale ist hier nicht nur Zeichen potenzieller Raumerweiterung, sondern ein im kapitalistischen Umfeld visionäres Strukturelement des Aufbruchs in eine moderne demokratische Gesellschaft, die sich als Organismus verstehen muss, wenn sie leben, atmen, sich frei entfalten will. Dazu ist jeder Einzelne als Glied wichtig. Kein 'Organ' kann entnommen werden, ohne das Ganze zu gefährden. Beuys lässt sich anlässlich seiner Retrospektive im Jahr 1979 auf diese Vision empathisch ein und implantiert die von der documenta 6 bekannte *Honigpumpe am Arbeitsplatz* (1974-1977) in Wrights architektonischen Körper. '(Blut)-Kreislauf' der Honigpumpe und atmende Offenheit des Hauses verbinden sich.

Merz hat die anthropologische Komponente seines Raumbegriffs im Iglu verwirklicht. Physischer und geistiger Raum werden in dessen Alltagsmaterial und Ikonographie eins:[505] „Der Iglu ist die ideale organische Form. Er ist gleichzeitig die Welt und das kleine Haus."[506] Merz verfolgt keine neue Theorie der Architektur, sondern hat die Wiederkehr einer unglaublich visionären Kraft im Auge, die Wiederkehr des kosmischen Raums der Romantiker nicht als Bild, sondern als Realität.[507] Unter der Kuppel der einfachen

---

505 Merz, in: Kat. Merz, San Marino 1983, S. 186.

506 Merz im Interview mit Ammann/Pagé, Kat. Merz, Basel/Paris 1981, o. S. Merz übernimmt hier eine kosmologische Deutung des Iglus, wie sie auch in Liedern der Eskimos zum Ausdruck kommt; der Schamane Saittuq vergleicht in einem Text den Boden des Hauses mit dem Meer, die Schlafbank mit dem Land, den Eingang mit dem Mond, das Fenster mit der Sonne und die Kuppel mit dem Luftraum. Vgl. Evelin Haase: Der Schamanismus der Eskimos, Aachen 1987, S. 243.

507 Merz, in: A.E.I.O.U., Nr. 3, Rom 1981, S. 20.

Hütten[508] ist Raum für den plastischen Prozess des Denkens. Der Titel eines Iglus aus dem Jahr 1968 macht dies deutlich: *Mai alzato pietra su pietra* (Nie Stein auf Stein gesetzt).[509] Merz geht es nicht um Fertigkeiten klassischer Handwerkskunst, nicht um ein 'Stein für Stein' gebautes Haus, vielmehr um das Gebäude im Kopf, den geistigen Raum.[510] Merz zeigt diesen Iglu im Entstehungsjahr auf der ersten internationalen gemeinsamen Ausstellung der Arte povera-Künstler in Deutschland, der *Prospect '68* in Düsseldorf, wo Beuys an der Akademie lehrt.[511] Auch bei diesem Iglu ist der Schriftzug wieder spiralförmig auf der Kuppelform montiert und hält den Betrachter zu entsprechendem Bewegungsverhalten an. Ein linearer Bewegungsablauf würde nicht zum Verständnis beitragen. Die lineare Zeit ist die geschichtliche oder mechanische Zeit, die „Böses bedeutet", schreibt Franz Link über die Zeitauffassung in Ezra Pounds *Cantos*. „Sie steht im Widerspruch bzw. Widerstreit zur zyklischen oder organischen Zeit, die durch den Kreislauf der Natur, d. h. die Wiederkehr des immer Gleichen gekennzeichnet ist und in der sich das Außerzeitliche zu offenbaren vermag."[512] Folgerichtig ereignen sich „Momente göttlichen Erlebens, Momente, in denen das Paradies vorübergehend schaubar

---

508 Merz benennt die „Holzhütten im Wald" von Caspar David Friedrich als „kosmische Architektur". Architekten würden im Gegensatz dazu den Raum immer schließen, d. h. den Innenraum im Außenraum einschließen; ebd. S. 19.

509 Der Titel ist als Zitat dem *Canto XXVII* der Pisaner Cantos von Ezra Pound entlehnt.

510 Auf die formalen Verbindungen der Igluform zur Schädelkalotte, die das Gehirn als Ort des Denkens schützend umfängt, wurde schon in Kap. II.3. hingewiesen.

511 Celant, Germano: „Mario Merz", in: Domus, 44, Juni 1971, S. 47-52, hier S. 49.

512 Link 1984, S. 72f.

wird, in den *Cantos* nur in der zyklischen Zeit als ein Aufscheinen der im Kreislauf der Natur wirksamen Kräfte."[513]

Paradiesvisionen sowie die Polarität von linearen und zyklisch-spiralförmigen Entwicklungsverläufen beschäftigen auch Kounellis (vgl. Kap. II.1.). Wie Merz betont er, dass sich das Übel linearen Denkens in der industriell-ökonomischen Entwicklung der Zeit abbilde. Nur nicht-lineares Denken könne Phantasien freilegen und neue Ansätze keimen lassen.[514] Beuys verwendet die Spiralform ähnlich. Mit Berufung auf die Kelten skizziert er häufig eine Spirale als Evolutionszeichen mit Kreide auf Schultafeln oder formt sie als Todes- und zugleich Auferstehungszeichen in Gips (*4 x DAS SCHWELLENZEICHEN*, 1951)[515]. Wenn er in diesem Kontext auch von Ammoniten spricht, ruft er wie Merz die Erinnerung an prähistorische Stadien der Erdgeschichte wach, an frühgeschichtliche Funde, die Zeugnis geben von archetypischer Zeichenverwendung und naturmystischem Denken. Was Merz mit Passage bezeichnet, nennt Beuys Schwellensituationen, Übergänge von Aggregat-, Form- oder Bewusstseinszuständen. Den Raum des Denkens macht auch Beuys am hemisphärischen Dach des Schädels fest. In der Aktion *wie*

---

513 Ebd.

514 Vgl. dazu Ammann, Kat. Kounellis, Luzern 1977, o. S. Dieses Denken war in den 1970er Jahren stark beeinflusst von der in den naturwissenschaftlichen Disziplinen diskutierten Chaostheorie zur Erklärung von Zufallsereignissen (Benoît Mandelbrot et al.).

515 Für genauere Ausführungen zu den Schwellenzeichen und anderen Objekten aus Gips vgl. den Aufsatz von Kirsten Claudia Voigt, „Gips", in: Kat. Beuys, Moyland 2006, S. 113. Zu den verschiedenen kulturhistorischen Bedeutungen der „Spirale" vgl. auch Elsevier's Dictionary of symbols and imagery, hrsg. von Ad de Vries, 2. erweit. Auflage von Arthur de Vries, Amsterdam u. a. 2004, S. 530-531.

man dem toten Hasen die Bilder erklärt (1965) nobiliert er seinen Kopf mit 'göttlichem' Gold, in dessen funkelndem Licht er die immaterielle Substanz des Geistes feiert.

Sozialer, ökonomischer und geografischer Raum

Anfang der 1970er Jahre geht Merz verstärkt der sozialen und politischen Dimension von Raum und Leben nach: „Architektur ist eine manchmal mathematische, manchmal dekorative Konstruktion, aber sie ist immer ein Bauwerk zur Beherbergung, um dem Menschen eine soziale Dimension zu geben."[516] In dieser Aussage zur Dimension des Sozialen spiegelt sich der Wunsch nach Überwindung des Dualismus von Innen und Außen, von Hülle und Inhalt. Und so erscheint es konsequent, dass Merz neben dem Iglu in diesen Jahren auch ein Strukturelement des Innenraums als weitere anthropologische Komponente für sich entdeckt, deren prägenden Einfluss er aus der Kindheit erinnert: „In der Schule gab es viele kleine Tische, auf denen man lernte, was schließlich die Gespenster der Geschichte und die Tragödien der Literatur waren."[517] Im Kontext eines Klassenraums ist 'Tisch' mit dem Prozess von Kommunikation, Lernen und Erkenntnis verknüpft. Merz führt mit diesem Alltagsgegenstand drei unterschiedliche Raumauffassungen zusammen: das Bild als reales dreidimensionales Objekt, den mit perspektivischen Mitteln darauf dargestellten imaginären Raum[518] und schließlich den im Vorgang des

---

516 Merz im Interview mit Ammann/Pagé, Kat. Merz, Paris/Basel 1981, o. S.

517 Merz in: Kat. Merz, Berlin 1974, o. S.

518 Ab 1974 integriert Merz wieder die Malerei in sein Werkschaffen. Auf meist großformatigem Nesselgrund entsteht eine Serie von Tischbildern. Vom Zentrum nach außen spiraloid angeordnet sind Flächen und Beine der Tische in unterschiedlichen Perspektiven und Farben dargestellt. „Nelle tele le tavole sono a tre colori. Lo spazio totale della tela, bianca,

Begreifens und der Erkenntnis nicht abbildbaren geistigen Raum. Wie der Iglu wird der Tisch, als Skulptur und als Bild, im Werkschaffen von Merz zentrales Element der Auseinandersetzung mit Bild und Raum und deren begrifflicher Charakterisierung wie Öffnung, Durchdringung, Innen und Außen. Gleichzeitig spricht er damit soziale Räume des alltäglichen Lebens an, an deren 'Werkbänken' sich die Menschen versammeln, denken, genießen, diskutieren. Im Jahr 1972 entstehen die ersten Tischarbeiten. Ihre Realisierung leitet sich direkt aus der Beschäftigung mit Fibonacci ab. So ist der jeweilige Raum durch die Zahl der Personen in Relation zu Anzahl und Größe der Tische definiert. Als Ort wählt Merz kunstferne, halböffentliche Räume, zuerst eine Arbeiterkantine in Neapel, dann in Turin ein Restaurant und schließlich ein Londoner Pub.[519] Merz lädt sich dorthin Gäste ein, zunächst eine Person, dann eine weitere, gefolgt von drei, fünf, acht, dreizehn Personen usw. Der Systematik der Fibonaccizahlenreihe folgend füllen sich die Tische nach und nach. Mit dem Aufführungscharakter von Fluxus-Aktionen und

---

lo spazio prospettivo della tavola, rosso, e lo spazio verticale delle gambe, verde. Questi tre colori si combinano in una prospettiva tale da creare la tavola sulla tela." Merz, in: Kat. Merz, San Marino, 1983, S. 188. Die genannten Farben sind auch die Farben Italiens. Wie Fabro mit seinen *Italie*-Arbeiten signalisiert Merz damit sein mentales Interesse am Zustand und an der Entwicklung seines, nicht irgendeines Landes. Anke Glas macht im Zusammenhang dieser Bilder und ihrer Thematisierung von Bild und Wirklichkeit noch auf ein humorvolles Merzsches Spiel mit den Wörtern tavola und tavolo aufmerksam: *Tavole con le zampe diventano tavoli* (Tafeln mit Beinen werden Tische). Tavola bedeutet, im Gegensatz zu tavolo, dem Esstisch, gleichzeitig Speisetafel und Tafelbild; vgl. Glas 2000, S. 179.

519 Glas 2000, S. 165; hier sind die Arbeiten ausführlich beschrieben.

Happenings der 1960er und 1970er Jahre[520], ihrem teils zufälligen, teils chaotischen Verlauf hat Merz dabei nichts gemein; seine Platzbesetzung an den Tischen folgt einem vorgegebenen Gesetz. Das kreierte 'lebende Bild' kennt auch nur ein scheinbares Ende in der realen Kapazität der verfügbaren Tische. Dem ansteigenden Prinzip der Zahlenreihe folgend muss es weitergedacht werden. Imaginär drängt es über die Raumgrenzen hinaus, aus dem geschlossenen in den unendlich offenen Raum (vgl. *Isola della frutta,* 1976, Kap. II.3.).

Die Fibonaccireihe ist die Vermehrung einer ursprünglich kleinen Einheit zu einer riesigen 'Masse', die sich umgekehrt wieder zu dieser kleinsten Einheit zurückführen lässt. In einem solchen System der proportionalen Relativität sieht Merz den einzelnen Menschen, ob im Wohnraum, Arbeitsraum oder urbanen Raum. Sein mathematisch ausgerichtetes Denken unterscheidet ihn von der eher biologisch-physikalischen Herangehensweise eines Beuys. Auch in dessen Œuvre tauchen Werkbänke, Tische und Stühle auf (vgl. Kap. IV.4. und V.4.).[521] Doch während bei Merz der Tisch eine emblematische Rolle als Vermittler zum sozialen Raum einnimmt, erinnern die Tische von Beuys an Motive aus der realen Produktion. Die Tische, die zu Kunstwerken deklariert werden, sind Relikte früherer Lebensphasen, Stationen der Entwicklung der Theorie, archaische Werkbänke. Sie sind bei ihm nicht Zeichen für Geselligkeit, gemeinsames Essen und Trinken, Masse und

---

520 Vostell und Beuys seien hier als Beispiele genannt; vgl. dazu Jürgen Becker/Wolf Vostell (Hgg.): Happenings: fluxus; pop Art; nouveau réalisme; eine Dokumentation, Reinbek b. Hamburg 1965, S. 327, 381f.

521 Zum Beispiel: *Tisch (2 Pole)* (1959); *FOND II* (1968); *Jungfrau Basisraum Nasse Wäsche* (1979); *Vor dem Aufbruch aus Lager I* (1970/1980); *Terremoto in Palazzo* (1981).

Individuum, sondern zeugen von evolutiven Stadien seiner Theorie. Was bei Merz der Tisch ist – nämlich Objekt zur Visualisierung einer Erfahrung – ist bei Beuys der Stuhl. Mit dem Stuhl spricht auch er die menschliche Proportion an, doch geht es ihm weniger um die Verknüpfung mit dem sozialen Raum als um die individuelle Existenz des Menschen. In *Stuhl mit Fett* (1964) sitzt die Fettecke an einer Stelle, „die jetzt den menschlichen Körper in einer Gegend anschneidet, wo emotionelle Kräfte zu Hause sind.“[522]

Neben dem sozialen fokussiert Merz im Tischmotiv auch seine Auseinandersetzung mit dem ökonomischen Raum, der nicht von innen entwickelt und gedacht ist, sondern von den wirtschaftlichen und technologischen Außenbedingungen her. Deshalb geht er mit den Installationen an Orte des täglichen Lebens und Arbeitens. Die Veränderung der Personenzahl in der Kantine in Neapel und in London hält Merz fotografisch fest.[523] Mit dem Bildmaterial wechselt er wieder in den Kunstraum und so folgt dem Ereignis im Pub eine Ausstellung in einer Londoner Galerie mit dem Titel 'A Real Sum Is a Sum of People'.[524] Die physische Erfahrbarkeit einer Menschenmenge und des von ihr beanspruchten Raums charakterisiert erneut die Bedeutung des Realitätsbegriffs in der künstlerischen Arbeit. Wenn große Mengen durch Addition kleiner Einzelmengen wachsen, sieht Merz darin ein Grundmuster, das in den verschiedensten 'Räumen' menschlicher Existenz präsent ist,

---

522 Beuys, in: Selbstdarstellung: Künstler über sich, hrsg. von Wulf Herzogenrath, Düsseldorf 1973, S. 31.

523 Die neun Fotos der Serie sind u. a. bei Christov-Bakargiev 1999, S. 119 abgebildet; Fotograf Gianfranco Gorgoni. Nacheinander haben 1, 2, 3, 5, 8, 13, 21, 34 und zuletzt 55 Personen zum Essen Platz genommen.

524 Den Titel wendet Merz dann rückblickend auf alle drei genannten Aktionen an; Glas 2000, S. 168.

im Kapitalismus wie in der politischen Unterdrückung.[525]

Die Erfahrung des Einzelnen in der Masse ist für Merz von besonderer Bedeutung.[526] Deshalb, so sagt er im Gespräch mit Bruno Corà, glaube er sehr an die östlichen Religionen. Dort finde sich die Macht des Individuums im „inneren, geistigen Raum“, nicht in der „Machtarchitektur“ wie bei den westlichen Religionen oder der Industrie. Deshalb gäbe es im Buddhismus noch große Entdeckungsmöglichkeiten, auch hinsichtlich der Architektur.[527] Eine angemessene Proportionalität von Masse und Individuum im architektonischen Raum hat auch die Architekturtheorie der Protagonisten des Modernen Bauens beschäftigt. Als Gegenposition zur 'Unordnung' industrieller Produktion entwickelte Le Corbusier in den Jahren nach dem 2. Weltkrieg ein 'Modulor' genanntes Maßstabssystem, das bei

---

525 Merz im Gespräch mit Caroline Tisdall, in: Studio International, Nr. 191, 1976, S. 11f. Aus dem Englischen von Carolin Angerbauer.

526 Im soziologisch-philosophisch-historischen Diskurs Mitte der 1960er Jahre waren die kategorialen Bezüge von Individuum, Masse und Macht bedeutsame Themen im Nachklang der Erfahrungen während des 2. Weltkriegs und des sog. Dritten Reiches. Ortega Y Gassets *Der Aufstand der Massen* war im Jahr 1957 neu aufgelegt worden; im Jahr 1960 erschien Elias Canettis philosophisches Werk *Masse und Macht*, in dem der Autor u.a. mit „moralisch zu nennender Sensibilität für Massen“ deren Realien und Symbole aufspürt und statt einer singulären Masse eine Masse von Massen differenziert (Joachim Schickel). Im Kontext der hier betrachteten Künstler scheint sein Begriff der „unsichtbaren Massen“ bedeutsam. Inwieweit dieser damals aktuelle diskursive Hintergrund die Auseinandersetzung von Merz und den übrigen Künstlern mit dem Phänomen der Masse beeinflusst hat, muss einer späteren Untersuchung vorbehalten bleiben.

527 Merz im Gespräch mit Bruno Corà, 1981, in: Kat. Merz, San Marino 1983, S. 106f.

Null begann und bis Unendlich erweitert werden konnte.[528] Grundlage dieser Überlegungen zu architektonischer Harmonie und Einheit mit der Natur war eine Idealvorstellung menschlicher Körperproportionen, die er mit Hilfe des Goldenen Schnitts und der Fibonaccizahlenreihe schrittweise umsetzte.[529] Wie bei Merz und den genannten Frühromantikern ergibt die graphische Darstellung dieses Systems eine Spirale. Das Prinzip der Proliferation, das in einzelnen Arbeiten wie *Igloo di Giap* oder *Isola della frutta,* mikrokosmisch verifiziert ist, zeichnet sich in der eingangs erwähnten komplexen Rauminstallation *Che fare?* (1969) makrokosmisch ab. Merz komponiert Ikonographien wie Bilder, addiert parallel existierende Raumeinheiten zu einem großen, unendlich ausdehnbaren Raum. Nach malerischem Vorbild schafft er eine Gesamtheit, die sich aus der Tradition der Landschaftsmalerei nährt. Seine eigenen Vergleiche reichen von den römischen Mosaiken über die Landschafts-darstellung Caravaggios, Neapels und der Niederlande im 17. Jahrhundert bis ins 19. Jahrhundert.[530] Doch die Landschaften von Merz leben von der skulpturalen Plastizität in der Neugruppierung natur- oder technikentlehnter Elemente. Damit rekurriert er auf den modernen Stadtraum und gleichzeitig den historischen Landschaftsraum vor allem des 19. Jahrhunderts.[531] In der Konfrontation

---

528 Le Corbusier: une encyclopédie, Kat. Centre National d'Art et de Culture Georges Pompidou, Paris 1987, S. 259f.

529 Der Goldene Schnitt ist der Quotient aus zwei aufeinanderfolgenden Fibonaccizahlen, z. B. 2/3, 3/5, 5/8 usw.

530 Merz im Gespräch mit Patrick Frey anlässlich der Einrichtung der Ausst. *Poetische Aufklärung* im InK in Zürich 1978, in: Über Mario Merz, Wien 1983, S. 63.

531 „[...] ho preso giornali, elettricità, fascine, frutta, animali e, con gli igloo, anche le case. Tutto questo non è assemblage di oggetti, è un

von Iglu, Reisig und technischen Insignien wie Auto, Neon, Zeitung sind die langdauernde mythische Zeit und die schnelle Zeit vergegenwärtigt. Das Reisig im Iglu verkörpert die romantische Hütte im Wald, die Materialkombination von Eisen und Glas erinnert an die technisch aufwendige Glasarchitektur des späten 19. Jahrhunderts, Kennzeichen einer neuen Urbanität.[532] *Che fare?* (1969) ist Merz´ erster Iglu aus Glas. Der Blick macht hier nicht an der Außenhaut halt, sondern dringt mit dem Licht ins Innere. Im Glas ist die kosmische Unendlichkeitsmetapher realisiert. In der Transparenz des 'visionären' Materials hebt sich das Abschließende, Trennende als Charakteristik der Hülle auf, „... the fact that inside and outside are the same.“[533] Wie vom Blitz getroffen sind Strohballen und Auto von leuchtenden Neonröhren durchbohrt (vgl. Kap. V.3.). Merz zeigt das Prinzip der Bewegung als dynamischen Prozess. Die Präsenz des Autos verstärkt die Idee des Transitorischen und der Bewegung als ein der Materie innewohnendes Prinzip und Konstituens von Raum. Es ist selbst Raum und Bewegung –

---

raggruppamento di quegli elementi già presenti nel paesaggio del XIX secolo nel quale ritroviamo effettivamente tutto quello che si può vedere dalla strada.“ Merz im Interview mit Celant, 1971, in: Kat. Merz, San Marino 1983, S. 161; [„ich habe Zeitungen, Elektrokabel, Reisigbündel, Obst, Tiere und – mit den Iglus – auch Häuser genommen. Das alles ist aber keine Assemblage von Gegenständen, vielmehr ist es eine Zusammenführung von Elementen wie in einem Landschaftsbild des 19. Jahrhunderts, wo wir tatsächlich alles wiederfinden, was man auf der Straße sieht.“ Aus dem Italienischen von Carolin Angerbauer].

[532] Glas 2000, S. 151.

[533] Merz im Gespräch mit Caroline Tisdall, in: Studio International, Nr. 191, 1976, S. 12. Die Idee der Verschmelzung von Innen- und Außenraum, von Wohn- und Gartenraum durch große Glasflächen war auch charakteristisches Stilmittel der Architektur der 1960er Jahre; als Beispiel sei auf die Wohnhäuser des amerikanischen Architekten Philip Johnson verwiesen.

schließlich ist Merz damit nach Rom gefahren, um die Ausstellung aufzubauen.

Merz wie auch Kounellis verstünden „die Kunst als einen dynamischen und Veränderungen bewirkenden Prozess der Befreiung aus geistigen Fixierungen durch sinnliche Sensibilisierung“, sagt Paul Maenz.[534] Genau darum geht es, wenn Merz sagt, dass er keine historischen Bilder schaffen möchte, dass er aber auf jeden Fall eine sensible Beziehung zu einer gewissen Malerei hege, die schon immer existierte. Für ihn bedeute Bilder zu schaffen, nicht ausschließlich zu malen, sondern vorallem sie zu evozieren. All diese Bilder stammten aus einer gemeinsamen Quelle, dem tragenden, expandierenden Denken als dessen Modelle Spirale und Fibonaccireihe fungieren.[535] Mit den irregulär gebrochenen Glasscheiben des Iglus hat Merz darüber hinaus ein Medium gefunden, um ein Phänomen der Unbestimmtheit auszudrücken, das die Vorstellungen und Ergebnisse der Quantenphysik spiegelt, die mit den Parametern des euklidischen, geraden Raums nicht vereinbar sind. Wie lang ist die Küste Englands? lautete in den 1970er Jahren eine populäre Frage der wissenschaftlichen Chaos-Theorie. Und allein unter Berücksichtigung von Ebbe und Flut leuchtet jedermann ein, dass eine exakte Längenbestimmung dieser Küstenlinie unmöglich ist. Gleiches gilt für die Kanten und Flächen von gebrochenem Glas. Sie sind so gut wie nicht zu messen, sagt Merz[536] und gibt damit der Undefinierbarkeit von Strecken und Räumen eine Ikonographie jenseits der technischen Welt mit ihrer vermeintlichen Bestimmtheit und

---

534 Maenz, in: Kat. Slg. FER 1983, S. 106.

535 Merz im Gespräch mit Patrick Frey, zit. in: Über Mario Merz, Wien 1983, S. 64.

536 Merz im Gespräch mit Caroline Tisdall, in: Studio International, Nr. 191, 1976, S. 12.

Genauigkeit. Der wirtschaftlich und gedanklich durch den Menschen determinierte Raum wird vom Logiker-Künstler Merz entgrenzt und mit Denken gleichgesetzt. Die Öffnung ins Abstrakte, ins Metaphysische ist intuitiv und kontrolliert zugleich. Schon in Texten von 1970 stellt Merz die Frage: Ist der Raum gekrümmt oder gerade?[537] Diese Frage ist die logische Konsequenz seiner Beschäftigung mit den Phänomenen der Masse, der Bewegung und der Unschärfe.

---

[537] Merz, in: Merz, Voglio fare subito un libro, 1985, S. 255 und S. 279.

IV.4. Joseph Beuys

Will man die Dimension 'Raum' in der Kunst von Beuys begreifen, muss man zu seinen Anfängen zurückblicken, sagt Dieter Koepplin. Prägend sei die Kiste gewesen, die Beuys 1958 herstellen und mit Gummi isolieren ließ.[538] Ähnlich sei auch Beuys' ursprünglicher Wille zu verstehen, im Garten der Brüder van der Grinten in einem Erdloch zu wohnen. Dieser 'Raum' weckt die Assoziation mit Höhlen, mit solchen von Eremiten oder Mönchen, die sich zur Meditation und Freiheitsfindung zurückziehen, oder auch mit der 'Cavità'-Idee von Kounellis (vgl. Kap. IV.1.).

Die geometrische Kiste ist elementare Denk-Form, noch ganz dem euklidischen Raum verhaftet, Inhalt und Handlungsabläufe therapeutische Aktivität, Metapher Beuysscher Denk- und Handlungsweise. Alle „Werke [von Beuys] bilden Instrumente zur Läuterung von Auge und Tastsinn, Denken und Lust", um einer bösartigen Verseuchung zu entkommen, die alle Bereiche menschlicher Existenz durchdrungen habe, bemerkt Celant, das sozial politische wie das private Leben.[539] Die Aktionskunst ermöglicht Beuys Grenzüberschreitungen. In der Performativität löst er die Dichotomie von Raum- und Zeitkünsten auf. Mit 'ärmlicher' Materialität und virtuoser Medialität verschmilzt er physischen Raum, Zeitraum, Denkraum, Klang- und Farbraum zu neuen Einheiten, die sich ständig erweitern. Immer weist er auf Verwundungen hin. Zur Heilung werden Mythen, Tragödien und andere

---

538 Koepplin bezieht sich auf das Werk *gummierte Kiste* (1957; *Block Beuys*, Raum 2). Mit dieser Aussage kommentierte er am 7.1.2011 den Beitrag von Barbara Gronau während des Beuys-Symposiums in Düsseldorf zur Ausstellung *Joseph Beuys. Parallelprozesse* (6.-9.1.2011).

539 Celant, in: Kat. München 1988, S. 97.

Existenzen beschworen, deren Schatten und Formen aus Filz und Fett, aus Pflanzen und Tieren, Erde und metallischen Elementen Realität gewinnen. Es sind Materialien, deren kulturelles Erinnerungspotenzial und komplexe Bezüglichkeit eine diskursive Ebene ansprechen, mit der sich zeitgleich auch die Künstler der Arte povera beschäftigen.

Plastischer Raum

Das Raumkonzept der 'isolierten Gummikiste' überträgt Beuys konsequent auf seine ersten Aktionen. Es sind Inszenierungen größter Konzentration, Ruhe und (An-)Spannung, die das Publikum von einer direkten Teilnahme ausschließen. Inmitten umtriebig geschäftiger Städte wie Düsseldorf und Berlin setzt Beuys dem täglichen Kommunikationsinfarkt die Reduktion auf Elementares im abgegrenzten, isolierten Aktionsraum entgegen.[540] In der Galerie René Block in Berlin gestaltet er 1964 seinen ersten realen Aktionsraum. Zur Aufführung von *DER CHEF THE CHIEF. Fluxus Gesang*[541] (Abb. 30) präpariert er den Raum mit Fett, Haarbüscheln, Fingernägeln, zwei toten Hasen und akustischen Elementen. Eingewickelt in Filz liegt er acht Stunden lang diagonal im Raum. Wie keiner der italienischen Künstlerkollegen vollzieht Beuys die plastische

---

540 Bei den frühen Aktionen *DER CHEF THE CHIEF. Fluxus Gesang* (1964) oder *wie man dem toten Hasen die Bilder erklärt* (1965) konnte der Zuschauer lediglich durch Türen oder Fenster das Geschehen verfolgen.

541 Für eine genaue Beschreibung von Raum und Aktion mit Abbildungen vgl. Schneede 1994, S. 68-79. Die von Beuys als Beitrag zum Fluxusabend am 20. Juli 1964 in Aachen geplante Aktion konnte wegen Protesten nicht stattfinden. Modifiziert realisierte er sie in einem kleinen Kreis von Künstlern am 30. August 1964 in Kopenhagen. Am 1. Dezember 1964 verwirklichte er schließlich das Vorhaben als erste Einzelaktion im Souterrainraum der Galerie von René Block in Berlin.

Gestaltung direkt am und im Raum. Er formt und besetzt ihn mit seinen Materialien, seiner Person, seiner Energie. Ästhetisch arbeitet er mit Symmetrie und deren Bruch, mit Relationen von Masse (Filzrolle) und Linie (Kupferstäbe), mit weichen und festen (Filz und Kupfer), organischen (tote Hasen) und anorganischen (Metall) Materialien, mit Isolation (Filz) und Leitungsfähigkeit (Kupfer) – stets um einen lebendigen Austausch im Fließgleichgewicht bemüht. Uwe Schneede beschreibt den Einsatz derartiger Elemente zur Gestaltung des für eine Aktion vorgesehenen Raumes mit dem Begriff 'Plastischer Raum'. Die Präparate bedeuten „erstens die Inbesitznahme des Areals, zweitens die skulpturale Differenzierung des Raumes und sie zeigen drittens eine durch ästhetische Maßnahmen eingeleitete inhaltliche Aufladung an."[542] Dazu kommt als wesentliches weiteres Element das Performative. Ideell sind die Räume von Beuys immer als Kraftfelder zu lesen, in denen Naturkräfte, menschliche und spirituelle Kräfte zusammenfinden.

Geometrie

Den Fettecken kommt im Raumbild der Chef-Aktion eine besondere Bedeutung zu.[543] Mit der Füllung der Ecken verliert der Raum seine rechtwinklige Form, aus dem klaren Kubus wird ein Raum mit unregelmäßiger Begrenzung. Die ursprünglich klar strukturierte, von den Dimensionen der euklidischen Geometrie bestimmte 'Raum-Kiste' erfährt eine

542 Schneede 1994, S. 15.

543 „An der linken Wand – unterhalb der Haarbüschel – war am Boden ein Fettstreifen (167 cm lang, 7 cm dick) angebracht, in der hinteren linken Raumecke unten eine Fettecke (30 x 30 cm), in der rechten hinteren Ecke ein kleiner Fettkubus (5 cm Seitenlänge) und an beiden Seiten der Türfüllung am Boden zwei Fettecken." Schneede 1994, S. 68.

Irritation.[544] Mit dem kruden plastischen Material betont Beuys die bestehenden Raumwinkel und -grenzen, lässt sie gleichzeitig aber verschwimmen und verformt den Raum ins Sphärische.

> „Ich setze [...] dem erweiterten Koordinatensystem über der euklidischen Mathematik, also dieser positivistischen Kultur zunächst einmal ein Bild gegenüber von einer Welt, die nach der herrschenden Meinung überholt ist [...], suche ebenso das Existierende zu erweitern, indem ich es nach vorn durchbreche."[545]

Beuys weicht mit den Fettecken das kristalline Gebilde 'Raum' auf und versucht früh, den Raum im Sinne einer Erweiterung und Dynamisierung neu zu definieren, ihm weitere Dimensionen hinzuzufügen.[546] Alle Fettecken von

---

544 Wiederholt bezieht sich Beuys auf die euklidische Geometrie als Ausdruck einer einengenden positivistischen Sicht; vgl. Holzhey, in: Kat. Beuys, Berlin 2008, S. 351.

545 Beuys, in: Kat. Beuys, Stockholm 1971, o. S.

546 Die Einladung zur Biennale Venedig 1980 gibt Beuys Gelegenheit, die Notwendigkeit einer derartigen Erweiterung auch in den politisch-sozialen Raum hinein auf internationaler Bühne zu präsentieren. Unter dem Titel *Das Kapital Raum 1970-1977* fasst er Gegenstände seines Wirkens aus sieben Jahren zusammen: Relikte aus *Celtic*-Aktionen, bild- und tongebende technische Gerätschaften, einen Konzertflügel und diverse Tafeln mit Aufzeichnungen früherer Vorträge. Zwei der Tafeln zeigen eine kubische Form mit einem Hebel. „Das ist ein humoristisches Zeichen und soll ausdrücken, wie man den Kapitalismus aus den Angeln hebt". Beuys stellt den Kapitalismus als kubischen Raum dar. Mit der Bildsprache für die überholte euklidische Raumauffassung verweist er auch auf eine überholte Wirtschaftsauffassung, die ausgehebelt werden soll. Er verdichtet das etymologische Spannungsfeld von 'Caput' und 'Capital' in dieser Installation zum Bild, inszeniert sinnliches und geistiges Vermögen als eigentliches Kapital des Menschen. In *Das Kapital Raum 1970-1977* demonstriert Beuys den alten Raumbegriff als bereits

Beuys, frühe, etwa die nur durch ein Foto aus der Atelierwohnung am Drakeplatz in Düsseldorf bekannt gewordene *Fettecke mit Filter* von 1963, oder spätere, wie die acht Fettecken im *Luzerner Fettraum* von 1969 intendieren das Aufbrechen der Linearität, folgen dem Prinzip der Raumabrundung.[547] Auf die Frage von Mario Merz „Ist der Raum gekrümmt oder gerade?“ (vgl. Kap. IV.3.) nimmt Beuys mit den Fettecken gleichsam die Antwort vorweg. Während jener die 'Neue Architektur' jenseits von Bestimmtheit und Genauigkeit in der Form des Iglus exprimiert, bricht Beuys mit Fett die Rechtwinkligkeit des herkömmlichen Raumkonzepts.[548] Ob mit Fettecken und

---

überwunden, führt Ort, Raum, Zeit und Werk zu einem Denkraum zusammen. Vgl. dazu grundlegend Franz-Joachim Verspohl: Joseph Beuys. Das Kapital Raum 1970-77, Frankfurt a. M. 1984 und Mario Kramer: Joseph Beuys – Das Kapital Raum 1970-1977, Heidelberg 1991, S. 9-41, für das Zitat aus dem Interview mit Beuys im Dez. 1984 siehe ebd. S. 32; für die beiden Tafeln siehe Bodentafel IX, Abb. 20 und Bodentafel X, Abb. 21.Wie Mario Kramer in Fn. 212 und mit Verweis auf Raussmüller-Sauer 1988, S. 134, angibt, erscheint die Kubusgestalt mit Hebel bereits 1961 auf einer collagierten Zeichnung; Abb. in Kat. Beuys, Berlin/Tübingen 1988, Bd. 2, Nr. 336. Zur endgültigen Einrichtung der Installation in den Hallen für Neue Kunst, Schaffhausen, vgl. www.Raussmueller-Collection.ch (Stand: 6.7.2013).

547 Ulrich Müller im Rahmen seines Vortrags „Ungleichzeitige Parallelprozesse. Joseph Beuys und Frank Lloyd Wright“ während des Beuys-Symposiums in Düsseldorf, 7.1.2011.

548 Auch Kounellis besetzt bisweilen Raumecken, z. B. mit Kohle. Das Material dient hier jedoch einer territorialen Markierung und realen Wendung des Raums ins Bühnenhafte. „Per me un quintale di carbone, in un angolo di una stanza, crea un valore, non di affetto, ma di inizio di discussione. È quindi un valore insostituibile: se avessi messo il carbone sopra una superficie di carta non sarebbe stato la stessa cosa. Non è un problema materiale perché diventerebbe un problema informale. Ecco il problema del peso. Per me un quintale di carbone non pesa, non ha peso, mentre in un quadro informale la materia ha un peso. Perché la materia per l'informale serve a creare un'altra cosa, mentre nel caso del carbone

spiralförmigen Zeichen auf Tafeln und Papier oder mit Iglus und darauf spiralförmig angeordneten Zitaten – Beuys wie Merz haben das gemeinsame Ziel, beim Betrachter 'rundes' Denken zu wecken. Merz zwingt den Betrachter konkret, den Iglu zu umrunden. Beuys proklamiert die Notwendigkeit, lineares zweidimensionales Denken zu verlassen drastisch auf einer Postkarte: „MANIFEST. Der Fehler fängt schon an, wenn einer sich anschickt, Keilrahmen und Leinwand zu kaufen."[549]

Die Einordnung der Fettecken in kosmisch-sphärische Raumvorstellungen gibt den kristallin tetraedrischen Objekten eine zusätzliche räumliche Dimension, die über deren Polaritäts- und Energiemotiv weit hinausgeht. Der 'runde' Raum wird zur Chiffre für den Gegenraum des Außen. Beuys öffnet die überkommene Raum-Zeit-

---

è lasciato in un angolo della stanza, è libero. Dà un'idea di luogo non come spazialità pittorica, ma come territorio, quale cavità teatrale all'interno del quale si svolge un dramma, giorno per giorno. È l'unico utilizzo possibile." Kounellis im Gespräch mit Celant, Kat. Kounellis, Mailand 1992, S. 15f. [„Für mich bedeutet ein Zentner Kohle in der Ecke eines Raumes einen Wert, nicht der Zuneigung sondern als Beginn einer Diskussion; also ein unersetzlicher Wert. Hätte ich die Kohle auf Papier ausgelegt, wäre es nicht dasselbe gewesen. Es ist kein materielles Problem, es würde vielmehr ein informelles Problem. Da ist das Problem des Gewichts. Für mich ist ein Zentner Kohle nicht schwer, er hat kein Gewicht, während Materie in einem informellen Bild Gewicht hat, weil sie dort dazu dient, eine andere Bedeutung zu kreieren. Hier jedoch, wo die Kohle als Materie einfach in einer Ecke des Raumes abgestellt wird, ist sie frei. Sie vermittelt dem Raum nicht die Idee einer malerischen Räumlichkeit, sondern eines Territoriums wie einer theatralischen Höhle, wo sich Tag um Tag das Drama entfaltet. Das ist die einzige Verwendungsmöglichkeit." Aus dem Italienischen von Carolin Angerbauer].

549 Postkarte *Manifest* (P 66). Der Satz wurde von Beuys am 1.11.1985 auf eine Schiefertafel geschrieben und als Multiple aufgelegt, vgl. Schellmann 1997, S. 425.

Beziehung für die Vorstellung einer Ausdehnung in die Unendlichkeit des Kosmos. Mit der 'Rundung' beschreibt er die Richtung einer neuen Bewegung. Zahlreiche, teils skurril anmutende, aber auch exakt an den Naturwissenschaften ausgerichtete Texte, Textfragmente und Diagramme hat Beuys dazu hinterlassen. Zwei Beispiele:

Tod/Überzeit/Gegenraum/Wärme [...]
die Formeln von Planck und Einstein bedurften dringend
der Erweiterung[550]

Krümmer des Raumes: der Mensch (h)
Krümmer der Zeit: der Mensch (h)
Generator
[...]
Erzeuger des Raumes: der Mensch (h)
Erzeuger des Gegenraumes: der Mensch (h)
Generator[551]

Die beiden Kupferstäbe in der Chef-Aktion – der eine am Boden, der andere, mannshoch schräg an der Wand – nehmen diese Intention auf und leiten Energie vom realen in den sphärischen Raum und umgekehrt. Mit dem in Filz gewickelten Körper bilden die beiden Kupferelemente eine

---

[550] Der vollständige, diagrammartig dargestellte Text von Beuys lautet: „Seit der Wärmetheorie von Beuys / FLUXUS hat der Mensch Alles. / Sehen Sie Vorstoßblock I: / PAN / Leben nach dem Tod XXX / Überzeit ttt / Gegenraum ← Wärme ← irdisches Leben → Kälte → Raum Zeit Tod / die Formeln von Planck und Einstein / bedurften dringend der Erweiterung, / da sie ohne diese auch nur Raumhyper- / trophie zu erzeugen in der Lage sind. / Der Wert h lässt sich aus der / Planck-Formel als 'Der Mensch' / identifizieren. h ist der Wert, / auf den alle Zukunft zuläuft. / Gong / h Mensch / weiter auf der nächsten Seite“ aus der Publikation „24 Stunden“, veröffentlicht Itzehoe 1965 und in: Block Beuys 1990, S. 13.

[551] Der undatierte vollständige Text ist publiziert als Deckblatt in: Kat. Beuys, Basel 1969.

semantische Formation wie ein Blitz oder Hochspannungszeichen, das diese Anmutung noch verstärkt. Richtungen, Bewegungen und Kräfte werden aufgerufen, die von innen nach außen und von außen nach innen wirken; Rudolf Steiner hat Jahrzehnte zuvor in einem seiner anthroposophischen Vorträge folgendermaßen formuliert:

> „Sie werden sehen, wenn Sie wirklich gewissenhaft vorgehen im Begreifen der Erscheinungen, dass Sie nicht auskommen mit den bloßen dreidimensionalen Raumvorstellungen. Sie müssen das Zusammenwirken ins Auge fassen zwischen einem Raume, der die drei gewöhnlichen Dimensionen hat und den Sie sich ideell vorstellen können von einem Mittelpunkt radial auslaufend, und einem anderen Raum, der diesen dreidimensionalen Raum fortwährend vernichtet, und der nun nicht von einem Punkte ausgehend gedacht werden darf, sondern der ausgehend gedacht werden muss von der in unbegrenzter Weite liegenden Sphäre …“[552]

Wenzel Beuys leitet aus den Aufzeichnungen seines Vaters nah verwandte Vorstellungen ab. Beuys habe immer Kräfte vorausgesetzt, die aus der Dimension des Gegenraumes – der Steinerschen Sphäre – die Dimension des (irdischen) Raumes aufheben.[553] Diese Gedankengänge, die in der Innen-Außen-Beziehung, im Signum der Spirale und des Schneckenhauses ähnlich auch bei Mario Merz zu finden sind, verweisen auf einen Mittelpunkt, ein Zentrum, von

552 Aus Vortrag von Rudolf Steiner vom 15.1.1921, zit. nach Louis Locher-Ernst: Raum und Gegenraum, Dornach 1957, S. 207.

553 Boien Wenzel Beuys in der Einleitung „Über Skulptur“, in: Block Beuys 1990, S. 14.

dem alles ausgeht.[554] Dieses Zentrum ist der Mensch, der menschliche Kopf. Titel und zentrale Position des Künstlers in der Chef-Aktion unterstreichen diese Haltung: „'Der Chef' ist ja nur ein Titel. Das heißt, man gibt einer ganz bestimmten experimentellen Anordnung einen Namen. Ähnlich wie man einem bestimmten Manöver den Namen 'Roter Oktober' oder 'Kommando Adler' gibt."[555] Beuys bringt die Anordnung der Elemente im plastischen Raum mit militärischen Manöveraufstellungen, taktischen Truppenpositionierungen in Beziehung.[556] Auch in anderen Arbeiten verwendet er diese Terminologie und setzt sie bildhaft um. *Vor dem Aufbruch aus Lager I* (1970-1980) bezeichnet im militärischen Jargon den Zeitraum der strategischen Vorbereitungen. Bei den aus dem VW-Bus ausschwärmenden Schlitten von *The pack (Das Rudel)* 1969 scheint die Truppenbewegung schon in Gang. Das Motiv der Bewegung und Wendigkeit kehrt, wie bei Merz, im Oeuvre von Beuys als Synonym für geistige Beweglichkeit immer wieder. Im Begriff der *Vehicle Art* will er die Kunst in Bewegung setzen, sie im Raum verbreiten, Botschaften transportieren:

> „Der Chef der Hirschführer konnte seinen Steckkontakt überall im Umkreis anschließen, sei es auf der Innenfläche eines Raumes mit ebenen Flächen oder derjenigen eines kugelähnlichen, auch verwundene und verworfene, ja selbst amorphe Räume

---

554 Zur Spirale als Motiv bei Beuys vgl. Heike Fuhlbrügge: „Wendepunkt und Schwellenzeichen. Das Spiralmotiv im Werk von Paul Klee und Joseph Beuys", in: Kat. Moyland 2000, S. 68-74.

555 Beuys im Interview mit Birgit Lahann, 22.8.1980, in: Stern, Hamburg, 30. April 1981, S. 76-82, 250-253, hier S. 250.

556 Im *Igloo di Giap* zitiert Mario Merz ebenfalls eine militärische Raum-Strategie; vgl. Kap. II.3. und IV.3.

> gaben ihm Energie um seine Kuchen zu backen. Er verzweifelte nicht, weil ihm zunächst nur ganz platte unscheinbare Plinsen gelangen, die sich sehr stark in der Pfanne zusammenzogen, im Gegenteil, es unterstütze ihn in seinem Wollen, da er die Überzeugung von der Wirkung seiner Kunstpille nie verloren hatte."[557]

Dennoch muss er nüchtern konstatieren: „Wir befinden uns in einer nomadischen Kultur; der Geist muss ohne feste Weltanschauung auskommen."[558] Daher gilt es sich zu rüsten. In der Chef-Aktion bestehen die Beuysschen 'Truppen' aus toten Tieren, Fett, Filz und Kupfer; im Zentrum ist der 'Chef', der Künstler selbst, der Mensch als „Generator und Krümmer des Raums".[559] Sein Kopf bleibt in Deckung, im Filz larval verhüllt, doch alle Bezugslinien im Raum – zum 'Blitz' der Kupferstangen, zum toten Hasen, zum Mikrofon – sind auf ihn gerichtet, nehmen von hier ihren Ausgang. Aktion und Denken zielen auf ein „[...] Thema: wie wird man Revolutionär? Das ist das Problem."[560]

---

557 Text von Beuys, publ. in: Kunst, 5/6, Mainz 1964, S. 127 und in: Block Beuys 1990, S. 50; und vgl. Kap. III.4. vorliegender Arbeit.

558 Graevenitz, in: Kat. Beuys, Zürich 1993, S. 274.

559 Beuys im Interview mit Birgit Lahann, 22.8.1980, in: Stern, Hamburg, 30. April 1981, S. 250. Hier äußerte sich Beuys ausführlich zur Bedeutung der Chef-Metapher. Gemeint sei nicht der Chef in einem Büro, sondern der Chef im eigenen Menschen. „Der 'Chef' da drin ist das menschliche Haupt. Das Wort Chef kommt von Kopf. Und den hat jeder Mensch. Jeder Mensch hat seinen Chef. Jeder Mensch hat also die Möglichkeit, zu bestimmen. Es ist also das Element der Selbstbestimmung drin. Das heißt Chef." Ebd.

560 Beuys im Interview mit Caroline Tisdall 1978, in: Schneede 1994, S. 70.

Klang und Farbe[561]

Zur Imagination einer traditionell strategischen Raumaufstellung gehört auch eine klangliche Begleitung, die den 'Ton' angibt. Der Titel der Chef-Aktion verspricht *Fluxus Gesang*. Doch die menschliche Figur ist durch den Filz vom umgebenden Raum isoliert, der Akteur kaum als solcher erkennbar. Gleichwohl ertönen von Zeit zu Zeit in unregelmäßigen Abständen Laute, die sich irritierend in die Ruhe und Konzentration der Aktion mischen: Aufatmen, Räuspern, Hüsteln, Keuchen, Zischen und ein an Hirschrufe erinnerndes ö ö ö dringen als akustische Botschaft nach außen.

> „Das ist ein Urlaut, weit zurückreichend. Er war später Hauptausdruck einer Ansprache, die ich als Professor für monumentale Skulptur 1967 zur Semestereröffnung an der Düsseldorfer Akademie hielt. Akustisch ist es die Verwendung der Trägerwelle als Energieleiter ohne semantische Information. Die Welle übermittelt den Laut, der gewöhnlich im Tierreich vorkommt. Die Laute, die ich von mir gebe, sind bewusst von Tieren bezogen. Ich sehe darin eine Möglichkeit, mit anderen Formen von Existenz in Berührung zu kommen, jenseits der menschlichen.“[562]

Der verschlossene Galerieraum, Höhle und Gefäß zugleich,

---

561 Zur Nachwirkung von Musik und Klang im Kunstkontext vgl. Karlheinz Schmid, „Wenn tonangebende Kreise auf Hörräume setzen“, in: Kunstzeitung, Nr. 176, 2011, S. 17. Schmid listet, beginnend 1987 mit der Langspielplatte von A. Oehlen, G. Förg, H. Kiecol und M. Kippenberger, alle musikalischen Erzeugnisse und Aktivitäten bedeutender Künstler des 20. und 21. Jahrhunderts auf. Siehe auch Peter Kiefer: Klangräume der Kunst, Heidelberg 2010.

562 Beuys im Gespräch mit Ursula Meyer, Düsseldorf Aug. 1969, publ. in: Artnews, 9, New York, Januar 1970, S. 54-57, 71; hier S. 57.

wird zum Resonanzraum. Im weichen Filz verpuppt spiegelt der Künstler die Idee der Trägerwelle. Der Begriff aus der Nachrichtentechnik beschreibt die von einem Sender emittierten Schwingungen. Wie aus einem anderen Raum dringen Informationen aus der Filzhülle, durch Mikrofon, Kabel und Lautsprecher medial verstärkt. Dadurch wird eine weitere Bezugslinie zwischen Innen und Außen, zwischen Sender und Empfänger, zwischen Akteur und Zuschauer aufgebaut. Im Hören liegt ein unverzichtbarer Bestandteil der plastischen Kunst von Beuys.[563] Immer wieder habe sein Lehrer betont, Plastik beginne beim Hören[564], sagt Johannes Stüttgen[565].

Wenn Kounellis die Flammen des Bunsenbrenners aus dem Ohr der antikisierenden Gipsplastik züngeln lässt (*Senza titolo*, Sogno di Orfeo, 1975), verweist auch er – impulsiver, nicht so sanft wie Beuys – auf das Hören als sinnliche Erweiterung. Beuys und die Künstler der Arte povera zeichnet aus, dass sie – im Gegensatz zu den Amerikanern der Anti-Form – eine neue, umfassendere Sinnlichkeit im Raum evozieren wollen. „Da [in der Chef-Aktion; Anm. d. Verf.] ist ein Bewegungssinn drin, der Zeitsinn, der Geruchsinn, das Gehör, das Sehen, der Tastsinn, der Geschmacksinn, alles Mmögliche." Und Beuys weiter: „Kunst ist zur Erziehung der Sinne, zur Entwicklung neuer

---

563 Ebd.

564 Für die Lautwandlung in elektrochemische Signale ist die spiralig gewundene Schnecke des Innenohrs zuständig. In diesem Organ kehrt also das Bild der Spirale, der ewigen Wiederkehr (Nietzsche), des Runden und Zyklischen real wieder. So betrachtet ist auch Hören ein 'spiraliger' Prozess, der nach genetischem Ursprung und evolutionärer Richtung fragt.

565 Anmerkung von Johannes Stüttgen während des Beuys-Symposiums in Düsseldorf, 7.1.2011.

Organe da."[566]

Die distanzierte sektorale Betrachterposition, wie sie die Zentralperspektive bedingt, wird durch die Allseitigkeit akustischer Erscheinungen konterkariert. „Wir können den Schall nicht automatisch ausschalten. Wir sind eben nicht mit Ohrlidern versehen. Während der Sehraum ein organisiertes Kontinuum gleichförmiger, zusammenhängender Art ist, stellt die Ohrenwelt eine Welt gleichzeitiger Beziehungen dar."[567] Lautäußerungen, Klänge, Töne sind deshalb im Sinn der Raumabrundung wesentliche Komponenten im Werkschaffen von Beuys. Auch wenn er nicht persönlich agiert, ist die Assoziation von Klang durch Instrumente, Lautsprecher, Filmspulen oder Kabel häufig im Raum präsent.[568] In *Das Kapital Raum 1970-1977* erinnern die verschiedenen akustischen Elemente an vergangene Auftritte, in *Sibirische Symphonie 1. Satz* (1963) oder in *Komposition für 2 Musikanten* (1963) ist der Klang als Raumkomponente schon im Titel konnotiert, im Objekt *Infiltration homogen für Konzertflügel* schafft die Stummheit des in einen 'Filzanzug' genähten Instruments einen polaren Klangraum besonderer Art. 'Stumm', geradezu strategisch getarnt, ist auch die Farbigkeit im Beuysschen Raum: die grauen Filzelemente, die braungrauen Hasen, die kupferfarbigen Stangen, die Fettecken, die schwarzen Kabel. Dazwischen kein farbiger Papagei wie bei Kounellis, kein grüner Salatkopf wie bei Anselmo. Getrübt und farblos sind

---

566 Beuys, in: Tom Molenaars: Joseph Beuys: de acties in de jaren '60, unveröffentl. Diss. Nijmegen 1982, S. 29, zit. nach Schneede 1994, S. 73.

567 Marshall McLuhan: Das Medium ist die Botschaft, Frankfurt a. M. 1969, S. 110.

568 Für eine ausführliche Darstellung des musikalischen Aspekts im Werk von Joseph Beuys vgl. Mario Kramer: Klang & Skulptur, Darmstadt 1995.

die Materialien. Braun und Grau herrschen vor, zugedeckte Helligkeit und erdige Wärme.

Zeit

Mit der sphärischen Raumorientierung durch die Fettelemente in den Ecken der euklidischen Raumgeometrie kommt der unendliche Raum und damit die Zeit als weitere Dimension ins Spiel. Die Dauer einer Aktion entspricht einer bestimmten Quantität an Zeit. Über 24 Stunden dauert das Happening *und in uns ... unter uns ... landunter* (1965). Beuys kniet auf einer Kiste und agiert im Raum, ohne sich von der Kiste wegzubewegen. In der Chef-Aktion liegt Beuys acht Stunden regungslos am Boden.[569] Wie in allen Beuysschen Aktionen treffen sich die Koordinaten von Raum und Zeit. Die Dehnung der Aktionszeit ist ein Versuch, den physischen Zeitbegriff zu durchbrechen, das Vergehen der Zeit findet eine Entsprechung im Werden von Körper und Raum.

> „Ich sage 'imago', denn es ist ja wie bei der Entstehung des Schmetterlings auch so, dass die Made erst in einem Tunnel liegt. Da ist alles Dunkel und abgeschlossen und auf einmal erscheint eine 'imago'

---

569 Ursprünglich hatte Beuys für diese Aktion noch eine weitere, topische Dimension geplant. Mit Robert Morris strebte er eine Simultan-Aktion in New York an, die auch in der Einladung schon angekündigt war – deshalb der englisch/deutsche Titel. Beuys und Morris waren sich im Oktober 1964 in Düsseldorf begegnet, als Morris eine Ausstellung in der Galerie Schmela zeigte. „Wir wollten" so Beuys, „in derselben Sekunde beginnen und dann neun Stunden lang arbeiten, ich in Berlin, er in New York... ich machte eine Skizze mit den Maßen, gab ihm alle Anweisungen in Bezug auf den Raum und all die benötigten Elemente." Morris sagte später, dass es ihm unmöglich war, diese Aktion zu duplizieren. Vgl. Schneede 1994, S. 69.

am Ende des Prozesses."[570]

Der Künstler im Tunnel des Filzes suggeriert eine Existenz, die eine metamorphotische Entwicklung durchläuft. Den lang andauernden Prozess evolutiver Transformation bringt er in das Bewusstsein der Gegenwart. Der messbaren Zeit stellt er die eigene Aktionszeit gegenüber – dem physikalischen Gesetz sein künstlerisch programmatisches. Nur etwa zwanzig Sekunden dauert die *Komposition für 2 Musikanten* (1963) im Rahmen einer Fluxus-Veranstaltung, drei Tage die Aktion *I like America and America likes Me* (1974). Ausdehnung und Zusammenziehung gelten Beuys gleichrangig für Raum und Zeit: „Sowohl durch Überlängung als durch Überkürze scheint es mir hier und da gelungen zu sein, eben den physischen Zeitbegriff zu durchbrechen".[571] Das Thema entspricht dem Zeitgeist. Parallel experimentiert Andy Warhol im Medium Film mit extremen Zeitdehnungen und Raffungen.[572]

Die Dimension der Zeit spiegeln auch zunächst unscheinbare Details im Raum der Chef-Aktion. Beuys hatte zur Vorbereitung Haarbüschel zu Kugeln gedreht und zusammen mit abgeschnittenen Fingernägeln etwa in Augenhöhe an der Wand befestigt. Untersuchungen des Hamburger Materialarchivs stellen diese Materialien[573], die

---

570 Beuys, in: Kat. Düsseldorf 1981, S. 135.

571 Beuys, in: Götz Adriani/Wilfried Konnertz/Karin Thomas: Joseph Beuys. Leben und Werk, Köln 1973, S. 74.

572 1963/1964 produziert Andy Warhol den sechsstündigen Film *Sleep* und den achtstündigen Film *Empire*.

573 Vgl. die Ausführungen zu „Haaren" und „Knochen", in: Wagner/Rübel/Hackenschmidt 2002, S. 136-139, 154-159, und unter dem Stichwort „Organisches – Knochen, Schädel, Zähne, Haare" die Ausführungen von Sebastian Hackenschmidt, in: Kat. Beuys, Moyland 2006, S. 164-176.

sich auch in einer Vitrine im Darmstädter Block finden[574], mehrmals in direkten Bezug zu den Konzentrationslagern des Nationalsozialismus. Marina Schneede schreibt, es scheine als habe in der Kunst erstmals Joseph Beuys darauf hingewiesen, dass abgeschnittenes Haar im 20. Jahrhundert, nach dem Holocaust, fast zwangsläufig eine zusätzliche Bedeutung gewonnen hat: „Man wird die Haare und die abgeschnittenen Fingernägel in diesem Sinne als Überreste menschlichen Lebens und als überlebensfähige Substanzen verstehen müssen, als Erinnerung an den Ausgangspunkt, der einen 'radikalen Neubeginn' notwendig machte: den Holocaust.“[575] Das Motiv der Überlebensfähigkeit interessiert Beuys besonders. Haare und Fingernägel faszinieren ihn, weil sie auch nach dem Tod des Menschen noch bestimmte Zeit weiter wachsen.[576] Die energetische Kontextualisierung verleiht den Objekten Fetischcharakter, wodurch sie sich den ethnologischen Zeugnissen von Kulturen nähern, die noch vor Aufklärung und Zivilisation stehen.[577]

Bewegung in Zeit und Raum

Zusammen mit ihrem Reliktcharakter reflektieren Beuyssche

---

574 In Raum 5 des Darmstädter *Block Beuys* liegen vergleichbare Haarbüschel und Fingernägel, hier mit dem Werktitel *Haare (Atom-Modell) und Zehennägel. Aus: 'Vehicle Art'* (1963), vgl. Block Beuys 1990, S. 200.

575 Schneede, M., 2002, S. 107. Monika Wagner zieht den Vergleich mit menschlichen Haaren, Filz und den Konzentrationslagern des Nazionalsozialismus auch in ihrem Beitrag zum „Filz“, in: Wagner/Rübel/Hackenschmidt 2002, S. 97-101, hier S. 98.

576 H. U. Bodenmann (Basel) berichtete von dieser Aussage des Künstlers im persönlichen Gespräch mit Monika Angerbauer-Rau im Januar 1997.

577 Zur Geschichte von Bildern als „imagines agentes“ vgl. Horst Bredekamp: Theorie des Bildakts, Berlin 2010, S. 20.

Objekte einen Raum der Erinnerung. Am Darmstädter *Block Beuys* wird das besonders deutlich. Der Künstler installiert diesen 'Block' 1970 selbst in der naturkundlichen Sammlung des Hessischen Landesmuseums. Für einen Großteil der Objekte wählt er die in naturhistorischen Museen übliche Präsentation in Vitrinen.[578] Die Gegenstände sind darin zu bühnenartigen Rauminstallationen arrangiert, die überzeitlich Geschichte erzählen.[579] Ob in Vitrinen, Installationen oder Aktionen, Beuys schafft Denk- und Wahrnehmungsräume, die das Potenzial der Vergangenheit in die Gegenwart transportieren. In den Vitrinen und plastischen Räumen ergänzen sich die akkumulierten Gegenstände, wirken gegenseitig aufeinander ein und bringen Neues, Anderes hervor. Erinnerung ist in diesen Räumen als Erkenntniskategorie zu begreifen (vgl. Kap. II. 4.). Beuys etabliert ein archivarisches System, indem sich wertlos erscheinende, vergängliche, unscheinbare Materialien und kulturelle Erinnerungsarbeit komplementär ergänzen.[580] Der Betrachter begegnet im *Block Beuys* den Objekten auf Augenhöhe, kann um sie herumgehen und wird in einer räumlichen Anordnung geleitet, die Barbara Gronau als

---

578 Für genauere Hintergründe zu der Besonderheit der Räume im Naturkundemuseum und der Vitrine als Bühne, insbes. in den Räumen III bis VII, vgl. Gronau 2010, S. 116-119.

579 Beispielhaft sei die Auschwitz-Vitrine (*Auschwitz Demonstration*, 1956-1964) genannt; grundlegend dazu Mario Kramer: „Joseph Beuys. Auschwitz Demonstration (1956-1964)“, in: Eckhardt Gillen (Hg.): Deutschlandbilder. Kunst aus einem geteilten Land, Kat. Martin Gropius Bau Berlin, Köln 1997, S. 293-303 und die aktualisierten Ausführungen von Gene Ray: „Joseph Beuys and the After-Auschwitz Sublime“, in: Ders. (Hg.): Joseph Beuys – Mapping the Legacy, New York 2001, S. 55-74.

580 Der von Beuys bevorzugte materiale Bereich gehört dem 'profanen Raum' an; vgl. dazu Boris Groys: Über das Neue. Versuch einer Kulturökonomie, München/Wien 1992, S. 12.

'Dramaturgie des Parcours' beschreibt, die den Besucher in das 'Kraftfeld Plastik' integriert.[581] Aus der Gleichzeitigkeit von Alt und Neu führt Beuys den Betrachter zur Wahrnehmung von Strukturen und Inhalten überzeitlicher Kontinuität. Damit entzieht er dem gedanklichen Bild eines linearen Ablaufs von Geschichte den Boden, bricht die euklidische Geometrie auch diesbezüglich auf. Mit Blick auf die Vitrinen von *Palazzo Regale* (vgl. Kap. V.4.) spricht Zweite von einer „Verschränkung des Evidenten mit dem Hermetischen, des Architektonischen mit dem Skulpturalen", sieht den plastischen Raum „als schimmerndes Amalgam des Vergangenen und Zukünftigen, als Brückenschlag vom Materiellen zum Spirituellen, als Konstrukt aus Vermächtnis und Utopie."[582] Gleichwohl bleibt in den Vitrinen, in der geometrischen Struktur der 'Umrandung' der 'Plastischen Bilder', der Schachteln, Kisten und Dosen die klassisch euklidische Raumidee noch präsent, in der Rahmung der Holzkisten die Grenze betont, der Inhalt vereinzelt und isoliert.[583] Der Beuyssche Raum ist „gefüllte

581 Zur Thematik der Performativität im Darmstädter *Block Beuys* vgl. Gronau 2010, S. 97-125. Ausführlich zum Kraftfeld Beuysscher Plastiken vgl. Johannes Stüttgen: Zeitstau. Im Kraftfeld des erweiterten Kunstbegriffs von Joseph Beuys, Wangen 1998.

582 Armin Zweite: „'Ich kann nur Ergebnisse meines Laboratoriums nach außen zeigen und sagen, schaut einmal her...' Palazzo Regale, das letzte Environment von Joseph Beuys", in: Kat. Beuys, München 1986, S. 58-68, hier S. 68.

583 Grundlegend, auch den räumlichen Aspekt der Werkgruppe der 'Plastischen Bilder' betreffend, Barbara Strieder: „Schachteln, Kisten, Dosen - zur Werkgruppe der Plastischen Bilder", in: Joseph Beuys-Tagung, Basel, 1.-4.5.1991, hrsg. von Volker Harlan, Dieter Koepplin, Rudolf Velhagen, Basel 1991, S. 65-73.

Plastik“[584], Behältnis, Gefäß und Höhle[585]. Auf die eingangs erwähnte *gummierte Kiste* (1957) bezogen, sagt Beuys im Gespräch mit Caroline Tisdall: „Sie drückt die Notwendigkeit aus, im Geist einen Raum zu schaffen, von dem alle Störungen beseitigt sind: einen leeren, isolierten Raum.“[586]

Isolation und Abgrenzung, ob sichtbar oder unsichtbar, ist immer Auswirkung des Aufeinanderpralls opponierender Kräfte, bestimmt durch menschliches Verhalten. Topologisch und mentalitätsbedingt reagieren Beuys und die Künstler der Arte povera unterschiedlich. Als eine Generation von 'Kriegskindern' erleben beide zeitbedingt eine Zäsur, abgeschnitten von historischen Wurzeln und in der Bewegung politisch oder materiell behindert. „Für Deutschland bedeutet das Bild der 'Spaltung' den Riss zwischen Ost und West, für Italien zwischen Klassik und Moderne.“[587] Der Umgang mit dieser Grenzsituation, der Austausch zwischen Individuum und Kollektiv, zwischen Innen und Außen erscheint bei den Italienern, vor allem bei Merz, viel lockerer, entspannter, die Raumgrenzen offenporiger und weniger betont. Beuys dagegen entwickelt einen Plan und gründet Organisationsstrukturen.[588] „Beuys 1967:

---

584 Beuys im Gespräch über die Honigpumpe, in: Volker Harlan: Was ist Kunst? - Werkstattgespräch mit Beuys, Stuttgart 1986, S. 62.

585 Vgl. dazu Armin Zweite: „II. Objekte und Environments“, in: Joseph Beuys – Arbeiten aus Münchner Sammlungen, Kat. Städtische Galerie im Lenbachhaus, München 1981, S. 46f.

586 Beuys, in: Kat. Beuys, New York 1979, S. 70; dt. bei Strieder, in: Beuys-Tagung Basel 1991, S. 69.

587 Celant, in: Kat. München 1988, S. 100.

588 Ab Gründung der „Organisation für Nichtwähler. Freie Volksabstimmung“ am 2.3.1970 hat Beuys eine Reihe weiterer politischer Organisationsstrukturen initiiert (z. B. „Freie Akademie“, „Deutsche Studentenpartei“, „Organisation für direkte Demokratie durch

der freie demokratische sozialistische Staat EURASIA wurde am 12. Mai 1967 gegründet.“[589] Als Mediator dient ihm der Hase, ein Tier, das grenzüberschreitend Kontinente verbindet.[590]

> „Der Hase ist das Element der Bewegung, der Aktion, die den starren Kunstbegriff ändert. Dann ein Bewohner von Eurasien, der über alle Grenzen hinweggeht und sogar mit der Berliner Mauer fertig wird. Damit hängt die Idee der großen Einheit zusammen, die von Mitteleuropa ausgeht. Der Hase ist ein altes germanisches Symbol: Sein Osterei bedeutet Neubeginn, Frühling, Auferstehung. Er steht als alchemistisches Zeichen für Umwandlung.“[591]

Als eine Art 'räumliche Formulierung' setzt er in den Eurasia-Aktionen[592] von Beginn an tote Hasen ein.

Volksabstimmung“, 1971, Gründung des Vereins zur Förderung einer „Freien internationalen Hochschule für Kreativität und interdisziplinäre Forschung e. V.“, 1973, usw.); chronologisch aufgelistet in: Joseph Beuys Lebenslauf/Werklauf, publ. in: Kat. Beuys, München 1986, S. 253-263.

589 Textvermerk 1970 für den Katalog der Ausstellung: Kunst und Politik, Karlsruhe 1970, o. S. Der 12. Mai ist gleichzeitig Beuys' Geburtstag.

590 In der Aktion *I like America and America likes Me* (New York, 1974) ist es ein Kojote, der die verloren gegangene Beziehung zwischen altem und neuem Amerika sinnbildlich reaktivieren soll.

591 Beuys im Interview mit Veit Mölter zu seiner Ausstellung *Palazzo Regale* in Neapel: „Mich muss man nicht verstehen...“, in: Abendzeitung München, 15.11.1985, S. 8.

592 Diese Aktionen beginnen 1966 in Kopenhagen: *EURASIA, SIBIRISCHE SYMPHONIE 1963, 32. SATZ (EURASIA) FLUXUS*, Galerie 101, Kopenhagen, 15. 10. 1966, Galerie René Block, Berlin, 31.10.1966. *EURASIENSTAB 82 min fluxorum organum,* Aktion in Galerie nächst St. Stephan, Wien, 2.7.1967, Aktion in Wide White Space

„Eurasien, das ist die zusammenhängende Landmasse von China bis zum Atlantik [...] Der Hase meint also jene weit ausgreifende, durch die Bewegung des Denkens in Gang zu setzende Erneuerung, die notwendig ist, um den Prozess der Vereinigung historisch gespaltener Kräfte ins Werk zu setzen.“[593] Die Eurasia-Aktionen beginnt Beuys immer mit einer Kreuzesteilung, Sinnbild der politischen und kulturellen Spaltung in Ost und West, in 'Ostmenschen' und 'Westmenschen'. Beuys sieht eine dringende Notwendigkeit, das westliche Prinzip des vom Kopf her bestimmten Menschen wieder mit dem eher gefühlsmäßigen des Ostens zu verknüpfen.[594] Doch „'Eurasia' war für Beuys wohl weniger ein politischer Begriff als eine schöpferische Vorstellung“, schreibt Schneede „die sich freilich aus der politischen Realität ableitete und direkt auf sie bezog. [...] auch der politische Anschein kann nicht darüber hinwegtäuschen, dass Beuys damit einen Gedanken meinte, den Gedanken von der geistigen Einheit, welche Realität schafft: Utopie. In diesem Sinne stellte sich Beuys eine Vereinigung der angenommenen östlichen Intuition und der angenommenen westlichen Vernunft als Basis gegenseitiger geistiger Befruchtung und politischer Befriedung vor. Die beiden kleinen Kreuze dürften auf die frühe Trennung der Religionen (Rom – Byzanz) und damit auf die Notwendig-

---

Galerie, Antwerpen, 9.2.1968; grundlegend und ausführlich beschrieben in: Schneede 1994, S. 126-145.

593 Schneede 1994, S. 129.

594 Begrifflichkeit und Zuschreibung der Eigenschaften von Ostmenschen und Westmenschen dürften auf Rudolf Steiner zurückgehen, der diese Ideen auf dem West-Ost-Kongress in Wien 1922 als Grundlage zur Verständigung zwischen Ost und West dargelegt hat; zit. nach Johannes Hemleben: Rudolf Steiner, Reinbek 1963, S. 82, 84.

keit, diese Trennung zu überwinden, hinweisen."[595]

Doch neben allem Wollen ist im Beuysschen Oeuvre die Abgrenzung bildsprachlich immer gegenwärtig, das Raumkonzept im Kern strategisch. Die naturwissenschaftlich experimentellen Ansätze im Werk und die Verwendung bildsprachlicher Medien, die dem eigenen Erfahrungsschatz entstammen, verbürgen Authentizität. Die Kisten, Schachteln, Dosen, Vitrinen mit ihrer situativ konzeptuellen Binnenstruktur spiegeln wie die Chef-Aktion die Komplexität strategischer Manöverpositionierungen.[596] Performativ dominiert die nordische Strenge, das Auftreten hat den Habitus des Rituellen. Im auffälligen Mantel aus Pelz betritt Beuys, aus dem kalten Norden kommend, im November 1971 italienischen Boden. Mit raumgreifendem Schritt, in Fliegerweste, Hut und Stiefeln weist er, der wortvirtuose Künstler und freiwillige Kriegsteilnehmer, im politisch-ökonomischen Durcheinander dem italienischen Volk des Mezzogiorno die Richtung: „La rivoluzione siamo Noi."[597] 1972 umgibt er sich – wieder in Neapel – mit Stapeln von Aktionsfotos und betritt erneut die 'Arena'[598]. Wie kein

595 Schneede 1994, S. 129.

596 Im Gegensatz zu den Aktionen der Fluxus-Bewegung, die anonym und mit dem Zufall spielen wollten, tritt Beuys in seinen akribisch geplanten Aktionen immer selbst auf. „War der Fluxuskünstler ein Vorführer – die Fluxusaktionen konnten ohne Substanzverlust von anderen als den Autoren präsentiert werden – so war Beuys unabdingbar substantieller Bestandteil seiner Aktionen. Sie waren an seine Person gebunden, seine Artikulationsmöglichkeiten, seine Geschichte, seine Askese, sein Charisma, seine Körpersprache, nicht zuletzt an sein 'Sender'-Bewusstsein: Person und Werk waren in der Beuysschen Aktion ursächlich miteinander verbunden"; vgl. Schneede 1994, S. 74.

597 Postkarte (P 7) als Multiple publiziert in: Schellmann 1997, S. 412.

598 Zur Ausstellung *Arena. Dove sarei arrivato se fossi intelligente!*, die mit der Aktion *Vitex agnus castus* am 15.6.1972 in der Galerie von Lucio Amelio

anderer infiltriert er mit seinen Botschaften den öffentlichen Raum, bedient sich der Massenmedien, besetzt Alltagsplätze wie Museen mit Ideen der Transformation, der Verschmelzung mit Mythos und Geschichte, um am Organismus einer modernen demokratischen Gesellschaft mitzuformen. „Die Mysterien finden im Hauptbahnhof statt", schreibt er 1979 auf eine Postkarte – nüchterne Feststellung und konzeptuelle Zielangabe zugleich.[599]

---

in Neapel eröffnet wurde vgl. Schneede 1994, S. 318-321 und Kap. V.4. vorliegender Arbeit.

599 Postkarte (P 63), 7.11.1979, als Multiple publiziert in: Schellmann 1997, S. 425.

V. Energie

Mit der Beschreibung der Gesetze der Thermodynamik und des Energieerhaltungssatzes wurde im 19. Jahrhundert die Bedeutung des Energiebegriffs für die Wissenschaft erkannt, von der Philosophie reflektiert und in der Kunst aktuell. Vier Faktoren trugen wesentlich dazu bei: 1. die Ausdehnung und Anwendung physikalischer Erkenntnisse auf nichtmechanische Gebiete, 2. Untersuchungen über das Wesen der Wärme, 3. das Studium des Energieaustauschs im Stoffwechsel lebender Organismen und schließlich 4. die Naturphilosophie, die Beschäftigung mit Naturkräften und den Energien immaterieller Wesen, die aufs engste mit dem Geist, der die Natur lenkt, verbunden sind. Kulturgeschichtlich war der Energiebegriff bis Mitte des 19. Jahrhunderts von 'Kraft' nicht unterschieden und auch als Begriff im heutigen Sinn nicht existent.[600] Die Erkenntnisse der Thermodynamik bestärkten den Zusammenhang der in der Philosophie bereits seit der Antike verbundenen Begriffe von Raum, Zeit und Bewegung[601], deren untrennbare Äquivalenz mit dem Energiebegriff schließlich durch Einsteins Relativitätstheorie belegt wurde: $E = m \cdot c^2$. So war

---

600 Erst mit dem 1847 erschienenen Aufsatz von Hermann von Helmholtz „Über die Erhaltung der Kraft“ wurde auf der Basis mathematischer Analyse eine Unterscheidung von Kraft und Energie erreicht. Bis dahin gab es keine gültige Fixierung des Energiebegriffs. Ausführlich zur Entwicklung des Kraft- und Energiebegriffs vgl. Max Jammer: Art. „Energie“, in: Historisches Wörterbuch der Philosophie, Bd. 2, 1972, Sp. 494-499, hier Sp. 496f.

601 Aristoteles beschrieb als erster, dass sich Bewegung durch Anfangs- und Endpunkte definieren lässt, verband so das Zeitphänomen mit Bewegung und schlug Zeit als Maß für Bewegung vor. Diesem Vorschlag schlossen sich Dichter wie Homer und Hesiod an und übertrugen jedoch die Bewegung, die Aristoteles an der Substanz beobachtete, schließlich auf das Verhalten der Götter. Vgl. für den Verweis Bulk 2001, S. 132.

die Kunst des 20. Jahrhunderts zunehmend geprägt von der engen Verbindung dieser Begriffe, man denke etwa an die dynamischen Bestrebungen von Futurismus, Bauhaus oder Dada.[602] Doch die Künstler dieser Epoche interessierten sich seit Beginn vor allem für mechanistische Aspekte der Bewegung wie die Schnelligkeit maschinell technologisierter Fortbewegung zu Lande oder in der Luft. Nach der historischen Unterbrechung durch den 2. Weltkrieg ist der Energiebegriff der Künstler der Arte povera und von Joseph Beuys nicht von vergleichbaren Kategorien des Machens oder Herstellens geprägt. Diese Künstler – und das gilt bis heute – stehen für einen Energiebegriff des Werdens und Wachsens. Es ist ein evolutiver Energiebegriff, der die Aspekte von Raum, Zeit und Bewegung wieder gemeinsam betrachtet und die Sichtbarmachung der energetischen Prozesse der Natur ins Zentrum stellt. Es geht um Transformationsprozesse, die die eine Energieform in eine andere überführen, dabei das Nachdenken und Erkennen des Betrachters anregen und geistige und soziale Energien wecken. Beuys spricht explizit von geistiger und sozialer Wärme für die Gesellschaft, von der Auflösung starrer Strukturen und einer neuen Einheit von Leben und Kunst. Zahlreiche Beiträge von Kunsthistorikern und -kritikern der 1960er und 1970er Jahre beschäftigen sich mit Phänomenen der Energie, die nicht nur in chemisch-physikalischen Prozessen zum Ausdruck kommen, sondern auch „als geistige Kraft zum Mittel der Veränderung von Situationen und Lebensbedingungen" wirksam sind und werden.[603]

[602] Für die künstlerische Entwicklung und kulturpolitische Einbettung im 20. Jahrhundert vgl. Germano Celant: „In Total Freedom: Italian Art", 1943-1968, in: Kat. New York/Mailand/Wolfsburg 1995, S. 4-19.

[603] Für einen Überblick zur Geschichte des Energiebegriffs, zum Energieverständnis der Künstler der Arte povera und zur Forschungslage vgl. Bulk 2001.

Bildlichen Ausdruck findet der Übergang vom Materiellen zum Geistigen in der Verwendung von Licht und Elektrizität in allen möglichen Erscheinungsformen, natürlichen wie technisch erzeugten. Dabei beziehen die Künstler naturwissenschaftliche Erkenntnisse der Quantenmechanik, der Enthalpie und Entropie, der Speicherung und Leitung genauso mit ein, wie Aspekte alchemistischer oder mythisch-spiritueller Traditionen.

Als Piero Gilardi den Begriff der Energie in den Titel seines berühmt gewordenen Textes von 1968 *Die Primärenergie und die 'mikroemotiven' Künstler* aufnahm, bezog er sich auf die den einzelnen Materialien weit vor allem Lebensbeginn innewohnenden Kräfte[604]. Ihre Befreiung – beinahe wie im Urknall – sei das Ziel, wenn z. B. Mario Merz mit dem Licht der Neonröhren feste Materie, alltägliche Gegenstände wie Regenschirme, Regenmäntel, Autos oder Flaschen durchstoße. Dabei spannt er den Bogen von den physischen zu den spirituellen Qualitäten eines Materials und betont den Aspekt der Bewegung, des langsam 'Fließenden', das seinen Ursprung im Denken habe.[605] Ammann verweist 1970 auf die konzeptuelle Seite des Materials und betont, dass es sich in erster Linie um die Materialisation „eines visualisierten Denkens" handle.[606] Auch Renato Barilli sieht bei den Künstlern der Arte povera ein „concetto di primarietà". Sie würden – anders als die Künstler des Informell in den 1950er

---

604 Gemeint sind natürliche (Energie-)Quellen wie Kohle, Uran, Rohöl, Sonnenlicht, Wind oder fließende Gewässer.

605 Vgl. dazu Piero Gilardi, 1968: „Jetzt richten Nauman, Merz und andere Künstler, die ich ‚mikroemotiv' nenne und die über Amerika und Europa verstreut sind, ihre Aufmerksamkeit auf das ‚Fließende' der Intentionalität und der Betrachtung; der Gegenstand der mikroemotiven Künstler ist die Primärenergie." Dt. in: Bätzner 1995, S. 70.

606 Ammann, in: Kat. Luzern 1970, o. S.

Jahren – auf eine illusionistische Darstellungsweise zu Gunsten der Dimension des 'Realen' verzichten. Bei ihnen gebe es eine Art Kurzschluss zwischen einer Rückkehr zu archaischen und 'armen' Prinzipien wie dem Gebrauch der tierischen Kraft oder des pflanzlichen Wachstums oder der Gravitationskraft und 'reichen', extrem raffinierten Prinzipien, wie sie sich in der Verwendung des Neons und der Elektronik niederschlagen mit dem Ziel, die Einheit von Kultur und Natur wiederherzustellen.[607] Kunst als Ausdruck eines kreativen energetischen Prozesses sollte den mimetischen Charakter der reinen Naturnachahmung überwinden und durch die Übertragung auf gesellschaftliche Strukturen, von Materie auf Nicht-Materie, auch eine immaterielle, therapeutische Wirkung erzielen.

---

607 Barilli, Renato: „L'arte povera", in: Dall'opera al coinvolgimento l'opera: simboli e immagini, la linea analitica. Arte in Italia 1960-1970, Kat. Galleria Civica di Arte Moderna Torino, Turin 1977, S. 16.

V.1. Jannis Kounellis

„Wenn chemische Prozesse mit sehr großer Heftigkeit eintreten, so entwickeln sie Wärme und Licht, deren Verbindung wir mit dem Namen Feuer belegen."[608] Diese Definition verknüpft anschaulich die zentralen Elemente des energetischen Prozesses, der mit all seinen physischen und kulturgeschichtlich mentalen Implikationen Kounellis interessiert: Wärme und Licht als Folge einer (chemischen) Wandlung. Im Begriff des 'feurigen Pferdes' wird das Phänomen anschaulich. Es geht um Bewegung und Ausdehnung, um die Wirkkraft sinnlicher Ausstrahlung, um lebensbereichernde und letztlich auch tödlich aggressive Schönheit und Energie, um „energia primaria"[609].

Aus Gasflaschen versorgt, ist es bei Kounellis häufig der klassisch-chemische Bunsenbrenner oder die handwerklich eingesetzte Lötflamme, deren Feuer er in seine Bild-akkumulationen integriert. So verschreckte er mit der großen Feuerblume (*Senza titolo,* 1967; 'Margherita con fuoco'; Abb. 31) schon 1967 sein Publikum.[610] Aus dem Zentrum der vertikal mannshoch montierten Blüte mit ihren zwölf aufgeklappten Kronblättern zischt mit spektakulärem Getöse die Flamme knapp über die Köpfe der irritierten Betrachter. Später übertrug Kounellis dieses Konzept – seiner Vorstellung von „totalità" folgend – auf die

---

608 Allgemeine Encyklopädie der Wissenschaften und Künste, hrsg. von J.S. Ersch und J.G. Gruber, 3 Sectionen, I. Section, 43. Teil, Leipzig 1846, S. 345.

609 Kounellis im Gespräch mit der Autorin, Niccone, 17.3.2009.

610 Diese eiserne Blüte ist sehr viel geometrischer als die Leinwandrosen und ähnelt mit ihren 12 Blütenblättern einer Margerite, daher ihr Untertitel *Margherita con fuoco;* vgl. Ruhrberg 1992, S. 286f.

Gestaltung ganzer Räume.[611] 1969 in der Pariser Galerie Iolas (*Senza titolo*, 1969) stellte Kounellis an drei Wänden des Raumes entlang zahlreiche Gasflaschen in regelmäßigem Abstand auf („Erster Feuerraum“ oder „Fuochi“). Darüber, auf Augenhöhe, hingen die zugehörigen Brenner mit Fleischerhaken an horizontalen Stangen, so dass die Flamme dem Zuschauer direkt ins Gesicht züngelte.[612] Mit dieser bedrohlichen Ausleuchtung und seriellen Strukturierung des Raumes erfasste Kounellis die Parameter der Galerie und wies zugleich voraus auf die Arbeit *Dodici cavalli* (vgl. Kap. IV.1.). Rückblickend sprach er davon, dass die „fuochi“ wegen ihrer Wärmewirkung dieselbe Kraft besessen hätten wie die Pferde.[613]

---

611 Die Feuerräume waren mit großer Wahrscheinlichkeit von den Feuerarbeiten des Franzosen Yves Klein angeregt, der 1957 im Garten von Colette Allendy in Paris 16 Feuerwerkskörper in ein blaues Bild steckte. Damit entzündete er eine Minute lang ein „bengalisches“ Feuer, das „eine Minute Wahrheit“ offenbaren sollte. Feuer vermochte für Klein am reinsten seine Vorstellung von der kosmischen und spirituellen Energie zu visualisieren. In der Flamme wurden für ihn die energetischen Prinzipien der Farben Blau, Rosa und Gold als Symbol der Dreifaltigkeit synthetisiert: Blau für das Geistige, Rosa für das Leben, Gold für das Absolute. Als Anhänger okkulter Rosenkreuzertheorien glaubte Klein, dass das Leben im aktiven Prinzip des Feuers zwischen Geist und Absolutem Zugang zum Immateriellen gewänne; vgl. dazu Ruhrberg 1992, S. 187 und Helmut Draxler: „Das brennende Bild. Eine Kunstgeschichte des Feuers in der neueren Zeit“, in: Kunstforum International, Bd. 87, Köln 1987, S. 70-228, hier 95-107.

612 Anders ging Kounellis bei seinem zweiten Feuerraum 1971 in der Galerie Sperone in Turin vor (*Senza titolo*, 1971). Der Raum ließ sich nicht mehr betreten, da die Gasflaschen frei im Raum verteilt standen und die Schläuche schlangenartig dazwischen auf dem Boden lagen, „chaotisch wie bei Pollock“. Die von den Flammen ausgehende Gefahr wurde raumgreifend; vgl. Draxler, in: Kunstforum International, Bd. 87, Köln 1987, S. 110.

613 Kounellis in: Kat. Kounellis, Mailand 1983, S. 79.

Beiden Arbeiten liegt die gleiche Motivation zugrunde; im einfachen Gegensatzpaar Raum-Feuer, Raum-Pferd intendiert der Künstler soziale und sinnliche Momente.[614] Erneut stellt er eine Verknüpfung her zu der in der Romantik wurzelnden Auffassung von der Natur als natura naturans, als hervorbringende Matrix, als permanente Bewegung und Verwandlung. Im Jahr 1969 experimentiert Kounellis mit einem breiten Spektrum von Feuererscheinungen. In der Arbeit *Senza titolo* (1969) ist es nicht die gefährliche Stichflamme, sondern das auf fünf kleinen Metallplatten beschaulich flackernde Feuer des flüchtigen Trockenspiritus. Wie Waagschalen hängen die Feuerstellen schwingend an einem waagrechten Metallrohr, das leicht unterhalb der Mitte in einen schräg an die Wand gelehnten, rechteckigen Stahlrohrrahmen montiert ist. Dessen große starre Form mit den Maßen eines Doppelbetts kontrastiert mit den kleinen beweglichen Metallelementen, auf denen die Flammen in kurzer Zeit den Brennstoff verzehren. Feuer ist hier Ausdruck für den Wunsch und das Vertrauen auf Veränderung und Bewegung, auch im Ephemeren. Die Größe des Rahmens steht für das menschliche Maß. Wenn auch die Materialität zunächst keinen Hinweis gibt, es ist immer der Mensch, seine Bedingungen als Individuum wie als Kollektiv, auf die das kreative Wollen von Kounellis ausgerichtet ist. 'La misura', das Maß, ist eine seiner Basiskategorien, die Orientierung am menschlichen Maß für ihn unverzichtbar.[615] Die Bedeutung von Maß und Proportion in Bezug auf vertraute Formen aus dem Alltag findet sich im Oeuvre als durchgängiges Thema; schon in Kap. II.1. und IV.1., in den Arbeiten mit den Eisenplatten, Tür- und Fensterrahmen,

---

[614] Kounellis im Gespräch mit der Autorin, Niccone, 17.3.2009.

[615] Kounellis im Künstlergespräch an der Hochschule der Künste, Berlin, 18.6.1990; Hinweis bei Bätzner 2000, S. 180f.

deren Dimensionen sich an menschlichen Abmessungen orientieren, ist diese Fokussierung aufgefallen.[616] Besonders deutlich lässt sie sich an Arbeiten ablesen, die sich auf das Bett als menschliches Lager beziehen. Es ist bei Kounellis kein behaglicher Ort der entspannten Ruhe und Erholung, kein Ort des träumerischen Verweilens. Die Liegestatt ist hart, unbequem und gefährlich. Am nackten eisernen Gestell einer Drahtmatratze befestigt, zischt die Gasflamme aus dem Brenner (*Senza titolo,* 1968/69, 'Letto con fuoco'), ein Jahr später dient Kounellis der menschliche Fuß als Halterung (*Senza titolo,* 1970; Abb. 32).[617] Kraftzehrend positioniert liegt eine Frau seitlich auf einem bettartigen Eisensockel. In labilem Gleichgewicht ausgestreckt wendet sie dem Betrachter den Rücken zu.[618] Unter einer rauhen wollenen Militärdecke ist ihre Nacktheit fast vollständig verborgen. Nur der rechte Fuß und ein Teil des Unterschenkels der „schäbig vermummten, unkenntlich gewordenen Venus“[619] ragen als „Fragment“[620] heraus. Die Fußsohle entlang ist der Lötbrenner fixiert, dessen Flamme hinter der Ferse hinauszischt. Auf den ersten Blick sind es

---

616 Bätzner verweist auf die Orientierung an Zeichenblättern (100 x 70 cm) oder den Abmessungen eines Doppelbetts; Bätzner 2000, S. 181; zu Parallelen zum menschlichen Maß und dem Gewicht der Dinge vgl. auch Marc Scheps: „Die Odyssee des Europäers Kounellis“, in: Kat. Kounellis, Berlin 2008, S. 42-66, hier S. 61.

617 Ausführliches zu diesen beiden Arbeiten und der Thematik des Feuers bei Kounellis findet sich in: Bätzner 2000, S. 182-188 und Ruhrberg 1992, S. 281-288.

618 Kounellis suchte lange nach der perfekten Positionierung der Person im Liegen. Er selbst hat diese anstrengende Position vorher ausprobiert. Um das Foto der Arbeit zu erhalten, engagierte er eine Frau, die stundenlang posieren musste, damit der Fotograf Claudio Abate das perfekte Bild aufnehmen konnte.

619 Grüterich, Kat. Kounellis, Luzern 1977, o. S.

620 Kounellis im Gespräch mit der Autorin, Niccone, 17.3.2009.

wieder bekannte Bildelemente: Polaritäten von Material und Form, „struttura e sensibilità", zerstörerische Gefahr und brennende Leidenschaft, wärmendes Gefühl und verzehrende Sinnlichkeit, theatrale Dramatik ins Gefährliche gesteigert durch die brennende Flamme. Auf der Bühne der Drahtmatratze entfaltet sich ein antagonistisches Bild wie es schon die Menschen der Antike bewegte: Die Furcht vor dem grausamen Verbrennen im zerstörerischen Feuer des Hades. Und auf der anderen Seite die Freude, die Lust am kreativen Schöpfungsakt wie ihn Götterschmied Hephaistos kraftvoll verkörpert, wenn er das Eisen im Feuer flüssig macht.[621] Kounellis spricht von einer „sacralità primitiva e antica"[622], die er mit dem Feuer verbindet. Sie impliziert auch die Gefahr, die allgegenwärtige Gewalt der (industriellen) Gesellschaft.

Das präsente energetische Potenzial des Feuers weckt die Aufmerksamkeit unmittelbar. Seine Beherrschung und Nutzung gilt als eine der bedeutendsten Stufen menschlicher Entwicklungsgeschichte, im Profanen wie im Kultischen. Dort spielt es seit Urzeiten eine zentrale Rolle im Zusammenhang von Opfer und Reinigung.[623] Feuer als Inbegriff eines transformatorischen Vorgangs, durch den Materie verändert, vernichtet und schließlich in Wärme oder Licht überführt wird. Diesen elementaren Begriff von Feuer verknüpft Kounellis mit dem historisch konzipierten Sinn von Strafe und Läuterung, von Hölle und Paradies.

„Mit dem Feuer hat es eine besondere Bewandtnis.

---

621 Zur dialektischen Deutung des Feuers und dem Antikenbezug vgl. die Ausführungen bei Pantazis, Steve: Jannis Kounellis in the sphere of Alchemy, in: Art History Supplement, Bd. 1, Nr. 4, S. 11, in: H-ArtHist, 03.10.2011, http://arthist.net/archive/1958 (Stand: 25.10.2013).

622 Kounellis im Gespräch mit der Autorin, Niccone, 17.3.2009.

623 Wagner, in: Wagner/Rübel/Hackenschmidt 2002, S. 93.

> Mich interessiert an diesem Element nicht nur das Feuer an sich, sondern vor allem sein Zusammenhang mit den mittelalterlichen Legenden. Dort hat Feuer etwas mit Bestrafung und Läuterung zu tun."[624]

In der Arbeit mit der liegenden Frau verdeutlicht er diese Absicht. Kounellis spielt damit auf Freskendarstellungen in mittelalterlichen Kirchen an, in denen auf der einen Seite die Erde und auf der anderen das Paradies gezeigt wird, dazwischen eine Brücke und darunter die Flammen des Höllenfeuers. Die Menschen müssten versuchen, von der einen Seite zur anderen zu gelangen. Das sei die gleiche Art von Gefahr, in die er die Frau mit der Flamme auf dem Eisenbett versetzt habe.[625] Sie musste versuchen, in dieser diffizilen Situation das Gleichgewicht zu halten, sonst hätte sie sich schwer verbrannt. Formal übernimmt bei Kounellis das 'Bettgestell' diese Brückenfunktion. Mit ihm setzt er erneut den Mythos als Realität ins Bild, wenn er die Reminiszenz an grausamen Märtyrertod wachruft. Die eisernen Liegen wecken viele Assoziationen an mittelalterliche Torturen wie etwa die der Hll. Laurentius und Leonhard, die nach der Legende auf Gitterroste fixiert im Feuer zu Tode kamen. Doch hier geht es auch um die instabile energetische Situation, die Positionierung der Frau, die von einem Moment zum anderen gefährlich kippen, ihr Gleichgewicht verlieren kann. Kounellis spricht vom Feuer als ganz präziser Sache von der möglicherweise die Sakralität, die Verbindung zum Geistigen abhänge. Er sagt, „[...] das Feuer wird wie die Kohle für eine bestimmte Vision eingesetzt."[626] Diese 'surrealistische Vision' sei ein im wörtlichen Sinn verstandener Verweis auf die Überwindung

624 Kounellis, Ein Magnet im Freien, 1992, S. 60.

625 Ebd.

626 Kounellis, in: Bätzner 1995, S. 154.

der Materie und ihre Überführung – über die greifbare Realität hinaus – ins Immaterielle.[627] Feuer ist Kounellis dafür das geeignete Medium. Erst durch die Flamme erlangt die Materie des Gases ihre sichtbare Realität. Doch im Feuer 'verzehrt' sie sich sofort wieder. Das, was wir wahrnehmen, ist nicht mehr derselbe Stoff sondern gewandelte neue Materie. In der Dynamik des Feuers offenbart sich eine transformative Kraft, die Kraft zu Neuem, zu Dunkel oder Licht. Der Traum jeder Avantgarde scheint hier durch, die Vision einer Veränderung von Mensch und Gesellschaft mittels Kunst. Derartige Konzepte und Vorstellungen konvergieren mit den Erlösungsmaximen des Opus alchemicum, schreibt Antje von Graevenitz. Kunst und Alchemie seien zwar keine gleichdeckenden Bereiche, doch liege ihr Konvergenzpunkt in der Synchronizität von spirituellen und materiellen Prozessen. Sowohl der Alchemist als auch der alchemistisch arbeitende Künstler stifteten materielle Prozesse an, die gleichzeitig im Bewusstsein stattfinden. Diese Prozesse, die sie beeinflussen, um von ihnen wiederum beeinflusst zu werden, zielten auf Läuterung und Erkenntnis.[628]

Alchemie ist die Kunst der Transformation. Sie beschäftigt sich mit Prozessen, in denen grobe, unbehandelte Materie in eine vollkommene, geläuterte Form gebracht werden soll.

---

627 Als materialen Beleg führt Kirà van Lil Ruß und Asche an, die Kounellis ab 1975 häufig im Werk verwendet; vgl. Lil, in: Kat. Kounellis, Hamburg 1995, S. 52f. „Denn anders als Asche deutet auch Ruß nicht auf Zerstörung, sondern auf Verwandlung von Materiellem in Immaterielles hin und kann so als ein Bild für geistige Auseinandersetzung gelten."

628 Antje von Graevenitz: „Alchemy in Recent Art", in: Kat. Europa Oggi. Arte Contemporanea nell' Europa Occidentale/Europe Now. Contemporary Art in Western Europe, Museo d´Arte Contemporanea Luigi Pecci Prato, Florenz 1988, S. 49.

Dazu gehört die Vorstellung von permanenter Bewegung, von Leben, Wandlung und Tod genauso wie das monistische Axiom von der Einheit des Alls. Aphrodite Georgiou widmet der Beziehung von Arte povera und Alchemie ein umfangreiches Kapitel, in dem sie die Impulse, Vorbilder und geistigen Quellen ausführlich darstellt und dann nachzuweisen versucht, dass Kounellis in seinem Werk vielfach und immer wieder alchemistische Inhalte verschlüsselt.[629] Eine ähnliche Argumentationslinie verfolgt Pantazis anhand der Materialien Feuer, Gold, Stahl und Blei, macht aber deutlich, dass die Alchemie für Kounellis letztendlich als 'Produkt' der Vergangenheit und als Transportmittel zu sehen sei, mit dem er Innovationen für die Gegenwart vorschlägt.[630]

Materialauswahl und -kombination des Künstlers mögen solche Schlüsse nahelegen, seine enge Verknüpfung des Feuermotivs mit 'Wurzeln' und 'Mythos' sie bisweilen sogar befördern. Doch bei einer Übertonung gerät leicht der nüchterne Bezug des Künstlers zum Alltag und zur politischen Existenz aus dem Blick. Kounellis bevorzugt die Unmittelbarkeit. Er konfrontiert den Betrachter direkt, ohne Umweg mit der elementaren primären Energie des Feuers und dessen existentieller Notwendigkeit. Es ist auch ein Aufruf zum unverkrampften, nicht entfremdeten Umgang mit diesem Element, seiner Wärme, seinem Licht und seiner vernichtenden Kraft. Nicht zuletzt ist Läuterung ein naturwissenschaftlich, technisch metallurgisches Verfahren, wenn aus dem unreinen Abraum mit Hilfe des Feuers das reine Erz gewonnen wird. 1971 entwarf Kounellis ein Objekt, dessen Einzelelemente – wie Buchstaben auf dem Boden nebeneinanderliegend – feuerzüngelnd sich zu

629 Georgiou 1998, S. 42-72.

630 Pantazis, in: Art History Supplement, 4, Okt. 2011, S. 20.

seinem Namen KOUNELLIS fügen (*Senza titolo*, 1971). Im Hier und Jetzt übernimmt der Künstler selbst die Verantwortung, steht mit seinem Namen ein, um die Tragödie in der Kultur sichtbar zu machen. Leidvolle Erfahrung wird nicht erzählerisch vorgetragen, ist keine Fiktion, sondern spricht unmittelbar aus den realen Dingen. Nicht ein quasi göttlicher 'Meister des Feuers'[631] wird hier aktiv, sondern ein um Authentizität ringender Mensch, der im Alltag dorthin schaut, „wo das Bild leidet, wo es brennt, wo ein Symptom für eine Krise sitzt“ (G. Didi-Huberman).[632] Der Name des Künstlers, seine Identität, fällt mit dem realen Feuer zusammen. Kounellis geht es um Transformationspotenziale in der Kunst selbst. Als lebendige Personifikation ist er Medium dieser Energie, mit der auch ganz banale Wandlungen wie das Kaffeekochen in Gang gesetzt werden können, wie er es 1975 (*Senza titolo,* 1975) in grotesker Körperhaltung während einer Ausstellung der außerparlamentarischen linkspolitischen Gruppierung Lotta Continua selbst demonstriert hat.[633] Transformation ist

[631] Georgiou 1998, S. 89.

[632] Unter dem Titel „Das Bild ist eine brennende Frage“ skizzierte Georges Didi-Huberman anlässlich eines Vortrags im Juni 2004 an der LMU München sinngemäss u. a. folgenden Gedankengang, der mir in diesem Zusammenhang sehr aufschlussreich erscheint: Kunst ist eine Geschichte der Prophezeiung. Kunst bedeutet, die Realität gegen den Strich zu bürsten. Künstler und Historiker haben die Aufgabe, die Tragödie in der Kultur sichtbar zu machen. Man muss im Bild das Leiden, die Tragödie, entdecken, dorthin schauen, wo das Bild leidet, wo es brennt, wo ein Symptom für eine Krise sitzt. Kinder im Spiel warnen wir: Vorsicht heiß! In diesem Sinn ist es zu verstehen, wenn es heisst: Das Bild brennt. Es ist zu betrachten in seiner Berufung zum Relikt. Man kann nicht von Bildern sprechen, ohne von Brennen und der Asche zu sprechen.

[633] Mit einem Gasbrenner ans Bein gebunden liegt Kounellis „wie ein Ermordeter“ am Boden und erhitzt ständig wiederholend das Wasser einer Mokkamaschine, wie sie in jedem italienischen Haushalt

eine alltägliche Aufgabe, nicht besonderen Gelegenheiten vorbehalten.[634] Der Künstler stellt sich dafür als Energiequelle zur Verfügung, um die „Flamme weiterzureichen“ (Beuys). Im Oeuvre von Kounellis reicht das Bildspektrum vom einzelnen Kerzenlicht über die Stichflammen der Gasbrenner zum abwesenden, potenziell aber möglichen Feuer mit Holz- oder Steinkohle bis zu dessen Rückständen als Ruß, Rauch und Asche. Diese Reste sind Produkte einer realen Wandlung, 'Gedächtnismedien' einer vollzogenen Transformation. Auf dem Prozess von Brennen und Verbrennen, auf den Kounellis immer wieder anspielt, beruht alle Kultur.[635] Die Kohle im Sack „[ist] die Idee der Kohle. Die Kohle hat eine erweiterte Familie: die französische Revolution, die Welt der Arbeiter, die industrielle Revolution.“[636]

---

gebräuchlich ist; vgl. Kounellis im Gespräch mit der Autorin, Niccone, 17.3.2009; Abb. in: Kat. Kounellis, Hamburg 1995, S. 45.

634 Vgl. Joseph Beuys Postkarten-Multiple (P 63): *Die Mysterien finden im Hauptbahnhof statt*; siehe auch Kap. IV.4.

635 Monika Wagner führt diesen Gedanken am Beispiel der Arbeit *Senza titolo*, 1968, einer eisernen Lore, auf deren Lattenrost zu Holzkohle verbranntes Holz aufgetürmt ist, ausführlich aus; vgl. Wagner 2001, S. 245f. Abb. S. 244.

636 Kounellis im Gespräch mit der Autorin, Niccone, 17.3.2009.

V.2. Luciano Fabro

Eine prozessuale Auffassung von Natur, von Wachstum und Entwicklung als komplexer wechselseitiger Reaktivität (vgl. Kap. IV.2.), impliziert die Beschäftigung mit den wirksamen Kräften.

> „Wenn ich zu definieren versuche, was ich unter Natur verstehe, muss ich an Elektrizität denken, das heißt an die physische Ladung zwischen den Dingen. Alle Kräfte drücken Energie aus, sind umsetzbar in Energie, alle Energien sind umsetzbar in Dinge.“[637]

Fabro bindet sein Naturverständnis direkt an die Anziehungskraft und Spannung zwischen den Dingen[638]. Sie sind für ihn natürliche Phänomene, Natur der Prozess von einem Ding zum anderen.[639] Schon in frühen Arbeiten, wie *Struttura ortogonale assoggettata a tensione* (1964), *Squadra* (1965) oder *Croce* (1965) geht es ihm im Entstehungsprozess der Arbeit um die unmittelbare Sichtbarmachung der Wechselwirkung naturgesetzlich physikalischer Kräfte.[640] In *Squadra*

---

637 Fabro, Februar 1981, in: Kat. Fabro, Essen/Rotterdam 1981, S. 18.

638 Zum aktuellen „Ding-Diskurs“ in Kunst und Philosophie vgl. den Aufsatz von Bill Brown, „Thing Theory“, in: Critical Inquiry, 2001, Bd. 28, Nr. 1, S. 1-22. Ein interdisziplinärer Workshop des Arbeitskreises zu magischen Naturtheorien in der Frühen Neuzeit (LMU München, Institut für Kunstgeschichte, 23.7.2011) beleuchtete die Verbindung zwischen „Dinge, Tiere, Menschen - Anthropozentrismus und Anthropomorphisierung“: http://www.kunstgeschichte.uni-muenchen.de/forschung/tagungen/workshop_tiere/index.html (Stand:10.8.2012).

639 Verone, Saverio: „Avanti, dietro, destra, sinistra“, in: Kat. Galerie Notizie, Turin 1968; zit. nach Kat. Fabro, Ravenna 1983, S. 145.

640 Von *Struttura ortogonale* hatte Fabro 1964 mehrere Versionen geschaffen, größere und kleinere Gitterstrukturen mit unterschiedlich tiefen „Einschnitten“; vgl. dazu seine Ausführungen in: Fabro,

(1965; Abb. 33) taucht das reflektierende Gitter von *Buco* (1963) wieder auf, eine Chiffre zur Bestimmung eines gegebenen räumlichen und energetischen Felds. Durch ihre Art der Befestigung scheinen die Messingstangen zu schwirren und zu schweben. Unter dem Eigengewicht gebogen unterlaufen sie die ursprünglich exakte Geometrie der Ausgangssituation. „Ein gespannter Stab fühlt sich gespannt an: es ist etwas völlig anderes als eine Linie mit derselben Form. […] Anders, weil es die Spannung ist und sie nicht bloß ausdrückt."[641] Fabro macht die Gesetze der Schwerkraft als natürliche Form- und Bewegungskraft im Raum evident, konkretisiert mit einfachen Mitteln die einem Ding immanenten Konzepte, die üblicherweise nicht zu sehen sind.[642] Die aufgebogenen Stangen und die gesamte aus dem Lot gebrachte finale Erscheinung ist für ihn Zeugnis des natürlichen Prinzips des Spannens und Biegens.[643] Die „schwebende Linie" entziehe sich den geometrischen Gesetzmäßigkeiten orthogonaler Gefüge, sagt Werner Oechslin. Fabro interessiere sie, weil sie die Ordnung grundsätzlich aufhebe, in der Schwebe alles Weitere offen halte und so den schmalen Grad zwischen Ordnung und Unordnung, Form und Chaos verbildlicht.[644]

Aufhänger 1983, S. 254. Zu *Squadra* und *Croce* vgl. Fabros Text *Winkelmaß Kreuz*, in: Kat. Fabro, Essen/Rotterdam 1981, S. 34.

641 „Una barra tesa la sento tesa: è ben diversa da una linea con la stessa forma. […] Diversa perché è la tensione e non la esprime." Fabro im Katalogtext von Saverio Verone, in: Kat. Galleria Notizie, Turin 1968; zit. nach Kat. Fabro, Ravenna 1983, S. 145. Aus dem Italienischen von Carolin Angerbauer.

642 Ebd.

643 Fabro, Aufhänger 1983, S. 254.

644 Oechslin, in: Fabro 1990, S. 159; aus dem Ital. von Sabine Kienlechner.

Wenn Fabro zeigt wie eine Materie von der einen Form in die andere übergeht, ist für ihn auch entscheidend, dass die entsprechenden Zustände, das Vorher und Nachher gleichzeitig anwesend sind, der neue verzerrte, gebogene oder gesäuberte Zustand genauso wie die ursprüngliche Ausgangsform des Gitters (*Struttura ortogonale,* 1964), des Bodens (*Pavimento*, 1967), des Gesichtsabdrucks (*Il Tamerlano,* 1968), des Sternbilds (*Cielo,* 1967-68) oder des Leichnams (*Lo Spirato,* 1968-73).Die neue Form müsse quasi die Erinnerung an die vorherige zunichte machen, während die Erinnerung an die vorherige Form potenziell vorhanden bleibe.[645] Für das energetische Verständnis ist Fabro die ursprüngliche Herkunft einer Form von entscheidender Bedeutung, Erinnerung ein unersetzliches Element im Entstehungsprozess des Dings. Sie manifestiert sich im dinghaften Element selbst, im – wie oben erwähnt – Messingrohr, Zeitungspapier, in den Strohhalmen oder im Leintuch. Subtil demonstriert Fabro – und darin Beuys sehr ähnlich – den Energieerhaltungssatz der Physik, dass Energie nämlich nie verloren sondern nur in andere Zustandsformen übergeht. Ähnlich dem Verlauf einer chemischen Reaktion verfolgt er den transformatorischen Prozess als Konsequenz der immanenten oder aufgewendeten Energie. Durch Gesten, mal schnell und heftig (in den Perforationen), mal langsam und in geduldiger Arbeit wie in *Cielo* (1967-68) veranschaulicht er die Idee der Transformation.[646] Ein andermal versagt er dem Betrachter die direkte Konfrontation mit dem Werk, bewahrt die erfolgte Aktion, den geputzten Boden, unter Zeitungspapier verborgen wie in *Pavimento (Tautologia)*

---

645 Fabro, Vademecum, in: Fabro, Aufhänger 1983, S. 254.

646 Catherine Grenier: „Habiter l'espace (Dwelling in Space)", in: Luciano Fabro, hrsg. von Ders., Kat. Musée National d'Art Moderne, Centre de Création Industrielle, Centre Georges Pompidou, Paris 1996, S. 294.

von 1967.

Die Schwierigkeit der menschlichen Beziehung zur Natur beschäftigte Fabro zeitlebens. In *Tutto trasparente* (1965; vgl. Kap. IV.2.) hat er seine Sicht von der Unmöglichkeit einer direkten Beziehung Ding/Körper – Natur formuliert, die unsichtbare Wand, die uns von den Dingen trennt, ins Bild gerückt. Aus dieser Erkenntnis kommt seine spezifische Lichtmetaphorik, sein „alternierender Blick" (Catherine Grenier), der Umweg über die Reflexion und Brechung des Lichts, um eine entsprechende Kommunikation anzustoßen. Wie ein mittelalterlicher Künstler spielt Fabro mit der Kontingenz des Lichteinfalls. Ihn interessieren die subtilen transformatorischen Prozesse, die durch das Licht von außen oder die vorgegebene Beleuchtung (vgl. *Habitate,* Kap. IV.2.) bedingt sind und ein Material in all seinen Farbnuancen zum Leuchten bringen, sei es das Kolorit des Marmors (*Lo Spirato),* bunter Seidenstoffe *(I piedi,* 1968-71) oder farbig bemalter Stoffbahnen (*Attaccapanni,* 1976/77).[647] Deren Farbgebung changiert durch die in großzügigen Röhrenfalten entlang der Wände drapierte Hängung.[648] Je nach Licht und Schatten fließen die Farben im Faltenwurf wie im Sonnenuntergang ineinander, erscheinen gelb bis orange oder springen von Grün ins helle Rosa. Ein Farbspiel, das sich in den Blättern der bronzenen Aufhänger wiederholt, Licht- und Schattenphasen miteinander verknüpft.[649] Fabro

---

647 Kat. Fabro, Ravenna 1983, S. 41. Erst seit 1974 verwendete Fabro auch Farbpigmente zur Kolorierung. Die Beschäftigung mit dem Farbenspektrum geht zurück auf den Entwurf eines Manifests für Jabik Arte (Mai 1974): Luciano Fabro, *Metafora. (N°3 differenti colori)*, Mailand, Jabik Arte, 1974, 75 x 55 cm, Manifest, 10.000 Exemplare.

648 Fabro äußerte sich 1977 selbst zu den *Attaccapanni,* in: Fabro, Lavori 1987, S. 168f., 182.

649 Fabro, in: Fabro, Aufhänger 1983, S. 270.

sagt, der Stoff entlade alle Spannung auf die Blätter.[650] Anders als viele seiner Kollegen braucht Fabro für die Erforschung der in der Natur wirkenden Kräfte und Gesetze weder Stromkabel noch Batterien, Neonröhren oder brennende Flammen. In seinem Oeuvre fehlen deshalb technische Apparate oder künstliche Lichtquellen weitgehend. Er macht das natürliche Licht zum Akteur, bietet ihm geradezu eine Bühne, auf der es auftreten und sein Spiel entfalten, als Material der Reflexion von der Kraft des Lebens künden kann. Wo sich das Licht mit der Materie verbindet, sieht Fabro den Ursprung des Energiekreislaufs.[651]

Ideell formuliert er, was die Natur im Metabolismus der Fotosynthese verwirklicht, indem sie die Energie des Lichts in die Form chemisch gebundener Energie umwandelt. In den Lichtbändern der *Arcobaleno*-Arbeiten widmet er sich diesem Thema seit 1980 immer wieder.[652] Die Bemalung der Stoffballen vom energiereichen kurzwelligen Blau über Grün, Gelb, Orange zum langwelligen energiearmen Rot folgt dem Verlauf des sichtbaren Spektrums, um dann – wie im Goetheschen Farbkreis – über Purpur zum Anfangsblau, der Farbe des Himmels, zurückzukehren. So schafft Fabro die Verbindung zum Irrealen, verwischt im „doppelten Regenbogen"[653] die Grenze zwischen Anfang und Ende,

---

650 Ebd.

651 Ebd., S. 275.

652 Ausführlich zu den verschiedenen *Arcobaleno*-Arbeiten vgl. Kat. Fabro, Luzern 1991, S. 25; Kat. Fabro, San Francisco 1992, S. 106. In der Galerie von Salvatore Ala 1980 in Mailand erstreckte sich der 'Regenbogen' über eine Länge von 8,75m. Die kleinen Stoffballen mit einer Höhe von 20 cm waren zwischen Eisenscharniere (19,5 x 7 cm) geklemmt, die in Bogenform nebeneinander montiert waren.

653 Fabro, in: Kat. Fabro, Pistoia, 1994, o. S.; für weitere Anmerkungen von Fabro zu den Regenbogen-Arbeiten vgl. Fabro, Aufhänger 1983, S. 294.

Leben und Tod. Materie komme hier der Inkonsistenz nahe, hier trennten sich die Sinne des Zufälligen und des Gewollten.[654] In der großen dreiteiligen Arbeit *Gioielli* von 1981[655] führt die Verbindung aus farbigem Material und reflektierendem Licht zur Transformation in eine transzendente Welt, die er mit den Werktiteln *Zarathustra, Buddha* und *Cristo* auch direkt benennt. Fabro präsentiert seine Religionsvertreter in Form filigraner Rahmungen, deren Gestaltung mit verschiedenfarbigen Plättchen aus glänzendem Aluminium, Blei, Bronze oder Gold sie je nach Beleuchtung in gleichsam göttlichem Licht erscheinen liessen, sie gleichsam die Konsistenz von Juwelen besäßen.[656] Fabro zielt auf die Gleichzeitigkeit von irdischer und himmlischer Ordnung, auf ein Gleichgewicht zwischen Körper und Geist, Ding und Nicht-Ding.[657] Doch der

---

654 Fabro, in: Fabro, Aufhänger 1983, S. 273.

655 1982 waren die *Gioielli* auf der sogenannten „goldenen" documenta in Kassel zu sehen (vgl. Kap. III.).

656 Die Arbeit *Zarathustra* besticht als 'griechisches Kreuz' durch ihre filigrane Form aus zwei sich überlagernden rechteckigen Rahmengestellen. In *Buddha* umschliesst ein rechteckiger Metallrahmen, der mit kleinen Holzleisten ummantelt ist, ein paketähnliches Objekt aus Pappe, das wiederum mit dünnen Bronzeblechteilen verkleidet ist. Es hängt an Eisendrähten von der Decke und ragt fast mittig in die leere 'Bildfläche'. Die Arbeit *Cristo* charakterisiert ein Metallrahmen, der wie Industrieblech gelocht ist und dessen 'Bildfläche' ein Eisengitter aus vertikalen und horizontalen Stäben bestimmt. Diese sind nochmals mit vergoldeten Holzstäben verkleidet, an deren Kreuzungspunkten sondenähnliche Messingstäbe mit kleinen Kreisen angebracht sind, wie schon aus *Raccordo Annulare* und *Habitat 1962* bekannt. Für eine genaue Beschreibung der *Gioielli* vgl. Kat. Fabro, Pistoia, 1994, o. S.

657 Den Gedanken des 'Equilibrium' haben Fischli/Weiss ab den 1980er Jahren in ihrer Arbeitsweise und in ihren Werken zum Dauerthema gemacht; beispielhaft dafür die ernsthafte und gleichzeitig ironische Überlistung der Schwerkraft im Film *Der Lauf der Dinge* (documenta 8, Kassel 1987).

„spirituelle Materialist“[658] Fabro sucht die Antwort auf diese Fragen metaphysischer Materialität im real Fassbaren. Er möchte den eigenen Körper in alle Dinge der Welt erstrecken, die Natur nachahmen, aber um sie nach den Ideen des Menschen zu verändern; sie erforschen, anstatt von ihr zu abstrahieren.[659]

Der im gesamten Oeuvre Fabros fortdauernde Gedanke der (Lebens-)Energie als Ursprung allen Wandels erfährt im Ei direkte bildliche Anschauung.[660] Es steht für die Idee des Anfangs allen Lebens und gleichzeitig für den Künstler selbst. Während Kounellis das legendenumwobene Ei 'nackt' auf einer Konsole vor der üblichen Metallplatte (*Senza titolo*, 1969) zeigt oder Beuys zerbrochene Ostereierschalen in eine Vitrine des Darmstädter *Block Beuys* legt, bildet Fabro die Eiform in unterschiedlichen Materialien nach. Überdimensional, seinem eigenen Körperumfang in fötal zusammengekauerter Haltung entsprechend, schuf Fabro im Jahr 1978 die bronzene Eiform *Io (L'uovo)* (Abb. 34).[661] Wie die Blätter der *Attaccapanni* reflektiert die unregelmäßig patinierte Oberfläche das auftreffende Licht. Innen ist die muldenartig geöffnete Form vergoldet. Reliefartig treten zwei

---

658 Grenier, in: Kat. Fabro, Paris 1996, S. 293.

659 Fabro, La mia certezza/Meine Gewißheit, in: Kat. Fabro, Essen/Rotterdam 1981, S. 7.

660 Zur Symbolik des „Eis“ (Kelten, chinesische Tradition, Antike, christliche Tradition: Symbol der Auferstehung, Zeichen immer wiederkehrenden Glaubens; Alchemisten) vgl. Knaurs Lexikon der Symbole, hrsg. von Hans Biedermann, 2004, S. 109f. In der christlichen Tradition wird das Ei auch deswegen besonders verehrt, weil das Küken selbst die Eischale aufbricht, wie Jesus den Stein vor seinem Felsengrab selbst geöffnet hat.

661 Zu *Io (L'uovo)*, 1978, vgl. Kat. Fabro, Pistoia 1994, o. S. Als Zufall bezeichnet Fabro die Tatsache, dass *Io* genauso viel wiegt wie er selbst, nämlich 70kg. Der Umfang beträgt 176 cm, die Höhe 64 cm.

menschengroße Hände aus der glänzenden Fläche hervor, während außen eingeritzte Linien eine embryonale Menschengestalt andeuten.[662] Über das Material der Bronze, dessen Wandelbarkeit und Anpassungsfähigkeit, gelingt es Fabro, die permanente Transformation, die uns die Natur vorführt, sichtbar zu machen und eine im archaischen Sinn verstandene Zeitlosigkeit des Lebens auszudrücken.[663] Während die Form gleich bleibt, verändert sich die metallene Oberfläche wie die ein Chamäleon.[664] Das lebendige Verhältnis zwischen Innen und Außen und die Idee der gleichsam atmenden Eierschalenmembran erinnert an die Iglus von Mario Merz oder die atmende Bewegung in Anselmos *Il respiro* (1969).

Mit dem Titel *Tu* (1978) zeigt Fabro in der Kölner Galerie von Paul Maenz im selben Jahr eine weitere Eiform, diesmal aus rotem Siegellack[665] und in natürlicher Hühnereigröße. Größe und Aufhängung an der Decke nehmen direkten Bezug auf Vorbilder der Kunstgeschichte. Bernhard Rüdiger verweist auf das bekannte Ei in Piero della Francescas *Pala Montefeltro* (1472-1474)[666], das über dem Haupt der Madonna

---

662 Ebd.

663 Dies wird auch in weiteren Arbeiten mit dem Eimotiv deutlich, die den Bezug zur Antike herstellen. 1994 legt Fabro drei weiße Marmoreier in ein 'Nest' (*Nido*, 1994) aus zwei Scheiben eines dorischen Säulenschafts, die in den weichen Boden einer Insel vor der Norwegischen Küste eingesunken sind. Ausführlich vgl. Kat. Fabro, Pistoia 1994, o. S.

664 Ebd.

665 Kat. Fabro, Paris 1996, S. 236. Rotgefärbte Eier – Rot als Farbe des Lebens, der Sonne, aber auch des Blutes, das Jesus für die Menschheit vergossen hat – sind auch aus Asien bekannt. Chinesen verschenkten bereits vor 5000 Jahren bunt gefärbte Eier zum Frühlingsanfang.

666 Bernhard Rüdiger: „Luciano Fabro, l'autonomie de l'artiste: espace nouveau ou dernier retranchement?", in: Luciano Fabro, Habiter

aus einem muschelartig aufgespannten Baldachin von der Decke hängt – ein Werk, das sich in der Pinacoteca di Brera in Mailand befindet, an deren Akademie Fabro gelehrt hat. Die Muschel der Apsiskalotte erinnert dazu an den ersten Aufstellungsort von *Io* in der Marmormuschel von Berninis römischem Bienenbrunnen.[667] Auch bei den Zeitgenossen, bei Fontana, Manzoni und – wie oben schon erwähnt – Kounellis und Beuys hatte das ‘Ei‘ wieder an Aktualität gewonnen.[668] Manzoni hat seiner Eiform den eigenen Fingerabdruck aufgedrückt, Fabro ein antikes Akronym einer erotischen Kohabitationszene als Halbrelief in *Tu* eingeprägt.[669] Als Voraussetzung für Erneuerung sieht er das Leben unmittelbar mit der sexuellen Energie verbunden. Zehn Jahre später greift Fabro die Idee des Eis in der Arbeit *Ovaie* (1988) noch einmal auf. Zwischen je zwei dicken Stahlseilen, die am Ende mit metallenen Verschlüssen zusammengefasst sind, lagern amphibischen Eischnüren

---

l'autonomie. Inhabiting autonomy, hrsg. von Ders., Lyon 2010, S. 156-179, hier S. 160f.; als pdf unter: http://www.bernhardrudiger.com/pdf/bRudiger_br_fabro_autonomie.pdf (Stand: 13.1.2012). Für weitere Beispiele zum Eimotiv in der Kunstgeschichte vgl. die Ausführungen von Bock, Sebastian: The Egg of the Pala Montefeltro by Piero della Francesca and its symbolic meaning, Freiburg i. Br./Heidelberg 2002, S. 1-20, auch unter: http://archiv.ub.uni-heidelberg.de/volltextserver/volltexte/2003/3123/pdf/PieroEgg.pdf (Stand: 10.7.2012).

667 De Sanna 1996, S. 95.

668 Vgl. die 'Natur-Serien' von Fontana (*Concetto Spaziale, Natura,* 1959-60), jene runden, mit Schlitzen und Löchern versehenen Formen aus Terracotta und Bronze, die an das weibliche Geschlecht erinnern, sowie Manzoni, der in der Galerie Azimuth in Mailand am 21.7.1960 einem Hühnerei seinen Fingerabdruck als Signatur aufgedrückt hatte.

669 Für Werkvergleiche und Abbildungen vgl. Rüdiger, in: Fabro 2010, S. 160f. Fabros Ei hängt sehr tief und für den Betrachter nur dann auf Augenhöhe, wenn er die auf dem Akronym abgebildete kniende Haltung einnimmt.

gleich dicht an dicht zahlreiche weiße Marmoreier. Diese *Ovaie* können als Fabros Reaktion auf die Katastrophe von Tschernobyl (1986), als Versuch eines Neufangs nach diesem, alles Leben in Frage stellenden Unglück gelesen werden. Zuvor schon hatte er mit *Prometeo* (1986), einem geometrischen Konstrukt aus Messlatten und -stäben mit marmornen Sockeln, auf diese die Welt verändernde Katastrophe reagiert.[670] Der Titel bezieht sich auf jene antike mythologische Figur, die dem Menschen als Freund und Lehrmeister das Feuer – sinnbildlich das Leben – auf die Erde brachte. Feuer als älteste Lichtquelle tritt bei Fabro anders als bei Kounellis niemals als reales Licht, als lodernde Flamme in Erscheinung. Er verweist nur indirekt auf diese Leben wie Unheil bringende Figur des Prometheus, der als Humanist Vertrauen schaffe, irdische und himmlische Ordnung ins Lot bringe.[671] Der spirituelle Materialist Fabro interessiert sich für die Überführung des nicht-messbar Göttlichen ins messbar Natürliche. In der gleichzeitigen Gegenüberstellung von vergänglich-endlicher und unendlich-ewiger Wirklichkeit wandeln sich physische Energien in geistige und umgekehrt.

[670] Fabro äußert sich ausführlich zur Arbeit im Interview, „Il dolore di Prometeo è finito", Okt. 1986, in: Fabro, Lavori, 1987, S. 187-189 und beschreibt die Arbeit dort auch. Er habe sie bereits 1984 ausgeführt und betitelt, jedoch bis 1986 nie ausgestellt.

[671] Vgl. dazu auch die Ausführungen von Oechslin, in: Kat. Fabro, Rivoli 1989, S. 19.

V.3. Mario Merz

Alles steuert der Blitz

Merz' Beschäftigung mit Erscheinungsformen von Energie ist untrennbar mit seinen Vorstellungen von Raum und Zeit verbunden. Deshalb war von energetischen Aspekten in seinem Werk, von Licht und Bewegung bereits mehrfach im Raumkapitel die Rede. Grundlage seiner energetischen Betrachtungen und all ihren Ausformungen ist die Idee der Expansion (vgl. Kap. IV.3., z. B. Spirale, Fibonacci-Reihe), der sich Merz auf zwei unterschiedlichen Wegen nähert, über die Form des Konus und über das Licht der Neonröhren.

Ausgehend von der spiraligen Wachstumsstruktur hat Merz die spitz zulaufende Form des Konus schon in Korbflecht-Arbeiten von 1967 thematisiert (*Il Cono,* 1967). Dann erscheint sie als Lanzenspitze plastisch gefertigt aus Plexiglas (*Lancia,* 1967), als Malerei auf Iglu-Leinwänden (Konuspflanzen auf der Igluhaut aus Säcken in der Galerie nächst St. Stephan, Wien, 1984) oder lanzenartig in Form von Baum und Reisig, die aus dem Scheitelpunkt nomadischer Iglubehausungen ragen (z. B. *Igloo con albero,* 1969)[672]. Ein andermal sind es aufstrebende Fibonaccizahlen mit spindelförmigen urzeitlichen Tieren (*Iguana,* 1971); und schließlich

---

672 In *Igloo con albero* durchbricht ein Baum einen gläsernen Iglu und entfaltet außerhalb seine Baumkrone; das gläserne Kopfhaus wird zum Treibhaus. Der Baum erwächst aus dem beschützten geistigen „Klima“ und durchstößt das Gewölbe. Damit traf Merz nach Grüterich genau Aristoteles' Vorstellung der natura naturans für die Annäherung der menschlichen Produktion an die göttlichen Ideen: Häuser sollten gebaut werden wie die Natur sie wachsen lässt. Vgl. Marlis Grüterich: „Merz – Kounellis: Zwei Künstler aus Italien und ihr Werk – Denken, wie die Natur lebt“, in: Du, Nr. 3, 1983, S. 26-49, hier S. 34.

entdeckt Merz den Konus als Negativform in den Wachsabdrücken 'leerer' Zwischenräume von Astgabeln[673], den „spazi negativi"[674]. Dabei geht es ihm nicht nur um die Koexistenz von leer und voll, von der Celant bei der „Materialisierung dieses nicht existierenden Raumes"[675] spricht, es geht ganz dezidiert auch um die Form. Jenseits des Erfassens von Raum und Struktur in einem bestimmten Moment des Wachstums und dichotomen Auseinanderstrebens der Stämme offenbart die Morphologie des 'Leerraums' energetische Polarität.[676] Ein Konus vereint in

673 Als Merz im Sommer 1969 von San Benedetto del Tronto in den Marken nach Agliè im Piemont reiste, entstanden dort die ersten Wachsabdrücke (*Calco in cera dello spazio fra due rami di albero*, 1969): „Ich war im Garten eines Hauses und sah den Hohlraum zwischen zwei Zweigen, er war ungeheuer groß im Vergleich zu meiner gewöhnlichen Vorstellung von Raum. [...] Ich [...] hatte einen Raum vor mir, der nicht festgelegt war, denn der Abstand zwischen den Zweigen war für mich völlig unkalkulierbar. Deshalb kam mir die Idee ihn zu berechnen. Das habe ich mit einem Abdruck gemacht, das heißt, ich habe ein Tuch zwischen die Zweige gespannt und flüssiges Wachs hineingetropft. Nach einer Nacht wurde das Wachs hart, ich nahm das Tuch ab, entfernte die Zweige, und das Resultat war ein Wachsabdruck." Merz, in: Domus, Nr. 499, Juni 1971, S. 49; dt. in Kat. Merz Essen/Eindhoven 1979, S. 21.

674 Vgl. Merz, in: Grégoire Müller: Mario Merz. La nuova avanguardia. Introduzione all'arte degli anni settanta, Venedig 1972, zit. nach Kat. Merz, San Marino 1983, S. 58.

675 Celant, in: Kat. Merz, Essen/Eindhoven 1979, S. 21.

676 Mit *Unschlitt/Tallow* schuf Joseph Beuys 1977 anlässlich der Skulpturenprojekte in Münster einen vergleichbaren 'Abdruck', indem er den unregelmäßigen Hohlraum unter einer Fußgängerrampe mit einem Fett-Gemisch aus Stearin und Rindertalg füllte; Installation der Ausstellungsskulptur, Westfälisches Landesmuseum für Kunst- und Kulturgeschichte, Münster, 3.8.-13.11.1977. Diese Abdruckverfahren erinnern an medizinische Techniken wie das Abformen in der Zahnmedizin. Den beiden Künstlern aber geht es um die fortdauernden Transformations- und Wandlungsmöglichkeiten, die Sichtbarmachung

sich zwei entgegengesetzte Leserichtungen. Die dynamische, zur Spitze hin immer kraftvoller und gefährlicher erscheinende Verjüngung, auf der anderen Seite die sich verlangsamende, doch bis ins Unendliche denkbare Erweiterung. Die Form des Konus wird so zum Inbegriff eines Energieraumes, in dem sich Materie unterschiedlich schnell zwischen gegenläufigen Polen bewegt, mal chaotisch mal zielgerichtet wie im richtungsanzeigenden Pfeil (vgl. Beuys). Das Bemerkenswerte bei Merz ist, dass er diese Prinzipien aus der 'Leere' ableitet, die Leerstelle zwischen den Astgabeln in Beziehung setzt zum 'leeren' unendlichen Raum des Alls. Das ist eine Sichtweise wie sie schon in der pythagoräischen Lehre vom Kosmos aufscheint. „Auch die Pythagoräer nehmen die Existenz eines Leeren an. Es ströme aus dem unendlichen Pneuma in den Himmel ein, der das Leere einatme. Das Leere trenne die Gegenstände voneinander und bilde eine Trennungslinie und die Unterscheidung zwischen benachbarten Dingen“, schreibt

---

nicht berechenbarer Volumen dieser ungenutzten (toten) Räume. Beuys stellte damit explizit naturwissenschaftliche Messmethoden in Frage, die seit Anfang der 1960er Jahre durch die Entwicklung der Chaostheorie besondere Aufmerksamkeit erlangten. In den 1960er Jahren entdeckte Edward N. Lorenz die Phänomene, die heute als deterministisches Chaos bezeichnet werden. In den 1970/80er Jahren entdeckte Mitchell Feigenbaum die Phänomene der logistischen Gleichung („Feigenbaum-Konstante“). Diese Gleichung korrespondiert mit der von Benoit Mandelbrot 1980 untersuchten Mandelbrot-Menge, da sie ebenfalls auf einer quadratischen Gleichung beruht. Die Mandelbrot-Menge, populär Apfelmännchen genannt, gilt als eines der formenreichsten Fraktale, das überhaupt bekannt ist. Entsprechende farbige Darstellungen in den Medien erregten Ende der 1980er Jahre Aufsehen in der Öffentlichkeit. Durch diese Bilder und die vermutete Nähe der Chaosforschung zu scheinbar unverstandenen Phänomenen des Alltags entwickelte sich in dieser Zeit ein großes Interesse der Öffentlichkeit an diesem Thema.

Aristoteles.[677]

Ausgehend von Merz' Begriff der „Konizität der Natur“[678] bezieht Bulk die zahlreichen Kegel- und Konusformen, die Körbe und Lanzenspitzen auf die plastische Ausbildung einer Spiralform, die sich ständig vergrößert, auseinander- und emporwächst und schließlich auch dem Raum eines Iglus entspricht.[679] Wenn *Auf dem Tisch, der hineinstösst in das Herz des Iglu* (1974) ein konusartiger Tisch durch einen Iglu stösst, durchdringen sich also zwei spiralige Strukturen.[680] „Ich glaube, dass die Elemente in der Natur einander gegenseitig durchdringen“[681], sagt Merz. Es verschmelzen aber nicht nur unterschiedliche Räume sondern auch unterschiedliche Energien. „Wie bei zwei Zeiten, die sich kreuzen“[682] gehen die energetischen Größen bei der Durchdringung von Körpern ineinander über.

In den Neonröhren, mit denen Merz seit 1966 Leinwände

---

677 Aristoteles, in: Physik, Δ 6213 b 22-27, zit. nach Max Jammer: Das Problem des Raumes. Die Entwicklung der Raumtheorien, Darmstadt, 2. erw. Aufl. 1980, S. 7. Merz hat 1994 einen Iglu *Pythagoras' Haus* benannt.

678 Merz, in: Kat. Merz, Zürich 1985, S. 85.

679 Bulk 2001, S. 26.

680 Merz zeigte die Arbeit in der Ausstellung am Lützowplatz in Berlin 1974. Der lange, konisch spitz zulaufende Tisch durchdringt den gläsernen Iglu wie eine Magnetnadel und weist gen Norden (vgl. Anselmo). Ausführlich zum Werk und zum Aufenthalt in Berlin als DAAD Stipendiat im Berliner Künstlerprogramm, vgl. La gioccia d'acqua: Berlino si affaccia sul mare?, in: Kat. Merz, Rivoli 1990, o. S.; Abb. in Kat. Merz, San Marino 1983, S. 88f.

681 „Io penso che nella natura gli elementi si attraversino uno con l'altro.“ Merz im Interview mit Celant, 1971, in: Kat. Merz, San Marino 1983, S. 49; dt. in: Kat. Merz, Zürich 1985, S. 31.

682 Ammann, Kat. Merz, Basel/Paris 1981, o. S.

(*Strutture attraversate col neon*, 1966-67; *Nella Strada*, 1967) und Alltagsgegenstände wie Flaschen (*Senza titolo*, 1966-67), Regenschirme (*Ombrello*, 1967) oder Regenmäntel (*Impermeabile*, 1967)[683] durchbricht, bringt er die Energie des Lichts, dessen Geschwindigkeit, Bewegung und Ausdehnung in diesen Durchdringungsprozess ein. Wenn Szeemann sagt, der (Neon-)Stab „überträgt Energien des Organischen ins Anorganische, er symbolisiert das Übergehen von einem ins andere, er wird Natur, er wird zum Weinstrahl aus der Flasche, der vielgeliebten,“[684] dann spricht er die transformatorische Kraft dieser Kunst an. Wie das Licht der Sonne als Energie aus dem unendlichen Raum des Alls in den grünen Pflanzen das Wachstum stimuliert, macht Merz, ganz im Sinn der „primary energies“ Piero Gilardis[685], die Kräfte des Materials und ihre Fähigkeit zur Transformation deutlich. Er unterstreicht damit seine Auffassung von Skulptur, die nicht mehr nur Konstruktion, sondern

---

[683] Dem klassisch halblangen Regenmantel ist büstenartig eine Holzplatte vorgeblendet, die mit Wachs bestrichen ist und den Neonröhren Halt gibt. Die trapezartig geschnittene Platte entspricht in der Form eines leicht ausgebreiteten Mantels selbst einem Konus. Die unteren beiden Neonröhren schaffen eine Verbindung zwischen Mantelinnenleben und Holzplatte. Die Innentaschen werden von zwei langen linearen Neonröhren durchstoßen, die sich überkreuzen und auf den spitz zulaufenden Enden der Holzplatte im Wachs Halt finden. Die dritte kürzere Neonröhre sticht auf Höhe der rechten Brusttasche von vorne nach hinten pfeilartig durch die Platte. Die Neonröhren sind mit dünnen Kabeln verbunden, die sichtbar über Mantel und Wand verlaufen. Der synthetische Stoff des Mantels ist mit silbrig-grauer Autolackfarbe bespritzt, die die Struktur der Arbeit festigt. Farblich hebt sich der Mantel vom gelblich-bräunlichen Wachs ab. Vgl. Kat. Merz, New York 1989, S. 73.

[684] Szeemann, in: Kat. Zürich/Düsseldorf 1991, S. 182.

[685] Gilardi: in: Arts Magazine, New York, Sept./Okt. 1968; und Einleitung zu vorliegender Arbeit.

vielmehr Transformation sein solle.[686] „Den Dingen soll ihr kommuner gegenständlicher Status genommen werden. Der Blitz soll in sie fahren, damit aus ihnen das 'Andere', der halluzinierte neue Gegenstand wird.“[687] Und an anderer Stelle: „[…] man muss kämpfen, aber nicht wie die Dadaisten, die etwas kaputt zu machen hatten. Meiner Meinung nach ist alles kaputt gemacht worden, und ich will die Dinge wieder an ihren Platz stellen, aufräumen. Ich will die Dinge wieder hineintun und nicht rausschmeissen.“[688]

Wenn Merz die Neonröhre wie einen Blitz oder eine Lanze (luce = lancia)[689] in die Dinge fahren lässt, geht es nur vordergründig um Zerstörung. Wohl geht das Objekt dabei kaputt. Doch Merz interessiert sich für eine Metaebene, den Angriff auf die Idee des Objekts. Er geht über Fontanas Bildperforierungen in den *Concetti spaziali* hinaus und ergänzt dessen revolutionäre Geste um ein komplexes Element. Die Neonröhren bleiben als eigenes Objekt präsent und führen unermüdlich Energie zu. „Deshalb habe ich mit Neon gearbeitet: Das ist eine Lampe im Bild, ich will die Elektrizität ins Bild aufnehmen, ich will nicht sagen, meine Arbeit ist Elektrizität. Ich will Elektrizität in die neue

---

686 Merz im Interview mit Celant, 1971, in: Kat. Merz, San Marino 1983, S. 50.

687 Vgl. Szeemann, in: Kat. Zürich/Düsseldorf 1991, S. 182.

688 Merz im Interview mit Ammann/Pagé, in: Kat. Merz, Paris/Basel, 1981, o. S. In Zusammenhang mit dem „hineintun“ sind auch die gefäßähnlichen Objekte wie Schneckenhäuser, Töpfe oder Iglus zu verstehen. Für Merz zählen auch Zeitungsstapel, Früchte und ausgestopfte Tiere dazu. Im Werk von Joseph Beuys treten Zeitungsstapel als eine Art Batterie auf (vgl. Kap. V.4.); es waren Zeichen für das Tagesgeschehen, aber auch allg. für Zeit, für die heutige gegenüber der früheren.

689 Merz, in: Domus 1971, Nr. 499, Juni 1971, S. 49.

Landschaft von Heute einführen."[690] Mit der Elektrizität, ihrem 'fließendem' Strom greift Merz ein Phänomen auf, das die Romantiker fasziniert beschäftigt hat, in dem Novalis ein „inneres Licht, [eine] Spur der Empfindung im anorganischen Reiche"[691] gesehen hat und das Goethe als „Weltseele"[692] schlechthin dachte.

Merz' Leuchtröhren sind gezielt als Kraftlinien eingesetzt und zerstören in diesem Sinn die ursprüngliche Funktion des Objekts: der 'undurchdringliche' Regenmantel (*Impermeabile;* Abb. 35) wird löchrig und durchlässig. Seine neue Permeabilität ermöglicht Austausch.[693] Merz wirft aus neuer Perspektive die Frage nach Innen und Außen auf, verbindet Natur und Kultur und dringt gleichzeitig in tiefere Zeit- und Raumschichten vor. Wie ein Neurophysiologe versucht er mit seiner Art (Neon-)Elektrode den 'inneren Strom', den Fluss der Information aus anderen, tieferen jenseitigen Schichten (der Zeit) abzuleiten und den Prozess des Lebens und die ihn tragenden Energien erfahrbar werden zu lassen. Ammann sieht in der Durchdringung der Objekte und Leinwände mit den Neonröhren Parallelen zum abstrahiert

---

690 Merz im Interview mit Ammann/Pagé, Kat. Merz, Paris/Basel 1981, o. S.

691 Vgl. Novalis, Enzyklopädie, II. Mathematik und Naturwissenschaften, in: Novalis, Werke und Briefe, hrsg. von Alfred Kelletat, München 1968, S. 483, Nr. 378, zit. nach Asendorf, Christoph: Batterien der Lebenskraft. Zur Geschichte der Dinge und ihrer Wahrnehmung im 19. Jahrhundert, Weimar 2002, S. 110.

692 Goethe, Jubliäumsausgabe, Stuttgart 1902, Bd. 40, S. 333.

693 Auf die Ähnlichkeiten zwischen Mario Merz und Joseph Beuys hinsichtlich der Bedeutung von Austausch und Permeabilität verweist auch der Artikel „Schwebende Frage. Mario Merz, der italienische Beuys, hat sich zum Maler gewandelt", in: Spiegel Wissen, 29, 1981, 13.7.81, S. 131-133.

beschleunigten modernen Licht, das den Blick ins Universum, in Vergangenheit und Zukunft zugleich richtet.[694] In *Biliardo* (1980/1981), einem mit Billardkugeln und Tisch bemalten Tuch, das eine leuchtende Neonröhre wie der dazugehörige Stab durchbricht, greift Merz ein Motiv des napoleonischen Naturwissenschaftlers Pierre Simon de Laplace (1749-1827) auf. In dessen Vorstellung – nach ihm 'Laplace'scher Dämon' benannt – existierte eine Kraft, eine omnipotente Intelligenz, die von außen die Konstellation der Sterne und Planeten beobachten, in Schach halten, ihre Konstellation genau berechnen und diese mit einem Billardstab wie nach Plan verändern kann. Auch wenn nach Graevenitz diese deterministische Vorstellung vermutlich Merz nicht gemäß gewesen sei, so könnte ihm dennoch die Argumentation von Laplace mit ihren Gleichsetzungen und Entsprechungen gefallen haben.[695] Setzt man nun an die Stelle des Billardstabs die Neonröhre und erinnert

---

694 Ammann, in: Bohrer 1983, S. 546.

695 Pierre Simon de Laplace: Essai philosophique sur les probabilités, Paris 1814 (2. Aufl. Paris 1825); Laplace entwarf im Vorwort zu seinem Essay eine Intelligenz – später effektheischend als Dämon bezeichnet –, die der damaligen Weltformel entsprach. Eine Intelligenz „die für einen geplanten Augenblick alle Kräfte kennt, mit denen die Welt begabt ist, und die gegenwärtige Lage der Gebilde, die sie zusammensetzen, und die überdies umfassend genug wäre, diese Kenntnisse der Analyse zu unterwerfen, würden in der gleichen Formel die Bewegungen der größten Himmelskörper wie die des leichtesten Atoms einbegreifen. Nichts wäre für sie ungewiss; Zukunft und Vergangenheit lägen ihr klar vor Augen." Zit. nach Antje von Graevenitz: „Mario Merz' Vision des Nomadismus", in: Kat. Vaduz 2003, S. 221, 223, 225. Der Laplacesche Dämon ist also die Veranschaulichung einer erkenntnis- und wissenschaftstheoretischen Auffassung nach der es möglich sei, unter Kenntnis sämtlicher Naturgesetze und aller Initialbedingungen, das gesamte Weltgeschehen und jeden vergangenen und künftigen Zustand zu berechnen. Vgl. Brockhaus, 13. Bd., Leipzig/Mannheim 2001, S. 88.

sich an die Merzsche Metapher vom „Impfen“ der „Inseln“ im Strom des Lebens, so wird die Umdeutung des Laplace'schen Dämons in ein künstlerisches Sinnbild, einen ordnenden Geistesblitz deutlich.[696] Mit dem dahinter aufscheinenden Bild der Neonröhre als Sonde (vgl. Beuys) verbindet sich dann über die Vorstellung vom Messen und Ableiten von Daten hinaus auch die Idee von einem Akt des Heilens ähnlich einer Impf- oder Akupunkturnadel. Dass Merz sich diesen Anspruch des Heilens der Gesellschaft – und darin Beuys durchaus vergleichbar – zu eigen gemacht hat, belegen Textpassagen, in denen er, der ein Medizinstudium begonnen hatte, von sich selbst als „Doktor Merz“, als Heiler und Erfinder von Heilmitteln spricht.[697]

Zustand der Schwebe

Aus der im Bild der Lanze und des Pfeils wie in einer chemischen Reaktion vermittelten Hin- und Rückbewegung, dem Austausch von Energie zwischen Edukt und Produkt, Vorher und Nachher, Innen und Außen ergibt sich das Motiv des Equilibriums als logische, doch letztlich utopische Konsequenz. Ist die Geschwindigkeit von Hin- und Rückreaktion gleich groß, herrscht in einem Reaktionsgefäß chemisches Gleichgewicht. Sind Auftrieb und Schwerkraft gleich groß, bleibt die Materie in Schwebe. Doch ausbalancierte Systeme sind fragil.[698] In den meist nur notdürftig mit Klemmen oder Plastilin im Schwebezustand gehaltenen Glas- und Wachsplatten, Reisigbündeln, Zweigen, Steinen,

---

696 Merz zit. nach Graevenitz, in: Kat. Vaduz 2003, S. 223.

697 Merz, Voglio fare subito un libro, 1985, S. 41.

698 Szeemann, in: Kat. Zürich/Düsseldorf 1991, S. 184. Zur gleichzeitig präsenten Gefahr im Moment der Schwebe bzw. im Spiel mit dem labilen Gleichgewicht vgl. auch Kounellis, *Senza titolo* (Liegende Frau, 1970), Kap. V.1.

Erd- und Lehmklumpen, den auf Tischen ausgelegten Früchten und Gemüsen ist die stets wirksame Schwerkraft auch als Gefahrenmoment präsent. Merz überspitzt den physischen Schwebezustand seiner provisorischen Konstruktionen noch, in dem er Worte und Sätze in Neonschrift hinzufügt, die das empfindliche Gleichgewicht aus der realen in eine geistige Ebene transformieren. Harald Szeemann erkannte diese Verknüpfung bereits im *Igloo di Giap* (1968):

> „Durch das Pulsieren der Energie werden Besitz und Krieg in Flexibilität des Geistes gewandelt, Verrichten und Vernichten wegbewegt, um in die individuelle Erkenntnis des Umgangs mit den Kräften zu münden, in die Schwebezone zwischen Körperlichkeit und Geistigkeit."[699]

In der Arbeit *Che fare?* (1968; Abb. 36) schwimmt die titelgebende Frage hellblau leuchtend auf einer weichen Wachsmasse, die unregelmäßig in einen ovalen Kochtopf gestrichen ist. Die Neonschrift sinkt leicht ein, bleibt aber in der Schwebe.[700] Wie in der späteren Rauminstallation gleichen Titels (*Che fare?*, 1969), in der unterhalb des groß an die Wand geschriebenen Schriftzugs der Wasserhahn als Bild des Lebens unaufhörlich läuft, bleibt die formulierte Frage in der Schwebe (vgl. Kap. IV.3.).[701] Che fare?, was ist zu tun

---

[699] Szeemann, in: Kat. Zürich/Düsseldorf 1991, S. 182.

[700] Merz im Interview mit Celant, 1983, in: Kat. Merz, San Marino 1983, S. 56.

[701] 1969 entstanden noch zwei weitere Versionen dieser Arbeit, eine für Rom und eine für Amsterdam. Die römische Version mit laufendem Wasserhahn bestand aus den beiden Wörtern mit Fragezeichen, die mit grünem Kitt auf der Wand befestigt waren. In Amsterdam war die Frage als riesige Schrift aus einem Gemisch aus Öl und Erde zu lesen, die Merz

hatte Lenin 1902 wohl eher rhetorisch sein russisches Volk gefragt. Im Mai 1968, vor dem Hintergrund der Studenten- und Arbeiterunruhen in Frankreich, rückte diese existentielle Frage wieder aktuell ins Bewusstsein.[702] Merz stellte sie sich ganz persönlich:„*Che fare?* bedeutete für mich wirklich was tun, nicht direkt im politischen Sinn, vielleicht im Sinn von Wasser und von daher wurde es eine Frage an mich selbst."[703] Der Künstler bedient sich aus dem internationalen Repertoire politischer Slogans und konfrontiert sie mit einfachen, aber substantiell aufgeladenen Materialien aus der Natur. Im Bienenwachs hat er ein Material gefunden, das die Worte in der Schwebe zu halten vermag und in seiner Materialästhetik zudem erlaubt, die ikonographische Eindeutigkeit zu umgehen.

> „Damals während der Maiunruhen in Paris hatte ein Unbekannter auf eine Mauer 'solitario solidale' [einsam solidarisch] geschrieben, mir ging es um die existentielle Bedeutung dieser zwei nebeneinander geschriebenen Adjektive, und um auszudrücken, dass es etwas Wichtiges und gleichzeitig Schwebendes war, habe ich sie in eine Materie gesetzt, die diesen Satz in sich aufnahm. Ich kaufte Wachs, trug es auf ein Netz auf und setzte den Satz darauf, der in das Wachs

---

in der Ausstellung mit der Arbeit *città irreale* konfrontierte. Vgl. Merz im Interview mit Celant, 1983, in: Kat. Merz, San Marino 1983, S. 56.

702 Vgl. Marlis Grüterich: „Mario Merz' Anthropologische Bildkörper für mythisch-poetische Aufklärung", in: Über Mario Merz, Wien 1983, S. 41f.

703 „*Che fare?* per me significava veramente che fare, non nel significato direttamente politico, probabilmente dell'acqua e quindi diventava una domanda a me stesso." Merz im Interview mit Celant, 1983, in: Kat. Merz, San Marino 1983, S. 56. Aus dem Italienischen von Carolin Angerbauer.

einsank und doch wieder nicht einsank, also in der Schwebe blieb."[704]

Im Unterschied zu Beuys hat das Bienenwachs für den 'Maler' Merz über diese Eigenschaften hinaus auch eine klassische Qualität als Farbe, vor der die Figuren wie vor einem mittelalterlichen Goldgrund noch strahlender in Erscheinung treten. Mit dem „hoch symbolischen"[705] Material als Hintergrund überträgt Merz eine ästhetische Erfahrung auf die Skulptur, mit der die Kollegen des amerikanischen Expressionismus wie Mark Rothko oder Barnett Newman seit Ende der 1940er Jahre in der (Farbfeld-)Malerei experimentiert hatten. Durch wolkenartig aufgelöste Konturen flirrend leuchtender Farbfelder gelang es ihnen, die Zweidimensionalität enigmatisch aufzuheben und – wie Rothko – die Farbkörper vor dem Hintergrund 'schweben' zu lassen. Wenn die Architektin Diane Lewis heute vom Schwebezustand spricht, sieht sie darin auch eine deutliche Verbindung zum Begriff der Utopie, der in den 1960er und 70er Jahren allgegenwärtig war. „Das Wort Utopie heisst 'nicht gelandet', ein Schwebezustand, in dem die Moderne über dem Meer der Zerstörung des Krieges hing".[706] Die konischen Formen und spiraligen Strukturen der Iglus und Tische von Mario Merz verweisen in ihrer

---

[704] Merz im Interview mit Celant, 1983, dt. in: Kat. Merz, Zürich 1985, S. 35. Ausführlich zum Schwebemotiv vgl. auch Glas 2000, S. 76f., 94.

[705] Carolyn Christov-Bakargiev: „Arte povera 1967-87", in: Flash Art, Nov.-Dez. 1987, S. 59-63, hier S. 59.

[706] Diane Lewis, die seit 1982 an der Cooper Union/New York lehrt, untersucht Städte im Kontext ihrer historischen Entwicklung und fördert ihren poetischen Gehalt zu Tage. Ihre Bezugspunkte liegen bei Samuel Beckett und James Joyce, dem Autorenkino, der Arte povera und der Utopie der Moderne; vgl. Claudia Steinberg: „Gratis wie Luft und Wasser", in: Kunstzeitung, Nr. 175, März 2011, S. 11.

Unendlichkeit auf eine zeitliche und räumliche Schwebe, auf einen unbestimmten offenen Zeitraum, der in den Kosmos führt. Es ist eine Schwebe zwischen Vergangenheit und Zukunft, zwischen häuslich privatem und öffentlichem Raum, zwischen Welt und Universum. Sie ist in allen Arbeiten von Merz präsent, um – wie Szeemann es formuliert – „in die individuelle Erkenntnis des Umgangs mit den Kräften zu münden", den geistigen wie den körperlichen.[707]

Alchemie, Ursuppe und Lebensenergie

Im Oktober 1968 brachte Merz in einem runden Kochtopf, verborgen unter einem großen Weidenkonus (*Il Cono*, 1967), Wasser zum Sieden.[708] Jahre später finden sich in seinem Buch *Voglio fare subito un libro* Texte, in denen er den für ihn bedeutsamen Bezug von Kochtopf und Freiheit, von Ursuppe und Universum näher beleuchtet. „Der grosse Kochtopf des Hauses schmeckt nach Freiheit. Die Freiheit ist im grossen Topf des Hauses" und später „[der Topf] ist Tunke des Meeres, Einiger des Lebens."[709] Im Kochtopf, wo sich alles vermischt und Neues aus dem Wasser entsteht, formuliert Merz eine Analogie zum künstlerischen

---

707 Szeemann, in: Kat. Zürich/Düsseldorf 1991, S. 182.

708 Glas 2000, S. 79.

709 „La grande pentola della casa gusta di libertà. La libertà è nella grande pentola della casa. [...] pentola salsa del mare unificatore di vita." Merz, Voglio fare subito un libro, 1985, ital. S. 280, dt. S. 281; auch Beuys hat sich für diesen Freiheitsaspekt interessiert, den er als Freiheitspol in der Plastik herausarbeiten wollte. In der *Aachener Fettkiste* (1964) und in *I Wirtschaftswert* (1983) strich er Fett in eiserne Backformen. Für die *Aachener Fettkiste* erwärmte er die Margarine darin auf einer Herdplatte, um das Freiheitspotenzial des flüssigen Zustands zu demonstrieren. Das organische Material ist für ihn soziale Wärme (vgl. Kap. V.4.); ausführlich zum Fett als allgemeinem Nennwert mit dem sich andere Wirtschaftswerte verrechnen lassen vgl. Wagner 2001, S. 208-212.

Schöpfungsakt, zum Anfang der Welt und menschlicher Kulturentwicklung, dem das Moment der Freiheit innewohnte.[710]

In einem anderen Text, der 1986 anlässlich der Teilnahme von Merz an der Biennale Venedig mit dem Ausstellungsthema *Arte e Alchimia* entstand, ergänzte Merz die Bilder des (Koch-)Topfs mit Bezügen zum Mythos und zur Alchemie.[711] Für die Ausstellung selbst hatte er ein Jahr zuvor eine Arbeit geschaffen, deren Titel *Vas hermeticum* (1985) einen zentralen Begriff der Alchemie aufgreift.[712] Im hermetisch abgeschlossenen Gefäß vollzieht sich für den Alchemisten der Wandlungsprozess. Dieses Gefäß muss rund sein, denn es stellt den Kosmos, eine Art kosmische Gebärmutter dar. In derartigen Gefäßen entsteht das Neue, in ihnen erwächst die Chance neuer Schöpfung. Der Vorgang des Erhitzens, den Merz im Kochtopf andeutet, ist in vielen Naturreligionen magisch aufgeladen und mit Schöpferkraft in Verbindung gebracht. Die Metalle, die im 'Mutterschoß der Erde' entstehen und im Bergwerk abgebaut werden, müssen in der Alchemie in geeigneten Gefäßen behandelt werden. Das Eisen des Topfes, in dem Mario Merz das 'Feuer' der Neonschrift 'brennen' lässt, steht in der Alchemie für den Himmelskörper Mars, den Kriegsgott, den die Römer als Vater aller Dinge

---

710 Vgl. dazu Glas 2000, S. 80.

711 Für den Text von 1986, Kat. XLII Biennale, 1986, S. 271; für die Übersetzung und weitere Ausführungen zur Alchemie siehe Glas 2000, S. 79-82.

712 Es handelt sich dabei um einen Vierteliglu, den Merz so in eine Raumecke platzierte, dass er gleichzeitig den größten Teil einer Durchgangstüre verstellte. Den Rest des Durchgangs verschloss Merz mit Wachsplatten, die er aus der Verkleidung des Iglus weiterführte. Ausführlich beschrieben bei Glas 2000, S. 157-159.

apostrophierten. Wenn Merz im Text zur Biennale Venedig davon spricht „...das Bergwerk / der Schmied in der Krümmung zwischen großartigen Bäumen [...] des Schmieds / Eisenzeit, Bedeutendes wandeln...“[713], verknüpft er das Eisen mit dem Bild des Schmieds. In vielen Mythen ist der Schmied nicht nur Herr der Feuers, der das Eisen 'kocht' und bearbeitet. Ihm kommt auch eine Art Schöpferrolle zu, in der er wie ein Schamane die Materie wandelt.[714]

Bei der Fusion seiner Materialien lässt sich Merz nicht von Kalkül und Technik leiten, sondern entwickelt sein Werk analog zum Vorgang des Kochens aus dem Prozesshaften des Lebens, aus dem Organischen heraus. Ihn interessiert die Dynamik, nicht das Ergebnis. Den Prozess des Werdens setzt Merz auf vielfältige Weisen ins Bild. Da gibt es die frühen Zeichnungen, in denen „der Bart [...] zu Gras und das Wachstum des Grases in die Proliferation der Zeichen transsubstantiiert“ wird.[715] Da finden sich auf der Leinwand von Iglus (vgl. *Vas hermeticum*) Bilder wie 'Wirbelsäulen' als Reihung pflanzlicher Wachstumsknoten – man denke an Internodien bei Gräsern wie Bambus. Da entweicht eine Wachstumsknotenkette wie ein Atemhauch (Pneuma) unendlicher Konusformen aus einem menschlichen Mund

---

713 „...la miniera / il fabbro alla curva tra grandiosi alberi [...] del fabbro / epoca del ferro, trasformare significa portare le consequenze.“ Merz, in: Kat. Venedig XLII Biennale, 1986, S. 271; dt. bei Glas 2000, S. 79f.

714 Glas 2000, S. 80f.

715 Szeemann, in: Kat. Zürich/Düsseldorf 1991, S. 181. Wenn Szeemann auf den Begriff der Transsubstantiation zurückgreift, spielt er auf den metayphysischen Bezug der Werke von Merz an. Vgl. dazu auch den Transsubstantiationsgedanken bei Beuys (Bsp. *Zwei Fräulein mit leuchtendem Brot,* 1966) und den Begriff der Metaphysik bei Fabro in Kap. V.2. und V.4. vorliegender Arbeit.

(*Senza titolo*, 1981)[716], um schließlich in zwei getrennte Lungenflügel zu führen.[717] Merz sieht das Kunstwerk als Organismus (vgl. Natur- und Energiebegriff bei Fabro, Idee der Helix und Spirale bei Beuys), dessen Lebenskreislauf er mit der Fibonaccireihe als proliferierendem Zahlensystem fassbar zu machen sucht:

> „Die Zahlen in PROLIFERATION haben die Kraft zur NACHFOLGE ODER FORTPFLANZUNG AUS SICH SELBST. Sie geben diese Kraft an die Bilder weiter, die die Proliferation anwenden; von den Zahlen geht die FORTPFLANZUNGSKRAFT auf die Bilder über. Die Bilder in Proliferation nach Zahlenabfolgen sind dynamisch. DIE ZAHLEN WERDEN LEBENDIG UND DIE BILDER WERDEN VISIONEN.“[718]

Und zwischen den Zahlen – wie zwischen den Astgabeln – der Zwischenraum, die Leere, das pythagoräische Pneuma als Seelenprinzip und Träger des Lebens. Mit seinen energetischen Bildern ruft Merz nach 'totaler' (=kosmischer)

---

716 Vgl. dazu Glas 2000, S. 160, Abb. 50.

717 Der Prozess des Atmens, die Darstellung von Organen als Kreislauf, als (geschlossene) Gefäße, die sich nach außen öffnen, finden sich auch bei Beuys in frühen Zeichnungen (*4 Bücher aus: Projekt Westmensch*, ab 1958), bei Fabro (*Lo spirato,* 1968/73) und Anselmo (*Il respiro,* 1969). Deshalb verwundert auch nicht, dass bei Merz wie bei Beuys (vgl. Kap. III.4.) der Name Leonardo da Vinci häufig zu finden ist, der gleichermaßen in den Strukturen und Reaktionen der anorganischen (Wasserkreislauf) und organischen Welt (der Anatomie, des Blutkreislaufs) nach einem Verständnis kosmologischer Zusammenhänge suchte. Vgl. Ausführungen zu Leonardo und Merz bei Glas 2000, S. 158-163, zu Leonardo und Beuys vgl. Holzhey 2009, insbes. S. 31-55.

718 Merz, in: Kat. Merz, Basel 1975, o. S.

Realität als einem Prozessfeld, in dem sich die Energie 'rund', nicht eingeengt euklidisch ausbreiten kann.

V.4. Joseph Beuys

„Wer nicht denken will, fliegt raus."[719]

Für Beuys offenbart sich Energie im Bewegungsprinzip zwischen Wärme und Kälte, Plus und Minus, Chaos und Form. Zur Visualisierung der energetischen Transformationsprozesse dienen die charakteristischen Materialien: Fett und Wachs als Energiespeicher, Filz als Isolation und Schutz vor Energieverlust sowie leitende Metalle. Beuys' Verständnis von Energie speist sich aus den Naturwissenschaften und seinen Erfahrungen mit Spiritualität, denselben Hauptquellen, die auch für seine Bildfindungen wegweisend waren (vgl. Kap. III.4.). Seit den Anfängen reichen die Themen von zeichnerischen Formulierungen physikalischer und chemischer Vorgänge bis zu seinem aus der Interpretation des Christentums und der Anthropologie entwickelten Verständnis geistiger Energien. Darauf aufbauend und in Rückbesinnung auf abendländische Mythologien und schamanistische Riten versuchte er, seine Theorie der Sozialen Wärmeplastik auf die gesellschaftliche Entwicklung zu übertragen.

> „[...] es muss ein anderer Kunstbegriff geprägt werden, der sich [...] anthropologisch nur deklarieren lässt. [...] Und dass in der Zukunft etwas gestaltet werden muss, was man die soziale Wärmeskulptur nennt, das würde die Entfernung in der Arbeitswelt überwinden, ist auch ein therapeutischer Prozess, ist

[719] Handschriftlich von Joseph Beuys 1977 auf Karteikarte und Postkarte geschrieben, „sich selbst", Multiple (P44), Ed. Staeck, Heidelberg.

aber auch ein Wärmeprozess [...].[720]

Den Plan, den er für diesen Prozess entwickelte, stellte er 1965 während der Fluxusaktion *und in uns...unter uns...landunter* in der Galerie Parnass in Wuppertal zum ersten Mal öffentlich vor.[721] In der schriftlich fixierten Partitur fordert er, das in der Energieformel von Max Planck ($E = h \cdot \nu$) nach diesem benannte Wirkungsquantum h als anthropologische Komponente zu betrachten, also mit 'Mensch' („h = der Mensch") gleichzusetzen und Albert Einsteins Raum-Zeit-Kontinuum in gleicher Weise um den humanen Aspekt zu erweitern. Für Beuys war klar, dass Energie nicht als rein naturwissenschaftlich-physikalische Größe aufzufassen ist. In Anlehnung an die Erkenntnisse zu Atombau und Unschärferelation von Bohr und Heisenberg[722] sowie die wissenschaftskritische Haltung von Romantikern und Anthroposophen, vor allem Novalis und Steiner, sieht Beuys die physikalischen Kräfte wie Magnetismus oder Schwerkraft in einer übergeordneten kosmischen Beziehung zum Irdischen, zum Menschen und seinen gesellschaftsformenden Potenzialen.[723]

---

720 Beuys im Gespräch mit Bernhard Blume und Heinz-Günther Prager, 15. 11.1975, publ. in: Rheinische Bienenzeitung 126, 1975, S. 373-377, hier S. 375f.

721 Die Aktion fand am 5.6.1965 im Rahmen des Happenings *24 Stunden* statt; ausführlich in: Schneede 1994, S. 84.

722 Beuys' Auseinandersetzung mit quantentheoretischen Zustandsbeschreibungen von Energie dokumentiert u.a. eine Papierarbeit aus der Slg. Bernd und Verena Klüser, München: Goldbronze, Bleistift, 23,8 x 15,6 cm, verso, mittig bezeichnet: *Quanten,* Joseph Beuys, 1945. Vgl. Schellmann 1997, S. 487.

723 Zu Elektrizität und Denken der Romantiker vgl. auch die Ausführungen bei Glas 2000, S. 28, in Bezug auf Mario Merz und Kap. V.3. vorliegender Arbeit. Ausführlicher zum Energiebegriff bei Rudolf

Mit dem Slogan *Energy Plan for the Western Man* unternimmt er im Januar 1974 eine erste Reise in die USA und verbreitet die Theorie der Sozialen Plastik in einer 10-tägigen Vortragsreihe (9.-20.1.1974). Diese Reise, zu der er nur „mit der Idee der social sculpture"[724] angereist war, fand zu einem Zeitpunkt statt, als auf politischer Ebene ein äußerst gespanntes Verhältnis zwischen Ost und West herrschte.[725] Kalter Krieg und Spannungen in Nahost hatten unter anderem zur Energiekrise geführt, die gerade Anfang 1974 ihren Höhepunkt erlebte. Mit den Begriffen des *Westmenschen* und des *Ostmenschen*, die auf Rudolf Steiner[726] zurückgehen,

---

Steiner siehe Holzhey, in: Kat. Beuys, Moyland 2010, S. 47, 49 und bereits Holzhey 2009 (Namenregister im Anhang); Holzhey verweist auch auf Verbindungen zwischen Beuys und Rudolf Hauschka, z. B. dessen Verknüpfung der (rhythmischen) Gesetze der Chemie mit der Harmonielehre in der Musik; vgl. Ders. S. 140-146.

724 Beuys, in: „Joseph Beuys: Selten so viel gelacht. Willi Bongard im Gespräch mit Joseph Beuys", in: Kunstforum International, Vol. 8/9, 1974, S. 224.

725 Ausführlich zur Reise vgl. Heckmann, in: Kat. Beuys Moyland 2010, S. 25-41, hier S. 25, 35. Erstmals wurde 1974 von den arabischen Staaten Erdöl als politisches Druckmittel gegen die Israel-freundliche Position der USA und Europas eingesetzt.

726 Rudolf Steiner: „West-Ost-Aphorismen", in Ders.: Westliche und östliche Weltgegensätzlichkeit. Wege zu ihrer Verständigung durch Anthroposophie. Zehn Vorträge gehalten auf dem zweiten internationalen Kongress der anthroposophischen Bewegung in Wien, 1.-12.6.1922, 3. Aufl. Dornach 1981, S. 369f. Der Begriff des Westmenschen taucht bei Beuys bereits in der Skizzensammlung *4 Bücher aus: Projekt Westmensch* (1958) auf, in der er zwischen 1958 und 1965 wichtige Ideen zeichnerisch festgehalten hat. In den frühen *Eurasien*-Arbeiten ist der Westen noch deutlich an Europa und der Osten an Asien gebunden, Spiegel der verloren geglaubten spirituellen Einheit von Ost und West. Im Zusammenhang mit der USA Reise zählt Beuys die Amerikaner zur westlichen Zivilisation, während er sich selbst als Europäer mit dem Ostmenschen identifiziert. In der nur wenige Monate

stellt Beuys die nüchtern rational ausgerichtete westliche Zivilisation dem spirituell intuitiven Denken des Ostens gegenüber. Er formuliert eine „Gesamtenergiefrage“ und erweitert den Energiebegriff zur „Freiheitsenergie“, in der „die Kunst als Urproduktion [...] die Verbindung von Mensch und Kosmos” darstellt.[727] Er strebt ein „Vereinheitlichungsprinzip“ an, die „Idee der Kunst, die die Prinzipien auf das zurückführt, was man das Eine nennt“[728]; für Ammann eine „anthropologische Obsession“[729]. Diese Vereinheitlichung, die Beuys vor Augen hatte, entspricht – so fährt Ammann fort –, „umgekehrt proportional der Freiheit, die er als Verantwortung bezeichnete. [...] Vereinheitlichung und Freiheit schließen sich nicht aus. Energetisch gesprochen, handelt es sich um komplementäre Kräfte.“[730]

Die romantische Suche nach dem Einen, nach der Sichtbarmachung der in Natur und Kultur unsichtbar wirkenden Kräfte, verbindet die Künstler der Arte povera und Joseph Beuys. Doch im Unterschied zu den meisten seiner italienischen Kollegen[731] basiert diese Suche bei ihm

---

später stattfindenden Kojoten-Aktion in New York ordnet Beuys die Indianer den Ostmenschen zu. Ihrem Symboltier möchte er wieder die Würde im Land der Westmenschen zurückgeben; ausführlich bei Heckmann, in: Kat. Beuys, Moyland 2010, S. 25, 29, 31.

[727] Beuys, in: Harlan 1986, S. 15, 22; vgl. dazu die Ausführungen von Jean-Christophe Ammann: „Energieplan. Joseph Beuys und die Folgen“, in: Kat. Beuys, Moyland 2010, S. 11-23, hier S. 13.

[728] Beuys, in: Harlan 1986, S. 19.

[729] Ammann, in: Kat. Beuys, Moyland 2010, S. 11.

[730] Ammann, in: Kat. Beuys, Moyland 2010, S. 13.

[731] Nur der sehr viel jüngere Gilberto Zorio (geb. 1944) beschäftigte sich bereits seit Ende der 1960er Jahre mit der Transformation von Metallen sowie energetischen Versuchsanordnungen (*Per purificare le parole,* Serie

auf einem technisch experimentellen Ansatz, zieht er dafür naturwissenschaftliche Apparaturen und physikalische Versuchsanordnungen wie Batterien, Transformatoren, Aggregate, Spulen, Kondensatoren heran, die Energien speichern oder umwandeln. Weder im Museum noch auf der Bühne entzündet er lodernde Flammen wie Kounellis – der ihn bewunderte[732] –, noch durchbricht er Bildflächen oder Objekte mit Neonröhren, um ihnen wie Merz Licht und Energie zurückzuführen.[733] Bei den Beuysschen Installationen muss der Betrachter die reinigende, aufräumende und

---

von Arbeiten seit 1969). Ihm ging es verstärkt um elektrische Reizübertragung und chemische Prozesse der Oxidation, des Verdampfens und des Eindampfens. Vgl. Nike Bätzner: „Gilberto Zorio – An der Grenze von Handlung und Bild", in: Kat. Slg. Goetz 1997, S. 191-195.

732 Pantazis, in: Art History Supplement, 4, Okt. 2011, S. 16.

733 Eine Ausnahme bildet Beuys' Inbrandsetzung eines Gullys im Innenhof seines Düsseldorfer Ateliers am 4.10.1969 für die Filmsequenz „Beethovens Küche" im Film *Ludwig van...* von Mauricio Kagel (Film/Video *Beethovens Küche*, 1969). Ähnlich wie Kounellis (vgl. *Senza titolo*, 1970, Liegende Frau, Kap. V.1.) interessiert Beuys hier der Gedanke des Purgatoriums; vgl. Kat. Joseph Beuys. Kunstverein Karlsruhe 1980, Abb. 59. Ausführlich vgl. Joseph Beuys „Beethovens Küche", Kat. Stiftung Schloß Moyland, Nijmwegen 2004; hier insbes. Paust, Bettina: „Labor und Transformator. Joseph Beuys – 'Beethovens Küche'", S. 53-89. Als Relikt eines Brandes in Beuys' früherem Atelier in Düsseldorf-Heerdt (1954) gibt es noch das Objekt der verbrannten Ateliertüre (*Tür,* 1954/56). Obwohl er diese Türe später um zwei Hasenohren und einen Reiherschädel zum Kunstwerk erweiterte, handelt es sich zunächst um ein zufällig entstandenes Objekt als Folge einer Explosion. Die Arbeit kann als Gleichnis für einen Übergang, einen durch Feuer bewirkten Neuanfang gelesen werden (Umzug). Die Tür wird zu einem signifikanten Sinnbild für Erneuerung in einer Zeit, in der Beuys sich von einer physisch wie psychisch existentiell bedrohlichen Krise zu erholen begann, deren Überwindung er selbst als Erneuerungsvorgang empfunden hat. Vgl. Adriani/Konnertz/Thomas 1994, S. 36f.

energiespendende Kraft des Feuers meist imaginieren.[734] Schon in frühen Zeichnungen wie *Drei am Feuer* (1945), *Am Lagerfeuer* (1957) oder in *Feuerstätte verlassener Hogan / verlassender Hogan (Feuerstätte)* von 1959 wird deutlich, dass Beuys' Interesse in den Riten und Bräuchen liegt, die sich um das archaische Bild der Feuerstätte ranken. Im Vordergrund steht der Gedanke, die transformierende und reinigende Kraft des Feuers auf die Vorstellung von einer neuen Gesellschaft zu übertragen, denn es müsste „eine völlige Reinigung [stattfinden], eine völlige Heilung des gesamten sozialen Feldes, d. h. bis in die sozialen Organismen hinein, ob sie sich nun Staaten nennen oder wie auch immer...".[735] Beuys geht es metaphorisch um die Urerfahrung Feuer, die dort spürbare gemeinschaftsbildende und solidarisierende Wärme und das Weitertragen der Flamme (*THE HEARTH (Feuerstätte) 1968-74*; *Feuerstätte II 1978-79*).[736] So betrachtet ist

[734] Ausführlich zur Rolle des Feuers bei Beuys vgl. Paust, Bettina: „Die schöpferische Kraft des Feuers im Werk von Joseph Beuys", in: Aufbauen – Zerstören. Phänomene und Prozesse der Kunst, [=Moyländer Diskurse zu Kunst und Wissenschaft Bd. 1], hrsg. von Bettina Paust, Johannes Bilstein, Peter M. Lynen u. Hans Peter Thun, Oberhausen 2007, S. 79-92.

[735] Beuys, in: Friedhelm Mennekes: Beuys zu Christus. Eine Position im Gespräch, Stuttgart 1989, S. 34.

[736] In *THE HEARTH (Feuerstätte) 1968-74* (Museum für Gegenwartskunst, Basel) liegt ein Metallring am Boden auf den kranzartig viele verschieden lange Kupferstäbe ausgerichtet sind. Der Ring vereint sie gewissermaßen. Den Schlüssel zu dieser Konstellation gibt Beuys' Zeichnung auf einer daneben hängenden Schultafel, die die Umrisse Europas zeigt. Von der Mitte führen strahlenförmig viele Linien in alle Richtungen nach außen. Eine Linie weist auf Nordirland und die Abkürzung IRA, eine weitere auf das Wort 'Grael'. Die Kreidelinien und die Kupferstäbe entsprechen einander. Es ist eine Anregung dafür, dass um das Feuer Menschen der verschiedensten politischen Lager sitzen könnten, um sich auszusprechen, sich zu erwärmen, sich von ihrer

auch das als Folge der Entladung zellulärer Potenziale theoretisch mögliche Aufleuchten der *Capri-Batterie* (1985)[737], die von einer Zitrone, dem antiken Goldapfel, gespeist wird, ein (Geistes-)Blitz der Natur.

Wenn Beuys sich mit Phänomenen der Elektrizität beschäftigt, dann sind es deren natürliche Erscheinungen: Magnetismus, Blitzschlag, Polarlicht oder speziell das Nordlicht. Bereits in frühen Zeichnungen wie in *Doppelaggregat* (1957) – die gedoppelten Aggregate sind der Idee der voltaischen Säule[738] entlehnt – stellt Beuys eine strukturelle Verbindung her zwischen technisch erzeugter elektrischer Entladung und meteorologischen Phänomenen. Das technisch reproduzierbare Äquivalent zum Blitzschlag ist der elektrische Lichtbogen. Holzhey hat ausführlich die zahlreichen Bezüge zu physikalischen Phänomenen in

---

Kommunikationslosigkeit zu befreien. Beuys stellt sich eine Art 'sacra conversatione' um das Feuer vor, die Zwist verbrennt und mit ihrer Wärme Vereinigung = Erlösung ermöglicht. Sollte das Feuer verglühen, könnte man die Körperwärme in der Runde erhalten: Beuys hat einen hohen Stapel Filzjacken dazugelegt. In der Nähe liegt noch ein filzumwickelter Hirtenstab – auch er soll seine Energie nicht verlieren. Weitere Stäbe sind im Raum rundum gegen die Wand gelehnt, allesamt Richtungsweiser, an anderer Stelle spricht Beuys von „Richtkräften”, die die hier erzielte Einheit nach draußen weitergeben sollen. Vgl. Antje von Graevenitz: „Erlösungskunst oder Befreiungspolitik. Wagner und Beuys“, in: Unsere Wagner – Joseph Beuys, Heiner Müller, Karlheinz Stockhausen, Hans Jürgen Syberberg, hrsg. von Gabriele Förg, Frankfurt am Main 1984, S. 19.

737 Vgl. Ausführungen in Kap. II.4.

738 Die Versuche von Alessandro von Volta im späten 18. Jahrhundert belegen, dass sich beim engen Kontakt von zwei beliebigen Medien zwischen ihnen eine bestimmte Potenzialdifferenz bildet, die sog. Berührungs- oder Kontaktspannung; vgl. dazu auch die folgenden Ausführungen zur Aktion *Vitex agnus castus*.

Beuys' Oeuvre untersucht, die jene Kräfte beschreiben, die er mit den entsprechenden technischen Vorrichtungen vermitteln und dem Menschen zurückgeben wollte.[739] Ihn interessiert jene Elektrizität, jene energetische Auf- und Entladung, die, wie Kounellis' „sensibilità", zur sinnlichen Erfahrung für den Menschen wird.

> „Ja, aber ich habe mich sehr für die Elektrizität interessiert als dem Kälteprinzip in der Sache gegenüber dem Wärmeprinzip, denn ich hatte niemals ein Interesse, sagen wir mal alles nur aufzuwärmen. Man kann ja nicht alles aufwärmen, dann wird's gefährlich, denn man muss ja auch die Formkräfte haben [...] sie sind abkühlende Kräfte, kristalline Kräfte. [...] Und ich habe mich also für diese untersinnliche Eigenschaft der Elektrizität sehr stark interessiert, und sie spielt eine wesentliche Rolle in meiner Arbeit. Sie gehört nämlich tatsächlich zum irdischen Bestand dazu, [...] sie hat sehr viel zu tun mit den verdichtenden Kräften des Erdmittelpunkts und mit unserem Planeten überhaupt, mit den zentri-petalen Kräften, die nach innen, auf den Kern sich verdichten; auch Gravitation, Magnetismus, alle diese Dinge spielen ja eine große Rolle für unseren Planeten [...]."[740]

---

739 Holzhey arbeitete in ihrer Dissertation zur Bedeutung der Naturwissenschaften und des Wissenschaftsbegriffs von Joseph Beuys systematisch Bezüge zu Phänomenen der Meteorologie, Physik und Chemie heraus, die ab Mitte der 1950er Jahre zuerst in den Zeichnungen erschienen und später in Aktionen und Installationen weiterentwickelt wurden, z. B. Nordlicht, Blitz oder technisch erzeugter Lichtbogen (*Blitzschlag mit Lichtschein auf Hirsch,* 1985; Aktion *MANRESA,* 1966); vgl. Holzhey 2009, insbes. S. 88-121.

740 Beuys, in: Harlan 1986, S. 59f.

Exemplarisch hat Beuys seine Vorstellungen von Elektrizität und Sinnlichkeit in der Aktion *Vitex agnus castus* (Abb. 37) verknüpft. Die Aktion, die er 1972 in Neapel anlässlich der Eröffnung seiner zweiten großen für Italien geschaffenen Ausstellung *Arena. Dove sarei arrivato se fossi stato intelligente!* in der Modern Art Agency aufführte, zeigt beispielhaft das Zusammenspiel technischer Apparaturen mit wirkungsmächtigen Naturkräften und schamanistischen Ritualen. Inmitten einer Foto-Arena[741] bäuchlings am Boden ausgestreckt, agierte Beuys an zwei Stapeln, die aus quadratischen Wachs- und Fettlagen geformt waren, daneben ein einfaches Ölkännchen. In der Mitte dieser Stapel lagen Kupfer- und Eisenplatten in direktem Kontakt übereinander, so dass nach den Gesetzen der elektro-chemischen Spannungsreihe ein elektrisches Potenzial entsteht.[742] Zusammen mit den

---

[741] Der Bilderzyklus *Arena* besteht aus 264 Fotos früherer Aktionen und Objekte, die auf 100 Aluminiumrahmen gleichen Formats (140 x 81 cm) montiert sind. Außerdem gehören drei Rahmen mit einfarbig transparenten Glasplatten, zwei tiefblauen und einer goldgelben, dazu. In Neapel waren diese Rahmen rundum in Stapeln an die Wand gelehnt. *Arena* war mehrmals ausgestellt: Erstmals 1970 in einer ersten unbetitelten Fassung in Edinburgh, ab 15.6.1972 in oben beschriebener Form in Neapel, ab 31.10.1972 in der Galerie L'Attico (Via Beccaria) in Rom, ab 6.3.1973 im Studio Marconi in Mailand, im November 1973 in der Ausstellung *Contemporanea* im Rahmen der *Incontri internazionali d'arte* im Parkhaus der Villa Borghese in Rom. Hier konnte *Arena* erstmals im ganzen Umfang (rund gehängt) gezeigt werden; vgl. Cooke/Kelly 1994, S. 278.

[742] Bei direkter Berührung von elementarem Kupfer und Eisen besteht eine elektrische Polarität. Eisen bildet den positiven, Kupfer den negativen Pol, d. h. Eisen gibt Elektronen ab, Kupfer nimmt Elektronen auf. Die strukturelle Übereinstimmung der Stapel mit diesem konkreten naturwissenschaftlichen Phänomen zeigt, dass nicht galvanischer Stromfluss, sondern elektrochemische Kontaktspannung, d. h. eine zur Arbeitsleistung/Energieabgabe fähige Potenzialdifferenz gemeint ist.

Fettplatten erinnern die Schichtungssysteme aus Metallen und Nichtmetallen, aus Leitern und Nichtleitern, an frühe Experimente der Elektrizitätsforschung wie die Voltaschen Röhren, Kondensatoren oder Batterien (vgl. dazu auch die späteren *Fond*-Arbeiten[743]). Der Aufbau betont die Spannungssituation, das Phänomen des Aufgeladenseins oder Aufgeladenwerdens. Diese Spannung ist latent immer vorhanden. Es bedarf nicht großen aktionistischen Aufwands, um sie in Gang zu setzen. Allein der Kontakt, im übertragenen Sinn der Wunsch zum Kontakt, zum Senden und Empfangen genügt. Die in diesem Denken und Wollen zu Tage tretende spirituelle Dimension ist einer grundlegenden alchemistischen Denkweise bei Beuys geschuldet.[744] Die Alchemie ordnet das harte Eisen einer aktiven Männlichkeit und das weiche Kupfer einer passiven Weiblichkeit zu. In dieser Vorstellungswelt entspricht Eisen dem Mars, Kupfer der Venus. Chemie und Alchemie, beide erkennen also in diesen Metallen Plus- und Minuspolaritäten.

Vor Beginn der Aktion hatte Beuys den Galeristen Lucio

---

743 In den *Fond*-Arbeiten dient die Schichtung von Filz-, Kupfer- und Eisenplatten als Energiespeicher; ausführlich vgl. Vischer 1983, S. 14-33. Die Filzstapel in *Fond III* fungieren als Aggregate, die darauf liegende Kupferplatte ist der Leiter; vgl. Georg Jappe: Beuys packen. Dokumente 1968 - 1996, Regensburg 1996, S. 284: Beuys: „Am Filz, das hat man oft missgedeutet, interessiert mich gar nicht so sehr das Haptische, sondern die Isolation. Erst nahm ich Gummi, aber das befriedigte mich nicht [...] Primär war hier die Idee der Batterie." Beuys versteht auch verschnürte Zeitungspakete als Batterie, z. B. *Battery flat high*, 1963. Bei Mario Merz sind die Zeitungsstapel mit dem Gedanken der Informationsakkumulation verknüpft; vgl. Kap. V.3. Der Schichtungsgedanke kommt auch im geologischen Ursprung der Gletscherbildung in zahlreichen Zeichnungen bei Beuys auf; vgl. Ausführungen von Benjamin Dodenhoff, Beuys-Symposium Düsseldorf, 9. Jan. 2011.

744 Graevenitz, in: Förg 1984, S. 33.

Amelio gebeten, einen Zweig der Pflanze zu besorgen, nach der die Aktion benannt ist.[745] Diesen Zweig der medizinischen Heilpflanze „Vitex agnus castus"[746] umwickelte Beuys mit einem kobaltblauen Stoffband, darauf die schwefelgelbe Aufschrift VITEX AGNUS CASTUS und steckte ihn zu Beginn der Aktion wie eine Antenne[747] an

---

745 Beuys fertigte für Lucio Amelio extra eine Zeichnung, die einen Zweig dieser Pflanze mit ihrer charakteristischen Wuchsform zeigt. Zentral zwischen zwei ypsilonförmig verzweigten, blattbesetzten Seitensprossen entspringt mittig als dritte Achse der Blüten- und spätere Fruchtstand. Beuys hat die Zeichnung mit genauen Angaben versehen, wie den Pflanzennamen „Vitex agnus castus", „Keuschlammstrauch" und „Mönchspfeffer", aber auch mit Beschreibungen wie „holzig", „filzig" oder „wenn ausgeblüht braune Körner".

746 Die homöopathische Heilpflanze ist an Wasseradern im Mittelmeerraum, sowie in Zentralasien und auf der Krim beheimatet, Orte, die Beuys aus dem Krieg kannte. Der zwei bis vier Meter hoch wachsende Strauch mit den dt. Namen Mönchspfeffer, Keuschlamm oder Abrahamsstrauch wächst in Bachbetten, an Flußufern, sowie an der Meeresküste. Bemerkenswert ist sein Blühen im Hochsommer, in dem das Wasser in der Regel bereits versiegt ist. Deshalb gilt er in der griech. Mythologie als „arbor felix". Der dreiteilige Pflanzenname spiegelt auch das Prinzip der Dreigliederung, das sowohl der Kunst wie auch der Anthroposophie von Beuys zugrunde liegt und für viele religiöse und philosophische Ideen bestimmend ist. In der westlichen Kultur lässt sich eine Linie nachzeichnen von der Dreifaltigkeitsvorstellung des Christentums über die drei großen Ideale der Französischen Revolution (Freiheit, Gleichheit, Brüderlichkeit) bis zum Dreigliederungsmodell Rudolf Steiners (Freiheit des Geisteslebens, Gleichheit vor dem Recht, Brüderlichkeit in der Wirtschaft). In der Anthroposophie sah Beuys die Möglichkeit, die durch den Materialismus notwendigerweise auseinandergerissene Dreiheit des Geisteslebens von Kunst, Wissenschaft und Religion aus modernem Bewusstsein wieder neu zu knüpfen.

747 Die Antennen-Assoziation und die Platzierung der Pflanze am Kopf an der Stelle, an der bei Tieren das Geweih oder das Gehörn sitzt, erinnern an schamanistische Traditionen, an die Verbindung mit anderen geistigen Wesenheiten; persönl. Mitteilung von Monika Angerbauer-Rau.

seinen Hut. Auf einen Arm gestützt und mit dem anderen abwechselnd die Metallplatten der Stapel berührend, verharrte Beuys über drei Stunden liegend auf dem Bauch. Seine einzige Bewegung bestand im Reiben seiner ölbestrichenen Finger gegen das metallische Kupfer. Allmählich akkumulierte sich die Wärme im Kupfer und Beuys' Körper geriet in vibrierende Muskelzuckungen. Er zitterte, sichtbar energetisch aufgeladen.[748] Dabei wiederholte er mehrmals den Satz: „Ich bin ein Sender, ich strahle aus.“ Den zeitgleichen Vorgang des Empfangens verbildlicht Beuys' liegende Haltung, die ihm größtmögliche Berührung mit dem Boden erlaubte, den Kontakt zur Erde herstellte.[749] In kulturellen Ritualen gilt diese Haltung als Ausdruck völliger Hingabe. Liegend, mit dem Gesicht nach unten empfangen Priester ihre Weihen. Bildsprachlich stellt sich Beuys in diese Tradition. Doch sein erhobener Kopf signalisiert eine zweite Richtung im Raum, die Vertikale, mit der er selbstbewusst die Verbindung zum Überirdischen, zu den Kräften des Geistes sucht. Über den aufgesteckten Zweig an seinem Kopf empfängt er Energie von oben.

Vgl. dazu auch die Verlängerung des Kopfes mit Spazierstock in der Aktion *I like America, America likes Me*, New York 1974.

[748] Lucio Amelio erinnert sich: „Zu Beginn der Aktion bewegte er [Beuys] sich sehr ruhig: er rieb beide Kupferplatten. Dieses Reiben erzeugte bald nicht nur Reibungswärme, sondern löste einen regelrechten Taumel aus. Schließlich zitterte er am ganzen Körper, wie in einem dionysischen Rausch. Aber voller Schmerz.“ Vgl. Amelio, in: Kat. Beuys, New York 1994, S. 42.

[749] Vgl. dazu die Zeichnung *Erdhorcher* (1957) oder die Aktion *THE CHIEF*; auch die Stapel der *Fond*-Arbeiten sind im Beuysschen Verständnis als Basis zu lesen, sie stehen für eine stabile Erdung. Bei Kounellis' goldenen Schuhen und Schuhsohlen ist die 'geerdete' Fläche veredelt, die dem direkten Kontakt zum Boden, zur alltäglichen Straße ausgesetzt ist; vgl. Kap. III.1. Für Fabros *Piedi*-Arbeiten vgl. Kap. III.2.

Initiiert wird der hier angedeutete Energieaustausch durch das stundenlange Reiben der ölgetränkten Finger an der überstehenden Ecke einer Kupferplatte.[750] Doch das Öl ist einem alltäglichen Werkstattkännchen entnommen, von jeglichem Mythos traditioneller Salbungen[751] befreit. Die Verbindung zwischen Ölkännchen und Materialstapel ist die menschliche Hand als Element des Wollens. Die Hand zitiert das Ritual der heilenden Salbung im Kontext der technisierten Welt. Das Ölkännchen verweist auf die alltägliche Mühe und Arbeit, die mit Bedacht auszuführen ist, so als wäre die Arbeit Kunst und jeder Mensch in seiner Arbeit ein Künstler.[752] Den berühmt gewordenen Aphorismus „Mi nutro sciupando energia“[753], hat Beuys erstmals während dieser Aktion in Neapel geäussert. Am Beispiel seiner eigenen Person demonstriert er die Transformation

---

750 Leben im archaischen Sinn ist unmittelbar mit der sexuellen Energie verbunden als Voraussetzung für Erneuerung. Der Künstler als männliches Element berührt das weibliche Kupfer. Und er berührt es nicht nur, sondern er reibt aktiv daran. In der aktiv erzeugten Wärme vereint Beuys das Männliche und das Weibliche. Wärme ist die Basis neuen Lebens. Wärme beeinflusst Organisches und Anorganisches, Körper und Geist, Materialisierung und Dematerialisierung.

751 Bei einer Königssalbung, einer Taufe oder einer Krankensalbung dient das Öl der Erhöhung und Heilung des Menschen.

752 Dieses Kännchen hält einen Stoff bereit, der sprichwörtlich Öl ins Getriebe bringen kann, einen Schmierstoff, der die Vorstellung nährt, die Anordnung des Experiments könnte in Bewegung geraten.

753 Erst 1981 schrieb Beuys den Satz auf italienisch mit Bleistift auf einen 15 x 20 cm großen Karton, der Fotograf war Michele Bonuomo. Ein Jahr später wurde die Karte zum Werk. Sie befindet sich in der Sammlung des damaligen Fotografen. Die deutsche Version *Ich ernähre mich durch Kraftvergeudung* (1982) befindet sich in der Sammlung Amelio-Santamaria; vgl. Abb. in: Warhol Beuys. Omaggio a Lucio Amelio, Kat. Fondazione Antonio Mazzotta, Mailand 2007, S. 115f.

physischer Kraftanstrengung in geistige Nahrung, um letztendlich neue, bewusstseinserweiternde Ideen zu entwickeln.[754]

Deshalb ist für Beuys der Kopf das anthropologische Energiezentrum, Sitz der Primärenergie, Verbindungsglied zwischen Himmel und Erde, Mensch und Kosmos, Vergangenheit und Gegenwart. „Als Kopf haben wir einen Strahlungspunkt, eine Energiequelle, etwas, das man in der antiken Symbolsprache einfach 'Sonne' nennen kann."[755] In zentralen Werken ist der Kopf prägendes Element; mit Gold und Honig bestrichen in *wie man dem toten Hasen die Bilder erklärt* (1965) oder als Eisenguss in der *Straßenbahnhaltestelle* (1976) (vgl. Kap. III.4.) und später in *Palazzo Regale* (1985). Mit der Platzierung des historischen Abgusses auf der Spitze einer hoch in den Innenraum des Deutschen Pavillons ragenden Eisensäule, die gleichzeitig bis tief in den Lagungenboden[756] reichte, hat Beuys während der Biennale in Venedig 1976 die Raum-Zeit-Dimension mit der

---

754 Vgl. Holzhey 2009, S. 146-152, Kap. Wärme als plastisches Prinzip: Erweiterung der Raumzeit.

755 Beuys, in: Dialog über die Kunst, die Architektur der Welt, mit ihrem Architekten names Joseph Beuys, in: Eingebildete Dialoge, hrsg. von Achille Bonito Oliva, Berlin 1992, S. 106.

756 Die vor Ort vorgenommene Bohrung in die Lagune verbindet die topographischen Beziehungen mit individuellen Erinnerungen. Beuys imaginiert eine Verbindung zwischen Ausstellungsraum und Untergrund, zwischen Innen und Außen, zwischen 'Erde' und 'Himmel'. Vergangenheit, Gegenwart und Zukunft sind präsent; die vertikale Zeitachse transformiert sich in horizontalen Ortsbezug. „An dieser Stelle hat sich etwas vollzogen, was den gesamten geschichtlichen Strom impulsiert hat". Beuys im Interview mit der Lurgi-Redaktion (Firmenzeitschrift) in Frankfurt, 25.2.1977, publ. in: Lurgi-Informationen, 2, Frankfurt 1977, S. 21.

Bedeutung revolutionären Denkens verknüpft.[757] Die Kopf-Figur steht auch in engem Kontext mit einem weiteren energiespezifischen Leitmotiv, dem Stab; als hölzerner Spazierstock oder in Kupfer gegossener *Eurasienstab* verbildlicht Beuys damit wiederholt das Zusammenspiel natürlich irdischer und spiritueller Kräfte.[758] Die Krümmung des gebogenen Stocks steht für den Kopf oder dessen Verlängerung.[759] Deshalb hat Beuys in der Aktion *EURASIENSTAB 82 min fluxorum organum* (1967) den kupfernen Stab an der Krümmungsstelle erwärmt – mit einer leuchtenden Glühbirne als Strahlungsquelle. Diese 'Aufladung' ist als Impuls zur Selbstbestimmung des

---

757 Kopffigur des Revolutionärs Anacharsis Cloots, vgl. Kap. II.4. vorliegender Arbeit.

758 Zum Stabmotiv vgl. auch Holzhey, in: Kat. Beuys, Moyland 2010, S. 49. Im Werk von Beuys hat der Stab als „Eurasienstab" stets eine besondere Bedeutung als Sinnbild einer Vermittlung zwischen östlicher und westlicher Spiritualität. Das Motiv des Stabs tritt in zahlreichen Aktionen und Installationen auf. Es geht zurück auf frühkindliche Spiele in ländlicher Umgebung, auf eine enge Beziehung zu Natur, Tieren und Pflanzen und versinnbildlicht auch die Vorstellung vom Hirten. Später benutzte Beuys den Stab als Sonde oder Richtungsanzeiger/Richtkraft; vgl. dazu die Ausführungen zu *THE HEARTH (Feuerstätte) 1968-1974* in vorliegendem Kapitel und ausführlich in: Koepplin, Dieter: Joseph Beuys in Basel, Bd. 1, Feuerstätte, Öffentliche Kunstsammlungen Basel, München 2003, S. 111-114. Graevenitz stellt in Bezug zum Stab eine interessante Beziehung zum Parzifal-Motiv her. „Er [Beuys] würde ihn gern selbst inszenieren, beispielsweise mit den Sängern im Publikum, während er auf der leeren, grauen Bühne den Speer, dieses Symbol für Ordnung, menschliche Verträge und Vermittlung, Hirtenstab und Leitstab, ein Attribut der Erlösung, in immer andere, bedeutungsgebende Positionen bringen würde." Vgl. Graevenitz, in: Förg 1984, S. 33. In der Deutung des Stabs als Speer leuchten Parallelen zur Deutung der Neonröhren-'Lanzen' im Werk von Mario Merz auf (vgl. Kap. V.3.).

759 Z. B. hölzerner Spazierstock in der Aktion *I like America, America likes Me,* New York 1974, in: Schneede 1994, S. 330f.

Menschen zu verstehen, dem der (leitfähige) Stab auch als Wanderstab, als Orientierungshilfe zwischen Ost und West und energetische Verbindung zwischen Ost- und Westmenschen dienen kann.[760]

Mit *Palazzo Regale* (1985; Abb. 38)[761] hat Beuys seine letzte große 'Anthropometrie' geschaffen, oben auf dem Berg, in einem Palazzo Reale vergangener Zeit, in Neapel, im Land der Sonne und Zitronen. Sonnig strahlt der Raum. An den Wänden sieben 'Bilder', profilgerahmte rechteckige Messingbleche mit einer blattgoldhaltigen Firnisslösung grundiert. Auf dem Natursteinboden zwei menschengroße Vitrinen aus demselben Material, die Schauseite ihrer Böden (und ihre Rahmung) in gleicher Weise goldhaltig bemalt. Der Glanz der Messingtafeln lässt den Raum in immateriellem Licht leuchten und wärmt ihn zugleich angenehm. Das Gold – unwillkürlich erinnert man Kounellis' Goldwand aus *Tragedia civile*[762] – entsinnlicht den Raum, schafft eine überirdisch sakrale Atmosphäre, wären da nicht die teils

760 Vgl. Schneede 1994, S. 188.

761 Die „Palazzo Regale" betitelte Arbeit befand sich mit dem Ausstellungsort des Museo Capodimonte in einem 'Palazzo Reale', der ehemaligen Sommerresidenz der Bourbonenkönige von Neapel (18. Jh.). „Regale" bedeutet „königlich, fürstlich" und „Regalien" (lat. iura regalia) entsprachen Hoheitsrechten, die im Mittelalter nur Könige oder Kaiser besaßen. Vgl. Joseph Beuys. Palazzo Regale, hrsg. von KulturStiftung der Länder u. Armin Zweite, Kat. Kunstsammlung Nordrhein-Westfalen Düsseldorf, Berlin u. a. 1992. Eine genaue Beschreibung der Gegenstände und ihrer Herkunft findet sich in: Joseph Beuys: Natur Materie Form, hrsg. u. mit Texten von Armin Zweite, Kat. Kunstsammlung Nordrhein-Westfalen Düsseldorf, München 1991, S. 49-53.

762 Armin Zweite verweist auf Vergleichbarkeiten wie auch zentrale Unterschiede zu Kounellis' *Tragedia civile* (anlässlich des Ankaufs der Arbeit *Palazzo Regale* für die Kunstsammlung Nordrhein-Westfalen im Jahr 1992). Zweite, in: Kat. Beuys, Düsseldorf 1992, S. 55.

noblen, teils kruden Gegenstände der Vitrinen, die den Betrachter in die reale Welt zurückholen, denn „den Palast, den wir zuerst erobern und dann würdig zu bewohnen haben, ist der Kopf des Menschen, unser Kopf."[763]

Beuys hat in den Vitrinen großteils Dinge aus früheren Aktionen so angeordnet, dass sie latent das Bild einer menschlichen Figur wachrufen. In der ersten, mehr in die Mitte des Raums gerückten Vitrine liegt der eiserne Kopf des revolutionären Denkers Anacharsis Cloots aus der *Straßenbahnhaltestelle* (Venedig, 1976) vor dem mit blauer Seide gefütterten Luchsmantel aus *Iphigenie/Titus Andronicus* (Frankfurt a. M., 1969), daneben Musikinstrumente, zwei Konzertbecken aus derselben Aktion und das rosa schimmernde Gehäuse einer Meeresschnecke, das als Trompete ('Tritonshorn') verwendet werden kann. In der anderen, seitlich näher an die Wand gerückten Vitrine in 'Kopfposition' ein beigefarbener Rucksack (vermutlich aus *in memoriam George Maciunas,* 1978), daneben wie Arme ausgerichtet zwei kupferne Spazierstöcke deren Krümmungen schultergleich rechts und links zum Rucksack weisen. Dazwischen und darunter Speck und Fett, dreimal rollbratenartig verschnürt und einmal als angeschnittenes Stück einer Fettseite ausgelegt. Armin Zweite spricht davon, dass die Magie des Arrangements das Beuyssche Werk zu einem Mausoleum eines Wanderers macht, eines Wanderers zwischen Geist und Materie.[764] Dass Beuys diese Bewegung zwischen den Wel-ten, diese Freiheit und Gestaltungskraft dem Menschen zuschreibt, zeigt die energetische Akkumulation in dieser letzten großen Rauminstallation, wo der

---

763 Vgl. Beuys im Gespräch mit Michele Bonuomo während der Aufbauarbeiten in Neapel, dt. in: Kat. Beuys, München 1986, S. 92.

764 Zweite, in: Kat. Beuys, Düsseldorf 1992, S. 51.

Batteriecharakter, bebildert mit dem Humanen an sich, physische Präsenz erhält. Die sieben (!) Messingtafeln sind an den Wänden so angeordnet, dass sich daraus eine – im Prinzip wie bei Mario Merz unendlich fortsetzbare – mathematische Wachstums-reihe ablesen lässt: 1 – 2 – 4; von 1 ausgehend finden sich die Messingplatten auf jeder Folgewand batterieähnlich gedoppelt, Akkumulationen immer derselben Elemente. In den zwei Vitrinen ist zweimal die menschliche Figur angedeutet. Zwei Spazierstöcke aus leitendem Kupfer sind ihr beigegeben und vier Rollen wärmenden und nährenden Materials: Speck, Fett und Filz, Synonyme für Energievorrat und -speicherung. Aus den sechs Anschlussmöglichkeiten jeder der drei auf dem Rucksack verteilten Elektroklemm-platten hängen wir teils abgeschnittene Kupferzuleitungen teils stechen silbrig glänzende Nadeln wie Sonden oder Antennen heraus. Der imaginäre Träger des Rucksacks ist vernetzt, er ist Sender und Empfänger. Er vermag zwischen den Welten zu wechseln, sich wie ein Tierwesen – schlau und vorsichtig wie ein Luchs; das Fell verweist darauf – oder wie ein Menschen-wesen zu verhalten. Von der äußeren Körper-symmetrie bis zu den inneren Seiten von Wunsch und Vorstellung, Gut und Böse, Natur und Kultur spiegelt sich die' Zweiseitigkeit' des Menschen in dieser Installation. Jedes einzelne Ding kündet von Weg und Wandel, von Erinnerung und Geschichte; Sichtbares und Unsichtbares verschmelzen in dieser Kunstkammer.[765] Wie ein Wissenschaftler im Museum schafft der 'Anthropologe' Beuys in seinen Vitrinen ein Ordnungssystem. Er zeigt, dass er auf der Grundlage der modernen

---

765 Bredekamp, Horst: Antikensehnsucht und Maschinenglauben. Die Geschichte der Kunstkammer und die Zukunft der Kunstgeschichte, Berlin 1993, S. 68, 71, 100.

Physik steht, nicht nur der Alchemie oder des Schamanismus. Er stellt sich der Tendenz der Welt zur Unordnung, der physikalischen zur Entropie, der sozialen zur Trägheit, entgegen. Das Wärmeelement, das er im kollektiven Organismus der Bienen[766] schon verkörpert sieht, bestimmt sein Wollen. *Palazzo Regale* ist verdinglichte Wärme-strahlung[767], Brückenschlag zwischen Sein und Nichtsein, Materie und Antimaterie. Mit beiden Evidenzen muss der Mensch leben. Macht er von seiner Freiheit Gebrauch, von seiner Fähigkeit zur Selbstbestimmung, zum Denken und zur Transformation, so kann er seine Zukunft gestalten als „Der Sonnenstaat. Die Wärmefähre. Die soziale Plastik."[768]

---

766 „Während ich selbst von den Leistungen anderer lebe, gebe ich wieder etwas an andere ab, dieses auf Gegenseitigkeit, was ja in einem solch auseinandergenommenen physiologischen Organismus wie im Bienenstock wunderbar zu beobachten ist […]." Beuys im Gespräch mit Bernhard Blume und Heinz-Günther Prager, 15. 11.1975, publ. in: Rheinische Bienenzeitung 126 (1975), S. 373-377, hier. S. 375f.

767 Physikalisch wird mit Wärmestrahlung diejenige elektromagnetische Strahlung bezeichnet, die zu einem Wärmeaustausch des Körpers mit seiner Umgebung beiträgt; Wärmestrahlung, so Bernhard Bavink in seinem von Beuys aufmerksam gelesenen Standardwerk, stellt eine Verbindung her zwischen den physikalischen Strahlungserscheinungen einerseits und der Physik der Materie, Mechanik, Akustik und Wärmelehre andererseits. Das Buch von Bernhard Bavink, Ergebnisse und Probleme der Naturwissenschaften. Eine Einführung in die heutige Naturphilosophie, 8. Aufl., Leipzig 1944, befindet sich im Nachlass Joseph Beuys. Vgl. dazu auch Schneede 1994, S. 90, Anm. 45.

768 Beuys, in: Kunst = Kapital. Achberger Vorträge, hrsg. von Rainer Rappmann, Wangen 1992, S. 43-63.

VI. Zusammenfassung

Mit Beginn der 1960er Jahre wuchs unter den europäischen bildenden Künstlern das Unbehagen an formalistisch erstarrten Strukturen, an Methoden- und Materialbeschränkung, die sich unter dem Einfluss der tonangebenden École de Paris nach dem 2. Weltkrieg etabliert hatten. Dazu kam eine Unzufriedenheit mit dem geltenden Kunstbegriff und seiner traditionellen Beschränkung auf das Kunstwerk als Gemälde oder Skulptur in einer Zeit, die auch politisch durch zunehmende Verkrustung in Kaltem Krieg und kompensatorischem Konsumismus geprägt war. So entwickelten sich Bestrebungen, den Kunstbegriff im Sinn einer allgemeinen Bewusstseinserweiterung neu zu definieren, ihn wieder näher mit der Natur, dem Leben, und dem Alltag der Menschen zu verknüpfen.

An vielen Plätzen Europas traten Künstler auf, die die Infiltration des menschlichen Lebens mit und durch Kunst verfochten. In Italien fasste die Kunstkritik einige Künstler wegen ihrer Material- und Formenwahl als Vertreter einer 'arte povera' zusammen. In Deutschland hatte sich ein Einzelner die Erweiterung der Kunst in alle Lebensbereiche zur Aufgabe gesetzt, Joseph Beuys. Parallelen und Differenzen haben die italienischen Künstler früh erkannt, wie aus einem Gespräch mit Gilberto Zorio hervorgeht. „Ich fand heraus, dass sich die Arbeit von Beuys, obwohl sie ähnlich wie unsere erscheinen mag, doch unterscheidet, weil sie rein germanisch teutonische Wurzeln hat; im Grunde ist er ein Romantiker. Abgesehen davon ist er unter den deutschen Künstlern einzigartig. Ja, wir haben festgestellt, dass in der Welt ähnliche Dinge geschehen, doch welche

Trockenheit.“[769] Und später stellte Luciano Fabro fest: „[…] Es war die besondere Fähigkeit von Celant, in einer marginalen Situation, wie sie in Italien herrschte, die Kraftlinien aufzunehmen und festzustellen, die diese Kunst mit der internationalen Situation in Verbindung bringen konnten. Es handelte sich um eine Abkehr von Auffassungen, wie sie zum Beispiel die amerikanische Minimal Art charakterisierten. Zu einem späteren Zeitpunkt jedoch gab es eine Koinzidenz mit ideologischen und faktischen Entwicklungen und Positionen, die sich in Amerika, in Holland, Deutschland usw. ausbildeten.“[770]

Dieser angesprochenen Koinzidenz galt es in vorliegender Arbeit nachzuforschen. Ziel war es, Parallelen und Gegensätze – in der Literatur oft angedeutet, meist aber nur vage verknüpft – zwischen dem deutschen Einzelkämpfer und der italienischen Arte povera-Bewegung herauszufinden und zu benennen. Die vergleichende Betrachtung von Theorie und gestalterischer Praxis der Künstler, ihrer Material- und Methodenwahl, ihres Denkens und Wollens, führte im Ergebnis zu vier übergeordneten Themenfeldern, nach denen diese Arbeit gegliedert ist: Dialektische Prinzipien, Wurzeln der Bild(er)findung, Raum und Energie.

---

769 „Ho scoperto che il lavoro di Beuys, anche se può sembrare simile al nostro, se ne differenzia, perché ha una radice puramente germanica, teutonica, in fondo è un romantico. Del resto è l’unico artista tedesco. Sì, abbiamo scoperto che nel mondo succedevano cose analoghe alle nostre, però quale aridità!“ Zorio im Gespräch mit Mirella Bandini 1972, in: Mirella Bandini: Arte povera a Torino, Turin 2002, S. 94-111, hier S. 102. Aus dem Italienischen von Carolin Angerbauer.

770 Fabro im Interview mit Rudolf Schmitz, in: Kat. Slg. Goetz 1997, S. 94.

Thesen:
1) Ein dialektischer Denkansatz, die Wertschätzung von Erinnerung und individuellen Wurzeln, die Suche nach neuen Ausdrucksmitteln im Raum und das Ziel der Visualisierung energetischer Prozesse verbindet die Künstler.
2) Ähnlichkeiten und Unterschiede vermitteln sich über eine neue Sprache der Materialien und der medialen Umsetzung.
3) Zeitgleiche Entwicklungen in Kunst, Politik und Gesellschaft hatten Einfluss auf die Auswahl dieser Materialien, den Rückbezug zur Natur und die Suche nach Authentizität. Entscheidender gemeinsamer Nenner ist die anthropologische Dimension einer Stärkung und Erweiterung des sinnlich-poetischen Empfindens.

Im Folgenden sind die auf diesen Thesen fußenden Einzeluntersuchungen miteinander verknüpft und zusammenfassend dargestellt.

Polare Material- und Farbsetzungen, Stoffeigenschaften und Begriffspaare sind für alle hier besprochenen Künstler ein werkbestimmendes Ausdrucksmittel. Mit scheinbaren Gegensatzpaaren eröffnen sie den Diskurs um die sonst oft naive Authentizitätsfrage. In der Entdeckung neuer Materialien, der Konfrontation von organischen und anorganischen, toten und lebendigen, geordneten und chaotischen Strukturen sehen sie Impulse für eine (geistige) Transformation, für eine erweiterte sinnliche und energetische (Natur-)Erfahrung. Die ins Bild gesetzten dialektischen Prinzipien sind jedoch keine platte Übernahme und Verlängerung des neuzeitlichen Dualismus von Materie und Geist, Natur und Vernunft, Welt und Mensch. Mit scheinbar vertrauten Mitteln wenden sich die Künstler subversiv gegen die anthropozentrische Sicht, in der der

Mensch seit der Renaissance zum Fremdling, zum außenstehenden Beobachter geworden ist. Mit Galileis revolutionärer Erkenntnis, dass sich die Erde um die Sonne dreht, verliert der Mensch sein Vertrauen in die eigenen Sinne. Gleichzeitig gewinnt die humanistische Idee von der Würde des Menschen an Bedeutung, wird eine emanzipatorische Idee der Freiheit von der Natur betont und die Rolle des Menschen als Vernunftwesen in den Fokus gerückt. Damit wird der Mensch zum Fremdling in der eigenen Welt, deutet im zentralperspektivischen Blick aus dem Fenster die Welt da draußen als Vorstellung. Diese Entfremdung mündete, gespiegelt in vielfachen Facetten letztlich in ein Um-sich-selbst-kreisen, in eine relationistische Deutung von Natur als kulturellem Konstrukt. Beuys und seine italienischen Kollegen wollten diese Art der dualistischen Sichtweise – sie ist auch der asiatischen Philosophie fremd – aufbrechen durch die Verschmelzung zweier 'Kulturen', der naturwissenschaftlichen und der philosophischen. Die moderne Naturwissenschaft bietet mit der Evolutionstheorie den Ausweg aus dem modernen Dualismus, aus dem Postulat einer Doppelnatur der Menschen aus Körper und Geist. Wenn die Evolutionstheorie recht hat, dass die Lebewesen sich einer verändernden Umwelt anzupassen vermögen, dann bedeutet das gleichzeitig, dass sie ihre Umgebung prinzipiell zutreffend erkennen müssen. In der Evolution sind die Sinne des Menschen also auf jene Qualitäten hin entstanden, die sie erfassen. Umwelt und Lebewesen, Natur und Geist, Sinn und Sinne, Erkanntes und Erkennen sind ko-evolutiv. Fabro spricht von der Erfahrung der Sympathie zwischen den Dingen. Während der Physiker beobachte, wie die Dinge entstehen, um anschließend einen Zusammenhang herzustellen, versuchten wir ständig wie die Natur, den jeweiligen Zusammenhang auszudehnen. Vor allem die Künstler spürten diese Kraft zur Erweiterung sehr stark.[771] Darin offenbart sich eine onto-logische Sicht auf die Welt. In ihr sind die Gegensätze zwischen Mensch und Natur aufgehoben, Ganzheitlichkeit ist angesagt. Der Mensch ist nicht weiter weltfremd, sondern „ein durch und durch welteinheimisches und weltverbundenes Wesen".[772] Diese Sicht eröffnet auch einen neuen Zugang zu Beuys' Denkweise, dass durch das Zusammenschmelzen von Elementen gegensätzlichen Charakters etwas Neues entsteht. Sie basiert nicht nur auf seiner oft zitierten alchemistischen Ausrichtung[773], sondern ist Ausdruck seines Wollens, der Versöhnung von Mensch und Natur, der Symbiose von experimentell naturwissenschaftlichen und philosophischen Erklärungsansätzen. Beuys hat für diese Vision eine Form gefunden, wenn er in Aufbau und Material Ratio und Imagination zusammenführt.

Die materialen Inszenierungen der Künstler an Wänden oder in Vitrinen, vor Goldgründen oder Metallplatten muten bisweilen wie eine Art weltliche Idee von Reliquie an, wenn sie mit und von Körpern oder deren Fragmenten (Kleidung, Masken, Haare, Hände und Füße, Fingernägel) handeln. Die so medial kommunizierten Botschaften zielen wie

---

771 Vgl. dazu Fabro, in: Kat. Fabro, Essen/Rotterdam 1981, S. 18.

772 Gedanken der Ko-evolution von Mensch und Natur, Geist und Materie sind breit entfaltet in den jüngsten Publikationen von Wolfgang Welsch, z. B. Homo Mundanus – Jenseits der anthropischen Denkform der Moderne, Weilerswist 2012; Ders.: Mensch und Welt – Eine evolutionäre Perspektive der Philosophie, München 2012; und Ders.: Immer nur der Mensch? Entwürfe zu einer anderen Anthropologie, Berlin 2011.

773 Zur Bedeutung der alchemistischen Denkweise bei Beuys vgl. auch Graevenitz, in: Förg 1984, S. 33.

mittelalterliche Reliquien und Wandmalereien auf ein Sichtbarmachen des Unsichtbaren, auf Kräfte, die sowohl Phänomene der Physik als auch der Spiritualität beschreiben. Gleichzeitig bringen sie materialästhetisch ein unbedingtes kulturelles Bedürfnis nach Authentizität zum Ausdruck. Das Material selber soll, ganz im Sinn der damals virulenten Parole Marshall McLuhans ‚Das Medium ist die Botschaft', als konkrete Wirklichkeit zur Sprache kommen. „Mit der Entdeckung der Substanzen und ihrer Prozesse hat Beuys schon früh ein Authentizitätsversprechen jener Kunst der 'zweiten Avantgarde' formuliert, das in Fluxus, Arte povera und Anti-Form allenthalben in Erscheinung trat. Indem er die Materialien seiner Werke mit der unorthodoxen Verwendung technischer Errungenschaften verknüpfte, beide sozusagen semantisch gegeneinander laufen ließ, forderte er dazu auf, den Zusammenhang Natur – Technik neu zu denken."[774] Für die individuelle Bildfindung schöpfen Beuys und die Italiener aus persönlichen und kulturellen Verwurzelungen. Im Umgang mit der eigenen Herkunft, der Verarbeitung persönlicher Erlebnisse, prägender Kriegs- und Nachkriegserinnerungen sowie der Auseinandersetzung mit historischen und zeitgeistigen Phänomenen, christologischen, mythologischen und politischen (Helden-)Gestalten finden sie zu ihrer jeweils eigenen Sprache. Wenn Beuys für Freiheit in Verbindung mit Empathie – im wörtlichen Sinn als Mit-Leiden, Mit-Leidenschaft – eintritt, steht hinter diesem christologischen Erlösungsgedanken die eigene Leiderfahrung. Den Arte povera-Künstlern fehlt dieser (Mit-)Leidensgedanke. Beuys musste spezifische Themen berühren, um die Menschen in Deutschland nach dem Krieg wachzurütteln. Unterstützt und verstärkt hat er dies durch

[774] Dickel 2006, S. 171.

eine aktive Einbindung des Betrachters, anfangs in der aktiven Aufforderung zur Aktion im Rahmen der Fluxusbewegung, später in einer Art existentieller Berührung durch die konkreten Eigenschaften der Materialien. Anders als Duchamps Readymades, die vom Künstler noch zum Kunstwerk 'erklärt' werden mussten, sollten die dem Alltag entnommenen Materialien aus sich selbst heraus Botschaften vermitteln, ein energetisches Potenzial beinhalten und kommunizieren können. Beuys wollte, „[...] dass die Menschen sich darüber erregen, d. h. dass irgendetwas in ihnen ins Kochen kommt und in diesem Zustand fast eines chemischen Prozesses in *statu nascendi* findet man die Möglichkeit, diese Fragen zu stellen.“[775]

Die vergleichende Analyse hat gezeigt, wie eine zeittypische Problematik zu individuell verschiedenen Antworten in der Kunst führt. Erstmals in der modernen Kunst wird nicht nur nach vorne, sondern auch nach hinten geschaut. Anders als für die Futuristen, für die der Bruch mit der Vergangenheit möglichst 'total' sein sollte, war für Kounellis oder Pistoletto die Kunst der Vergangenheit und die Wahrnehmung der Gegenwart nicht notwendigerweise widersprüchlich.[776] Bei Kounellis habe es den Anschein, sagt Ammann, als säße er gleichsam „vor den Trümmern einer Kultur“ und suche „über den Einsatz seiner eigenen Person die zeichenhaften Ansätze zur Identität einer neuen Kultur. Einer Kultur, die schöpferisch, imaginativ und nicht linear-'fortschrittlich' ist,

---

[775] Beuys im Gespräch mit Martin Kunz, in: Kat. Beuys, Luzern 1979, o. S.

[776] Caroline Tisdall: „'Materia': The Context oft Arte Povera“, in: Italian Art in the 20th century. Painting and Sculpture 1900-1988, hrsg. von Emily Braun, Kat. Royal Academy of Arts London, München 1989, S. 363-368, hier S. 365.

die in die Breite wirkt, indem sie den Reichtum, den vergangene Kulturen produziert haben, entmedialisiert und entsystematisierend in die ursprüngliche Aktualität menschlichen Ausdrucks zurückführt".[777] Im persönlichen Gespräch mit der Autorin sieht Kounellis den von Ammann gewählten Begriff 'Trümmer' zwar als zu negativ belegt, denn eigentlich sei er ein „uomo positivo", ein positiv denkender Mensch.[778] Doch seine Arbeit mit den Skulpturfragmenten bezeichnet er selbst als Klagegesang, als „Lamento"[779], „weil es die stete Suche nach einer Identität mit den Fragmenten einer vergangenen und heutigen Kultur darstellt."[780] Gips als polyvalentes Material eignet sich als historisches Speichermaterial für den kritischen Blick zurück genauso wie als Entwurfs- und Ideenmaterial für den Blick nach vorne, für Vision und Revision gleichermaßen. Unter der Prämisse der Einheit von Kunst und Leben blicken die Arte povera-Künstler kulturkritisch auf Strukturen der Geschichte, auf erfahrene Situationen und Wirklichkeit. Mit Blick auf die Kunstgeschichte formulierte Fabro: „In der Epoche vorher [vor der Arte povera; Anm. d. Verf.] wurde die Idee im Verlauf der Entwurfsarbeit zu einem Objekt. In der Arte Povera jedoch fielen Idee und Aktion oder Idee und Ding zusammen, waren von Anfang an eins. Auf diese Weise konnten Idee und Werk zum Subjekt werden. Das war in

---

777 Ammann, in: Kat. Kounellis, Luzern 1977, o. S; dort Verweis auf Herbert Marcuse: Versuch über die Befreiung, Frankfurt a. M. 1969, S. 53.

778 Kounellis im Gespräch mit der Autorin, Niccone, 17.3.2009.

779 In der Musik ist die Lamento-Komposition eine diatonisch oder chromatisch absteigende Quart-Tonfolge zwischen Grund- und Quintton der Tonart und charakteristisch für die Oper des 17. und 18. Jahrhunderts.

780 Ammann, in: Kat. Kounellis, Luzern, 1977, o. S.

einem gewissen Sinn eine substantielle und epochale Veränderung".[781]

Das 20. Jahrhundert war auch die Epoche der Wiederentdeckung des Raumes. Die Arte povera-Künstler und Joseph Beuys trugen dazu wesentlich bei. Sie wollten den Raum in all seinen Perspektiven und Ausdehnungen erfahren. Das Sichtbarmachen unsichtbarer Räume oder kosmischer Entfernungen, vergangener Zeiträume oder nicht fassbarer Hohlräume zwischen Astgabeln, unter Rampen oder in Raumecken war ihr Thema. Ausgehend von der verbindenden zeitgeistigen Idee, Alltägliches über Wände und Böden der White Cubes zur Kunst zu erheben, wurde der vorgefundene Raum durch sie und oft mit ihnen selbst gestaltet. Vor allem Beuys entdeckte den eigenen Körper als Medium. Dennoch hat er das klassische Raumthema nicht verworfen. Seine ganze Arbeit zielte auf die Erweiterung der Kunst in einen sozialen und einen geistigen Raum. Dazu bedurfte es neuer Materialien, mit denen er sich von anderen zeitgenössischen Tendenzen abgrenzte, und eines veränderten medialen Ansatzes. Grenzüberschreitungen gelangen, indem er mittels Materialität und Medialität neue Einheiten schuf aus physischem Raum, Klangraum, Farbraum, Zeitraum, Denkraum, sphärischem und sinnlichem Raum. Die Erweiterung zeigte sich im Laufe seines Lebens, indem er von Objekten in Vitrinen zu Aktionen und Rauminstallationen schritt. Die 'Skulpturen' der Environments, noch in Galerien und Museen verwirklicht und den Betrachter umfassend, entwickelten sich mit den documenta-Auftritten und Biennalen zu räumlich-zeitlichen

[781] Fabro im Interview mit Rudolf Schmitz, in: Kat. Slg. Goetz 1997, S. 93.

Großaktionen im öffentlichen Raum.

Den naturwissenschaftlich mathematischen Errungenschaften seit Ende des 19. Jahrhunderts – Unendlichkeit und Krümmung des Raums, Zeitdimension, Relativitätstheorie etc. – sowie den künstlerischen Bestrebungen seit Ende der 1950er Jahre zur Öffnung des Bildraums in die Dreidimensionalität begegnen die Künstler über die Schaffung raumgreifender Objekte nach anthropologischem Maß. Auch wenn die individuelle Formensprache unterschiedlich erscheint, ein Iglu zunächst wenig mit einem Bett oder ein Kubus wenig mit einer Fettecke gemeinsam haben, entsprechen Maße und Funktion häufig menschlichen Bedürfnissen, Körper- und Alltagsdimensionen. Anselmo nähert sich kosmischen Entfernungen über das menschliche Maß der Handspanne. Fabro versucht den Raum in *In-cubo* über sein eigenes Körpermaß zu erfahren. Merz schafft im Iglu eine Metapher des Wohnens. Kounellis' „la misura" orientiert sich an Maßen aus dem häuslichen Ambiente. Seine Rechteckformate entsprechen den Maßen von Bett, Wand, Tür, Fenster oder Zeitung. Über das menschliche Maß und das die Raumgrenze definierende Material der Hülle (vgl. *Filzanzug*, Iglus) suchen die Künstler einen Zugang zu den Gegensätzen von Sichtbar und Unsichtbar, von Leere und Nicht-Leere, zur Frage von Innen und Außen, zu Dynamisierung und Erweiterung des Raums in das Infinite/Transfinite. Die konischen Formen und spiraligen Strukturen der Tische von Merz verweisen wie die Fibonaccizahlen in ihrer Unendlichkeit auf einen unbestimmten offenen Raum. In *Lo spirato* (1968-73) oder *Tamerlano* (1968-71) spielt Fabro mit dem absenten Körper, den das plastische Objekt nur in einer zeichenhaften Spur festhält und lesbar macht. Marmorskulptur oder Gesichtsabdruck werden wie Beuys' Filzanzug zu einer Gedächtnisform. Das Interesse an der Frage nach Geist und Materie und dem Austausch zwischen unterschiedlichen Welten manifestiert sich darüberhinaus in Beuys' Plazenta-Gedanken, in der Cavità-Idee der Münder, Fenster und Türen, im Nasenstrohhalm des Tamerlan ebenso wie in der Permeabilität der Iglus oder des Filzes. Wie der poröse Travertin Italiens für Luft und Wasser durchlässig ist, lassen diese Strukturen – im Material selbst oder in dessen Anordnung – den Austausch zu. Da kann der prähistorische Wind (Mario Merz) das 'Haus' beleben, der Atem der Haut den Mantel oder die Decke passieren, Bewegung und Leben sind möglich. Im Material dieser Hüllen sind wie in der Mythologie[782] die Qualitäten des Porösen[783] und des Armen 'vermählt', um das Sinnbild alles Sinnlichen, Eros, zu zeugen, den Begleiter des Armen, Unbehausten und Unansehnlichen, doch gleichzeitig nach Einsicht Strebenden. So verwundert nicht, dass sich für das Denken bei Beuys und den Arte povera-Künstlern viele formal ähnliche Ausdrucksformen finden, von der Betonung der semisphärischen Kuppelform als geistigem Zentrum über Spiralzeichen bis zur Überhöhung des Kopfes mit Gold oder Maske. Denken als Methode ist schon im Wortsinn eine Art und Weise des Auf-dem-Weg-Seins, der Bewegung und des Prozesshaften.[784] Als Bewegung zwischen Materie (=Energie) und Form steht es im Zentrum von Beuys' Plastischer Theorie, die eine reversible Beziehung bezeichnet, für Kunst und

[782] In der griechischen Mythologie vermählt sich Poros (Weg), der Sohn der Metis (Klugheit), mit Penia (Armut, Mangel). Sie beide zeugen im Zustand der Trunkenheit einen Sohn, Eros.

[783] Neben 'hodós' steht auch 'póros' im Griechischen für Weg, bezeichnet aber zugleich die ingeniöse Fähigkeit, einen eröffnenden Ausweg zu entdecken.

[784] „Methode“, griech. metá und hodós.

Gesellschaft gleichermaßen gilt. Mit dem Begriffspaar „Bildkopf-Bewegkopf“[785] bezieht er sich auf Wittgensteins Sprachphilosophie und die Grenzen des Denkbaren. Beuys will sie nicht durch die Sprache beschränkt wissen. Der „bewegte Isolator” aktiviert zunächst Energie im Sinn physischer Bewegung, doch letztlich initiiert er neue Denkstrukturen. So ist das Denken bei Beuys und den Arte povera-Künstlern auch eine Gegenrede gegen die klassische Gedankenfigur des philosophischen Idealismus, der das Wissen im griechischen Wortsinn als Innehalten versteht, 'epistéme' als Aufforderung begreift, bei den Dingen stehen zu bleiben und sich nicht mit ihnen umherzubewegen. Beuys und seine italienischen Künstlerkollegen wollten das Denken gerade nicht von der fliessenden und verwirrenden Wirklichkeit abkoppeln, sondern es öffnen für die Bewegung in der Zeit. Ein solches Denken ist Teil der Wirklichkeit und entwickelt sich mit ihr in stetem Wandel. Im Mittelpunkt steht der Lebensbegriff, das bewegte Leben selbst. Der Philosoph Henri Bergson[786] hat diesem (koevolutiven) Verständnis von Denken schon vor mehr als 100 Jahren das Fundament bereitet. In *L'évolution créatrice* forderte er einen

---

785 Antje von Graevenitz: „Bildkopf/Bewegkopf“, in: Beuysnobiscum, hrsg. von Harald Szeemann, Berlin 1997, S. 54-56. Die Begriffe sind auch gemeinsam notiert in *4 Bücher aus: Projekt Westmensch* (1958-1965); im *Lebenslauf/Werklauf* tauchen sie ab 1964 insgesamt vier Mal in verschiedenen Zusammenhängen auf; vgl. Adriani/Konnertz/Thomas 1994, S. 9. Während der Aktion *EURASIENSTAB 82 min fluxorum organum*, 1967 in Wien und 1968 in Antwerpen, schrieb Beuys auf den Boden die Worte „Bildkopf-Bewegkopf“, „Parallelprozess 2“ und „der bewegte Isolator“; vgl. dazu Schneede 1994, S. 186-201.

786 Im Jahr 2013 erschien sein Hauptwerk *L'évolution créatrice* (1. Aufl. 1907; dt. 1912), für das Bergson den Literaturnobelpreis erhielt, in neuer deutscher Übersetzung; Henri Bergson: Schöpferische Evolution, Hamburg 2013.

Paradigmenwechsel. Die bislang maßgebliche Gedankenordnung des Herstellens und Machens sollte hintangestellt werden hinter eine Gedankenordnung des Wachsens und Bildens.[787] Armin Zweite spricht davon, dass Beuys in seinem Werk „die Natur unter dem Signum von […] Poiesis fassen möchte, Poiesis verstanden als Hervorbringen und Geschehnis der Wahrheit und nicht als pures Machen [...].“[788] Hervorbringen und Wachsen ist etwas anderes als Machen. Es impliziert Erweiterung. Bergson hat sie von der Philosophie eingefordert, sie müsse die Wissenschaft, ohne deren Erfolge in Abrede zu stellen, erweitern. Die Plastische Theorie von Beuys überträgt diese Haltung auf die Kunst, auf das (gesellschaftliche) Leben schlechthin. Auch er fordert in Übereinstimmung mit den Arte povera-Künstlern die Beschreibung von Wirklichkeit als „flüssige Realität“ (Henri Bergson), als Kontinuität im Wandel. Damit ist ein Anspruch formuliert, der die aus der idealistischen Tradition in das wissenschaftliche Weltbild übernommenen Gegensätze von Solidität und Liquidität, von Sein und Werden nicht einfach umkehren will, sondern überhaupt deren Überwindung fordert. Es ist der Appell für ein neues Weltverstehen und Weltwissen. Es ist ein Stil der Wirklichkeitsaneignung – Walter Benjamin spricht von Denk-Bild – mit den Kategorien des Armen, Einfachen und Natürlichen ohne Innehalten, ohne im Wortsinn epistemische Absicherung, sondern dem kreatürlichen Leben verpflichtet. In diesem Sinn sind die Künstler Vertreter einer zweiten Avantgarde, einer ganz im militärischen Wortsinn progressiven Kunst- und Denk-

[787] Für den hier verfolgten Ansatz zu Evolution, Natur und Bildakt vgl. auch Bredekamp 2010, S. 309-323.

[788] Zweite, in: Kat. Beuys, Düsseldorf 1991, S. 8.

bewegung[789], in deren Schlepptau auch die Außenseiter, Anthroposophen und Alchemisten sich aufgehoben fühlen dürfen, weil auch sie Teil dieser Welt sind.

Ideell sind die Räume von Beuys und Fabros Habitate als Kraftfelder zu lesen, in denen Naturkräfte, spirituelle und menschliche Kräfte zusammenfinden. Im Begriff des 'Feldes' verbinden sich moderne Kraft- und Raumtheorien. Als die Physiker Faraday und Maxwell das ursprünglich als rein zweidimensionale plane Fläche verstandene 'Feld' begrifflich erweiterten, wendeten sie den Feldbegriff auch auf energetische Zustände an wie elektromagnetische Felder, Magnetfelder, Gravitationsfelder, Temperaturfelder, also auf Zonen relationaler Wirkung. Räumliche Dimensionen von Kraft wurden als Wechselwirkungen jenseits von Kontaktübertragung bestimmt. „Das Feld ist kein metrisches Gerüst, sondern ein variabler und rationaler Raum, der durch die Qualitäten der darin zirkulierenden Subjekte, Objekte, Medien oder Energien entsteht. Darin ist es dem zeitgenössischen Modell des 'Fließraums' analog.“[790] Diese Analogie gilt für Beuys und die Arte povera-Künstler auch in Bezug auf das naturwissenschaftliche Modell des zellulären Fließgleichgewichts als Voraussetzung alles Lebendigen. Heraklits *panta rhei* ist im dynamischen Aspekt

---

789 Im Unterschied zur Kunst von damals sind es heute vor allem die Denkmodelle, die begeistern, nicht mehr die Materialien; diese sind nicht mehr neu. Bemerkung von Ammann mit Verweis auf die Arbeit von Andreas Slominski im Gespräch mit der Autorin, Frankfurt a. M., 23.9.2006.

790 Gronau 2010, S. 115. Zu den zeitgenössischen Konzepten des medialen Datenstroms oder des 'urbanen' Fließraums vgl. auch die Publikation von Elisabeth Heidenreich: Fließräume. Die Vernetzung von Natur, Raum und Gesellschaft seit dem 19. Jahrhundert, Frankfurt a. M. 2004.

der Bewegung konstitutionell geworden für den Raumbegriff des 20. Jahrhunderts ($E = m \cdot c^2$), vom kosmischen Raum-Zeit-Kontinuum bis zum Wachstum einzelner Zellen, von der Evolution der Organismen bis zum Denken des Individuums.

Das fünfte und letzte Kapitel vorliegender Untersuchung widmet sich deshalb dem Thema der Energie, den sichtbaren wie unsichtbaren Kräften im Werk der betrachteten Künstler. Deren Vorstellung einer (organischen) Ganzheit im natürlichen Stoffkreislauf folgend, schliesst sich auch im Aufbau der Arbeit der Kreis. Von der Idee eines Am-Anfang-ist-das-Wort, den gedanklichen Modellen, über die individuellen und kulturellen Ursprünge zur Art der Präsentation und Inszenierung im Raum bis zum energetischen Funken, der als einfache Kerzen- oder zischende Gasflamme, als elektrisches Neonlicht oder spiralige Wachstumsenergie, letztlich als geistiger Leuchtturm im Werk jedes einzelnen aufscheint. Mathematische Zahlenreihen oder spiralige Objekte und Zeichen erweitern evolutiv Raum und Zeit. Lebendige Energien treten als Tiere (Papagei, Pferde, Hase) und aktiv agierende Menschen auf. Textile Strukturen, ob Filz oder Wolle verkörpern thermodynamische Prinzipien von Wärme und Isolation. Geologische und geopolitische Energien lassen sich erkennen, wie in den *Italia*-Arbeiten von Fabro. Doch das Spektrum füllt sich nicht nur aus einem reinen Natur-Materie-Bezug. Diejenigen Energien, die die Künstler aus ihrer Vergangenheit oder Tradition beziehen, machen deutlich, dass auch spirituelle und geistige Energien eine wesentliche Rolle spielen, die sich nicht nur unter dem Begriff „kultureller Aktivität“ oder als „alchemistische Elemente“ zusammenfassen lassen,[791] sondern den Prozess der (Ver-)Wandlung vorantreiben. Wenn Fabro mit *Cielo* oder den *Buco*-Arbeiten, Anselmo in Werken wie *Invisible* (1971), nach Möglichkeiten der Sichtbarmachung des Unsichtbaren und einer Annäherung an die unendlichen Fernen des Horizonts und Kosmos' sucht, Merz den Wachstums-prozessen der Natur nachforscht, Kounellis mit Feuer hantiert und Beuys seine Arbeit als *Energyplan for a Western Man* bezeichnet, arbeiten sie auch an einer Phänomenologie des Spirituellen.[792] Der übertragene christliche Erlösungsgedanke speist sich aus einem Phänomen des Ungenügens mit und an der Gegenwart und spiegelt die weltlichen Utopiegedanken der Zeit.[793] Mittels eines eng geknüpften Symbol- und

---

791 Bulk verweist auf zahlreiche Charakteristika der Kunstwerke von Kounellis, Merz, Zorio und Paolini, die ihrer Meinung nach mit der Alchemie in Verbindung zu bringen seien. Sie greift mit den Begriffen „Embleme für Ego", Schmelzprozesse", „Purifikation", „Verflüchtigung", „Einheit" und „Gold" auf Umschreibungen verschiedener Stadien der alchemistischen Prozesse zurück, die u. a. auf Ergebnisse von Graevenitz zurückgehen. Bulk untersucht die vereinzelt in der Literatur erwähnten Verbindungen von Kounellis und Merz zur Alchemie, betont aber, dass es nur eine Interpretationsmöglichkeit der transformatorischen Prozesse im Werk der Künstler sei; Bulk 2001, S. 59-110, insbes. S. 101-110.

792 Kounellis: „Ich habe in den gewöhnlichen Gebrauchsgegenständen das Sakrale erblickt." Vgl. Jannis Kounellis: Der Wind. Texte und Zeichnungen, Hamburg 2006, S. 55.

793 Ausführlich zum Utopiegedanken und Verweis auf Herbert Marcuse: Versuch über die Befreiung, Frankfurt a. M. 1969, vgl. Bätzner, in: Kat. Vaduz 2003, S. 101, 103. Der Wunsch nach einer Teilnahme am 'Leben der Dinge als Prozess', eines Realitätsbezugs der Kunst sowie einer Annäherung an die Welt verweise auf die Ideologie der 1960er Jahre. Durch „das Aneinanderkoppeln von Kunst und Leben wurde der Versuch gemacht wurde, auch in der Kunst eine lebensnahe Unmittel-barkeit zu erlangen. Das musste notwendigerweise Utopie bleiben. Denn Kunst kann erst dann ihre subversive und erkenntniserweiternde Wirksamkeit

Verweisegefüges aus archaischen, mythologischen, religiösen, anthroposophischen, geistesgeschicht-lichen und naturwissenschaftlichen Komponenten schuf Beuys seine individuelle Utopie der Sozialen Plastik.[794] Dabei diente ihm die Sprache als Medium der Energievermittlung. Seit Ende der 1960er Jahre stand das gesprochene Wort im Zentrum. Sieht man von Fabros Lehrtätigkeit ab, war den Arte povera-Künstlern das öffentliche Reden fremd.[795] Doch der Gedanke, dass die Sprache der Kunst die Welt transformieren könnte, bestimmte die 1960er Jahre, sagt Umberto Eco. Mit 1968 sei eine neue Zeit angebrochen. „Die Kunst wollte nicht mehr zur Revolution werden, sondern umgekehrt: Die Revolution wollte zur Kunst werden“, stellt er im Rückblick kritisch fest.[796] Der revolutionäre Ästhetizismus der Zeit sei eine Ursünde gewesen, dieser Wunsch, die Politik so total zu trans-formieren, dass sie alles erfasste: Handeln und Denken, Kunst und Philosophie, Alltagsleben und Utopie. In anderen Ländern Europas hätten die Maximen von 1968 höchstens ein bis zwei Jahre gewirkt, in

---

entfalten, wenn sie einer eigenen, von der Alltagssprache und privaten Selbstverwirklichungsideen abgesetzten Form folgt. Durch diese Autonomie bleibt sie aber notwendigerweise dem Leben fern. Die andere Möglichkeit bestünde darin, die Kunst in verschiedenen kreativen Lebensentwürfen aufgehen zu lassen, wie es beispielsweise auch die Fluxus-Künstler anstrebten (jedoch bewusst nicht bis zur letzten Konsequenz verfolgten). Kunst würde dann jedoch als eigenständige Formulierung überflüssig und vernichtete sich damit selbst.“

794 Paust, in: Kat. Beuys, Moyland 2010, S. 269.

795 Paust, in: Paust u. a. 2007, S. 88f.

796 Für Gedanken und Zitat vgl. den einführenden Aufsatz von Umberto Eco: „You Must Remember This...“ anlässl. der Ausst. The Italian Metamorphosis, 1943-68, in: Kat. New York/Mailand/Wolfsburg 1995, S. xii-xv, hier S. xiv.

Italien mindestens zehn. Zu lang, wie Eco feststellt.

In diese Situation tritt Beuys 1971 ein und verkündet – quasi uniformiert und mit ausgreifendem Schritt – den Italienern in ihrer eigenen Sprache: „La rivoluzione siamo Noi." Beuys' Agieren darf man als eine große Herausforderung für die italienischen Künstler ansehen, denn er verstand es, Politik zu machen und sie mit der Kunst zu verbinden. Die Künstler der Arte povera haben entweder Politik oder Kunst gemacht (Bsp. Piero Gilardi). Dort, wo deutliche politische Aussagen formuliert wurden, wie in Merz' *Igloo di Giap*, Fabros *Italia*-Serie oder Kounellis' in Kreide auf einer Metalltafel formulierter Aufruf „Libertà o Morte / VV Marat / VV Robespierre" (*Senza titolo,* 1969) sind sie als Metaphern 'nomadischer Guerillakämpfer' zu lesen.[797]

Mit Beuys' charismatischer – Enzo Cucchi nannte es seinen „Stolz"[798] – künstlerischer wie politischer Ausstrahlung taten sie sich schwer. Einerseits empfanden sie seine Überzeugung von der Bedeutung des künstlerischen Auftrags, seine Verantwortung, diesen Auftrag mit ganzem Einsatz zu erfüllen, als motivierend. Doch Cucchi betont auch wie schwer die Perspektiven, die Sehnsucht und die Bedeutung des Werks des deutschen Kollegen auf ihnen allen, auf der „schrecklichen moralischen, sozialen und geistigen Schwäche der

---

797 Germano Celant: „Arte povera, appunti per una guerriglia", in: Flash Art (Rom), Nr. 5, Nov.-Dez. 1967, o. S; sowie in Celant 1985, S. 34; dt. in: Bätzner 1995, S. 36. Vgl. auch Bätzner 2000, S. 44: „Der Nomade und der Guerillero versuchen laut Celant beide für sich den höchsten Grad an Freiheit durchzusetzen. In der Gleichsetzung dieser beiden Figuren verbindet sich ein Leben in der Natur mit dem anarchischen Widerstand gegen das System, bedingt durch die ununterbrochene Notwendigkeit sich selbst zu beweisen."

798 Cucchi, in: Kat. Beuys, München 1986, S. 314.

Künstler von heute“[799] lastet.

[799] Ebd.

VII. Anhang

Vorbemerkungen zum Literaturverzeichnis

Die benutzte Literatur unterteilt sich in folgende Rubriken:

1. Quellen:
a) Künstlergespräche in Zeitschriften, Katalogen und Büchern
b) Interviews, die die Autorin führte

2. Ausstellungskataloge
Da für den hier interessierenden Vergleich vor allem die Chronologie der Ausstellungen interessiert, sind die Kataloge dementsprechend geordnet.

3. Aufsätze, Bücher und Tagungen
Aufsätze und Bücher sind nach Verfassern geordnet, Tagungen alphabetisch nach Künstler, Tagungsort und Jahr.

4. Zeitschriftenartikel
Aufsätze aus den Kunstzeitschriften A.E.I.O.U, Artforum, Arts Magazine, Artnews, Avalanche, Critical Inquiry, Data, Digraphe, Domus, Du, Flash Art, Info, Kunstforum International, Kunstnachrichten, Kunstzeitung, Ligeia, Marcatré, Museumjournaal, Moderna Museet und aus den Tages- und Wochenzeitungen Abendzeitung München, Frankfurter Allgemeine Zeitung, Neue Zürcher Zeitung, Penthouse, Der Spiegel, Stern, Süddeutsche Zeitung, Die Zeit, sind aufgrund der Fülle der Veröffentlichungen nicht im Literaturverzeichnis aufgeführt, sondern nur vollständig in der Fußnote. Ausnahme: In Zeitschriften publizierte Interviews sind in der Rubrik Quellen nachgewiesen.

Verzeichnis der verwendeten Literatur

Quellen

a) Künstlergespräche in Zeitschriften, Katalogen und Büchern

Beuys im Gespräch mit Hans van der Grinten, 7.12.1970, in: Kat. Beuys, Stockholm 1971, o. S.

Beuys im Gespräch mit Hagen Lieberknecht, in: Kat. St. Gallen 1971, S. 7-17.

Beuys im Gespräch mit Caroline Tisdall, Mai 1974, in: Tisdall 1976, S. 8-16.

Beuys im Gespräch mit Bernhard Blume u. Heinz-Günther Prager, 15. 11.1975, in: Rheinische Bienenzeitung 126, 1975, S. 373-377.

Beuys im Gespräch mit Georg Jappe, 27.9.76, in: Kunstnachrichten, 3, 1977, S. 72-81.

Beuys im Gespräch mit Frits Bless, 14.5.1978, in: Bless 1987, S. 11-45.

Beuys in Gesprächen mit Caroline Tisdall, Sept.-Okt. 1978, in: Kat. Beuys, New York 1979.

Beuys im Gespräch mit Martin Kunz, in: Kat. Beuys, Luzern 1979, o.S.

Beuys im Gespräch mit Heiner Bastian u. Jeannot Simmen, 8.8.1979, „Wenn sich keiner meldet, zeichne ich nicht", in: Kat. Beuys, Berlin u. a. 1979, S. 29-40.

Beuys im Gespräch mit Hermann Schreiber, Jan. 1980, in: Schreiber 1982, S. 115-131.

Beuys im Gespräch mit Louwrien Wijers, 22.11.1979, in: Joseph Beuys talks to Louwrien Wijers, hrsg. von Kantoor voor Cultuur Extracten, Velp (Holland), April 1980, S. 1-71.

Beuys im Interview mit André Müller, 8.2.1980, in: Penthouse, Nr. 106, 1980, S. 98-101.

Beuys im Interview mit Mats B., 1980, „Om harblod och andliga behov (Von Hasenblut und geistigen Bedürfnissen)", in: Moderna Museet, 2, 1982, S. 13-15.

Beuys im Interview mit Keto von Waberer, Sept. 1979, in: Haenlein, S. 197-221.

Fabro im Gespräch mit Jole de Sanna, 1982, in: Fabro, Aufhänger, 1983, S. 291-293.

Fabro im Gespräch mit Jole De Sanna, in: Kat. Fabro, Ravenna 1983.

Fabro im Gespräch mit Bruno Corà, 1983, in: Fabro 1990, S. 7-34.

Fabro im Interview mit Giovanni Lista, „'La forme est toujours le résultat de l'acte' Luciano Fabro. Entretien avec Giovanni Lista", in: Ligeia, 25/28, 1998/1999, S. 29-51.

Kounellis im Interview mit Willoughby Sharp, 1972, „Structure and Sensibility: An interview with Jannis Kounellis", in: Avalanche, 5, Sommer 1972, S. 16-25; in: Kat. Kounellis, Rimini 1983, S. 93-98.

Kounellis im Interview mit Robin White, 1979, „Interview at Crown Point Press, Oakland, California", in: View, 10.3.1979, dt. publ. in: Kounellis, Ein Magnet im Freien, 1992, S. 54-79.

Kounellis im Gespräch mit Bruno Corà, 1980, in: Kounellis, Ein Magnet im Freien, 1992, S. 80-91.

Kounellis im Interview mit Bruno Corà, 1993, in: Kat. Kounellis, Pistoia 1993, S. 14-17.

Kounellis im Interview mit Bruno Corà, 1997, in: Kat. Slg. Goetz 1997, S. 102-114.

Kounellis im Gespräch mit Jean-Pierre Bordaz, Okt. 1985, in: Kounellis, Ein Magnet im Freien, 1992, S. 197-205.

Kounellis im Interview mit Marisa Volpi, in: Kat. Kounellis, Rimini 1983, S. 54.

Merz im Interview mit Ammann/Pagé, in: Kat. Paris/Basel 1981, o. S.

Merz im Interview mit Celant, 1971, in: Kat. Merz, San Marino 1983, S. 40-51.

Merz im Gespräch mit Caroline Tisdall, in: Studio International, Nr. 191, 1976, S. 11-17.

Merz im Gespräch mit Patrick Frey, 1978, in: Über Mario Merz, Wien 1983, S. 63.

Merz im Gespräch mit Bruno Corà, 1981, in: Kat. Merz, San Marino 1983, S. 106-109.

Merz im Interview mit Celant, 1983, in: Kat. Merz, San Marino 1983, S. 52-56.

Merz im Interview mit Beatrice Merz, in: Kat. Merz, Rivoli 1990, o. S.

Merz im Gespräch mit Mario Botta u. Marlis Grüterich, in: Bechtler 1996, S. 11-34.

Merz im Interview mit Bartolomeo Pietromarchi, in: Pietromarchi 2001.

Tàpies im Interview mit Rhea Thönges-Stringaris „'Die Kunst kann überall sein'. Interview mit Antoni Tàpies“, in: Info 3, 12.12.1985, o. S.

b) Interviews, die die Autorin führte

Jannis Kounellis im Gespräch mit der Autorin, Niccone, 17.3.2009.

Michelangelo Pistoletto im Gespräch mit der Autorin, Biella, 21.7.2009.

Giovanni Anselmo im Gespräch mit der Autorin (telefonisch), 15.5.2008.

Jean-Christophe Ammann im Gespräch mit der Autorin, Frankfurt a. M., 23.9.2006

Bernd Klüser im Gespräch mit der Autorin, München, 18.9.2006.

Ausstellungskataloge

Kat. Beuys, Kleve 1961
Joseph Beuys – Zeichnungen/Aquarelle/Ölbilder/ plastische Bilder aus der Sammlung van der Grinten, Kat. Städtisches Museum Haus Koekkoek, Kleve 1961

Kat. Kounellis, Rom 1967
Il giardino, i giochi, Kat. Galleria L'Attico, Rom 1967.

Kat. Rom 1967
Fuoco, immagine, acqua, terra, hrsg. von Alberto Boatto, Maurizio Calvesi, Kat. Galleria L'Attico, Rom 1967.

Kat. Genua 1967
Arte povera – IM spazio, hrsg. v. Germano Celant, Kat. Galleria La Bertesca, Genua 1967.

Kat. Bologna 1968
Arte Povera, Ausst. Galleria De'Foscherari, Bologna 1968.

Kat. Düsseldorf 1968
Prospekt ´68, Konzept von Konrad Fischer und Hans Strelow, Kat. Düsseldorfer Kunsthalle, Düsseldorf 1968.

Kat. Amalfi 1968
Arte povera + Azione povere, hrsg. von Germano Celant u. Marcello Rumma, Kat. Amalfi, Salerno 1968.

Kat. documenta 4, Kassel 1968
documenta 4, Leiter: 24-köpfiger documenta-Rat, Kassel 1968.

Kat. Kounellis, Rom 1969
Jannis Kounellis, Kat. Galerie L'Attico, Rom 1969.

Kat. Beuys, Basel 1969
Joseph Beuys. Werke aus der Sammlung Karl Ströher, Red. Dieter Koepplin, Kat. Kunstmuseum Basel, Emanuel Hoffmann-Stiftung, Basel 1969.

Kat. Düsseldorf 1969
Prospekt '69, kurat. von Konrad Fischer u. Hans Strelow, Kat. Städtische Kunsthalle Düsseldorf 1969.

Kat. Amsterdam 1969
Op Losse Schroeven. Situaties en Cryptostructuuren, hrsg. von Wim A. L. Beeren, Kat. Stedelijk Museum Amsterdam; Kunsthalle Bern; Museum Boymans-van Beuningen Rotterdam, Amsterdam 1969.

Kat. Bern 1969
Live in Your Head. When Attitudes become Form. Works, concepts, processes, situations, information [=Wenn Attitüden Form werden: Werke, Konzepte, Vorgänge, Situationen, Information...], hrsg. und kurat. von Harald Szeemann, Kat. Kunsthalle Bern 1969.

Kat. Düsseldorf 1969
Prospekt '69, Kat. Städtische Kunsthalle Düsseldorf 1969.

Bologna 1970
Gennaio 1970 – III. Biennale internazionale della giovane pittura, kurat. von Renato Barilli, Maurizio Calvesi, Andrea Emiliani u. Tommaso Trini, Kat. Museo Civico Bologna 1970.

Kat. Turin 1970
Conceptual Art – Arte povera – Land Art, kurat. von Germano Celant, Kat. Galleria Civica d'Arte Moderna, Turin 1970.

Kat. Luzern 1970
Processi di pensiero visualizzati. Junge italienische Avantgarde, hrsg. von Jean-Christophe Ammann, Kat. Kunstmuseum Luzern 1970.

Kat. München 1971
Arte povera: 13 italienischer Künstler. Dokumentation und neue Werke, Kunstverein München, 1971.

Kat. Beuys, Stockholm 1971
J. B. Aktioner. Aktionen, Kat. Moderna Museet Stockholm 1971.

Kat. Beuys, St. Gallen 1971
Joseph Beuys - Sammlung Lutz Schirmer Köln, Kat. Historisches Museum St. Gallen 1971.

Kat. documenta 5, Kassel 1972
documenta 5, Leiter: Harald Szeemann, Kassel 1972.

Kat. Rom 1973
Contemporanea, hrsg. von Achille Bonito Oliva, Kat. Parkhaus der Villa Borghese, Rom 1973.

Kat. Merz, Berlin 1974
Mario Merz: Drehen die Häuser sich um dich oder drehst du dich um die Häuser? Haus am Lützowplatz, Red. Mario Merz, Karl Ruhrberg u. Thomas Deecke, Kat. Haus am Lützowplatz Berlin [Deutscher Akademischer Austauschdienst], Berlin 1974.

Kat. Merz, Basel 1975
Mario Merz, Red. Marlis Grüterich, Kat. Kunsthalle Basel 1975.

Kat. Kounellis, Luzern 1977
Jannis Kounellis, hrsg. von Jean-Christophe Ammann u. Marlis Grüterich, Kat. Kunstmuseum Luzern 1977.

Kat. documenta 6, Kassel 1977
documenta 6, Leiter Manfred Schneckenburger, Kassel 1977.

Kat. Turin 1977
Dall'opera al coinvolgimento l'opera: simboli e immagini, la linea analitica. Arte in Italia 1960-77, Kat. Galleria Civica d'Arte Moderna, Turin, hrsg. von Renato Barilli, Antonio Del Guerico u. Filiberto Menna, Turin 1977.

Kat. Zürich 1978
Poetische Aufklärung in der europäischen Kunst der Gegenwart bei Joseph Beuys, Marcel Broodthaers, Daniel Buren, Jannis Kounellis, Mario Merz, Gerhard Richter – Geschichte von heute und morgen, hrsg. von Marlis Grüterich, Kat. InK, Halle für internationale neue Kunst Zürich 1978.

Kat. Merz, Essen/Eindhoven 1979
Mario Merz, Red. Zdenek Felix u. Germano Celant, Kat. Museum Folkwang Essen; Van Abbemuseum Eindhoven, Essen 1979.

Kat. Beuys, Luzern 1979
Joseph Beuys: Spuren in Italien, hrsg. von Marianne Eigenheer u. Martin Kunz, Kat. Kunstmuseum Luzern 1979.

Kat. Kounellis, Essen 1979
Jannis Kounellis, Red. Zdenek Felix u. Michelle Coudray, Kat. Museum Folkwang Essen 1979.

Kat. Beuys, New York 1979
Joseph Beuys, hrsg. von Caroline Tisdall, Kat. The Salomon Guggenheim Museum, New York 1979.

Kat. Beuys, Berlin u. a. 1979
Joseph Beuys. Zeichnungen, Tekeningen, Drawings, Texte von Heiner Bastian u. Jeannot Simmen, Kat. Berlin/Rotterdam/Bielefeld/Bonn, München 1979.

Kat. Fabro, Mailand 1980
Luciano Fabro: letture parallele IV, Kat. Padiglione d'Arte Contemporanea Mailand 1980.

Kat. Krefeld 1980
Wendepunkt. Kunst in Europa um 1960, bearb. von Gerhard Storck, Kat. Museum Haus Lange Krefeld 1980.

Kat. Düsseldorf 1981
Schwarz, hrsg. von Hannah Weitemeier, Kat. Städtische Kunsthalle Düsseldorf, Berlin 1991.

Kat. Zürich 1981
Mythos und Ritual in der Kunst der siebziger Jahre, bearb. von Erika Billeter, Kat. Kunsthaus Zürich 1981.

Kat. Fabro, Essen/Rotterdam 1981
Luciano Fabro, Kat. Museum Folkwang Essen; Museum Boymans van Beuningen Rotterdam, Florenz 1981.

Kat. Merz, Paris/Basel 1981
Mario Merz „Wenn die Natur Natur ist, was sind dann wir, was ist die Kunst", Kat. ARC Musée d'Art Moderne de la ville de Paris; Kunsthalle Basel, Basel 1981.

Kat. Beuys, München 1981
Joseph Beuys – Arbeiten aus Münchner Sammlungen, Kat. Städtische Galerie im Lenbachhaus, München 1981.

Kat. Merz, Hannover 1982
Mario Merz: disegni. Arbeiten auf Papier, hrsg. von Carl Haenlein, Kat. Kestner Gesellschaft Hannover 1982.

Kat. Fabro, Rotterdam 1982
Luciano Fabro. Vademecum, Kat. Museum Boymans van Beuningen, Rotterdam 1982.

Kat. Bordeaux 1982
Arte povera, Antiform. Sculptures 1966-1969, hrsg. von Germano Celant, Kat. Centre d'Arts Plastiques Contemporains, Bordeaux 1982.

Kat. documenta 7, Kassel 1982
documenta 7, Leiter Rudi Fuchs, Kassel 1982.

Kat. Köln 1983
Eine Kunst-Geschichte in Turin, 1965-1983, Giovanni Anselmo, Boetti, Fabro... [=Una storia a Torino,1965-1983, Giovanni Anselmo, Boetti, Fabro...], hrsg. von Wulf Herzogenrath, Einleitung von Germano Celant, Kat. Kölnischer Kunstverein, Turin 1983.

Kat. Fabro, Ravenna 1983
Fabro, hrsg. von Jole De Sanna, Kat. Pinacoteca Comunale di Ravenna 1983.

Kat. Merz, San Marino 1983
Mario Merz, kurat. von Germano Celant, Kat. Palazzo Congressi ed Esposizioni, Repubblica San Marino, Mailand 1983.

Kat. Kounellis, Rimini 1983
Jannis Kounellis, kurat. von Germano Celant, Kat. Musei Comunali Rimini, Mailand 1983.

Kat. Slg. FER 1983
Die Sammlung FER, hrsg. von Paul Maenz, Text v. Christel Sauer, Köln 1983.

Kat. Venedig 1984
Quartetto: Joseph Beuys, Enzo Cucchi, Luciano Fabro, Bruce Nauman, hrsg. von Achille Bonito Oliva, Alanna Heiss, Kaspar König, Übersetzung von Herta-Christiane David, Kat. Venedig 1984, Mailand 1984.

Kat. München 1984
Der Traum des Orpheus. Mythologie in der italienischen Gegenwartskunst 1967 bis 1984, hrsg. von Helmut Friedel, Kat. Städtische Galerie im Lenbachhaus München 1984.

Kat. Kounellis, München 1985
Jannis Kounellis. Arbeiten von 1958-1985, hrsg. von Helmut Friedel, Kat. Städtische Galerie im Lenbachhaus, München 1985.

Kat. Merz, Zürich 1985
Mario Merz, bearb. von Marisa Merz u. Harald Szeemann, übersetzt von Christine Brunner, [Text- und Abbildungsband mit den gesammelten Texten von Mario Merz „Voglio fare subito un libro"], Kat. Kunsthaus Zürich 1985.

Kat. New York 1985
The Knot: Arte Povera, Giovanni Anselmo, Alghiero Boetti, Pier Paolo Calzolari, Luciano Fabro, Jannis Kounellis, Mario Merz, Marisa Merz, Giulio Paolini, Pino Pascali, Giuseppe Penone …, kurat. von Germano Celant, Kat. The Institute of Art and Urban Sources, New York, Turin 1985.

Kat. Baden-Baden 1985
Räume heutiger Zeichnung: Werke aus dem Basler Kupferstichkabinett, Red. Siegmar Holsten u. Ursula Blanchebarbe, Kat. Staatliche Kunsthalle Baden-Baden 1985.

Kat. Beuys, München 1986
Beuys zu Ehren, hrsg. von Armin Zweite, Kat. Städtische Galerie im Lenbachhaus, München 1986.

Kat. Beuys, Xanten 1987
„Die Zeichnung ist Verlängerung des Gedankens." Begegnung mit Beuys, Kat. Regionalmuseum Xanten 1987.

Kat. Ravenna 1988
Viaggio in Italia, Text von Henry Martin, engl. Übersetzung von David Smith, Kat. Pinacoteca Comunale Ravenna 1988.

Kat. München 1988
Mythos Italien. Wintermärchen Deutschland. Die italienische Moderne und ihr Dialog mit Deutschland, hrsg. von Carla Schulz-Hoffman, Kat. Haus der Kunst, München 1988.

Kat. Beuys, Berlin/Tübingen 1988
Joseph Beuys. The secret block for a secret person in Ireland, hrsg. von Heiner Bastian, Text von Dieter Koepplin, Kat. Martin-Gropius-Bau, Berlin; Kunsthalle Tübingen, München 1988.

Kat. Prato 1988
Europa Oggi. Arte Contemporanea nell' Europa Occidentale/Europe Now. Contemporary Art in Western Europe, Museo d´Arte Contemporanea Luigi Pecci Prato, Florenz 1988.

Kat. Fabro, Rivoli 1989
Luciano Fabro, hrsg. von Johannes Gachnang, Rudi Fuchs u. Cristina Mundici, Kat. Castello di Rivoli, Museo d'Arte Contemporanea, Mailand 1989.

Kat. Merz, New York 1989
Mario Merz, hrsg. von Germano Celant, Kat. Solomon R. Guggenheim Museum, New York, Mailand 1989.

Kat. London 1989
Italian Art in the 20th century. Painting and Sculpture 1900-1988, hrsg. von Emily Braun, Kat. Royal Academy of Arts London, München 1989.

Kat. Merz, Prato 1990
Mario Merz: lo spazio è curvo o diritto, Kat. Museo d'Arte Contemporanea Luigi Pecci Prato, Florenz 1990

Kat. Fabro, Luzern 1991
Luciano Fabro, hrsg. von Martin Schwander, Kat. Kunstmuseum Luzern, Basel 1991.

Kat. Zürich/Düsseldorf 1991
Visionäre Schweiz, hrsg. von Harald Szeemann, Kat. Kunsthaus Zürich; Städtische Kunsthalle u. Kunstverein für die Rheinlande und Westfalen, Düsseldorf, Aarau u. a. 1991.

Kat. Beuys, Düsseldorf 1991
Joseph Beuys: Natur Materie Form, hrsg. und mit Texten von Armin Zweite, Kat. Kunstsammlung Nordrhein-Westfalen Düsseldorf, München 1991.

Kat. Kounellis, Mailand 1992
Jannis Kounellis, Text von Germano Celant, Kat. Padiglione d'Arte Contemporanea, Mailand 1992.

Kat. Fabro, San Francisco 1992
Luciano Fabro, Red. Silvia Fabro, Kat. San Francisco Museum of Modern Art, San Francisco 1992.

Kat. Beuys, Düsseldorf 1992
Joseph Beuys. Palazzo Regale, hrsg. von KulturStiftung der Länder u. Armin Zweite, Kat. Kunstsammlung Nordrhein-Westfalen Düsseldorf, Berlin u.a. 1992.

Kat. Kounellis, Pistoia 1993
Kounellis. Esposizione di paesaggi invernali, hrsg. von Bruno Corà u. Chiara D'Afflitto, Kat. Palazzo Fabroni, Pistoia, Mailand 1993

Kat. Fabro, Pistoia 1994
Fabroinopera. Luciano Fabro, hrsg. von Buno Corà, Kat. Palazzo Fabroni, Pistoia, Mailand 1994.

Kat. Merz, Trento 1995
Mario Merz, hrsg. von Danilo Eccher, Kat. Galleria Civica d'Arte Contemporanea Trento, Turin 1995.

Kat. Kounellis, Hamburg 1995
Jannis Kounellis. Die Eiserne Runde, hrsg. von Ortrud Westheider u. Helmut R. Leppien, Kat. Hamburger Kunsthalle, Hamburg 1995.

Kat. New York/Mailand/Wolfsburg 1995
The Italian Metamorphosis, 1943-68, hrsg. u. organ. von Germano Celant, Kat. Salomon Guggenheim Museum, New York; Triennale di Milano, Mailand; Kunstmuseum Wolfsburg, Rom 1995.

Kat. Fabro, Paris 1996
Luciano Fabro, hrsg. von Catherine Grenier, Kat. Musée National d'Art Moderne, Centre de Création Industrielle, Centre Georges Pompidou, Paris 1996.

Kat. Slg. Goetz, 1997
Arte povera. Arbeiten und Dokumente aus der Sammlung Goetz 1958 bis heute, hrsg. von Ingvild Goetz u. Christiane Meyer-Stoll, Kat. Neues Museum Weserburg, Bremen; Kunsthalle Nürnberg; Kölnischer Kunstverein (...); Sammlung Goetz, München 1997.

Kat. Fabro, London 1997
Luciano Fabro, hrsg. von Frances Morris, Kat. Tate Gallery, London 1997.

Kat. München/Berlin 1999
Leonardo da Vinci : Joseph Beuys. Der Codex Leicester im Spiegel der Gegenwart, Kat. Haus der Kunst München; Museum der Dinge Berlin 2000, Düsseldorf 1999.

Kat. Rivoli 2000
Arte povera in collezione. Giovanni Anselmo, Alighiero Boetti, Pier Paolo Calzolari, Luciano Fabro, Jannis Kounellis, Mario Merz, Marisa Merz, Giulio Paolini, Giuseppe Penone, Michelangelo Pistoletto, Gilberto Zorio, kurat. von Ida Gianelli u. Marcella Beccaria, Text engl. und ital., Kat. Castello di Rivoli, Museo d'Arte Contemporanea, Mailand 2000.

Kat. Vaduz 2003
Migration: Joseph Beuys, Alghiero Boetti, George Brecht, Pier Paolo Calzolari, Constant, Robert Filiou, Olafur Gislason, Felix Gonzales-Torres, Mona Hatoum, Niclas Humbert, Werner Penzel, Mario Merz, Marcel Odenbach, Kim Sooja, hrsg. von Friedemann Malsch u. Christiane Meyer-Stoll, Kat. Kunstmuseum Liechtenstein, Vaduz, Köln 2003.

Kat. Magdeburg 2003
La poetica dell'Arte Povera, hrsg. von Annegret Laabs, Kat. Kloster Unser Lieben Frauen, Magdeburg 2003.

Kat. Kounellis, Prato 2003
Kounellis, hrsg. Von Bruno Corà, Kat. Centro Pecci, Prato 2003.

Kat. Merz, Turin 2006
Mario Merz, kurat. von Pier Giovanni Castagnoli, Ida Gianelli u. Beatrice Merz, Kat. Galleria Civica d'Arte Moderna e Contemporanea, Castello di Rivoli; Museo d'Arte Contemporanea, Fondazione Merz, Turin 2006.

Kat. Beuys, Moyland 2006
Joseph Beuys. Die Materialien und ihre Botschaft, hrsg. von der Stiftung Museum Schloss Moyland, Sammlung van der Grinten, Joseph Beuys Archiv des Landes Nordrhein-Westfalen, Kat. Museum Schloss Moyland, Bedburg-Hau 2006.

Kat. Kounellis, Neapel 2006
Kounellis, kurat. von Eduardo Cicelyn u. Mario Codognato, Kat. Museo d'Arte Contemporanea Donnaregina Neapel, Mailand 2006.

Kat. Mailand 2007
Warhol Beuys: omaggio a Lucio Amelio, kurat. von Michele Bonuomo, Kat. Fondazione Antonio Mazzotta, Mailand 2007.

Kat. Kärnten 2007
Frammenti dell'Arte Povera. Jannis Kounellis und Mario Merz in der Sammlung Speck, hrsg. von Andrea Madesta, Kat. Museum Moderner Kunst Kärnten, Köln 2007.

Kat. Fabro, Neapel 2007
Luciano Fabro. Didactica magna. Minima moralia, kurat. von Silvia Fabro und Rudi Fuchs, Kat. Museo d'arte contemporanea Donna Regina, Neapel, Mailand 2007.

Kat. Bregenz 2007
Mythos: Joseph Beuys, Matthew Barney, Douglas Gordon, Cy Twombly, hrsg. von Eckhard Schneider [2. Teil der zweiteiligen Ausstellungsfolge „Re-object. Mythos"], Kat. Kunsthaus Bregenz 2007.

Kat. Kounellis, Berlin 2008
Jannis Kounellis in der Neuen Nationalgalerie, hrsg. von Angela Schneider u. Anke Daemgen, Kat. Neue Nationalgalerie Berlin, Ostfildern 2008.

Kat. Beuys, Berlin 2008
Beuys: die Revolution sind wir, hrsg. von Eugen Blume u. Catherine Nichols, Kat. Hamburger Bahnhof, Museum für Gegenwart Berlin, Göttingen 2008.

Kat. Beuys, Moyland 2010
Beuys: Energieplan. Zeichnungen aus dem Schloss Moyland, hrsg. von Stiftung Museum Schloss Moyland, Sammlung van der Grinten, Joseph Beuys Archiv des Landes Nordrhein-Westfalen, Kat. Museum Schloss Moyland, Bedburg-Hau 2010.

Kat. Beuys, Düsseldorf 2010
Joseph Beuys. Parallelprozesse, hrsg. von Marion Ackermann u. Isabelle Malz, Kat. K20 Kunstsammlung Nordrhein-Westfalen, München 2010.

Kat. Vaduz 2010
Che fare? Arte povera - die historischen Jahre, hrsg. von Friedemann Malsch, Red. Christiane Meyer-Stoll, Kat. Kunstmuseum Liechtenstein, Vaduz, Heidelberg 2010.

Kat. Rivoli u. a. 2011
Arte povera 2011, Kat. hrsg. von Germano Celant, [Arte Povera International, Castello di Rivoli, Museo d'Arte Contemporanea, Rivoli - Turin; Arte povera 1967-2011, Triennale di Milano, Mailand; Arte Povera 1968, MaMbo, Museo d'Arte Moderna Bologna; Arte povera alla Galleria Nazionale d'Arte Moderna e Contemporanea, Rom; Omaggio all'Arte Povera, MAXXI Museo Nazionale delle Arti del XXI Secolo, Rom; Arte Povera più Azioni Povere, MADRE, Museo d'Arte Contemporanea Donnaregina, Neapel; Arte Povera in Teatro, Teatro Margherita, Bari], Mailand 2011.

Bücher, Aufsätze und Tagungen

Adriani/Konnertz/Thomas 1973
Götz, Adriani / Konnertz, Winfried / Thomas, Karin: Joseph Beuys. Leben und Werk, Köln 1973.

Adriani/Konnertz/Thomas 1986
Götz, Adriani / Konnertz, Winfried / Thomas, Karin: Joseph Beuys, Köln 1986.

Adriani/Konnertz/Thomas 1994
Götz, Adriani / Konnertz, Winfried / Thomas, Karin: Joseph Beuys, Köln 1994.

Altenberg/Oberhuber 1988
Gespräche mit Beuys. Joseph Beuys in Wien und am Friedrichshof, hrsg. von Theo Altenberg u. Oswald Oberhuber, Klagenfurt 1988.

Altmann 1987
Altmann, Lothar (Hg.): Jahrbuch des Vereins für christliche Kunst in München e. V., Bd. 16, Festschrift für Norbert Lieb, München 1987.

Angerbauer-Rau 1998
Angerbauer-Rau, Monika: Beuys Kompass. Ein Lexikon zu den Gesprächen von Joseph Beuys, Köln 1998.

Ammann, in: Bohrer, 1983
Ammann, Jean-Christophe: „Zur Utopie in mythischen Bildern", in: Bohrer 1983, S. 545-571.

Asendorf 2002
Asendorf, Christoph: Batterien der Lebenskraft. Zur Geschichte der Dinge und ihrer Wahrnehmung im 19. Jahrhundert, Weimar 2002.

Assmann/Harth 1991
Assmann, Aleida / Harth, Dietrich (Hgg.): Mnemosyne. Formen und Funktionen der kulturellen Erinnerung, Frankfurt a. M. 1991.

Bätzner 1995
Bätzner, Nike: Arte povera. Manifeste, Statements, Kritiken, Dresden/Basel 1995.

Bätzner 2000
Bätzner, Nike: Arte povera. Zwischen Erinnerung und Ereignis: Giulio Paolini, Michelangelo Pistoletto, Jannis Kounellis, Nürnberg 2000, zugl. Phil. Diss. FU Berlin 1994.

Bandini 2002
Bandini, Mirella: Arte povera a Torino, Turin 2002.

Bann 2003
Bann, Stephen: Jannis Kounellis, London 2003.

Barilli, in: Kat. Turin 1977
Barilli, Renato: „L'arte povera", in: Kat. Turin 1977, S. 16.

Bartholomeyczik 1996
Bartholomeyczik, Gesa: Materialkonzepte. Die Kombination von Materialien in der deutschen Plastik nach 1960, Frankfurt a. M. u.a. 1996, zugl. Phil. Diss. Univ. Heidelberg 1995.

Baudrillard
Baudrillard, Jean: „Die Rückwendung der Geschichte", in: Zeit-Medien-Wahrnehmung, hrsg. von Mike Sandbothe u. Walther Ch. Zimmerli, Darmstadt 1994, S. 1-13.

Bechtler 1996
Bechtler, Cristina (Hg.): Mario Botta, Mario Merz. Im Gespräch mit Marlis Grüterich, Ostfildern-Ruit 1996.

Becker/Vostell 1965
Becker, Jürgen / Wolf Vostell (Hgg.): Happenings: fluxus; pop Art; nouveau réalisme; eine Dokumentation, Reinbek b.Hamburg 1965.

Becker 2008
Becker, Klaus: Geächtete Titanen, Berlin 2008.

Beuys-Tagung Basel 1991
Joseph Beuys-Tagung Basel, 1.-4.5.1991, hrsg. von Volker Harlan, Dieter Koepplin, Rudolf Velhagen, Basel 1991.

Beuys-Symposium Kranenburg 1995
Joseph Beuys Symposium Kranenburg 1995, hrsg. von Förderverein Museum Schloss Moyland e.V., Basel 1995.

Beuys-Symposium Düsseldorf 2011
Wissenschaftliches Symposium Düsseldorf, 6.-9.1-2011, anlässl. der Ausst. Joseph Beuys. Parallelprozesse, Kat. Kunstsammlung NRW Düsseldorf, 2010.

Beuys Texte 2000
Joseph Beuys. Das Geheimnis der Knospe zarter Hülle. Texte von 1941-1986, hrsg. von Eva Beuys, München 2000.

Beuysnobiscum 1997
Beuysnobiscum, hrsg. von Harald Szeemann, Berlin 1997.

Bless 1987
Bless, Frits (Hg.): Joseph Beuys – een gesprek, Appeldorn 1987

Block Beuys 1990
Eva Beuys, Wenzel Beuys, Jessyka Beuys (Hgg.): Joseph Beuys. Block Beuys, München 1990.

Bock 2002
Bock, Sebastian: The Egg of the Pala Montefeltro by Piero della Francesca and its symbolic meaning, Freiburg i. Br./Heidelberg 2002, auch unter: http://archiv.ub.uni-heidelberg.de/volltextserver/volltexte/2003/3123/pdf/PieroEgg.pdf (Stand: 10.7.2012).

Bohrer 1983
Bohrer, Karl Heinz (Hg.): Mythos und Moderne: Begriff u. Bild e. Rekonstruktion, Frankfurt a.M. 1983.

Bonito Oliva 1976
Bonito Oliva, Achille: „Unterschiedliche Avantgarden. Europa/Amerika", in: Ders. (Hg), Europe/America the different avant-gardes, Mailand 1976.

Bonito Oliva 1992
Bonito Oliva, Achille: Eingebildete Dialoge, Berlin 1992.

Bouisset 1994
Bouisset, Maïten: Arte povera, Phil. Diss. Paris 1994.

Bredekamp 1993
Bredekamp, Horst: Antikensehnsucht und Maschinenglauben. Die Geschichte der Kunstkammer und die Zukunft der Kunstgeschichte, Berlin 1993

Bredekamp 2010
Bredekamp, Horst: Theorie des Bildakts, Berlin 2010.

Brinkmann 1978
Brinkmann, Richard (Hg.): Romantik in Deutschland: ein interdisziplinäres Symposion [Sonderband der Deutschen Vierteljahrsschrift für Literaturwissenschaft und Geistesgeschichte], Stuttgart 1978.

Buchloh 1980
Buchloh, Benjamin H.D.: „Beuys: The Twilight of the Ideol. Preliminary Notes of a Critique", in: Artforum, 18, Jan. 1980, S. 35-43.

Bürger 1987
Bürger, Christa u. Peter (Hgg.): Postmoderne: Alltag, Allegorie und Avantgarde, Frankfurt a. M.1987.

Bulk 2001
Bulk, Claudia: Die Bedeutung der Energie in Natur und Kultur in Werken der Künstler der Arte povera, vorgelegt 2001, Online-Publ.: http://kups.ub.unikoeln.de/volltexte/2004/1107/pdf/DissCbulk.PDF (Stand: 10.9.2012), Phil. Diss. Köln 2002.

Burckhardt (Hg.), Ein Gespräch. Una discussione, 1986
Burckhardt, Jacqueline (Hg.): Ein Gespräch. Una discussione, Joseph Beuys, Jannis Kounellis, Anselm Kiefer, Enzo Cucchi, Zürich 1986.

Burgbacher-Krupka 1979
Burgbacher-Krupka, Ingrid: Strukturen zeitgenössischer Kunst. Eine empirische Untersuchung zur Rezeption der Werke von Beuys, Darboven, Flavin, Long, Walther, Stuttgart 1979.

Corà 2003
Corà, Bruno (Hg.): Jannis Kounellis: labirinti, Text engl. und ital., Prato 2003.

Celant 1969
Celant, Germano: Ars povera. Arte povera, Mailand/New York/Tübingen 1969.

Celant 1978
Celant, Germano: Beuys. Tracce in Italia, Ed. Amelio, Neapel 1978.

Celant 1985
Celant, Germano: Arte povera. Ars povera, Storie e protagonisti, Mailand 1985

Celant, in: Kat. München 1988
Celant, Germano: „Unterschiedliche Träume, Beuys und die italienische Kunst“, in: Kat. München 1988, S. 97-102.

Celant 1989
Celant, Germano (Hg.): Arte povera (=The knot: arte povera), [publ. anläss. der Ausst. P.S.1., New York, Okt.-Dez. 1985], Basel 1989.

Celant in: Kat. New York 1989
Celant, Germano: „The organic flow of art“, in: Kat. New York 1989, S. 15-42.

Celant: Kat. Merz, Essen 1979
Celant, Germano: „Vom Inneren zum Äußeren (1971)“, S. 11-27, „Vom Äußeren zum Inneren (1978)“, S. 47-59, in: Kat. Merz, Essen 1979.

Celant 2011
Celant, Germano (Hg.): Arte povera: storia e storie, Text engl. und ital., Mailand 2011.

Christov-Bakargiev 1999
Christov-Bakargiev, Carolyn: Arte povera, London 1999.

Cooke/Kelly 1994
Cooke, Lynne / Kelly Karin (Hgg.): Joseph Beuys. Arena – wo wäre ich hingekommen, wenn ich intelligent gewesen wäre!, Ostfildern bei Stuttgart 1994

De Sanna 1996
De Sanna, Jole: Luciano Fabro: biografia, Pasian di Prato 1996.

Dickel, in: Kunstchronik, 7, 2001
Dickel, Hans: „Arte Povera. Von Herbert Marcuse zur Toskana-Fraktion“, in: Kunstchronik, 7, 2001, S. 317-323.

Dickel 2006
Dickel, Hans: Kunst als zweite Natur. Studien zum Naturverständnis in der modernen Kunst, Berlin 2006, zugl. Phil. Habil. Hamburg 1996.

Dickel 2008
Dickel, Hans: „Der 'Ausstieg aus dem Bild' – am Beispiel der italienischen Kunst“, in: Format und Rahmen. Vom Mittelalter bis zur Neuzeit, hrsg. von Hans Körner u. Karl Möseneder, Berlin 2008, S. 233-248.

De Domizio Durini 1992
De Domizio Durini, Lucrezia: Il Capello di feltro. Joseph Beuys una vita raccontata, Rom 1992.

De Domizio Durini 2001
De Domizio Durini, Lucrezia (Hg.): Joseph Beuys. L'immagine dell'Umanità, Mailand 2001.

De Domizio Durini 2011
De Domizio Durini, Lucrezia (Hg.): Beuys Voice, 2010, [anlässl. der Ausst.: Joseph Beuys. Difesa della Natura, Kat. Kunsthaus Zürich], Mailand 2011.

Dünne/Günzel 2006
Dünne, Jörg / Günzel, Stephan (Hgg.): Raumtheorien, Grundlagentexte aus Philosophie und Kulturwissenschaften, in Zusammenarbeit mit Hermann Doetsch und Roger Lüdeke, Berlin 2006.

Eisenbart 1986
Eisenbart, Constanze (Hg.): [Sammlung] Vorlesungen und Schriften: Georg Picht, Bd. 1, Stuttgart 1986.

Fabro, Attaccapanni, 1978
Fabro, Luciano: Attaccapanni, Turin 1978.

Fabro, Regole d'arte, 1980
Fabro, Luciano: Regole d'arte, Mailand 1980.

Fabro, Aufhänger, 1983
Fabro, Luciano: Aufhänger, dt. Übers., Köln 1983.

Fabro, Lavori, 1987
Fabro, Luciano: Lavori 1963-86, [= Archivi di Arte Contemporanea], Turin 1987.

Fabro 1990
Fabro, Luciano: Kunst wird wieder Kunst. Arte torna Arte, Bern/Berlin 1990.

Fabro 1999
Fabro, Luciano (Hg.): Arte torna arte: lezione e conferenze 1981-1997, Turin 1999

Fagone 1982
Fagone, Vittorio: „Towards and beyond the abstraction", in: Arte Italiana 1960-1982, kuratiert von Carlo Pirovano, Kat. Hayward Gallery, London; Institute of Contemporary Arts London, Mailand 1982, S. 20-22.

Frank 1982
Frank, Manfred: Der kommende Gott. Vorlesungen über die Neue Mythologie, Frankfurt 1982, S. 115, 153-156.

Felix, in: Über Mario Merz, 1984
Felix, Zdenek: „Krokodile, Eulen und Zahlen", in: Über Mario Merz, 1984, S. 63.

Förg 1984
Förg, Gabriele (Hg.): Unsere Wagner – Joseph Beuys, Heiner Müller, Karlheinz Stockhausen, Hans Jürgen Syberberg, Frankfurt am Main 1984.

Friedel, in: Altmann 1987
Friedel, Helmut: „Jannis Kounellis – Fragmente und Wunden der Erinnerung", in: Altmann 1987, S. 298-303.

Fritz 2007
Fritz, Nicole: Bewohnte Mythen. Joseph Beuys und der Aberglaube, Nürnberg 2007, zugl. Diss. Phil. Tübingen 2002.

Georgiou 1998
Georgiou, Aphrodite: Die Dimension der Vergangenheit im Werk von Jannis Kounellis, Diss. Phil. Köln 1998.

Gilardi, in: Kat. Amsterdam 1969
Gilardi, Piero: „Politics and the Avant-Garde 1969", in: Kat. Amsterdam 1969, o. S.

Glas 1998
Glas, Anke: „Ikonographie des Bewusstseins". Zu den Motiven Natur und Kultur bei Mario Merz, Diss. Phil. München 1998.

Graevenitz: in Kat. Prato 1988
Graevenitz, Antje von: „Alchemy in Recent Art", in: Kat. Prato 1988, S. 47-53.

Gronau 2010
Gronau, Barbara: Theaterinstallationen. Performative Räume bei Beuys, Boltanski und Kabakov, München 2010.

Groys 1992
Groys, Boris: Über das Neue. Versuch einer Kulturökonomie, München/Wien 1992.

Grüterich, in: Über Mario Merz, Wien 1983
Marlis Grüterich: „Mario Merz' Anthropologische Bildkörper für mythisch-poetische Aufklärung“, in: Über Mario Merz, Wien 1983, S. 40-44.

Grüterich, in: Kat. Kärnten 2007
Grüterich, Marlis: „Mario Merz' Kunst. Das Welthaus in der Stadt bewohnen“, in: Kat. Kärnten 2007, S. 55-60.

Güse 1987
Güse, Ernst-Gerhard (Hg.): Richard Serra, Stuttgart 1987.

Haenlein 1991
Haenlein, Carl (Hg.): Joseph Beuys. Eine innere Mongolei, München 1991.

Harlan 1986
Harlan, Volker: Was ist Kunst? Werkstattgespräch mit Beuys, Stuttgart 1986.

Harlan/Rappmann/Schata 1984
Harlan, Volker / Rappmann, Rainer / Schata, Peter (Hgg.): Soziale Plastik. Materialien zu Joseph Beuys, 3. erw. u. ergänzte Aufl. Achberg 1984.

Harth 1992
Harth, Dietrich (Hg.): Revolution und Mythos, Beiträge von Jan Assmann, Frankfurt a. M. 1992.

Heidegger 2004
Martin Heidegger: „Das Ding“, in: Ders.: Vorträge und Aufsätze, 10. Aufl. Stuttgart 2004, S. 157-175.

Hemleben 1963
Johannes Hemleben: Rudolf Steiner, Reinbek 1963.

Herzogenrath 1973
Herzogenrath, Wulf (Hg.): Selbstdarstellung: Künstler über sich, Düsseldorf 1973.

Holzhey 2009
Holzhey, Magdalena: Im Labor des Zeichners. Joseph Beuys und die Naturwissenschaft, Berlin 2009, zugl. Phil. Diss. Univ. Erlangen-Nürnberg 2008.

Huhn/Rautmann, in: Kritische Berichte, 10, 1982, Nr. 4
Huhn, Rosi / Rautmann, Peter: „'Gold gab ich für Eisen'. Materialaspekte zur documenta 7“, in: Kritische Berichte, 10, 1982, Nr. 4, S. 21-36.

Jammer 1980
Max Jammer: Das Problem des Raumes. Die Entwicklung der Raumtheorien, Darmstadt, 2. erw. Aufl. 1980.

Jappe 1996
Jappe, Georg: Beuys packen. Dokumente 1968 - 1996, Regensburg 1996.

Joachimedes 1989
Joachimedes, Christos M. (Hg.): Museum der Avantgarde. Die Sammlung Sonnabend New York, Kat. Hamburger Bahnhof Berlin, Mailand 1989.

Kemp 2003
Kemp, Wolfgang: Art. „Raum“, in: Metzler Lexikon der Kunstwissenschaft, hrsg. Von Ulrich Pfisterer, Stuttgart/ Weimar 2003, S. 295-296.

Klüser/Hegewisch 1991
Klüser, Bernd / Hegewisch, Katharina (Hgg.): Die Kunst der Ausstellung, eine Dokumentation dreißig exemplarischer Kunstausstellungen dieses Jahrhunderts, Frankfurt a. M./Leipzig 1991.

Kounellis, Ein Magnet im Freien, 1992
Jannis Kounellis. Ein Magnet im Freien. Schriften und Gespräche 1966-1989, [Ersterscheinung franz.: Jannis Kounellis, Odyssée Lagunaire, Écrits et entretien 1966-1989, Paris 1990], übersetzt von Verena Listl, Bern/Berlin 1992.

Kounellis 2006
Kounellis, Jannis: Der Wind. Texte und Zeichnungen, Hamburg 2006.

Kramer 1991
Kramer, Mario: Joseph Beuys – Das Kapital Raum 1970-1977, Heidelberg 1991.

Kramer 1995
Kramer, Mario: Klang & Skulptur. Der musikalische Aspekt im Werk von Joseph Beuys, Darmstadt 1995.

Kramer 1997
Mario Kramer: „Joseph Beuys. Auschwitz Demonstration (1956-1964)“, in: Eckhardt Gillen (Hg.): Deutschlandbilder. Kunst aus einem geteilten Land, Kat. Martin Gropius Bau Berlin, Köln 1997, S. 293-303.

Kuni 2006
Kuni, Verena: Der Künstler als 'Magier' und 'Alchemist' im Spannungsfeld von Produktion und Rezeption Aspekte der Auseinandersetzung mit okkulten Traditionen in der europäischen Kunstgeschichte nach 1945. Eine vergleichende Fokusstudie - ausgehend von Joseph Beuys, Diss. Phil. Marburg 2004/2005, online Publ. 2006, http://archiv.ub.uni-marburg.de/diss/z2006/0143/ (Stand: 12.10.2010).

Lévi-Strauss 1973
Lévi-Strauss, Claude: Das wilde Denken, Frankfurt a. M. 1973.

Lissitzky-Küppers 1976
Lissitzky-Küppers, Sophie (Hg.): El Lissitzky, Maler, Architekt, Typograf, Fotograf; Erinnerungen, Briefe, Schriften, Dresden 1976.

Lorenz 1995
Lorenz, Inge: Der Blick zurück. Joseph Beuys und das Wesen der Kunst. Zur Genese des Werkes und der Bildformen, Münster 1995, zugl. Phil. Diss. Saarbrücken 1995.

Lévi-Strauss 1973
Lévi-Strauss, Claude: Das wilde Denken, Frankfurt a. M. 1973.

Link 1984
Link, Franz: Ezra Pound, München/Zürich 1984.

Lista 2006
Lista, Giovanni: Arte povera, Mailand 2006.

Locher-Ernst 1957
Locher-Ernst, Louis: Raum und Gegenraum, Dornach 1957.

Lonzi 1969/2000
Lonzi, Carla: Selbstbildnis – Autoritratto. Zur Situation der italienischen Kunst um 1967, mit Beiträgen von Dieter Schwarz und Luciano Fabro, aus dem Ital. von Verena Listl, Erstausg. Bari 1969, Bern u.a. 2000.

Luckow 1998
Luckow, Dirk: Joseph Beuys und die amerikanische Anti Form-Kunst: Einfluss und Wechselwirkung zwischen Beuys und Morris, Hesse, Nauman, Serra, Berlin 1998.

Mangini 2010
Mangini, Elizabeth: Arte povera in Turin 1967-1978: Contextualizing artistic strategies during the anni di piombo, Diss. Phil. New York, 2010, S. 28-70; ProQuest: http://gateway.proquest.com/openurl%3furl_ver=Z39.88-2004%26res_dat=xri:pqdiss%26rft_val_fmt=info:ofi/fmt:kev:mtx:dissertatio%26rft_dat=xri:pqdiss: 3412738 (Stand: 12.8.12).

Marshall 1969
McLuhan, Marshall: Das Medium ist die Botschaft, Frankfurt a. M. 1969.

Mennekes 1989
Friedhelm Mennekes: Beuys zu Christus. Eine Position im Gespräch, Stuttgart 1989.

Merleau-Ponty 1966
Merleau-Ponty, Maurice: Die Phänomenologie der Wahrnehmung, Berlin 1966

Merleau-Ponty 1984
Merleau-Ponty, Maurice: Das Auge und der Geist, philosophische Essays (Le Tholonet, Juli-August 1960), hrsg. u. übers. von Hans Werner Arndt, Hamburg 1984, S. 13-44.

Merz, Voglio fare subito un libro, 1985
Mario Merz. Voglio fare subito un libro (Sofort will ich ein Buch machen), hrsg. v. Beatrice Merz, Text in ital. u. dt. Sprache; anlässl. der Ausstellung „Mario Merz“ im Kunsthaus Zürich, Aarau u. a. 1985.

Meyer, F., in: Rowell 1986
Meyer, Franz: „Die neue Skulptur der sechziger Jahre“, in: Rowell 1986, S. 242-249.

Neeße 1982
Neeße, Gottfried: Heraklit heute. Die Fragmente seiner Lehre als Urmuster europäischer Philosophie, □ Hildesheim u.a. 1982.

Nowald 1972
Nowald, Karlheinz: Realität/Beuys/Realität, in: Realität/Realismus/Realität, Kat. Von der Heydt-Museum Wuppertal [u. a.] 1972, S. 113-136.

Oechslin, in: Fabro 1990
Oechslin, Werner: „Luciano Fabro: 'Arte come pensiero'“, in: Fabro 1990, S. 147-160.

Ott, Art. „Raum“, in: Ästhetische Grundbegriffe, Bd. 5, 2001
Ott, Michaela: Art. „Raum“, in: Ästhetische Grundbegriffe: Historisches Wörterbuch in sieben Bänden, Bd. 5, Stuttgart/Weimar 2001, S. 113-148.

Pantazis, in: Art History Supplement, 1, 4, 2011
Pantazis, Steve, Jannis Kounellis in the sphere of Alchemy, in: Art History Supplement, Bd. 1, Nr. 4, in: H-ArtHist, 3.10.2011, http://arthist.net/archive/1958 (Stand: 25.10.2013).

Paust, in: Kat. Beuys, Moyland 2004
Paust, Bettina: „Labor und Transformator. Joseph Beuys – „Beethovens Küche", in: Joseph Beuys „Beethovens Küche", [hrsg. von Stiftung Museum Schloss Moyland, Slg. van der Grinten, Joseph Beuys Archiv des Landes Nordrhein-Westfalen], Kat. Stiftung Schloß Moyland, Nijmwegen 2004, S. 53-89.

Paust: in Paust u. a. 2007
Paust, Bettina: „Die schöpferische Kraft des Feuers im Werk von Joseph Beuys", in: Paust u.a. 2007, S. 79-92.

Paust/Bilstein/Lynen/Thun 2007
Paust, Bettina / Bilstein, Johannes / Lynen, Peter M. / Thun, Hans Peter (Hgg.): Aufbauen – Zerstören. Phänomene und Prozesse der Kunst, Moyländer Diskurse zu Kunst und Wissenschaft Bd.1, Oberhausen 2007.

Pietromarchi 2001
Pietromarchi, Bartolomeo: Mario Merz. Igloo, Rom 2001.

Poli 2002
Poli, Francesco: Minimalismo, Arte Povera, Arte Concettuale, 5. Aufl. Bari 2002.

Rappmann 1992
Rappmann, Rainer: Kunst = Kapital. Achberger Vorträge, Wangen 1992.

Ray 2001
Ray, Gene: „Joseph Beuys and the After-Auschwitz Sublime“, in: Ders. (Hg.): Joseph Beuys – Mapping the Legacy, New York 2001, S. 55-74.

Rüdiger 2010
Bernhard Rüdiger: „Luciano Fabro, l'autonomie de l'artiste: espace nouveau ou dernier retranchement?”, in: Luciano Fabro, Habiter l'autonomie. Inhabiting autonomy, Red. Bernhard Rüdiger, Lyon 2010, S. 156-179; als pdf unter: http://www.bernhardrudiger.com/pdf/bRudiger_br_fabro_autonomie.pdf; Stand 13.1.2012.

Ruhrberg 1992
Ruhrberg, Bettina: Arte Povera, Geschichte, Theorie, und Werke einer künstlerischen Bewegung in Italien, Phil. Diss. Bonn 1992.

Rowell 1986
Rowell, Margit (Hg.): Skulptur im 20. Jahrhundert, Figur – Raumkonstruktion – Prozeß, [anläss. der Ausst. Qu'est-ce que la sculture moderne?, Kat. Centre Georges Pompidou, Paris 1986], dt. Ausg. München 1986.

Sandbothe/Zimmerli 1994
Sandbothe, Mike / Zimmerli, Walther Ch. (Hgg.): Zeit-Medien-Wahrnehmung, Darmstadt 1994.

Schellmann 1997
Schellmann, Jörg (Hg.): Joseph Beuys: Die Multiples.Werkverzeichnis der Auflagenobjekte und Druckgraphik, 1965-1986, 8. erw. Auflage, München 1997.

Schirmer 1996/2006
Schirmer, Lothar: Joseph Beuys. Eine Werkübersicht 1945-1985, München 1996/2006.

Schneede 1994
Schneede, Uwe M.: Joseph Beuys. Die Aktionen, Ostfildern-Ruit 1994.

Schneede, M., 2002
Schneede, Marina: Mit Haut und Haaren: Der Körper in der Zeitgenössischen Kunst, Köln 2002.

Schmied, in: Kat. Merz, Berlin 1974
Schmied, Wieland: „Notizen zu Mario Merz", in: Kat. Merz, Berlin 1974, o. S.

Schreiber 1982
Schreiber, Hermann (Hg.): Lebensläufe – Hermann Schreiber im Gespräch mit Joseph Beuys, Julius Hackethal, Ernst Herhaus u. a., Frankfurt a. M. 1982.

Stabenow, in: Kat. München 1988
Stabenow, Cornelia: Die Entkleidung der Kultur: zur Mythologisierung des Materials bei Mario Merz und Jannis Kounellis, in: Kat. München 1988, S. 85-90.

Strasburger 1967
Strasburger, Lehrbuch der Botanik, begr. von Eduard Strasburger, Fritz Noll, Heinrich Schenck, A.F. Wilhelm Schimper, 29. Aufl. Stuttgart 1967.

Spies 2009
Christian Spies, „Diesseits der Bildfläche. Vom gestalteten Raum in den Realraum", in: Das Raumbild. Bilder jenseits ihrer Flächen, hrsg. von Gundolf Winter, Jens Schröter u. Joanna Barck, München 2009, S. 137-155.

Steiner 1981
Rudolf Steiner: „West-Ost-Aphorismen", in: Ders.: Westliche und östliche Weltgegensätzlichkeit. Wege zu ihrer Verständigung durch Anthroposophie. Zehn Vorträge gehalten auf dem zweiten internationalen Kongress der anthroposophischen Bewegung in Wien, 1.-12.6.1922, 3. Aufl. Dornach 1981.

Strecker, in: Kritische Berichte, 27, 1999
Strecker, Freya: [Rezension] „Joseph Beuys – Material und Substanz. Zur Ausstellung Joseph Beuys und das Mittelalter", in: Kritische Berichte, 27, 1999, 1, S. 48-65.

Stüttgen 1998
Johannes Stüttgen: Zeitstau. Im Kraftfeld des erweiterten Kunstbegriffs von Joseph Beuys, Wangen 1998.

Swan Gilman 2007
Swan Gilman, Claire: Arte Povera's Theater: Artifice and Anti-Modernism in Italian Art of the 1960s, Ann Arbor, Michigan 2007, zugl. Diss. Phil. Columbia University 2006.

Tisdall 1980
Tisdall, Caroline: Joseph Beuys. Coyote, 2. Aufl. dt./engl., München 1980.

Tisdall, in: Kat. London 1989
Tisdall, Caroline: „'Materia': The Context oft Arte Povera", in: Kat. London 1989, S. 363-368.

Tolomeo 2005
Tolomeo, Maria Grazia: „L'arte in mutamento: da Burri all'Arte povera", in: Burri, gli artisti e la materia, 1945-2004, hrsg. von Maurizio Calvesi u. Italo Tomassoni, Mailand 2005, S. 49-55.

Tomassoni 2003
Tomassoni, Italo (Hg.): Beuys a Perugia, Mailand 2003.

Über Mario Merz, Wien 1983
Über Mario Merz: 28. Internationales Kunstgespräch der Galerie nächst St. Stephan, Wien, 28./29. Oktober 1983, Beiträge von Franz Mrkvicka, Wien 1984.

Unterdörfer 1998
Unterdörfer, Michaela: Die Rezeption der Antike in der Postmoderne: der Gipsabguß in der italienischen Kunst der siebziger und achtziger Jahre, Phil. Diss. Erlangen 1998.

Verspohl 1984
Verspohl, Franz-Joachim: Joseph Beuys. Das Kapital Raum 1970-77, Frankfurt a. M. 1984.

Vischer 1983
Vischer, Theodora: Beuys und die Romantik. Individuelle Ikonographie, individuelle Mythologie?, Köln 1983.

Vischer 1991
Vischer, Theodora: Joseph Beuys. Die Einheit des Werkes. Zeichnungen, Aktionen, plastische Arbeiten, soziale Skulptur, Köln 1991.

Viva 2010
Denis Viva: „*senza titolo* (Rosa nera)“, in: La collezione, Kat. Museo del Novecento, kurat. von Flavio Fergonzi, Antonello Negri u. Marina Pugliese, Mailand 2010, S. 256-258.

Voigt, in: Journal für Kunstgeschichte, 4, 2000
Voigt, Kirsten Claudia: [Rezension von:] „Luckow, Dirk: Joseph Beuys und die amerikanische Anti Form-Kunst: Einfluss und Wechselwirkung zwischen Beuys und Morris, Hesse, Nauman, Serra. Berlin 1998“, in: Journal für Kunstgeschichte, 4, 2000, S. 90-92.

Wagner 1998-2001
Wagner, Monika (Hg.): ABC des Materials. Blätter des Archivs zur Erforschung der Materialikonographie, Hamburg 1998-2001.

Wagner/Rübel/Hackenschmidt 2002
Wagner, Monika / Rübel, Dietmar / Hackenschmidt, Sebastian (Hgg.): Lexikon des□ künstlerischen Materials. Werkstoffe der modernen Kunst von Abfall bis Zinn, München 2002.

Wagner 2001
Wagner, Monika: Das Material der Kunst. Eine andere Geschichte der Moderne, München 2001.

Wagner, Art. „Material“, in: Ästhetische Grundbegriffe, Bd. 3, 2001
Wagner, Monika: Art. „Material“, in: Ästhetische Grundbegriffe: Historisches Wörterbuch in sieben Bänden, Bd. 3, Stuttgart/Weimar 2001, S. 866-882.

Wagner/Rübel 2002
Wagner, Monika / Rübel, Dietmar (Hgg.): Material in Kunst und Alltag [=Hamburger Forschungen zur Kunstgeschichte. Studien, Theorien, Quellen. Bd. 1], Berlin 2002.

Wagner/Rübel/Wolff 2005
Wagner, Monika / Rübel, Dietmar / Wolff, Vera (Hgg.): Materialästhetik. Quellentexte zu Kunst, Design und Architektur, Berlin 2005.

Wagner, in: Kat. Kounellis, Hamburg 1995
Wagner, Monika: „'Armes' Material als Hoffnungsträger", in: Kat. Kounellis, Hamburg 1995, S. 17-25.

Welsch 2012
Wolfgang Welsch: Homo Mundanus – Jenseits der anthropischen Denkform der Moderne, Weilerswist 2012.

Werkner 2007
Werkner, Patrick: Kunst seit 1940. Von Jackson Pollock bis Joseph Beuys, Wien/Köln/Weimar 2007.

Westheider, in: Kat. Kounellis, Hamburg 1995
Westheider, Ortrud: „'Doch, ich betrachte mich als Maler.' Über Kounellis' Buchstaben- und Zahlenbilder", in: Kat. Kounellis Hamburg 1995, S. 9-16.

Whitfield, in: The Burlington Magazine, 143, 2001
Whitfield, Sarah: „London and Minneapolis. Arte Povera", in: The Burlington Magazine, 143, 2001, S. 645-646.

Winckelmann 1960
Winckelmann, Johann J.: Kleine Schriften und Briefe, bearb. von Wilhelm Senff, Weimar 1960.

Witzgall 2003
Witzgall, Susanne: Kunst nach der Wissenschaft. Zeitgenössische Kunst im Diskurs mit den Naturwissenschaften, Nürnberg 2003.

Abbildungen

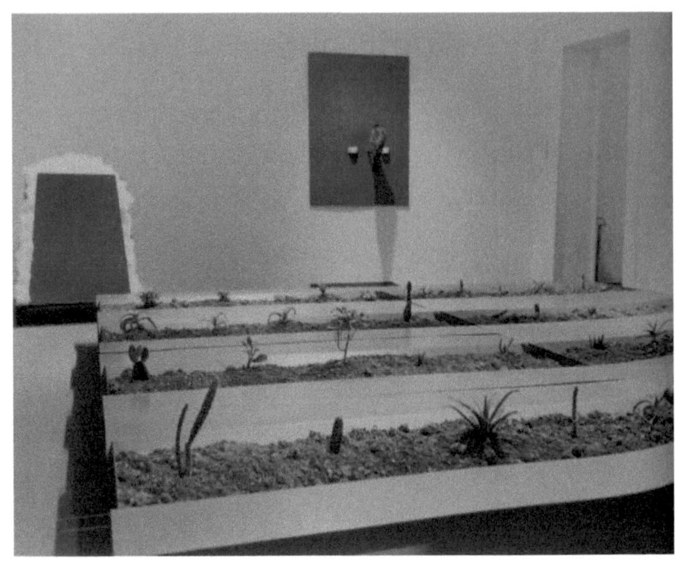

Abb. 1: Galerie L'Attico, Rom, November 1967, Installationsansicht (aus: Kat. Kounellis, Neapel 2006, S. 58)

Jannis Kounellis, *Senza titolo*, 1967, Stahlplatte, lebender Papagei, 120 x 80 cm.

Jannis Kounellis, *Senza titolo*, 1967, Stahlkonstruktion, Baumwolle, 150 x 120 x 120 cm.

Jannis Kounellis, *Senza titolo*, 1967, 8 Stahlkonstruktionen, Erde, Kakteen/Sukkulenten, jedes Element 40 x 200 x 100 cm.

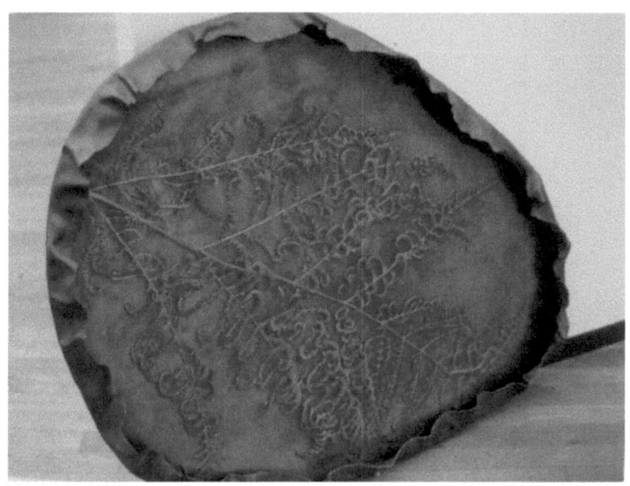

Abb. 2: Luciano Fabro, *Felce*, 1968, Bleiblech, Farnwedel, Kristallglasplatte, 120 x 100 x 5 cm (aus: Kat. Fabro, Paris 1996, S. 201)

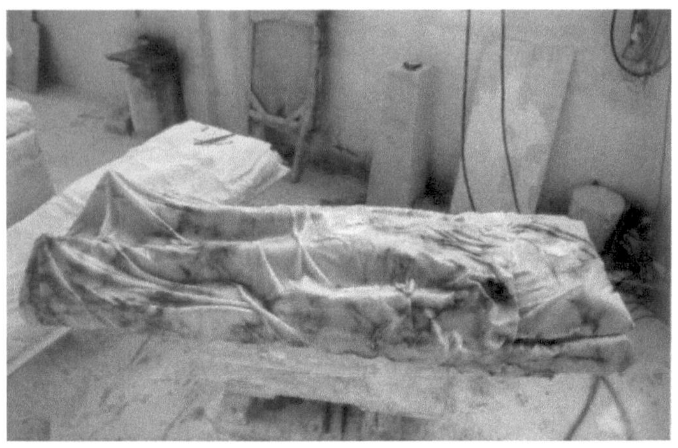

Abb. 3: Luciano Fabro, *Lo Spirato*, 1968/73, Marmor Pavonazzo, 190 x 90 cm (aus: Kat. Fabro, Paris 1996, S. 74)

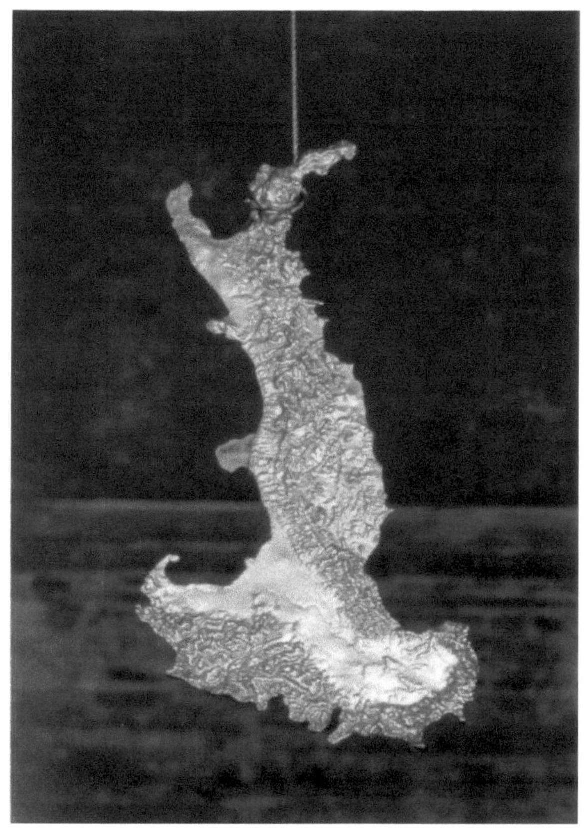

Abb. 4: Luciano Fabro, *Italia d'oro,* 1968/1971, Maßstab 1:1.200.000, Bronze vergoldet, 75 x 45 cm (aus: Kat. Fabro, Paris 1996, S. 65)

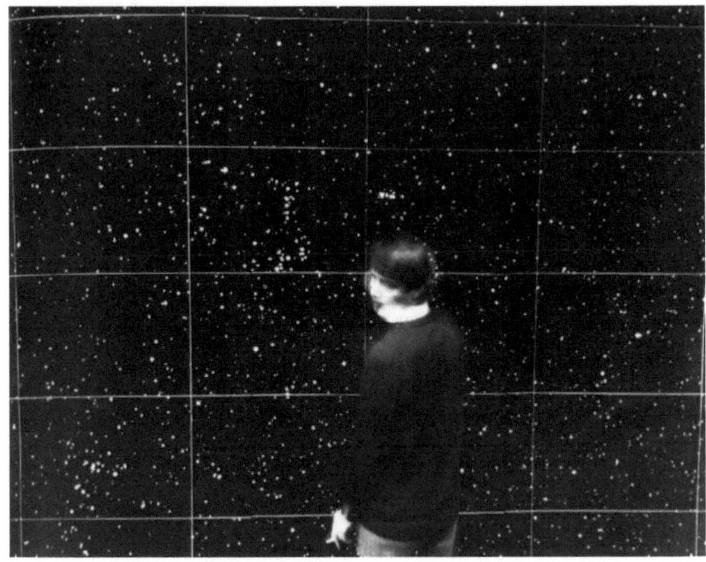

Abb. 5: Luciano Fabro, *Davanti, dietro, destra, sinistra: Cielo, Tautologia,* 1967/68 (Detail), lackiertes Eisenblech, 250 x 345 cm (aus: Kat. Fabro, Essen/Rotterdam 1981, S. 47)

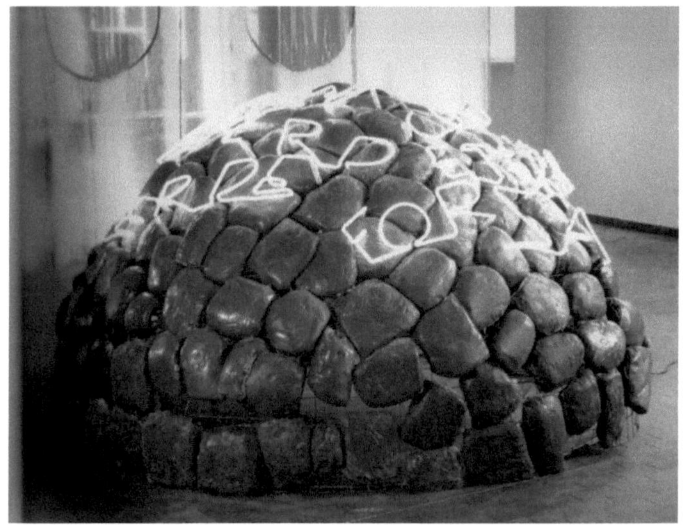

Abb. 6: Mario Merz, *Igloo di Giap,* 1968, Eisengestell mit Maschendraht, in Plastikfolie gewickelte Lehmklumpen, Neonschrift, 120 x 200 x 200 cm (aus: Christov-Bakargiev 1999, S. 55)

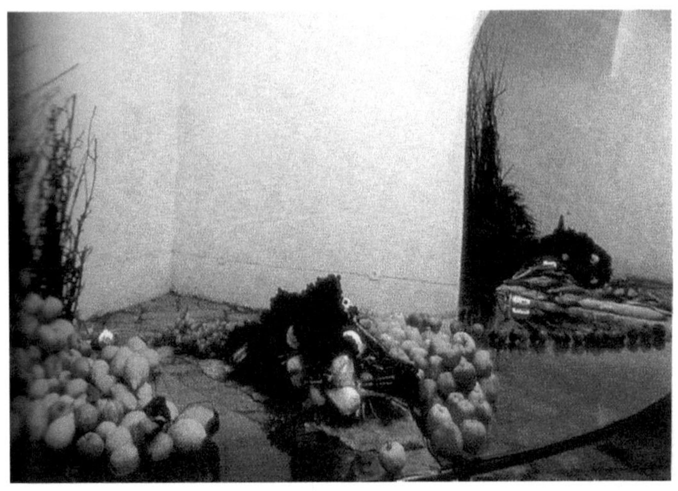

Abb. 7: Mario Merz, *Isola della frutta*, 1976, Detailansicht der Installation aus Bagno Barbonico, dem Gefängnis von Pescara, Früchte, Glas, Eisenstangen, Zweige, Maße variabel (aus: Christov-Bakargiev 1999, S. 121)

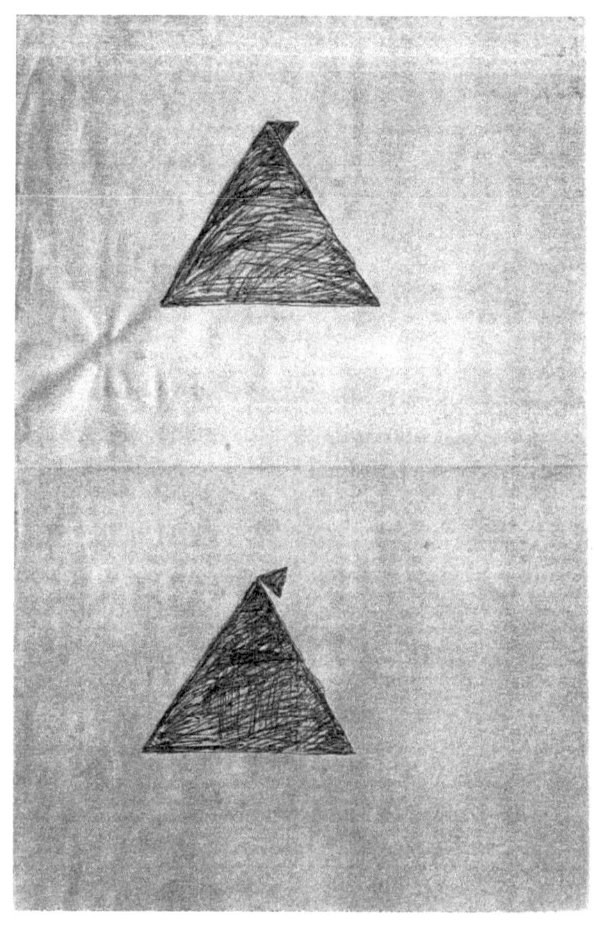

Abb. 8: Joseph Beuys, *Filzplatten,* 1954, Bleistift auf Papier, 61,5 x 43,3 cm (aus: Kat. Baden-Baden 1985, S. 17)

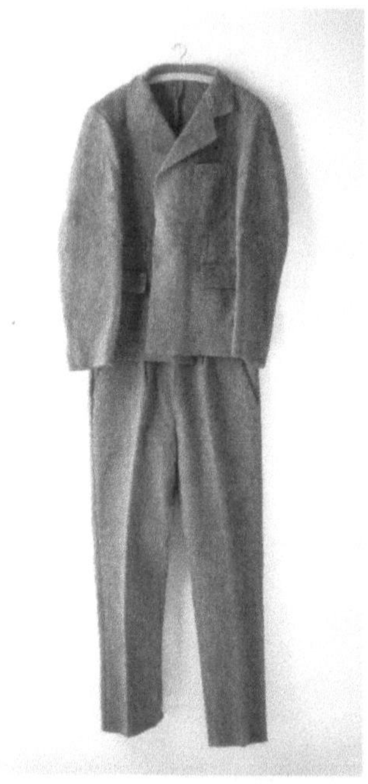

Abb. 9: Joseph Beuys, *Filzanzug*, 1970 (Multiple Nr. 26), Filz genäht, gestempelt, ca. 170 x 60 cm, Auflage 100 + 10 e.a., unsigniert (aus: Schirmer, 1996/2006, Nr. 112)

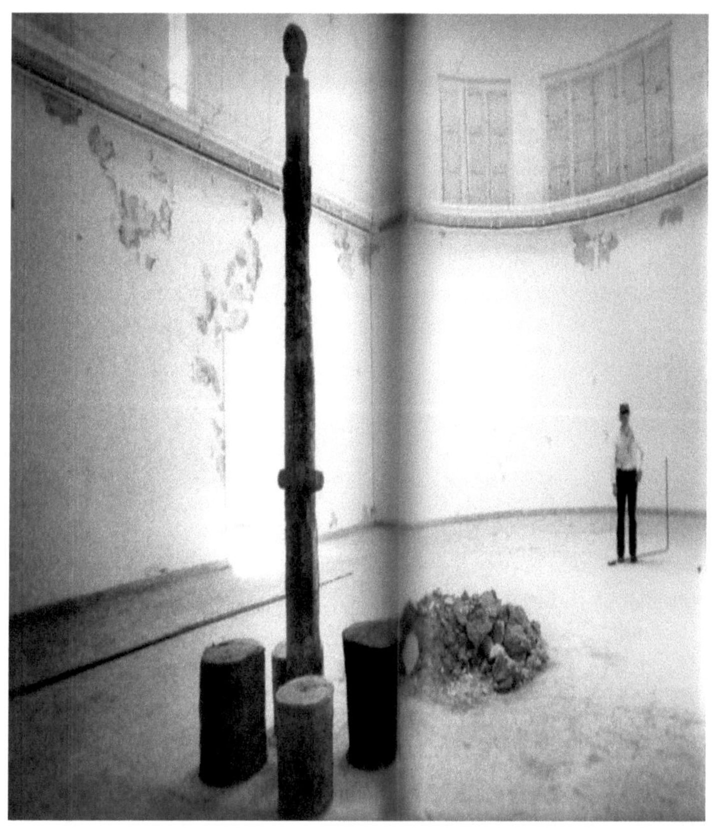

Abb. 10: Joseph Beuys, *Straßenbahnhaltestelle / Tramstop / Fermata del Tram, 1961–1976, A Monument to the Future*, Installationsansicht Biennale von Venedig 1976 (aus: Schirmer 1996/2006, Abb. 130)

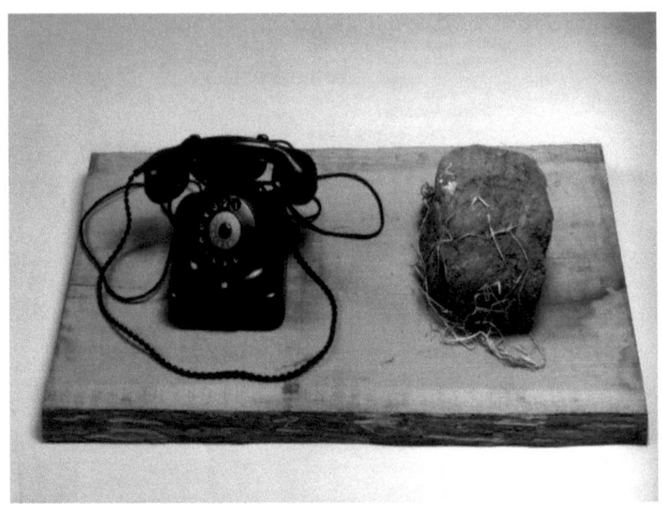

Abb. 11: Joseph Beuys, *Erdtelephon*, 1968, Telefon, Lehmklumpen mit Gras, Kabelschnur; auf Holzunterlage (aus: Joseph Beuys, Skulpturen und Objekte, Berlin 1988, S. 190)

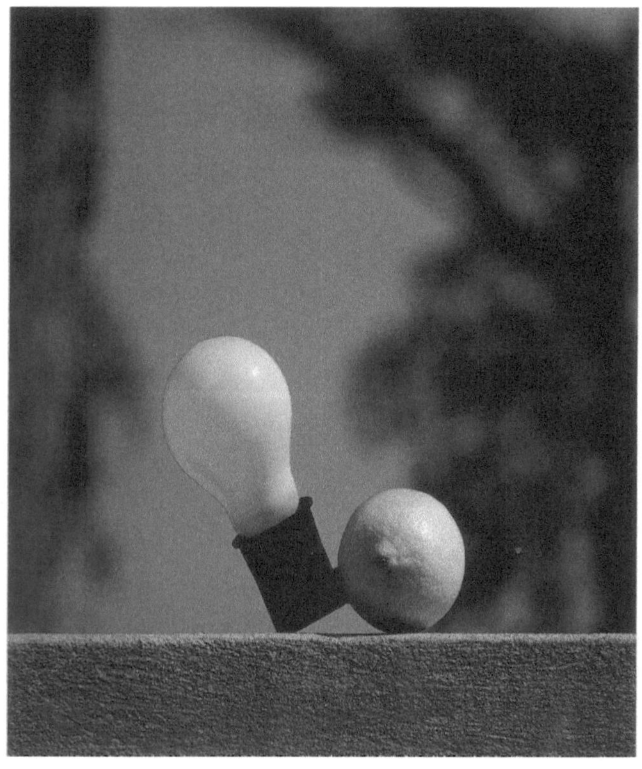

Abb. 12: Joseph Beuys, *Capri-Batterie*, 1985 (Multiple Nr. 546), Glühbirne in Steckfassung, Zitrone, 8 x 11 x 6 cm (aus: Schirmer 1996/2006, Abb. 149)

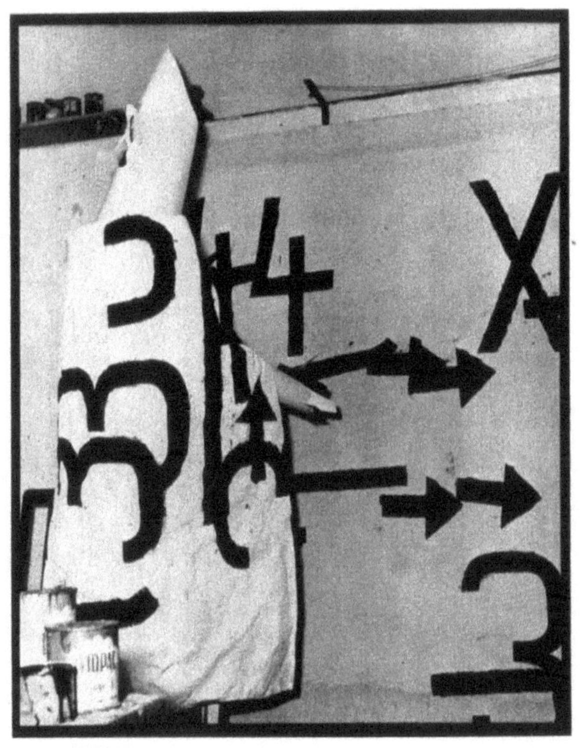

Abb. 13: Jannis Kounellis, Atelierfoto, Piazza Firenze, Rom, 1960; der Künstler mit Papierhut in Leinwand gehüllt vor *Senza titolo* (Numerale 4 x 3), 1960 (aus: Kat. Krefeld 1980, S. 52)

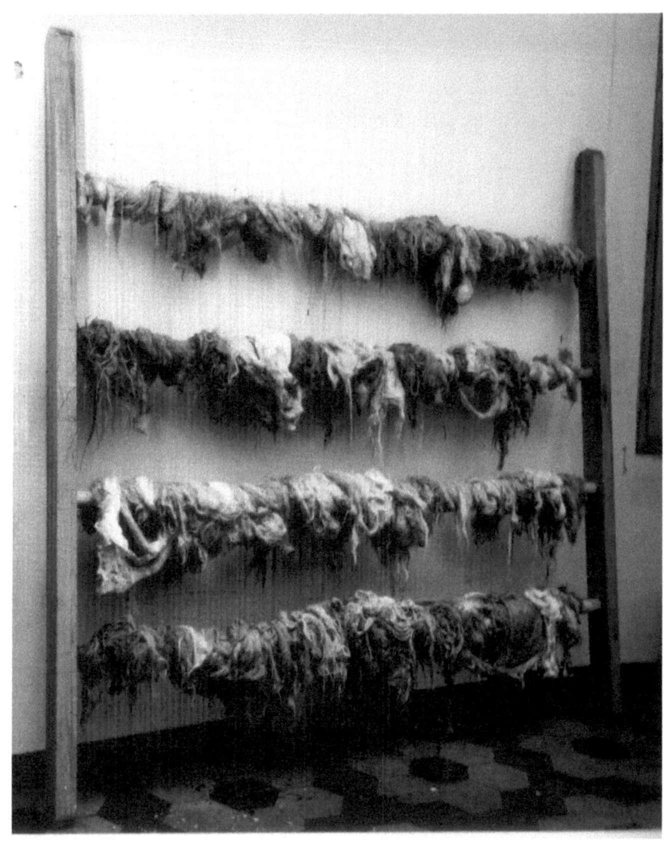

Abb. 14: Jannis Kounellis, *Senza titolo,* 1968, Holzkonstruktion, Wolle, 320 x 350 cm (aus: Kounellis, Kat. Berlin 2007, Abb. 89)

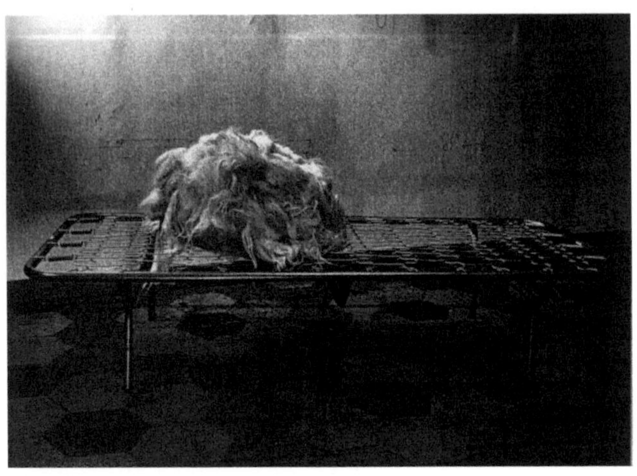

Abb. 15: Jannis Kounellis, *Senza titolo,* 1969, eisernes Bettgestell, Wolle, 190 x 90 x 33 cm (aus: Bann 2003, Abb. 93)

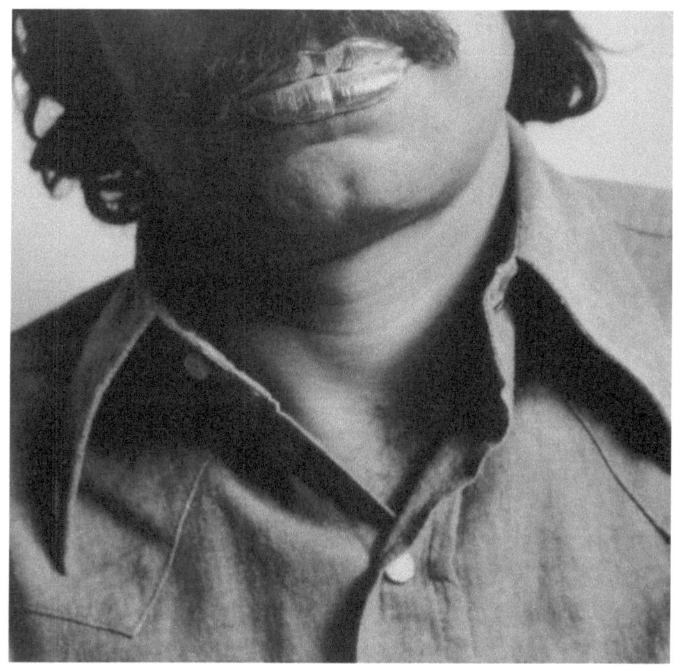

Abb. 16: Jannis Kounellis, *Senza titolo*, 1972, Gold, Künstler (aus: Kat. Kounellis, Hamburg 1995, S. 35; Objekt verschollen)

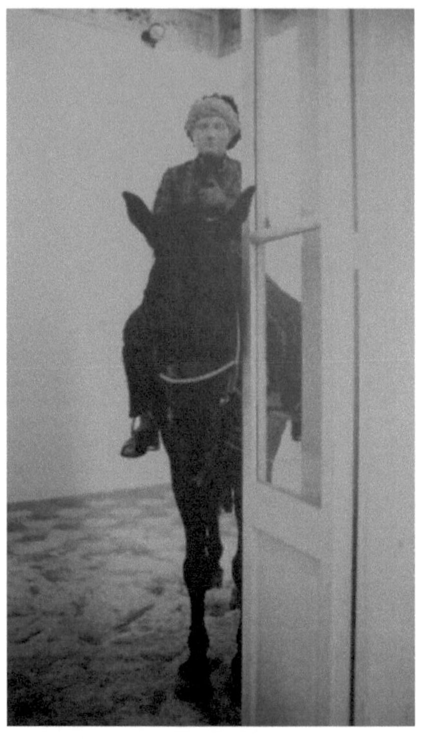

Abb. 17: Jannis Kounellis, *Senza titolo*, 1972, Künstler, lebendes Pferd, Gipsmaske, Installationsansicht Galerie L'Attico, Rom (aus: Bann 2003, Abb. 75)

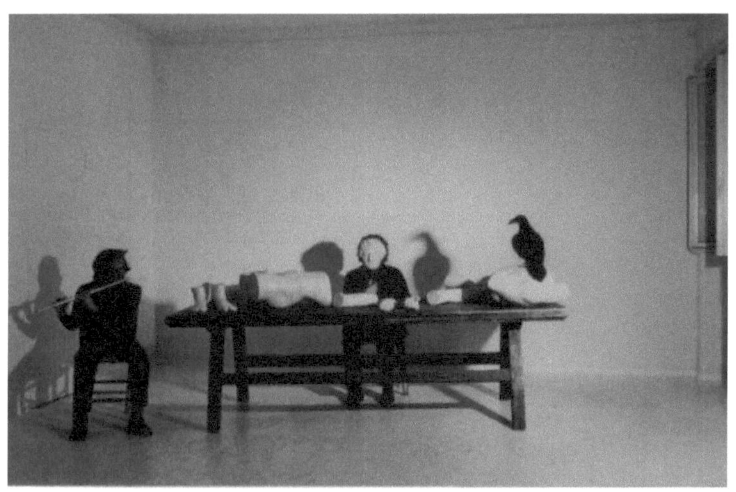

Abb. 18: Jannis Kounellis, *Senza titolo*, 1973, Tisch, Gipsfragmente, Künstler mit Gipsmaske, ausgestopfter Rabe, Flötist, Installationsansicht Galerie La Salita, Rom, (aus: Kat. Kounellis, Berlin 2007, Abb. 30)

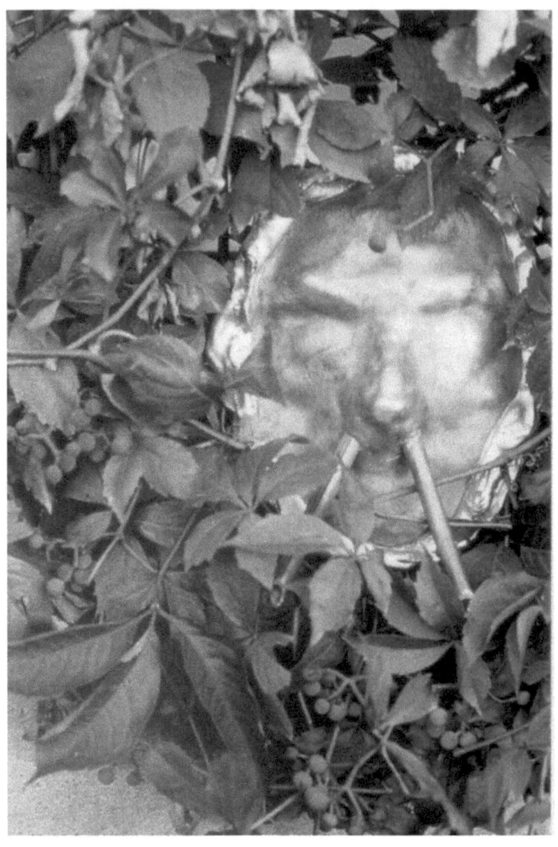

Abb. 19: Luciano Fabro, *Tamerlano,* 1968, Bronze vergoldet, 20 x 15 x 5 cm, Installationsansicht vor Wand mit wildem Wein (aus: Kat. Fabro, Paris 1996, S. 62)

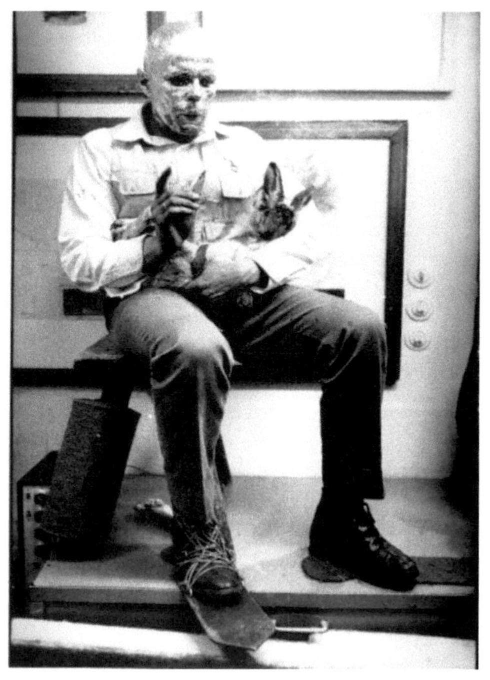

Abb. 20: Joseph Beuys, *wie man dem toten Hasen die Bilder erklärt*, 1965, Aktionsfoto Galerie Schmela, Düsseldorf, 26. Nov. 1965 (aus: Schirmer, 1996/2006, Nr. 87)

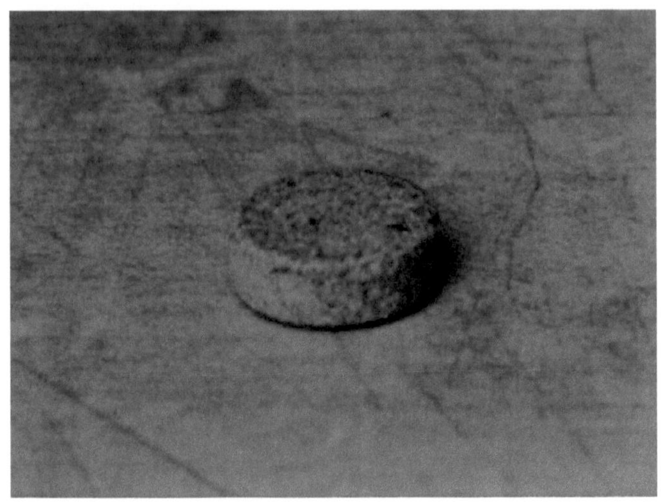

Abb. 21: Joseph Beuys, *o. T. (Kunstpille)*, 1963, Filz (aus: Block Beuys 1990, S. 50; Objekt verschollen)

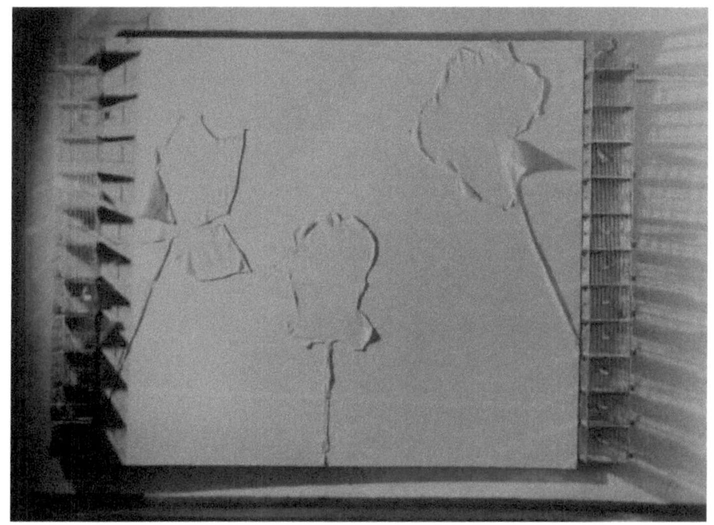

Abb. 22: Jannis Kounellis, *Senza titolo,* 1967, Leinwand mit Stoffrosen und zwölf Vogelkäfigen, 280 x 300 cm, Installationsansicht Galerie L'Attico, Rom (aus: Kat. Bann 2003, Abb. 18)

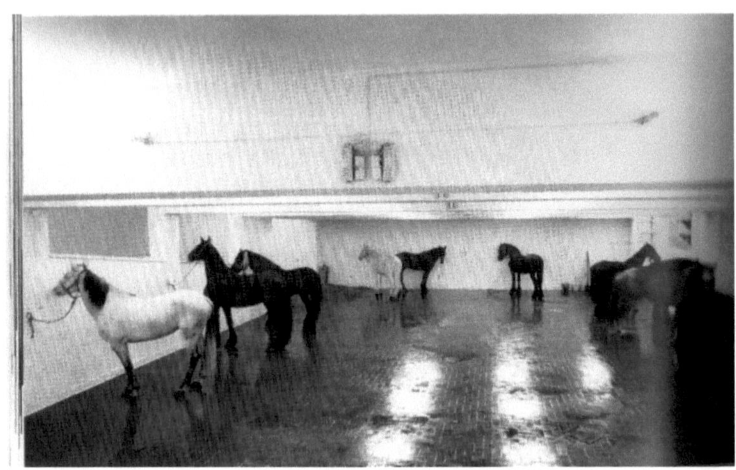

Abb. 23: Jannis Kounellis, *Senza titolo* (Dodici cavalli vivi), 1969, zwölf lebende Pferde, Maße variabel, Installationsansicht Galerie L'Attico, Rom (aus: Kat. Kounellis, Berlin 2007, Abb. 42)

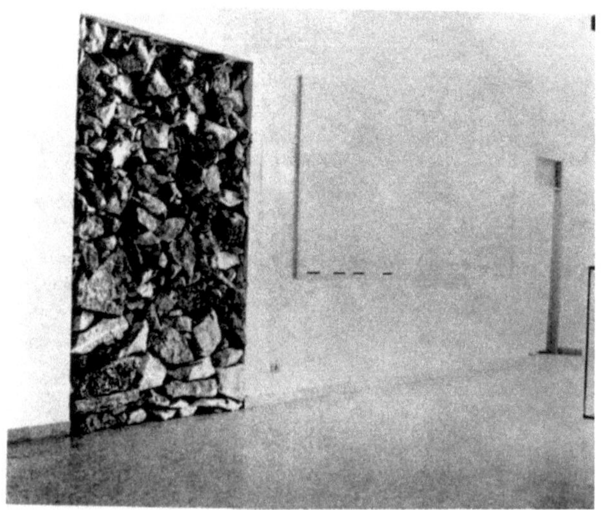

Abb. 24: Jannis Kounellis, *Senza titolo*, 1969, Trockenmauer aus Bruchsteinen in Türöffnung, 300 x 153 cm, Ausstellungsansicht San Benedetto del Tronto (aus: Kat. Kounellis, Neapel 2006, S. 123)

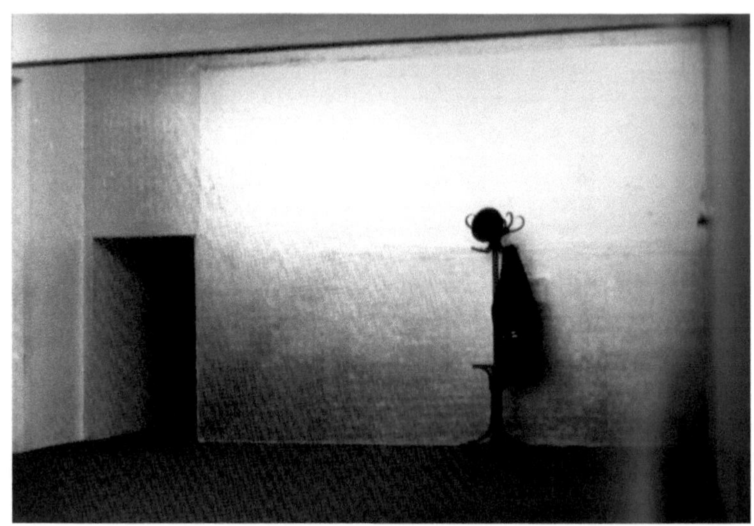

Abb. 25: Jannis Kounellis, *Tragedia civile,* 1975, Blattgold, Garderobenständer mit Hut und Mantel, Öllampe, Installationsansicht Galerie Modern Art Agency, Neapel (aus: Kat. Kounellis, Berlin 2007, Abb. 34)

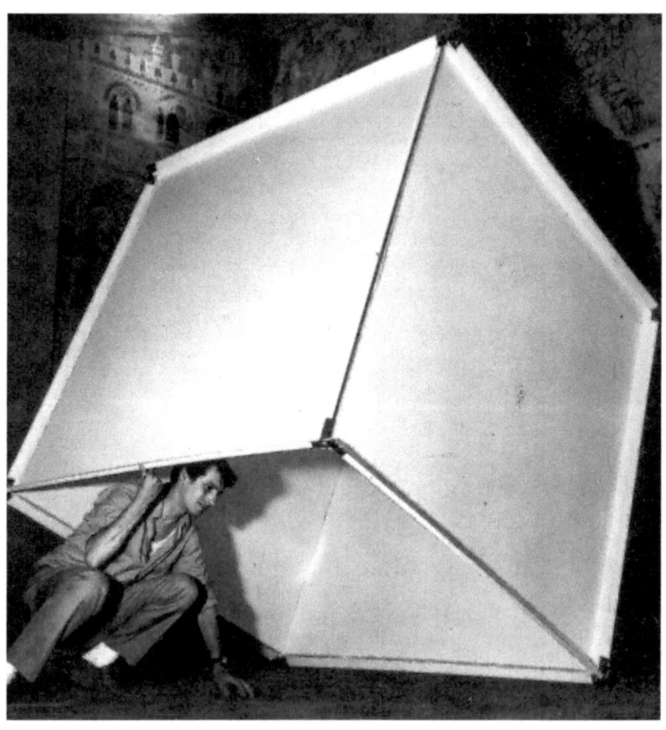

Abb. 26: Luciano Fabro, *In-cubo*, 1966, Künstler, Holz, Leinwand, verchromtes Eisen, Maße variabel, hier Innenmaß 178 cm, Außenmaß 202 cm (aus: Kat. Fabro, Essen/Rotterdam 1981, S. 40)

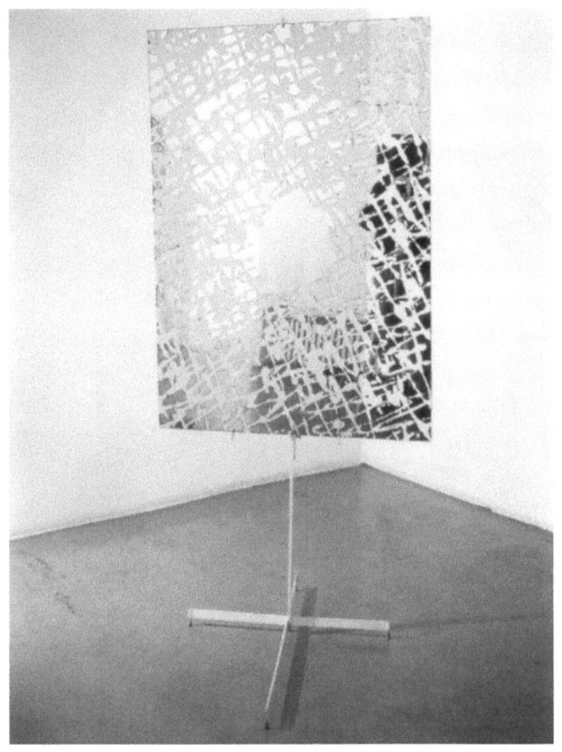

Abb. 27: Luciano Fabro, *Buco*, 1963, Glas, Spiegelfarbe, Eisenständer, 120 x 80 cm (aus: Kat. Fabro, Paris 1996, S. 59)

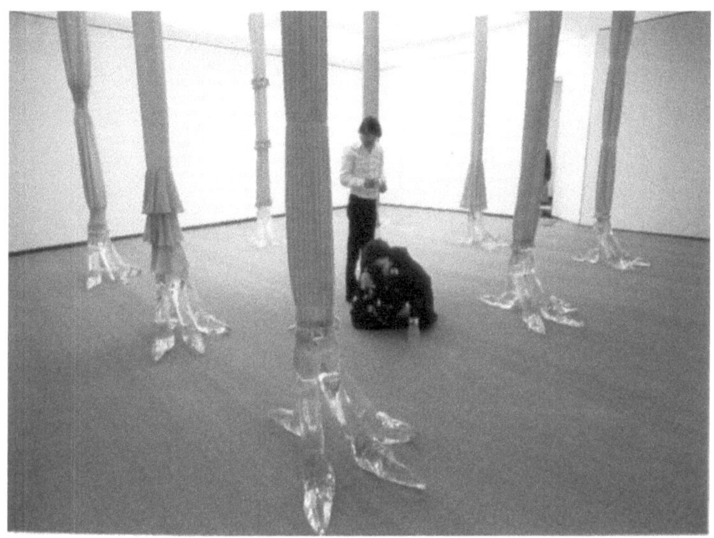

Abb. 28: Luciano Fabro, *Piedi (vetro di Murano e shantung di seta)*, 1968-72, Muranoglas, Shantungseide, Maße variierend, Installationsansicht Biennale von Venedig 1972 (aus: Kat. Fabro, Paris 1996, S. 71)

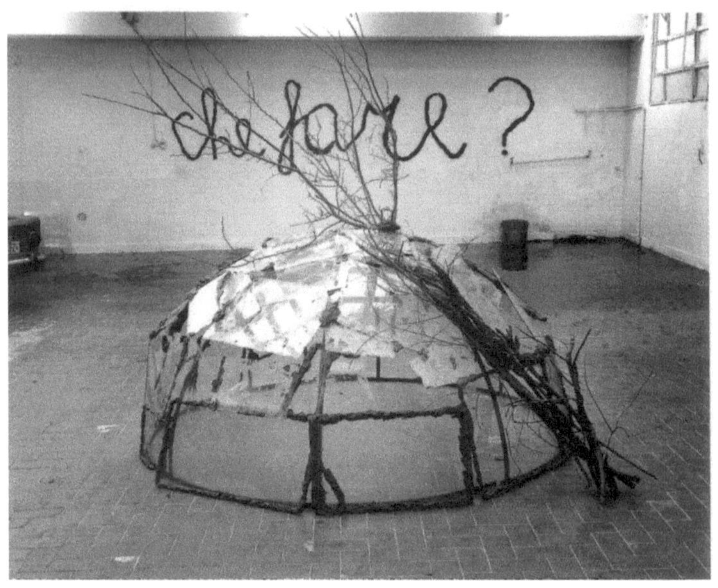

Abb. 29: Mario Merz, *Che fare?*, 1969, Schrift aus grünem Kitt, Wasserhahn, Eimer, Metallrohre, Glas, Gips, Iglu 150 x 250 cm, mit Reisigzweigen Höhe 320 cm, Detailansicht aus Installation Galerie L'Attico, Rom (aus: Christov-Bakargiev 1999, S. 117)

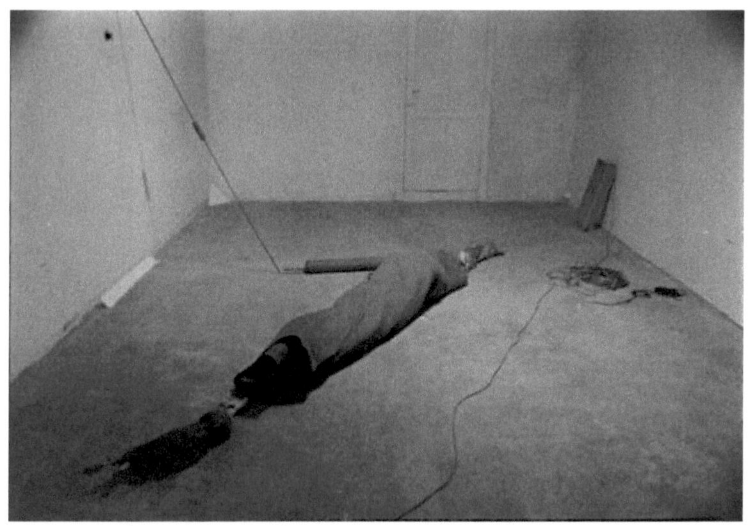

Abb. 30: Joseph Beuys, *DER CHEF THE CHIEF. Fluxus Gesang*, 1964, Künstler in Filzdecke gewickelt, Filzrollen, Kupferstangen, Fett, Haarbüschel, Fingernägel, zwei tote Hasen, akustische Elemente, Aktionsansicht Galerie René Block, Berlin (aus: Schneede 1994, S. 77)

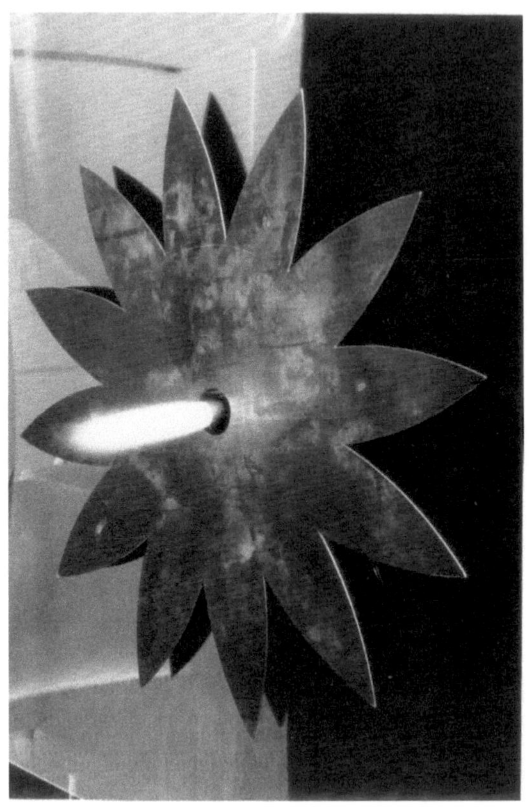

Abb. 31: Jannis Kounellis, *Senza titolo* ('Margherita con fuoco'), 1967, Stahl, Propangasbrenner, Durchmesser 90 cm (aus: Kat. Kounellis, Berlin 2007, Abb. 10)

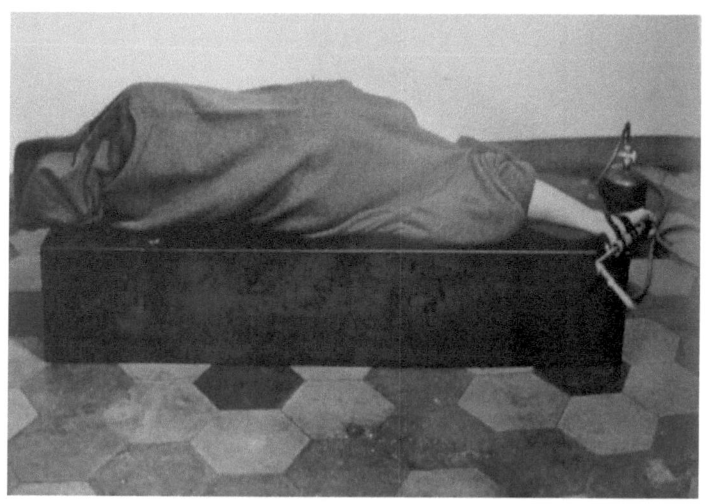

Abb. 32: Jannis Kounellis, *Senza titolo*, 1970, Frau in Wolldecke gehüllt auf Stahlsockel, Propangasbrenner an rechtem Fuß, Sockelmaße 60 x 160 x 30 cm, Aktionsansicht Palazzo Ricci, Montepulciano (aus: Kat. Kounellis, Rimini 1983, Abb. 47)

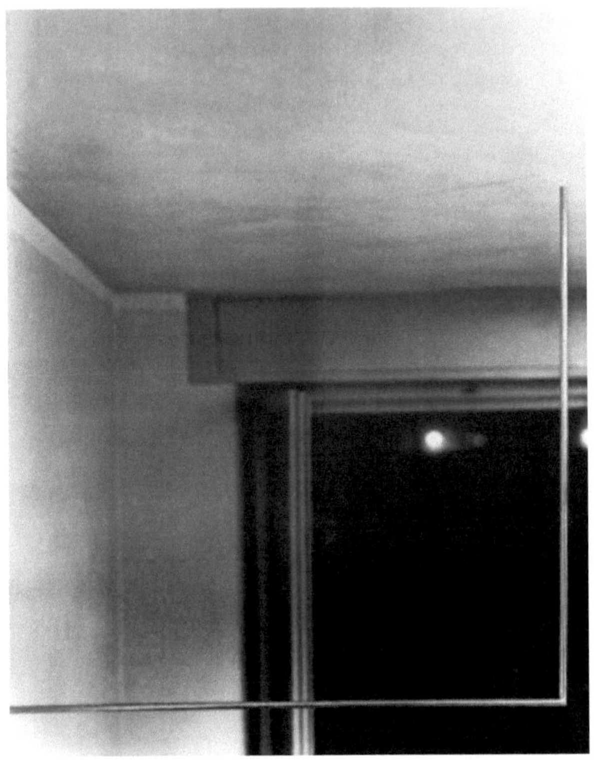

Abb. 33: Luciano Fabro, *Squadra*, 1965, Messing verchromt, 140 x 140 x 1,5 cm (aus: Fabro, Lavori, 1987, S. 44)

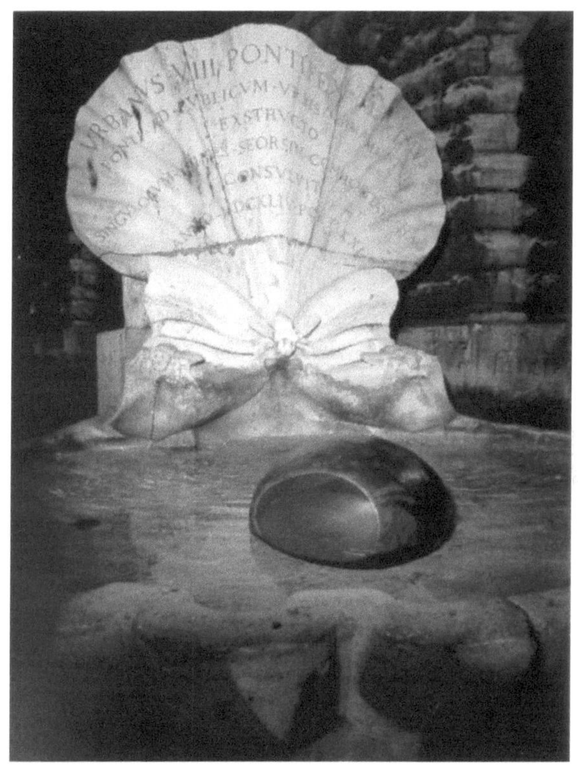

Abb. 34: Luciano Fabro, *Io (L'uovo)*, 1978, Bronze vergoldet, Höhe 64 cm, Umfang 176 cm, Gewicht 70 kg, Installationsansicht in der *Fontana delle Api* von Gian Lorenzo Bernini, Rom (aus: Kat. Fabro, Paris 1996, S. 85)

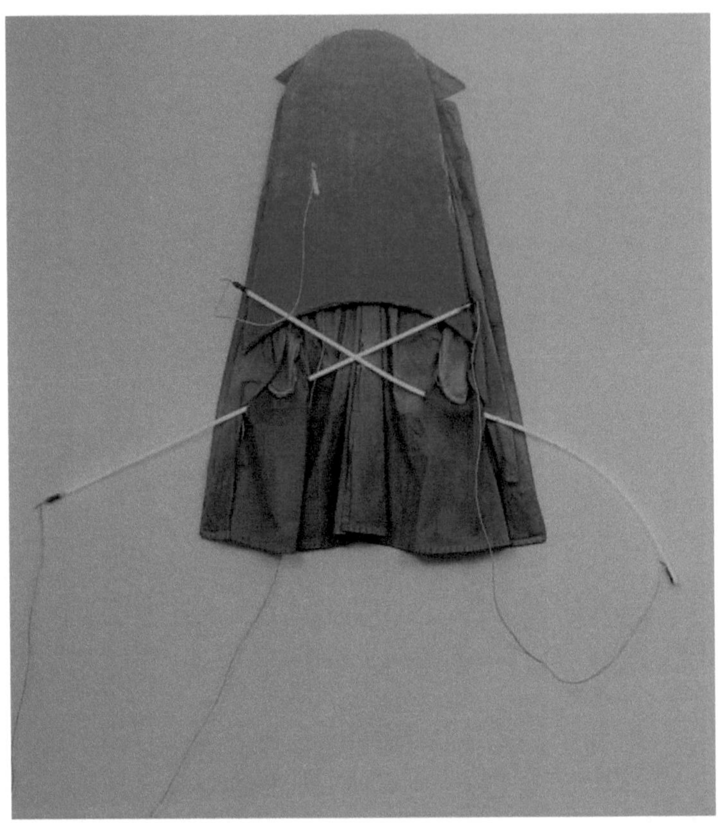

Abb. 35: Mario Merz, *Impermeabile*, 1967, Regenmantel, Wachs, Holz, Neonröhren, Lackfarbe, 125 x 170 x 40 cm (aus: Kat. Merz, New York 1989, S. 73)

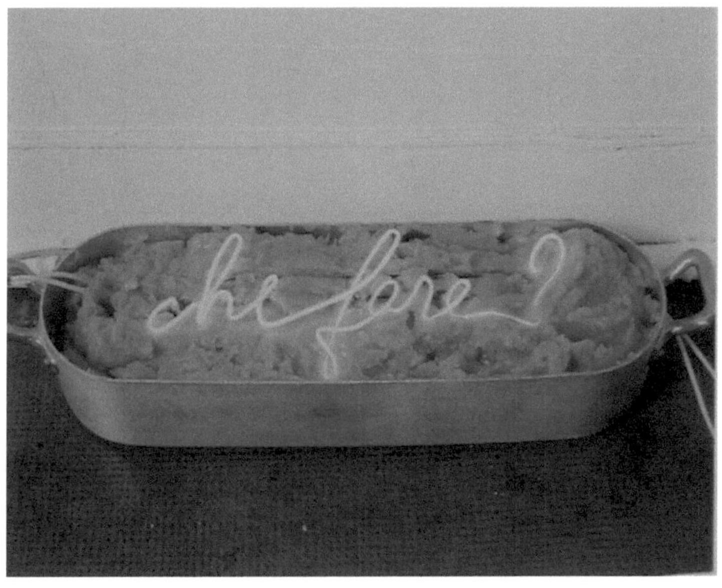

Abb. 36: Mario Merz, *Che fare?*, 1968, Metalltopf, Wachs, Neonschrift, 15 x 45 x 18 cm (aus: Kat. Merz, Trento 1995, S. 54)

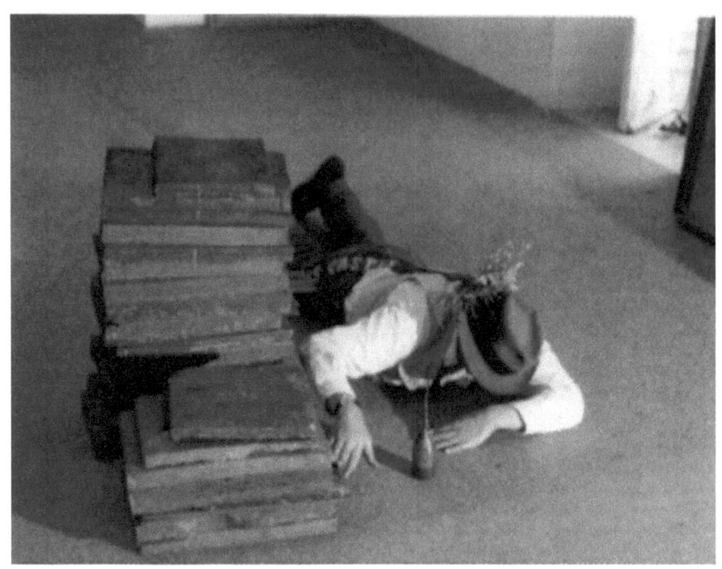

Abb. 37: Joseph Beuys, *Vitex agnus castus*, 1971, Aktion zur Ausstellung *Arena. Dove sarei arrivato se fossi stato intelligente!*, Detail aus Aktionsansicht Galerie Modern Art Agency, Neapel (aus: Schneede 1994, S. 322)

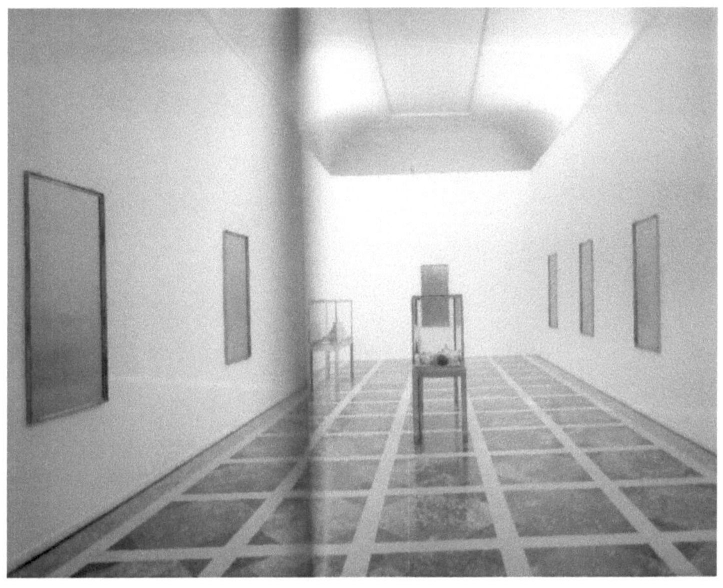

Abb. 38: Joseph Beuys, *Palazzo Regale*, 1985, sieben Messingtafeln, zwei Vitrinen mit verschiedensten Materialien, Installationsansicht Museo di Capodimonte, Neapel (aus: Schirmer 1996/2006, Abb. 151)

Dank

Mein herzlicher Dank gilt meinem Doktorvater Prof. Dr. Hans Dickel, der mir von Anfang an mit großem Interesse hilfsbereit und beratend zur Seite stand. Für die Übernahme des Zweitgutachtens danke ich Prof. Dr. Karl Möseneder. Besonderer Dank gilt dem Deutschen Akademischen Austauschdienst (DAAD) für die Möglichkeit, die Recherchen in Italien vor Ort voranzubringen sowie dem Kunsthistorischen Institut in Florenz – Max-Planck-Institut für die anschließende Förderung. Den Künstlern, insbesondere Jannis Kounellis, Michelangelo Pistoletto und Giovanni Anselmo danke ich für die Offenheit gegenüber dem Forschungsprojekt und ihre Bereitschaft zu ausführlichen Interviews. Bernd Klüser sowie Prof. Dr. Jean-Christophe Ammann und Chris Dercon möchte ich für ihre Anregungen und wichtigen Auskünfte danken. Meinen Freunden und Kollegen Magdalena Holzhey, Arnika Schmidt, Karin Wimmer und Veronika Hofmann gilt der Dank für lebendige Diskussionen. Meinen Eltern danke ich für die stets liebevolle Unterstützung. Ihnen, meinem Mann Francesco und meinen Töchtern Caterina und Maddalena sei diese Arbeit gewidmet.

Index

Alchemie: 101, 143, 155, 156, 269, 295, 296, 308, 317, 334
Allemandi, Umberto: 25
Amelio, Lucio: 4, 10, 24, 25, 192, 257, 309, 310, 312, 355, 362
Ammann, Jean-Christophe: 9, 17, 22, 29, 45, 47, 59, 97, 102, 109, 110, 125, 128, 129, 130, 137, 138, 184, 186, 214, 222, 223, 224, 226, 227, 261, 286, 288, 289, 290, 302, 325, 326, 332, 342, 343, 345, 346, 357, 419
Anselmo, Giovanni: 14, 22, 23, 42, 52, 63, 74, 119, 168, 173, 248, 286, 298, 328, 334, 343, 349, 350, 354, 419
Äpfel: 62
Apoll: 102, 103, 106, 107, 108, 111, 112, 113, 114, 189, 222
Asche: 269, 271, 272
Bastian, Heiner: 25, 76, 143, 149, 340, 347, 351
Bein: 211, 212, 271
Bergson, Henri: 330
Bett: 92, 186, 266, 328
Beuys, Joseph: 1, 3, 4, 7, 8, 9, 10, 11, 13, 14, 15, 17, 19, 20, 22, 23, 24, 25, 26, 28, 29, 30, 32, 33, 35, 36, 37, 38, 39, 41, 42, 45, 49, 51, 55, 63, 65, 66, 67, 68, 69, 70, 71, 72, 73, 74, 75, 76, 78, 79, 80, 81, 82, 83, 85, 93, 95, 100, 105, 106, 107, 108, 109, 113, 114, 115, 119, 128, 131, 135, 137, 139, 140, 141, 142, 143, 144, 145, 146, 147, 148, 149, 150, 151, 152, 153, 154, 155, 156, 157, 158, 160, 162, 163, 173, 176, 181, 184, 189, 199, 205, 206, 208, 212, 213, 215, 216, 219, 220, 221, 224, 225, 226, 229, 230, 236, 237, 239, 240, 241, 242, 243, 244, 245, 246, 247, 248, 249, 250, 251, 252, 253, 254, 255, 256, 257, 260, 272, 275, 279, 281, 284, 285, 288, 289, 291, 294, 295, 297, 298, 299, 300, 301, 302, 303, 304, 305, 306, 307, 308, 309, 310, 311, 312, 313, 314, 315, 316, 317, 318, 319, 320, 322, 323, 324, 325, 327, 328, 330, 331, 332, 334, 335, 336, 340, 341, 343, 344, 345, 347, 348, 349, 350, 351, 352, 354, 355, 356, 357, 359, 361, 362, 363, 365, 366, 367, 368, 369, 370, 371, 372, 373, 374, 375, 376, 377, 378, 387, 388, 389, 390, 391, 399, 400, 409, 416, 417
Bonito Oliva, Achille: 23, 24, 25, 65, 312, 346, 349, 360
Carus, Carl Gustav: 149
Cassirer, Ernst: 169

Celant, Germano: 4, 9, 10, 11, 21, 22, 24, 25, 27, 28, 30, 41, 43, 46, 50, 56, 57, 58, 62, 81, 86, 89, 95, 100, 109, 130, 133, 135, 137, 144, 185, 190, 191, 217, 222, 225, 233, 236, 241, 254, 260, 284, 286, 287, 292, 293, 294, 320, 336, 342, 344, 345, 347, 348, 349, 350,351, 352, 353, 356, 361, 362
Cucchi, Enzo: 28, 29, 336, 349, 361
De Domizio Durini, Lucrezia: 24, 26, 363
Dialektik: 34, 42, 43, 62, 72, 75, 77, 106, 110, 184, 186, 221
Ei: 47, 59, 62, 81, 92, 156, 217, 233, 267, 279, 280, 281, 296, 307, 308, 367, 405
Einstein, Albert: 172, 222, 242
Eisen: 47, 62, 92, 156, 233, 267, 296, 307, 308, 367, 405
Energie: 30, 34, 40, 61, 63, 71, 173, 175, 184, 190, 238, 242, 245, 259, 260, 261, 263, 264, 270, 273, 275, 277, 279, 281, 282, 287, 288, 291, 292, 298, 299, 300, 303, 305, 311, 320, 329, 333, 361
Erde: 46, 47, 56, 58, 84, 104, 119, 153, 172, 181, 205, 217, 237, 268, 282, 292, 296, 310, 312, 322, 380
Fabro, Luciano: 4, 9, 22, 23, 28, 39, 42, 43, 49, 50, 51, 52, 53, 54, 55, 57, 117, 118, 119, 120, 121, 122, 123, 124, 125, 136, 140, 155, 161, 173, 198, 199, 200, 201, 202, 203, 204, 205, 206, 207, 208, 209, 210, 211, 212, 213, 214, 215, 216, 228, 273, 274, 275, 276, 277, 278, 279, 280, 281, 282, 297, 298, 320, 322, 323, 326, 327, 328, 333, 341, 347, 348, 349, 350, 351, 352, 353, 354, 355, 363, 364, 370, 371, 373, 381, 382, 383, 384, 398, 405, 406, 407, 412, 413
Faraday, Michael: 332
Farbe: 8, 32, 68, 75, 90, 106, 109, 145, 179, 180, 205, 210, 246, 277, 280, 294
Fell: 53, 74, 316
Fenchel: 62
Fett: 17, 35, 68, 71, 79, 159, 230, 237, 240, 245, 249, 284, 295, 299, 315, 316, 409
Feuer: 17, 46, 67, 86, 92, 95, 98, 157, 195, 263, 264, 265, 267, 268, 270, 271, 282, 296, 303, 304, 334
Filz: 35, 68, 70, 71, 72, 73, 74, 75, 76, 78, 79, 80, 81, 96, 99, 212, 237, 242, 245, 246, 247, 251, 299, 308, 316, 333, 388, 400
Fingernägel: 251, 323, 409
Fluxus: 147, 148, 154, 162, 228, 237, 246, 250, 257, 324, 335, 409
Fontana, Lucio: 10, 49, 123, 195, 196, 204, 205, 281, 413
Fragment: 41, 135, 266

Franchetti, Giorgio: 25
Friedrich, Caspar David: 149, 161, 225
Fuß: 48, 99, 211, 212, 266, 411
Futurismus: 260
Gilardi, Piero: 12, 21, 261, 287, 336, 365
Gips: 87, 92, 101, 102, 103, 109, 226, 326, 408
Glas: 31, 33, 41, 50, 53, 56, 58, 59, 60, 62, 63, 125, 127, 130, 131, 133, 134, 135, 149, 176, 199, 200, 203, 213, 215, 217, 228, 230, 233, 234, 291, 294, 295, 296, 297, 298, 300, 365, 386, 406, 408
Goethe, Johann Wolfgang: 149, 289
Gold: 51, 53, 86, 92, 95, 96, 98, 99, 100, 102, 118, 145, 156, 193, 227, 264, 270, 278, 312, 314, 329, 334, 367, 395
Haacke, Hans: 155
Haare: 78, 88, 93, 250, 251, 323
Habitat: 182, 209, 214, 215, 278
Hand: 165, 202, 223, 311
Hase: 53, 79, 139, 145, 154, 160, 255, 256, 333
Hauschka, Rudolf: 156, 301
Hegel, Georg Wilhelm Friedrich: 138, 149, 161
Heraklit: 41, 46, 127, 133, 135, 371
Hülle: 58, 59, 60, 96, 142, 227, 233, 328, 359
Iglu: 57, 58, 59, 61, 129, 132, 133, 134, 135, 219, 224, 227, 233, 241, 283, 285, 286, 328, 408
Klang: 74, 75, 236, 246, 248, 368
Klein, Yves: 27, 98, 264
Knochen: 213, 250
Kohle: 47, 119, 191, 240, 261, 268, 272
Kopf: 69, 81, 90, 99, 100, 103, 110, 145, 150, 160, 225, 227, 244, 245, 256, 310, 311, 312, 315
Kounellis, Jannis: 4, 7, 8, 9, 10, 15, 17, 22, 23, 24, 26, 27, 29, 30, 34, 39, 42, 44, 45, 46, 47, 48, 50, 57, 60, 64, 72, 76, 88, 89, 90, 91, 92, 93, 94, 95, 96, 97, 98, 99, 100, 101, 102, 103, 104, 105, 106, 107, 108, 109, 110, 111, 112, 113, 115, 117, 137, 140, 144, 145, 148, 155, 171, 178, 179, 180, 181, 182, 183, 184, 185, 186, 187, 188, 189, 190, 191, 192, 193, 194, 195, 196, 197, 202, 207, 208, 212, 217, 219, 226, 234, 236, 240, 247, 248, 263, 264, 265, 266, 267, 268, 269, 270, 271, 272, 279, 281, 283, 291, 303, 306, 310, 314, 315, 325, 326, 328, 334, 336, 341, 342, 343, 344, 346, 347, 349, 350, 352, 353, 354, 355, 358, 361, 365, 368, 372, 374, 378, 380, 392, 393, 394, 395, 396, 397, 401, 402, 403, 404, 410,

411, 419
Kupfer: 68, 238, 245, 307, 308, 310, 311, 313, 316
Kürbis: 62
Le Corbusier: 223, 231, 232
Leder: 53
Lo Savio, Francesco: 10, 27, 123
Lonzi, Carla: 179, 206, 210, 370
Manzoni, Piero: 27, 49, 123, 205, 281
Marmor: 51, 123, 124, 212, 382
Marshall McLuhan, Herbert: 18, 173, 248, 324
Martini, Simone: 193
Maß: 51, 192, 199, 207, 211, 259, 265, 266, 328
Massenkultur: 14, 85, 121
Massenmedien: 14, 258
Material: 16, 17, 18, 20, 31, 36, 42, 45, 50, 52, 54, 56, 59, 68, 71, 72, 73, 77, 78, 79, 80, 86, 93, 95, 98, 99, 100, 102, 103, 118, 137, 145, 155, 176, 181, 183, 188, 193, 207, 213, 214, 217, 239, 240, 267, 276, 278, 280, 293, 295, 314, 319, 320, 321, 324, 326, 328, 375, 377, 378
Materialität: 1, 3, 4, 7, 16, 17, 54, 84, 86, 96, 147, 173, 212, 236, 265, 279, 327
Maxwell, James Clerk: 332
Medialität: 3, 4, 7, 16, 19, 173, 236, 327
Medien: 7, 18, 19, 67, 173, 257, 285, 305, 332, 358, 373
Merleau-Ponty, Maurice: 169, 170, 171, 370, 371
Merz, Mario: 4, 9, 10, 22, 23, 24, 25, 26, 27, 30, 31, 33, 39, 41, 56, 57, 58, 59, 60, 61, 62, 63, 64, 74, 119, 125, 126, 127, 128, 129, 130, 131, 133, 134, 135, 136, 137, 138, 139, 140, 144, 149, 153, 159, 163, 171, 173, 177, 185, 205, 216, 217, 218, 219, 220, 221, 222, 223, 224, 225, 226, 227, 229, 230, 231, 232, 233, 234, 235, 240, 243, 244, 254, 261, 280, 282, 283, 284, 285, 286, 287, 288, 289, 290, 291, 292, 293, 294, 295, 296, 297, 298, 300, 303, 308, 313, 316, 328, 334, 336, 342, 346, 347, 348, 349, 350, 351, 352, 353, 354, 355, 358, 362, 364, 365, 366, 371, 372, 374, 376, 385, 386, 408, 414, 415
Messing: 412
Musik: 90, 91, 92, 96, 97, 113, 154, 195, 246, 301, 326
Mythen: 29, 40, 85, 86, 88, 99, 113, 117, 125, 140, 144, 145, 236, 297, 365
Mythos: 29, 30, 36, 78, 79, 85, 86, 99, 104, 112, 113, 115, 117, 120, 127, 128, 130, 137, 140, 141, 146, 147, 153, 154, 163, 183, 217, 258, 268, 270, 296, 311, 348, 351, 355, 360, 366
Natur: 16, 18, 25, 33, 34, 42,

45, 46, 47, 50, 53, 59, 61, 63, 64, 65, 71, 78, 82, 83, 102, 118, 126, 130, 132, 136, 137, 139, 141, 143, 145, 155, 158, 160, 166, 169, 171, 172, 174, 182, 198, 205, 213, 214, 218, 219, 220, 221, 222, 225, 232, 259, 262, 265, 273,276, 277, 280, 281, 283, 286, 287, 289, 293, 298, 299, 302, 313, 314, 316, 319, 321, 323, 324, 331, 332, 333, 336, 348, 352, 361, 363, 365
Neon: 129, 233, 287, 288, 289
Novalis: 149, 151, 152, 161, 220, 289, 300
Obst: 17, 62, 130, 233
Ocken, Lorenz: 149
Papagei: 23, 45, 46, 48, 76, 248, 333, 380
Perazzi, Mario: 25
Permeabilität: 60, 74, 289, 329
Pferd: 101, 104, 106, 107, 143, 144, 183, 265, 396
Pistoletto, Michelangelo: 7, 10, 12, 22, 115, 148, 187, 204, 205, 325, 343, 354, 358, 419
Planck, Max: 118, 242, 300, 419
Politik: 16, 48, 56, 134, 151, 255, 321, 335, 336
Pollock, Jackson: 195, 264, 378
Pound, Ezra: 127, 129, 130, 222, 225, 369
Rainer, Arnulf: 27, 217, 318, 366, 372
Raum: 8, 10, 16, 31, 33, 39, 46, 59, 62, 67, 70, 71, 72, 76, 84, 92, 98, 124, 165, 166, 167, 168, 169, 172, 173, 174, 175, 176, 178, 180, 181, 183, 185, 186, 188, 189, 191, 192, 193, 194, 196, 198, 199, 200, 201, 202, 203, 204, 205, 209, 210, 211, 215, 216, 217, 218, 222, 223, 224, 225, 226, 227, 229, 230, 231, 235, 236, 237, 238, 239, 241, 242, 243, 244, 245, 246, 247, 248, 249, 250, 251, 252, 258, 259, 264, 265, 274, 282, 284, 286, 287, 295, 300, 305, 311, 313, 314, 320, 321, 327, 328, 332, 333, 367, 368, 370, 371, 374, 376
Reisig: 32, 60, 63, 125, 217, 233, 283
Reliquien: 19, 324
Romantik: 67, 137, 150, 151, 152, 160, 162, 221, 265, 360, 376
Ruthenbeck, Reiner: 21, 28, 217
Schelling, Friedrich Wilhelm Joseph: 138, 149, 221
Seide: 315
Sockel: 92
Spirale: 33, 62, 131, 135, 216, 219, 221, 222, 224, 226, 232, 234, 243, 244, 247, 283, 298
Steiner, Rudolf: 33, 65, 149, 156, 243, 256, 300, 301, 367, 375
Tier: 15, 45, 62, 105, 130, 133, 136, 138, 154, 160, 221, 255

Tisch: 23, 56, 62, 97, 108, 111, 165, 227, 229, 286, 290, 397
Tisdall, Caroline: 25, 105, 143, 146, 231, 233, 234, 245, 254, 325, 340, 342, 347, 375
Trauben: 62
Trini, Tommaso: 10, 17, 21, 131, 345
Twombly, Cy: 27, 140, 355
Wolle: 47, 78, 92, 93, 94, 96, 119, 333, 393, 394
Wurzeln: 16, 39, 85, 90, 108, 114, 123, 126, 130, 132, 141, 147, 160, 161, 218, 254, 270, 319, 320, 321
Zitrone: 63, 305, 391
Zorio, Gilberto: 14, 22, 302, 319, 320, 334, 354